DIE ENTDECKUNG DER WELT

FRÜHE REISEFOTOGRAFIE VON 1850 BIS 1914

Originalausgabe:
Les Premiers Voyageurs Photographes
Autoren: Olivier Loiseaux, Gilles Fumey

Umschlagvorderseite: Felice Beato, *Fujiyama,* zwischen 1864 und 1868, Abzug um 1877/78, Seite 194

Umschlagrückseite: Maxime Du Camp, *Abu Simbel, Kolossalstatue am Tempel von Ramses II.,* 1850, Seite 14/15; *Hochbahn Chatham Square,* New York, 1890-Jahre, Seite 108/109; Edouard Foà, *Junge Frauen in Sansibar,* um 1893, Seite 46/47; William Henry Jackson, *Ausbruch des Old Faithful,* 1872, Seite 100/101

Projektleitung Verlag: Curt Holtz
Lektoratsassistenz: Josephine Fehrenz
Übersetzung ins Deutsche: Gabi Krause
Lektorat: Isabelle Erler
Gestaltung & Satz: Stéphanie Boulay, Paris, und Sofarobotnik, Augsburg & München
Herstellung: Steffen Zimmermann
Lithografie: Edition Glénat, S. A.
Druck und Bindung: Grafisches Centrum Cuno GmbH & Co. KG, Calbe
Papier: Profisilk

MIX
Papier aus verantwortungsvollen Quellen
FSC® C043106

Verlagsgruppe Random House FSC® N001967

Printed in Germany

ISBN 978-3-7913-8591-4

www.prestel.de

DIE ENTDECKUNG DER WELT

FRÜHE REISEFOTOGRAFIE VON 1850 BIS 1914

HERAUSGEBER

Olivier Loiseaux

VORWORT

Freddy Langer

TEXTE

Olivier Loiseaux und Gilles Fumey

Prestel

MÜNCHEN · LONDON · NEW YORK

WELTKARTE DER FOTOGRAFISCHEN EXPEDITIONEN

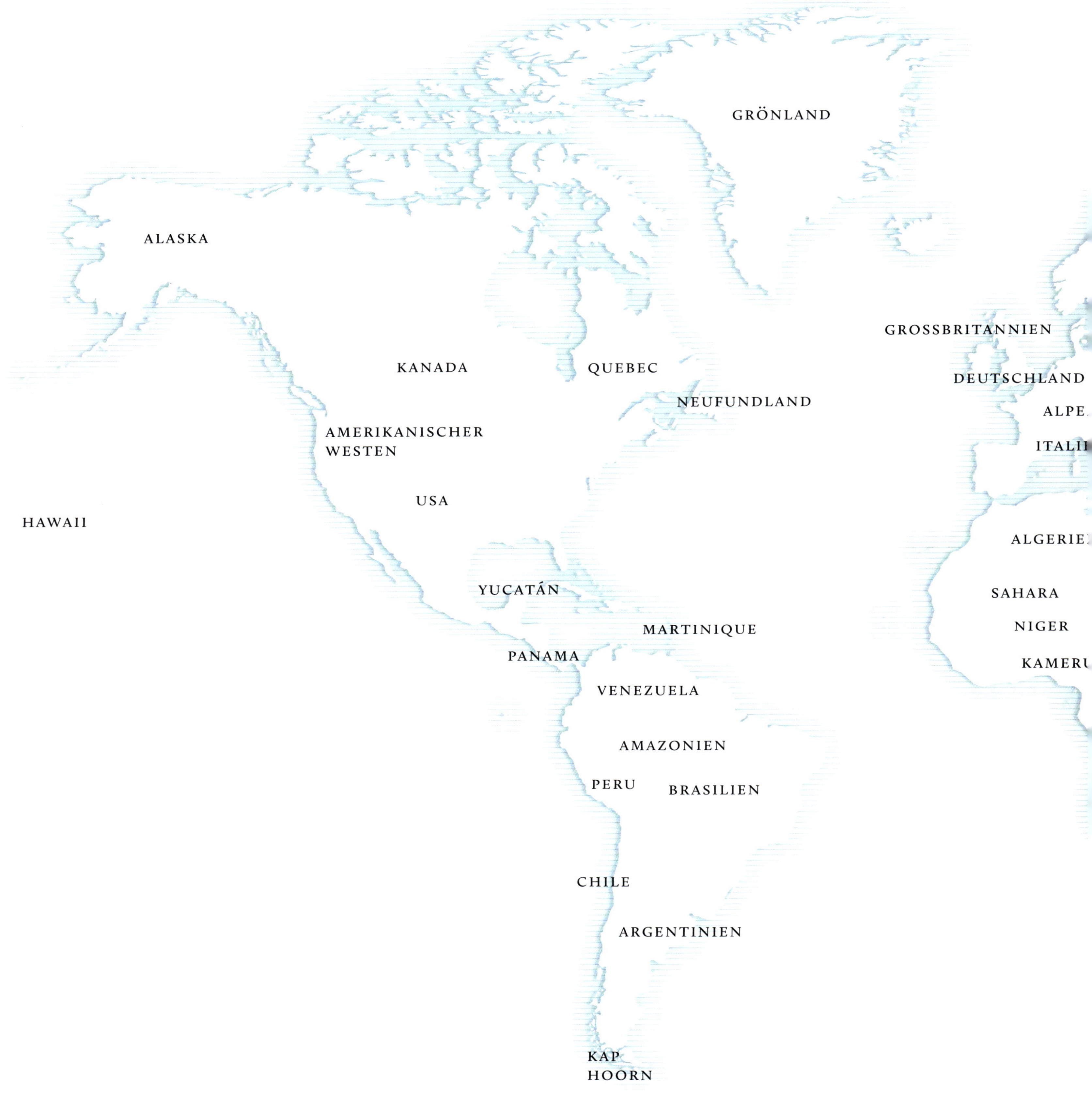

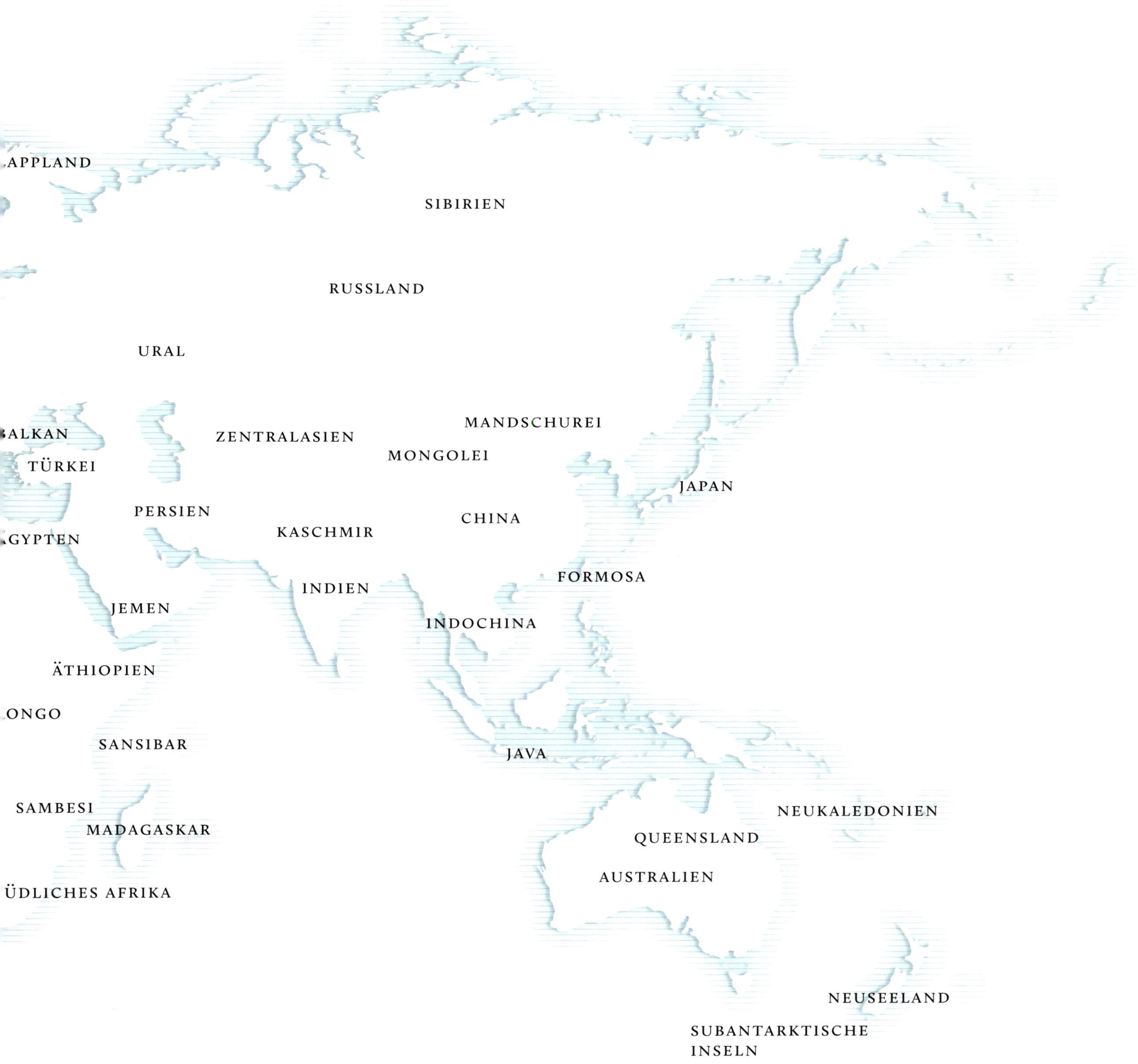

APPLAND
SIBIRIEN
RUSSLAND
URAL
MANDSCHUREI
ALKAN
ZENTRALASIEN
MONGOLEI
TÜRKEI
JAPAN
PERSIEN
CHINA
KASCHMIR
GYPTEN
FORMOSA
INDIEN
JEMEN
INDOCHINA
ÄTHIOPIEN
ONGO
SANSIBAR
JAVA
SAMBESI
NEUKALEDONIEN
MADAGASKAR
QUEENSLAND
AUSTRALIEN
ÜDLICHES AFRIKA
NEUSEELAND
SUBANTARKTISCHE
INSELN

VORWORT

Es braucht nicht viel Fantasie, sich den verzweifelten William Henry Fox Talbot während seiner Hochzeitsreise an den Hängen des Comer Sees vorzustellen, wie er abwechselnd auf die liebliche Landschaft hinunterblickt und auf das Zeichenpapier vor ihm, auf dem er nicht mehr als ein paar krakelige Linien zustande bringt, obwohl er eine Camera lucida als Hilfsmittel benutzt, ein optisches Instrument, das die Wirklichkeit über den Umweg einer Linse auf das Blatt lenkt. »Teufel auch!« hätte jeder andere gerufen. Der vornehme Privatgelehrte aus England aber bezeichnet seine Stimmung angesichts der banalen Kritzelei mit dem Wort »Trübsinn«.

Das war im Oktober des Jahres 1833. Und womöglich muss man diesen Herbsttag als die Geburtsstunde der Fotografie bezeichnen. Denn der von sich und seinem Talent so enttäuschte Talbot begann daraufhin, mit allen Mitteln einen Weg zu finden, dass sich das Bild selbst »dauerhaft abdruckt und immerwährend auf dem Papier verweilt«. Nur zwei Jahre später gelangen ihm erste Fotografien. Doch ließ er sie in einer Schublade verschwinden, um sich anderen Arbeiten zu widmen. Erst als ihn im Januar 1839 aus Paris die als Sensation ausgegebene Nachricht erreichte, dass der Franzose Louis Jacques Mandé Daguerre von Bildern der Camera obscura »einen festen und dauerhaften Abdruck« hergestellt habe, begann er hektisch damit, seine Methode zu vermarkten.

Die Technik der Daguerreotypie verbreitete sich mit einer solchen Geschwindigkeit über den Globus, dass binnen weniger Jahre alle Sehenswürdigkeiten der Welt fotografiert waren. Doch handelte es sich um Unikate, zauberhafte kleine Bildchen auf Silberplatten, die in samtbezogenen Etuis unter Glas lagen wie teurer Schmuck in einer wertvollen Schatulle. Die von Talbot erfundene Technik des Negativs hingegen erlaubte beliebig viele Kopien – und es dauerte nicht lange, bis aus einem Steckenpferd für Müßiggänger ein Massenmedium wurde.

Allerorten öffneten Ateliers und verkauften zehntausendfach an Reisende Ansichten der näheren Umgebung oder vertrieben sie hunderttausendfach über Buchhandlungen und Verlage. Die Nachfrage wurde immer größer, die Welt wurde immer kleiner, und schon bald scheuten Fotografen weder Mühen noch Gefahren, um mit ihren zentnerschweren Gerätschaften in Regionen vorzudringen, die in der zweiten Hälfte des 19. Jahrhunderts den meisten Europäern nicht einmal vom Hörensagen bekannt waren. »Der fotografische Enthusiasmus kann nicht weiter gehen als bis hierher«, notierte Samuel Bourne im Jahr 1866 mit einer Mischung aus Lakonie und Großmannssucht, als er im Himalaya seinen Fotoapparat auf dem 6000 Meter hohen Manirang-Pass aufgestellt hatte. Aber damit war die Suche nach den höchsten, fernsten, tiefsten, exotischsten, kältesten oder gefährlichsten Orten überhaupt erst eröffnet.

Heute, da uns Google unter dem Suchbegriff ›Reisefotografie‹ binnen eines Wimpernschlags mehr als zwei Millionen Ergebnisse aus dem weltweiten Netz fischt, fällt es schwer, sich auszumalen, was es bedeutet hat, in der Wüste Ägyptens oder zwischen den Eisbergen vor Neufundland eine an Ort und Stelle umständlich präparierte Glasplatte minutenlang zu belichten. Aber man kann sich einbilden, wie es gewesen sein muss, wenn damals die großbürgerliche Familie im Kreis beieinander saß und diese Aufnahmen durch Lupen bis ins kleinste Detail studierte. Die Fotografen waren die reisenden Stellvertreter ihres Publikums. Und die Menschen erschauderten vor Vergnügen während ihrer Suche nach Überraschungen.

Jetzt freilich, da wir selbst unentwegt unterwegs sind und an jedem Ort der Welt erkennen müssen, dass wir zu spät eintreffen, weil die Fotografie sich unserer Erinnerung bemächtigt hat, lange bevor wir die Reise überhaupt angetreten haben, müssen wir uns eingestehen, dass uns damit die Fähigkeit des Staunens genommen wurde.

Hier ein Selfie, dort ein Selfie, dann rasch hochgeladen auf alle sozialen Kanäle, wo es mit 100 000 ähnlichen Bildern konkurriert. Aber um die Bilder geht es ja längst nicht mehr, sondern nur noch um den Beweis: Auch ich bin da gewesen. Und schon geht es weiter zur nächsten Attraktion, wo sich der Vorgang nach dem gleichen Muster wiederholt.

Deshalb lohnt der Blick auf alte Fotografien. Sie vermitteln noch etwas vom Staunen und von der Neugierde gegenüber der Fremde und den Fremden. Hier ist das Exotische noch nicht seines Nimbus beraubt. Es kann kein Zufall sein, dass die Fotografie ausgerechnet in der Epoche der Romantik erfunden wurde. Und man tut den frühen Reisefotografen nicht Unrecht, wenn man sie Romantiker nennt. Auf ihren Bildern herrscht kein Mangel an Verklärung. Aber selbst aus den präzisesten, nüchternsten Abbildungen alten Gemäuers glauben wir den Flüsterton geheimer Botschaften herauszuhören. Und dort, wo die Fotografen scheu in die Kamera blickende Menschen der langen Belichtungszeit wegen in steifen Posen inszenierten, spüren wir etwas von diesen frühen, womöglich ersten Begegnungen überhaupt zwischen zwei sich gänzlich fremden Kulturen. Es ist, als habe die Welt damals noch wie unter einem Schleier verborgen gelegen, den die Fotografen allmählich lüfteten.

Aber es gibt eben auch diesen Zusammenhang zwischen der Entwicklung des Tourismus und der Fotografie. Als Geburtsstunde des Massentourismus gilt der 1. Juli 1841. Thomas Cook, Tischler und Wanderprediger, hatte für diesen Tag eine Bahnreise von Leicester ins gut 15 Kilometer entfernte Städtchen Loughborough organisiert, samt Musikbegleitung unterwegs und Tee und Sandwiches für jeden Teilnehmer. 570 Menschen hatten die Reise gebucht. So fielen die Anfänge der Fotografie und des Massenreisens auf wunderbare Weise zusammen – und gingen eine Partnerschaft ein, wie es vielleicht keine zweite gibt. Und je einfacher es wurde, die Welt zu erkunden, desto einfacher wurde es zugleich, sie selbst zu fotografieren.

Nicht auszudenken, was wäre, wenn wir bis heute jede Szene, jede Landschaft, jedes Haus unterwegs mühsam mit dem Stift aufs Zeichenpapier übertragen müssten. Wenn wir auf einen See hinunterschauten und zum Moment sagten: »Bleib doch, du bist so schön«, aber dann an unserem ästhetischen Anspruch verzweifelten. Womöglich täte es manchem gut, dann und wann genauer hinzuschauen, sich dem Motiv behutsam anzunähern, fast kontemplativ – statt mit dem Mobiltelefon im Sekundentakt seelenlose Bilder aufzunehmen. Die Fotografie hat die Wahrnehmung der Welt demokratisiert. Aber sie hat ihr nicht die Seele geraubt. Das haben wir selbst getan.

FREDDY LANGER

EINLEITUNG

DIE GANZE WELT IM SUCHER

1839 präsentiert François Arago der Pariser Akademie der Wissenschaften erstmals ein fotografisches Verfahren. Die von Louis Daguerre entwickelte Methode ist revolutionär, allerdings sind diese Fotografien noch Unikate auf Kupferplatte und können nicht vervielfältigt werden.

Zwei Jahre später lässt der seit 1835 an einem Negativ-Positiv-Verfahren arbeitende britische Fotopionier William Henry Fox Talbot die Kalotypie patentieren. Mit seinen Papiernegativen lassen sich zum ersten Mal Abzüge machen. Damit legt Talbot den Grundstein für die moderne Fotografie.

Zehn Jahre nach der Erfindung der Daguerreotypie wird Maxime Du Camp vom französischen Bildungsministerium mit einer Forschungsreise in den Orient beauftragt. Er reist in Begleitung seines Freundes Gustave Flaubert und nimmt alles mit, was er zum Fotografieren benötigt. Die umfangreiche Ausrüstung (Chemikalien, Kamera, Entwicklungsschalen), extrem lange Belichtungszeiten, aufwendige Bedienung und Entwicklung sowie die dafür erforderliche absolute Dunkelheit im Entwicklungszelt stellen den Fotografen unter der sengenden Sonne Ägyptens vor große Herausforderungen. Doch das Ergebnis kann sich sehen lassen: ein Reisebericht in Buchform, illustriert mit selbstgemachten Aufnahmen, die eine der ersten Fotoreisen der Geschichte dokumentieren. Die Kamera wird zum neuen, nützlichen und schnell einsetzbaren Begleiter von bedingungsloser Motivtreue.

Die darauffolgenden Jahre sind von weiteren technischen Neuerungen geprägt: An die Stelle des Papiernegativs tritt 1851 das nasse Kollodiumverfahren, bei dem auf einer gläsernen Kollodium-Nassplatte ein Negativ erzeugt wird, das die Belichtungszeiten drastisch verkürzt. Die Entwicklung ist jedoch nach wie vor aufwendig und die Ausrüstung der Fotografen bleibt sperrig und schwer. Nicht ohne Grund lässt Désiré Charnay seine Ausrüstung bei seiner Yucatán-Reise 1860 von Maultieren transportieren.

Der große Durchbruch kommt 1878 mit der Erfindung der lange haltbaren und damit lagerfähigen und leichter zu vermarktenden Gelatine-Trockenplatte. Die Belichtungszeit sinkt auf den Bruchteil einer Sekunde und macht somit auch Schnappschüsse möglich. Das leicht zu handhabende Verfahren bietet gerade auf Reisen Vorteile.

In der zweiten Hälfte des 19. Jahrhunderts werden Entdeckungsreisen ins Innere der Kontinente und in die entlegensten Winkel der Welt wieder beliebt. Allerdings verdrängen schon bald politische Motive, territoriale Expansion und Kolonisierung die ursprünglichen, wissenschaftlichen Beweggründe zur Erforschung unbekannter Regionen. Gleichzeitig trägt die sich weiterentwickelnde Fotografie maßgeblich zur visuellen Entdeckung neuer Welten bei. Einzel- und Gruppenreisende sowie Teilnehmer ziviler und militärischer Missionen bringen die ersten Aufnahmen von Vertretern bisher unbekannter Volksgruppen mit nach Hause: fragile Lebensräume und Völker, die durch den Kontakt mit den Fremden schon bald zum Untergang verurteilt sind oder zumindest einer Zukunft entgegenblicken, in der nichts mehr so sein wird wie zuvor. Die Bilder aus der neuen Welt zeigen etwas völlig Neues, krempeln das Weltbild der Menschen im Westen sowie ihre Wahrnehmung von Andersartigkeit komplett um und tragen so zu einem Paradigmenwechsel in der Geografie bei.

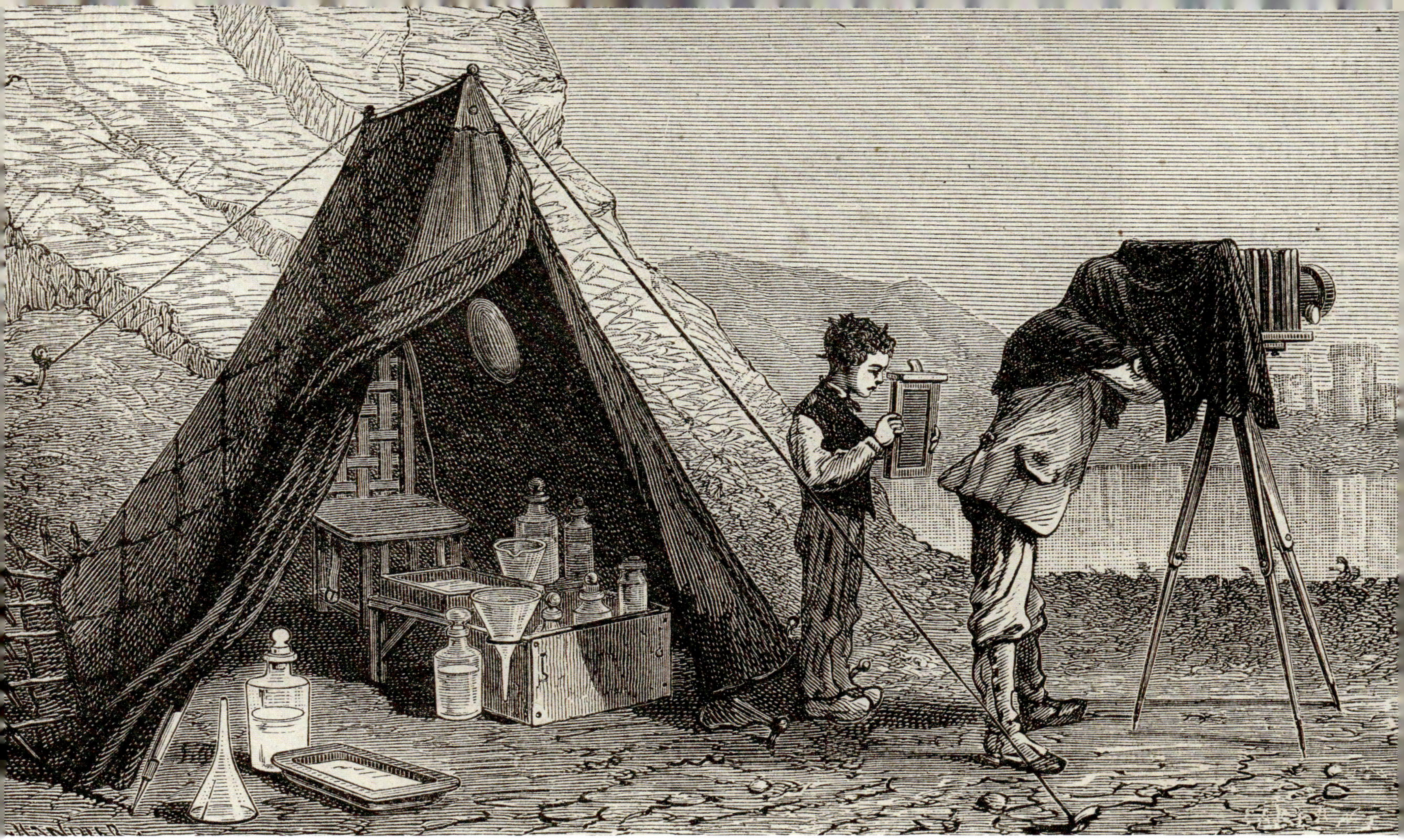

Die industrielle Revolution sorgt zunächst in Westeuropa, später in den Vereinigten Staaten und in der restlichen Welt für einen radikalen Wandel der Lebens- und Produktionsbedingungen. Innerhalb weniger Jahrzehnte wird mit der Erfindung der Dampfeisenbahn und der Dampfschifffahrt und dem damit einhergehenden Bau von Eisenbahnlinien und künstlichen Wasserstraßen die Fortbewegung sowohl zu Land wie zu Wasser revolutioniert. Die Entdeckung neuer Rohstoffvorkommen führt zur Entstehung großer Wirtschaftsregionen. Die Städte als industrielle, wirtschaftliche und finanzielle Zentren wachsen in schwindelerregendem Tempo. Auch dieser wirtschaftsgeografische Wandel wird von den Fotografen festgehalten. Die Moderne beschreibend, sind sie selbst ein Teil von ihr.

In einer im Umbruch begriffenen, sich öffnenden Welt befriedigt die Reisefotografie gleich drei Bedürfnisse: das Verlangen nach Erweiterung des Wissenshorizonts, nach der Bewahrung von Zeugnissen der Vergangenheit und Zeugnissen bedrohter Welten sowie das legitime Interesse an neuen Entwicklungen. Präzision und Motivtreue machen die Fotografie zu einem idealen Mittel der Informationsbeschaffung, -erfassung und -archivierung in allen Wissensbereichen. Die Fotografie steht ganz im Dienst der das 19. Jahrhundert so sehr kennzeichnenden, begeistert aufgenommenen wissenschaftlichen Bestandsaufnahmen. Dabei ist der Reisefotograf weit entfernt von Objektivität. Jede Aufnahme, die er mit nach Hause bringt, ist von seiner individuellen Erfahrung des Andersartigen geprägt, von seinem Blick auf das jeweilige Motiv. Die Entscheidung, was gezeigt und hervorgehoben, was weggelassen oder verfremdet wird, ist genauso maßgeblich wie die Aufnahme selbst und der Kontext, in dem sie in Auftrag gegeben, gemacht und veröffentlicht wird. Am Ende stehen in jedem Fall aussagestarke Fotos, reich an Geschichte, Ideologien, Diskursen und impliziten Wahrheiten, die bei eingehender Betrachtung ihre komplexe und nuancierte Botschaft offenbaren.

OLIVIER LOISEAUX

A. JAHANDIER (ZEICHNUNG)

Der Fotograf auf Entdeckungsreise · 1874 ·
Kupferstich, 8 × 13 cm. *La Nature,* 1874, Bd. I

AFRIKA

Afrika übt auf die ersten Reisefotografen eine geradezu magische Anziehung aus. Mit mobiler Dunkelkammer, in der sie Jod- oder Quecksilberdämpfe auf Glasplatten aufbringen und Negative entwickeln, machen sie sich auf, den Schwarzen Kontinent zu erkunden. Auf ihn sind nicht nur Abenteurer und Forscher neugierig, er weckt auch die Gier der späteren Kolonisatoren.

Die großen weißen Flecken auf den Landkarten, die Terrae incognitae, ziehen viele britische Abenteurer an. Aber auch anderenorts nimmt die Reiselust zu. Mit der Ägyptenexpedition 1798, der ersten seit dem Asienfeldzug Alexanders des Großen (334–324 v. Chr.), schickt Napoleon Gelehrte, Ingenieure und Botaniker auf Forschungsreise in eine Region, auf die er schon seit längerem ein Auge geworfen hat. Ihnen folgen einige Jahrzehnte später der Hieroglyphenentzifferer Jean-François Champollion und Vivant Denon, der mit der Ägyptologie ein neues Forschungsgebiet begründet, das dank der ersten Aufnahmen von Pharaonentempeln und -gräbern in gebildeten und gelehrten Kreisen eine wahre Blütezeit erlebt. Vier Jahrzehnte später reisen Maxime Du Camp und Gustave Flaubert nilaufwärts und kehren mit zahlreichen Fotos von bisher unbekannten Zeugnissen der altägyptischen Kultur zurück. Endlich muss nicht mehr gezeichnet werden, um Reiseeindrücke festzuhalten. Jetzt dienen Fotos der wissenschaftlichen Dokumentation. Dementsprechend oft gehen Forscher fortan auf Entdeckungsreise. Innerhalb weniger Jahrzehnte schafft die Fotografie ein völlig neues Weltbild und neue Möglichkeiten der Wissensspeicherung.

Auch die Ethnografie geht neue Wege. Für ihre Schilderungen der Andersartigkeit dokumentieren Forschungsreisende religiöse Rituale sowie Lebens-, Ess-, Arbeits- und Tanzgewohnheiten der Einheimischen nun auch fotografisch. Die Einheimischen posieren bereitwillig und nähren damit das Bedürfnis der Europäer nach Neuem und Überraschendem.

Unerschrockene, angestachelt durch verlockende Reiseberichte, nutzen vor allem die alten Handelsstraßen zur Erkundung des riesigen afrikanischen Kontinents. Die französische Gelehrtengesellschaft Société de Géographie fördert die Entdeckerlust mit finanziellen Anreizen. 10 000 Franc bietet sie für Augenzeugenberichte aus Timbuktu, einer Stadt, die seit König Kankan Mansa Musa im 14. Jahrhundert als Perle am Niger gilt. René Caillié gelingt es, als bettelnder Derwisch verkleidet in die verbotene Stadt hineinzukommen. Er ist einer der wenigen Franzosen, die das Gebiet der heutigen Sahelzone bereisen, das schon immer die Begehrlichkeiten der französischen Kolonialherren im Senegal geweckt hat.

Wer das Innere des afrikanischen Kontinents ohne Kartenmaterial erkunden will, kann sich an den Flussläufen orientieren. Ein Vorstoß bis zur Quelle sowie die kartografische Erfassung des Einzugsgebiets sind später folgenden Reisenden Orientierungshilfen. Für die Gebrüder Lander, zwei Briten, die auf den Spuren Mungo Parks und Clappertons den Niger erkunden wollen, erweist sich die erste Fahrt auf dem unbekannten Fluss als nicht ganz ungefährlich, denn sie werden von Piraten angegriffen und von Lösegelderpressern gefangen genommen. Dennoch bringen diese Widrigkeiten sie nicht von ihrem eigentlichen Plan ab.

Auch Savorgnan de Brazza, ein französischer Afrika-Reisender italienischer Herkunft, erkundet den Kontinent vom Fluss aus. Er dringt bis zum Oberlauf des Ogooué vor. Seine Begleiter mahnt er dabei stets zur Rücksicht auf die einheimische Bevölkerung. »Versucht, die Mentalität der Schwarzen zu verstehen, mischt euch unter sie. Keine Waffen, keine Eskorte. Vergesst nicht, dass ihr die Eindringlinge seid und dass man euch nicht gerufen hat«, predigt er immer wieder und ist damit der Begründer der friedlichen Kolonialisierung.

Die gleiche Herangehensweise verfolgt auch der schottische Theologe und Mediziner Livingstone, der den

Sklavenhandel sein Leben lang anprangert und dementsprechend von den Einheimischen verehrt wird. Seine Missionsstation wird im Burenkrieg zerstört, später aber jenseits der Kalahari am Ngamisee wiederaufgebaut. Livingstone gelingt die Ost-West-Durchquerung Südafrikas vom Sambesi bis Luanda. Insgesamt 2000 Kilometer legt er mit Hilfe der Kololo zurück, die sein Gepäck tragen, und entdeckt dabei auch die berühmten Wasserfälle, von denen er bereits von den Makolos gehört hat. Da in Europa, abgesehen von den Berichten des griechischen Gelehrten Ptolemäus aus dem 2. Jahrhundert n. Chr., nichts über den Nil bekannt ist, macht Livingstone sich auf die Suche nach dessen Quelle. Entlang des Großen Afrikanischen Grabenbruchs reist er Richtung Norden, wobei er wegen seiner Ablehnung des Sklavenhandels immer wieder mit den Arabern in Konflikt gerät. In Europa gilt Livingstone als verschollen, wird aber von dem britischen Journalisten Stanley krank am Tanganjikasee in Ujiji angetroffen. Offiziell dienen zu dieser Zeit alle Afrika-Expeditionen der Missionierung der Einheimischen, dennoch verbergen sich dahinter natürlich immer auch politische Motive. Es gibt einige wenige Ausnahmen, die die Regel bestätigen, zum Beispiel den Adligen, Forscher, Priester, Mönch und späteren Eremiten Charles de Foucauld, der eine Zeit lang unter den Tuareg lebt und eine spirituelle Reise durch die Wüste unternimmt.

Im letzten Viertel des 19. Jahrhunderts arbeiten auch die Deutschen aktiv an der Schaffung eines Kolonialreichs. Der Afrikaforscher Gustav Nachtigal, der sich zur Genesung von einer Tuberkulose nach Tunesien begeben hat, durchquert das gesamte Tibesti, wird von den Tubu gefangen genommen, erreicht aber als Moslem verkleidet später doch den Tschad und den Sudan. Die Suche nach seinem Forscherkollegen Eduard Vogel bringt ihn ins Sultanat Wadai. Von dort aus reist er über Darfur entlang des Nils bis Kairo und kehrt schließlich nach Deutschland zurück. Reichskanzler Otto von Bismarck erteilt ihm den Auftrag, Togo, Kamerun und den Südwesten Afrikas unter deutschen Schutz zu stellen. Zur selben Zeit veröffentlicht der britische Journalist Stanley Reiseberichte über seine Expeditionen zum Viktoriasee und auf dem Lualaba, dem Quellfluss des Kongo. Er durchquert ganz Zentralafrika von Sansibar bis zur Atlantikküste und erwirbt den Kongo im Auftrag von Leopold II. als Kolonie für die belgische Krone.

Ob Glaubensmission, Forschungsreise oder staatlich finanzierte Expedition, am Ende steht ein exotisierendes Afrikabild, genährt durch Reiseschilderungen, die immer auch mit einem gehörigen Quäntchen Mysterium, Abenteuer und Wahnsinn gewürzt sind. In der Tat werden viele Abenteuerlustige vom Wahnsinn ereilt oder sterben eines gewaltsamen Todes. Auch todbringende Krankheiten sind nicht selten der Preis für Augenzeugenberichte über Afrika, seine Menschen und Gemeinschaften, über seine Wälder und Savannen, Pflanzen und Tiere. Afrika wird die neue Bühne der europäischen Großmächte.

GILLES FUMEY

EINE REISE DURCH ÄGYPTEN

VON KAIRO BIS ABU SIMBEL

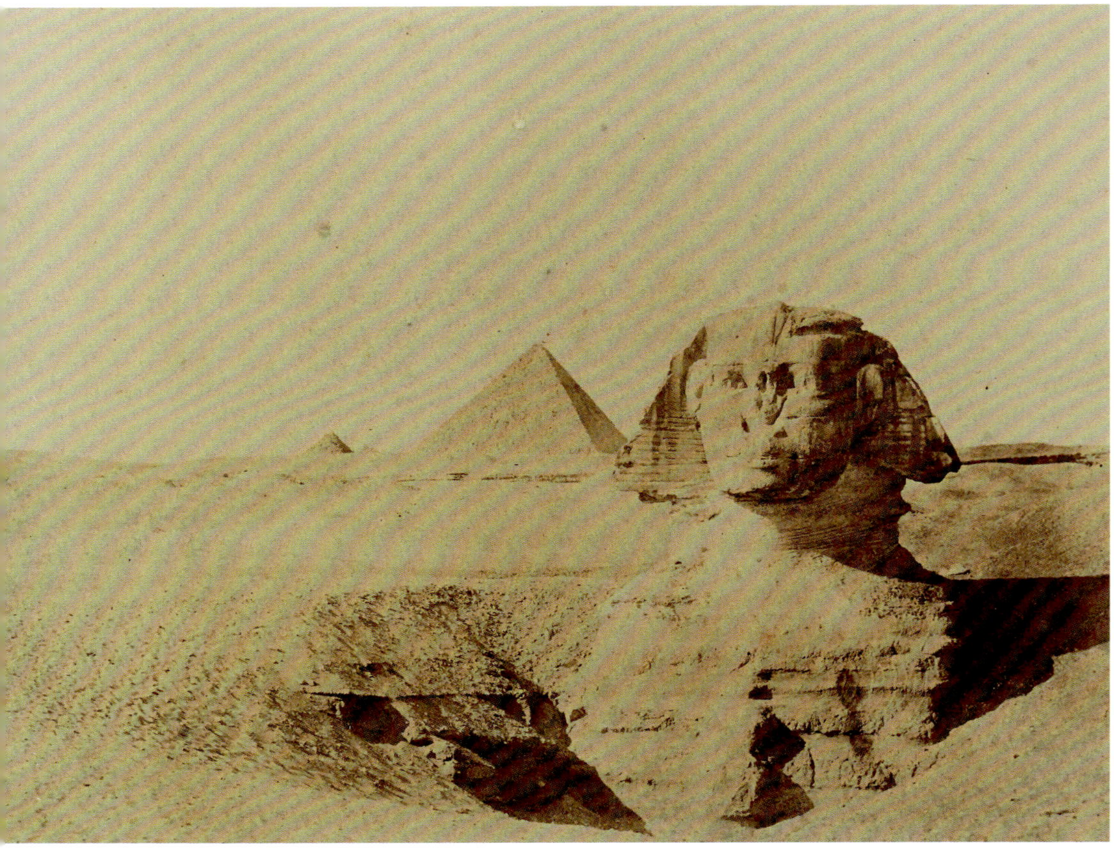

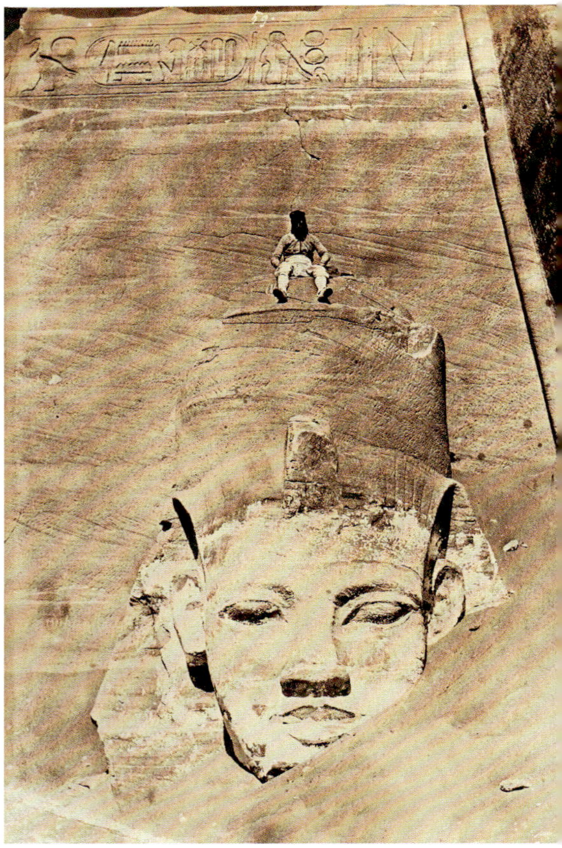

MAXIME DU CAMP

Große Sphinx von Gizeh · 1849 · Salzpapierabzug, 15,9 × 21,3 cm

Am 15. November 1849 kommen Maxime Du Camp und Gustave Flaubert in Alexandria an. Ihren zweimonatigen Aufenthalt in Kairo nutzen sie unter anderem für eine Exkursion nach Gizeh, um sich die Pyramiden und die Sphinx anzuschauen, die zu diesem Zeitpunkt noch stark versandet ist. Im Februar 1850 fahren sie nilaufwärts bis zum zweiten Katarakt und zu den Tempeln von Abu Simbel, bevor sie nach Unterägypten zurückkehren und von dort aus nach Palästina und Syrien weiterreisen.

MAXIME DU CAMP

Abu Simbel, nördliche Kolossalstatue am Tempel von Ramses II. · 1850 · Salzpapierabzug, 23,3 × 16,7 cm

Unzufrieden mit den Ergebnissen, die das nach der Methode von Gustave Le Gray präparierte Fotopapier liefert, trifft Du Camp in Kairo auf Alexis de Lagrange, der auf seinem Weg nach Indien dort Zwischenstation macht. Lagrange zeigt ihm das von Blanquart-Évrard erfundene Albuminpapier, das er auf Reisen für seine Abzüge verwendet.

RECHTE SEITE

MAXIME DU CAMP

Abu Simbel, Kolossalstatue am Tempel von Ramses II., rechts des Eingangs · 1850 · Salzpapierabzug, 21,3 × 16,8 cm

Mehrmals schickt Du Camp einen der Dahabieh-Matrosen zur besseren Illustration der Größenverhältnisse auf die Tempelruine. Auf diesem Foto dient sein gelegentlicher Laborassistent Louis Sasseti als Größenvergleich. Gemäß den Anweisungen der Akademie der Wissenschaften macht Du Camp sowohl Aufnahmen vom Gesamtkomplex als auch Detailfotos.

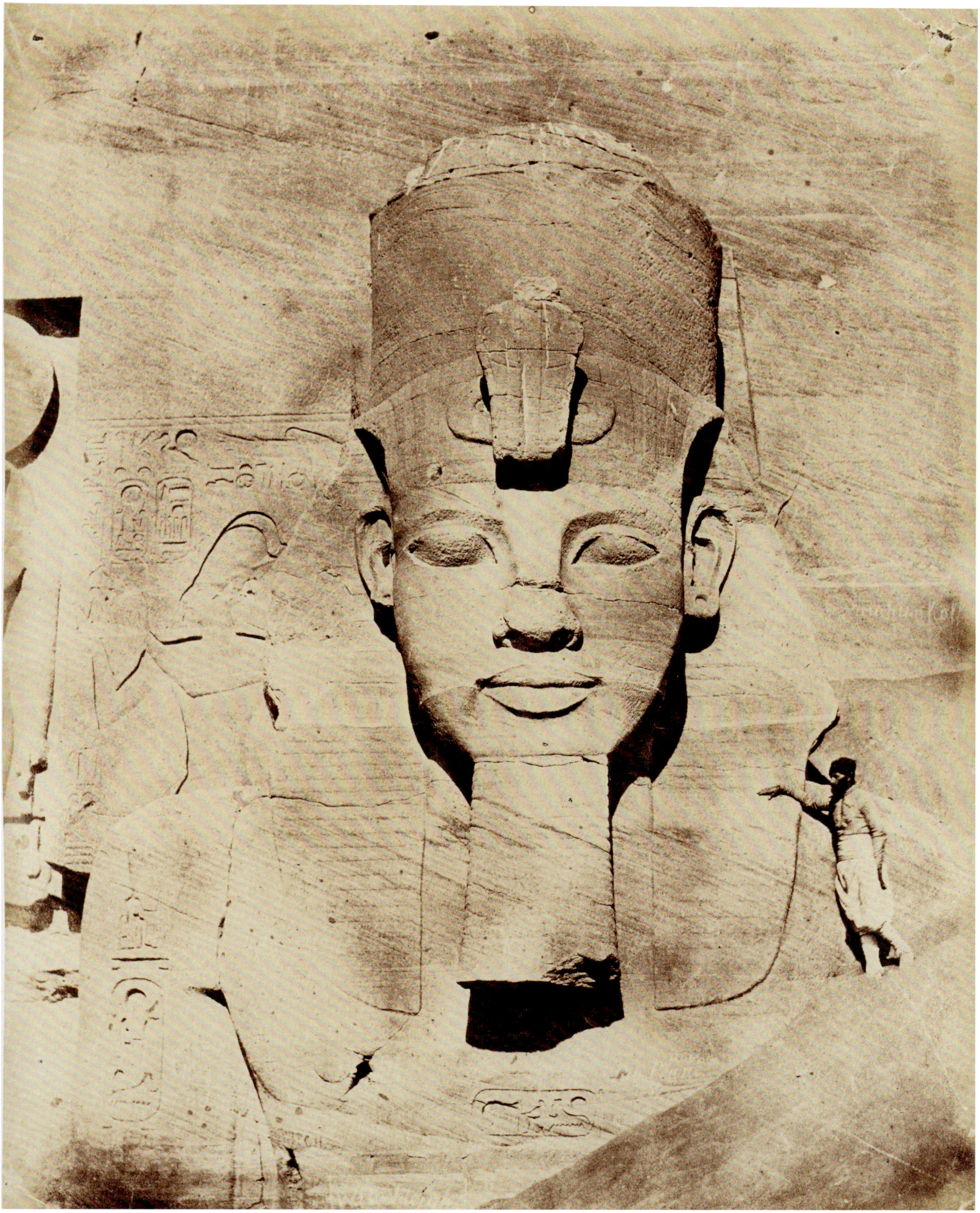

MAXIME DU CAMP

Abu Simbel, Kolossalstatuen an der linken Fassadenseite des Hathor-Tempels ·
1850 · Salzpapierabzug, 16,5 × 22,2 cm

Du Camp macht auf seinen Reisen insgesamt 200 Fotos. Die beiden im Besitz der Société de Géographie befindlichen Fotobände *Voyage* enthalten 170 davon (darunter acht aus Jerusalem und zehn aus Baalbek). Sie stammen aus dem Besitz des bekannten französischen Afrika-Reisenden und Fotografen Henri Duveyrier, der seine gesamte Bibliothek der Société de Géographie vermachte.

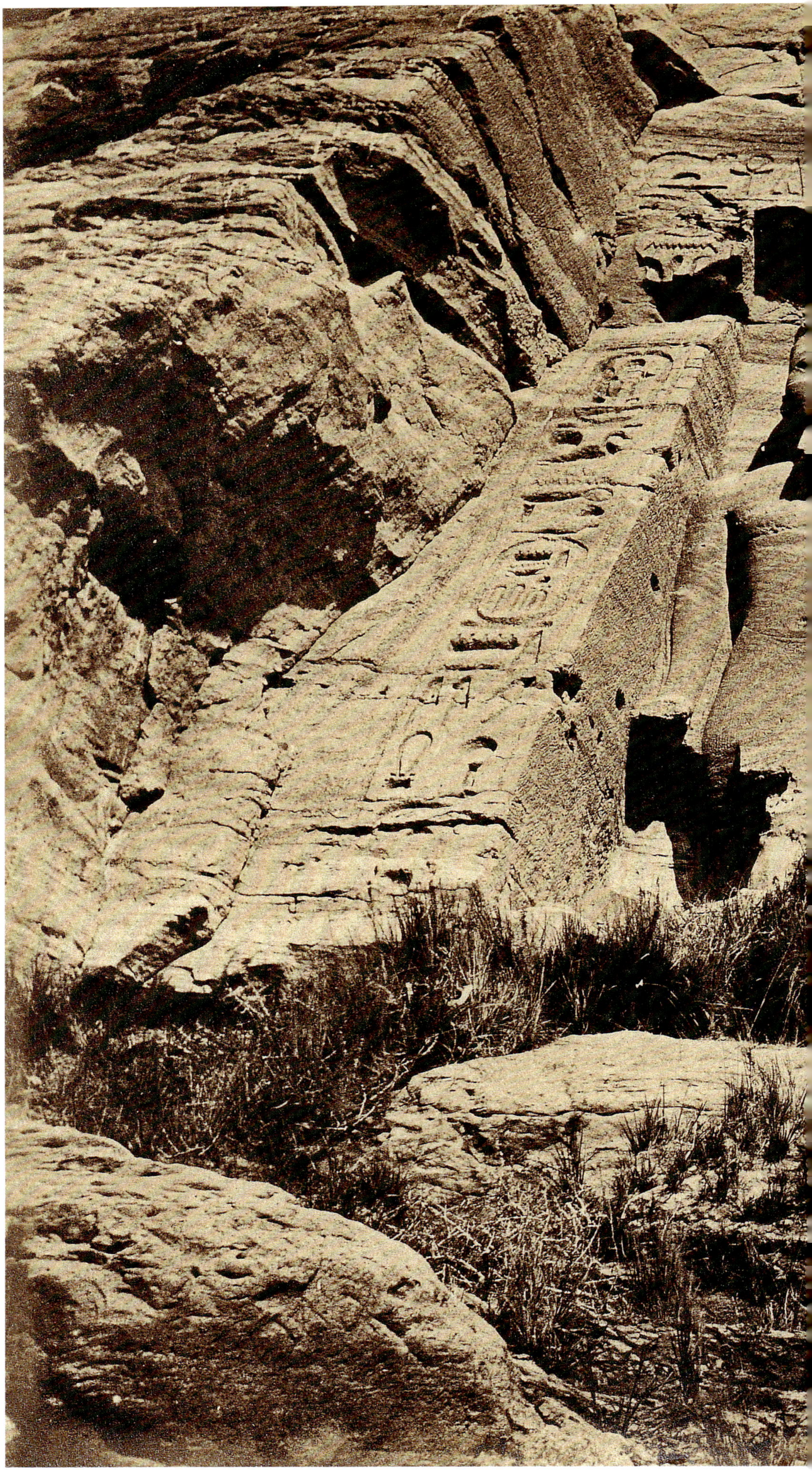

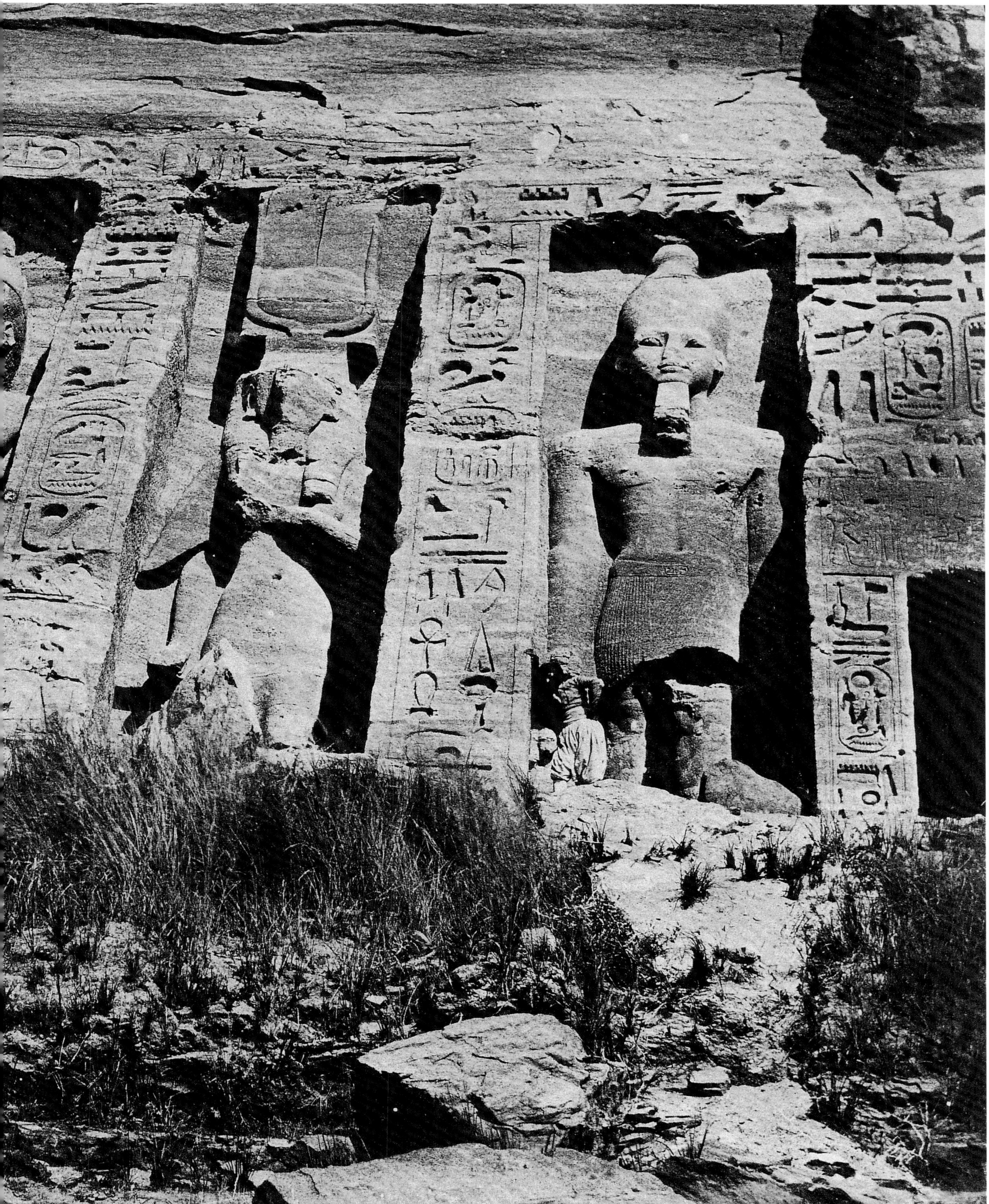

GESCHÄFTIGES TREIBEN AM UND AUF DEM

SUEZKANAL

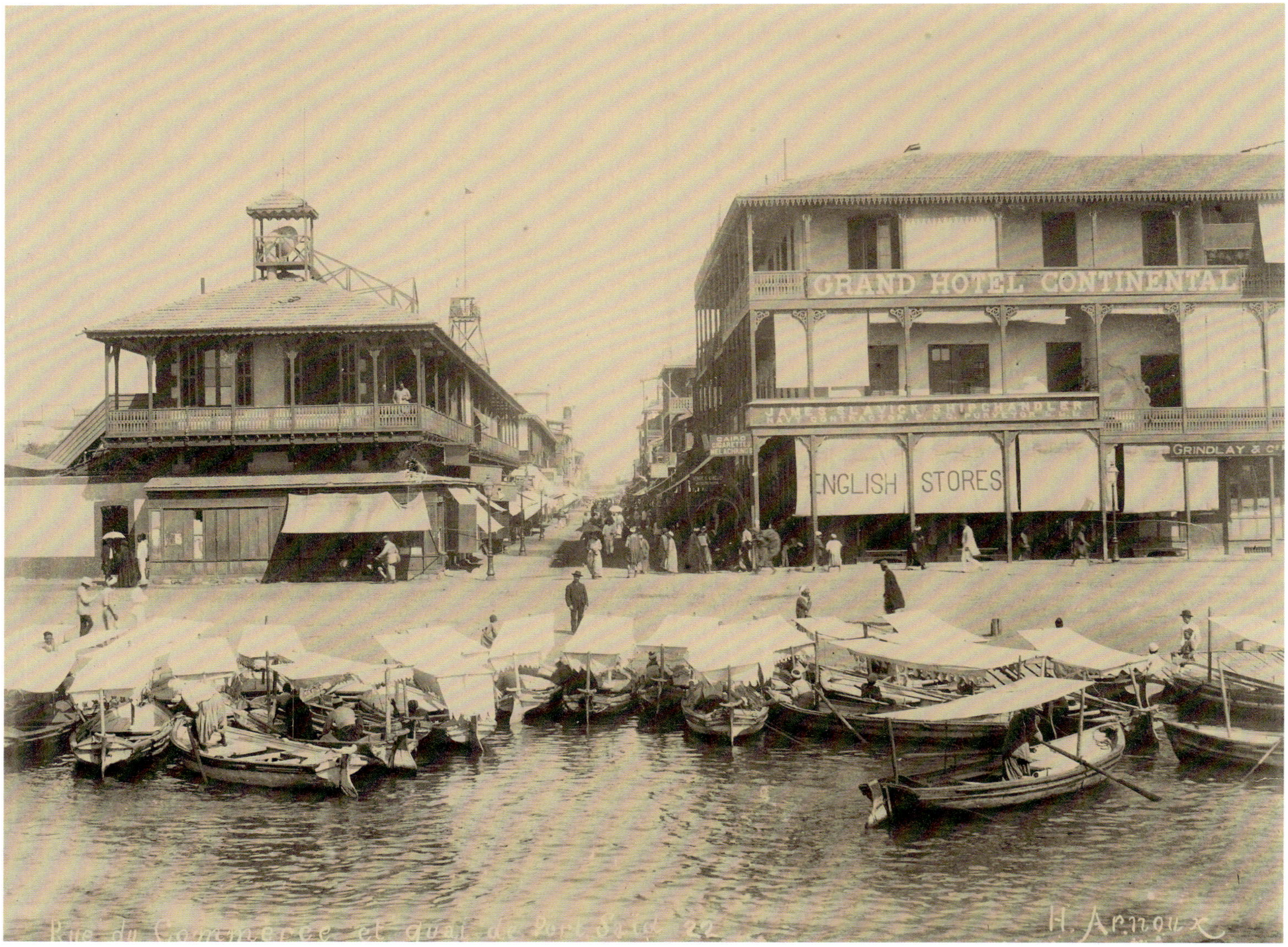

HIPPOLYTE ARNOUX

Geschäftsstraße und Hafen von Port Said · Zwischen 1880 und 1890 · Abzug auf Albuminpapier, 22 × 27,9 cm

Hippolyte Arnoux ist bereits in den 1860er-Jahren als Fotograf in Ägypten. Zentrum seines Wirkens ist Port Said. Mit seiner Motivwahl entspricht er dem typischen Geschmack der damaligen Zeit: archäologische Stätten, Straßenszenen, exotische Kompositionen. Sein besonderes Augenmerk gilt dem Suezkanal. Das direkt am Hafen gelegene Grand Hotel Continental ist ein beliebter Zwischenstopp auf dem Weg in den Fernen Osten.

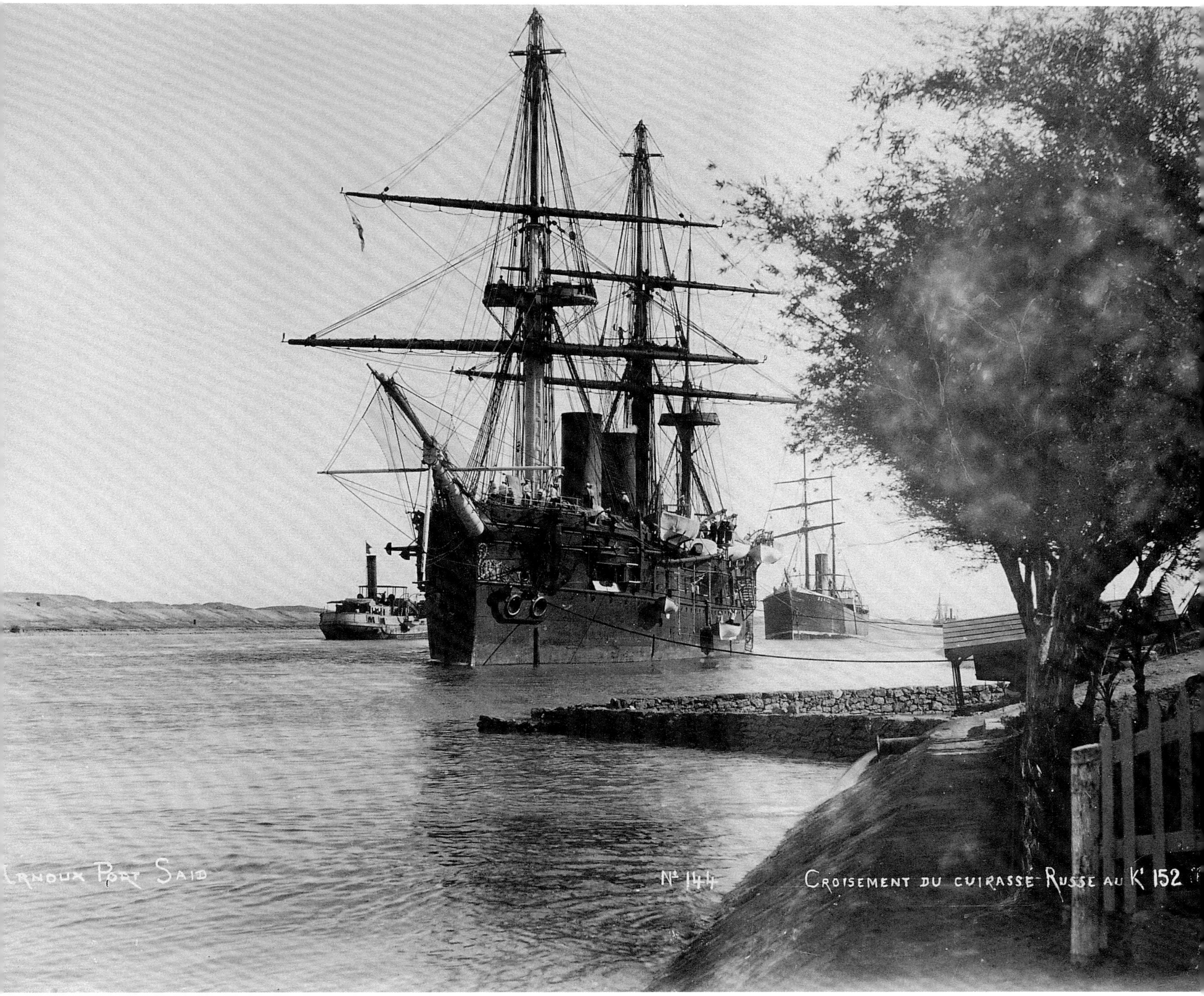

HIPPOLYTE ARNOUX

Russisches Schlachtschiff am Kilometer 152 · Zwischen 1880 und 1890 · Abzug auf Albuminpapier, 22,3 × 28,3 cm

Wie schon der Name seines Geschäftes Photographie du Canal deutlich macht, widmet sich Arnoux dem geschäftigen Treiben und dem Schiffsverkehr auf dem Suezkanal. Nach dem Ausbau in den 1880er-Jahren können auch Schiffe mit größerer Tonnage den Kanal passieren. Hier ein russisches Schlachtschiff, eine Meisterleistung moderner Ingenieurskunst, als Kontrapunkt zur beständigen ägyptischen Landschaft.

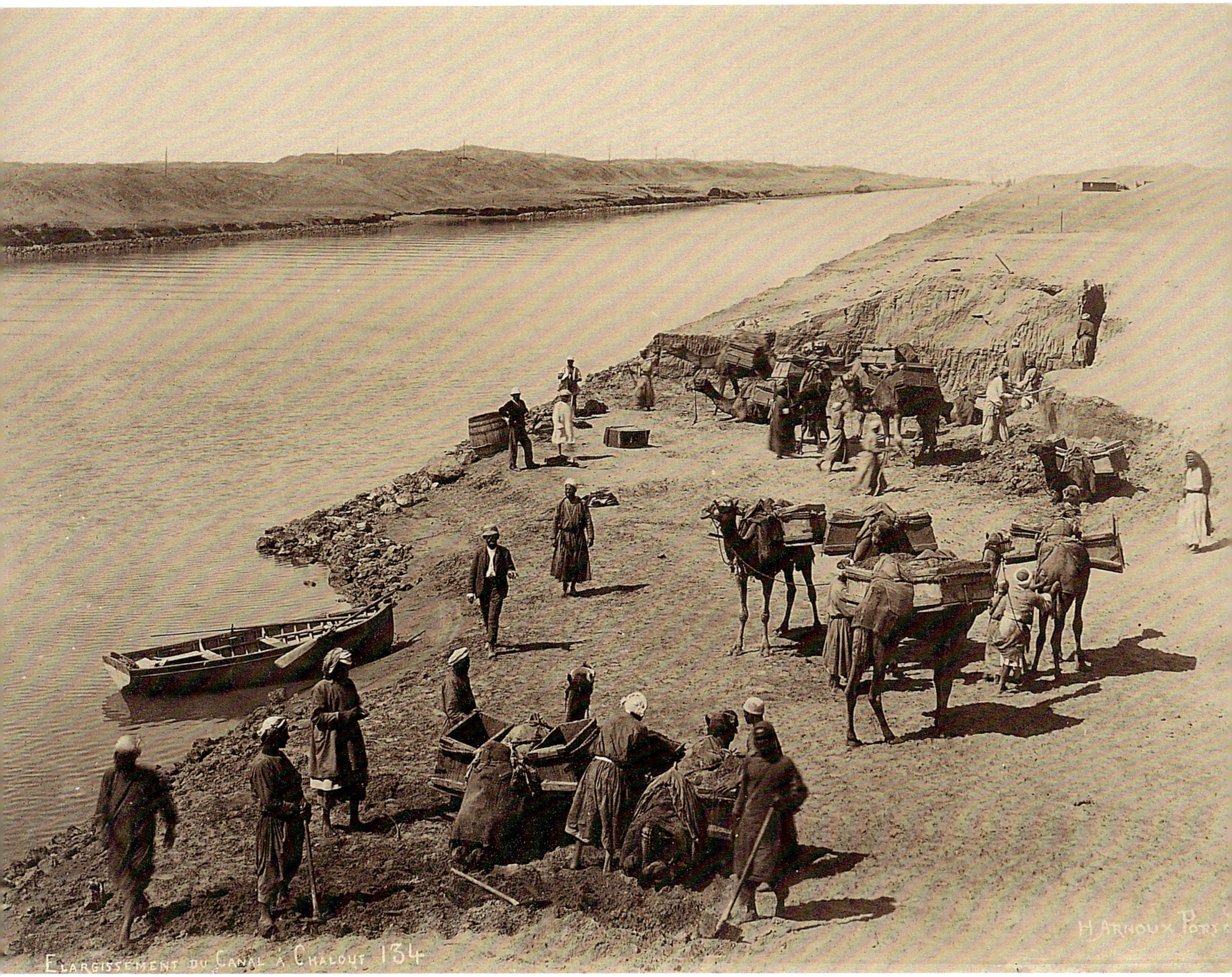

HIPPOLYTE ARNOUX

Ausbau des Kanals bei Schaluf · Zwischen 1880 und 1890 · Abzug auf Albuminpapier, 22,3 × 28,1 cm

1884 kommt in Paris eine internationale Kommission zusammen, um über den Ausbau des Suezkanals zu befinden. Zur Verbesserung der Befahrbarkeit wird beschlossen, die Ufer zu befestigen, einzelne Abschnitte zu begradigen und die Fahrrinne zu vertiefen. Die für diese Erdarbeiten notwendigen Maschinen werden mit Hilfe von Kamelen an Ort und Stelle gebracht und von einheimischen Arbeitern bedient.

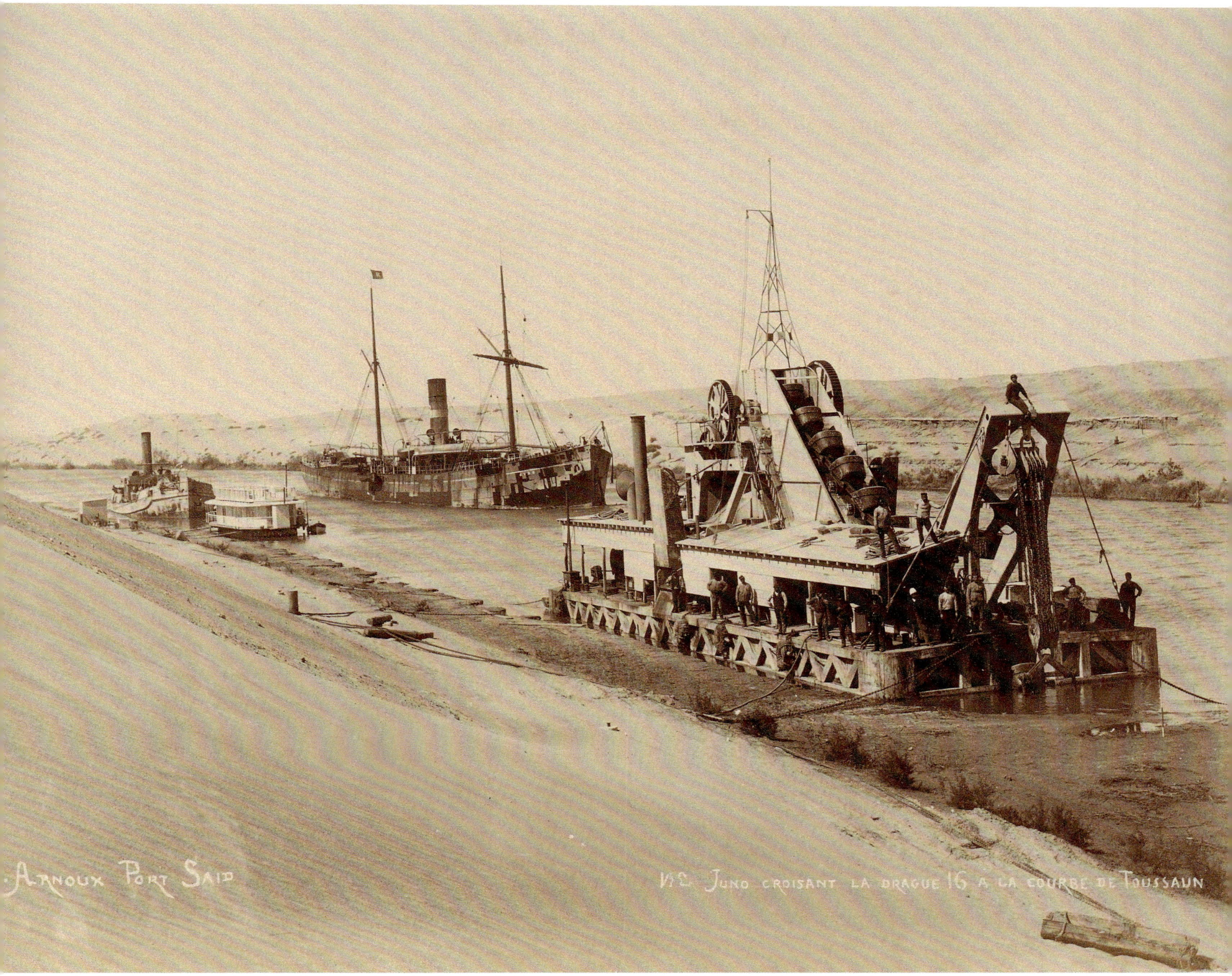

HIPPOLYTE ARNOUX

Juno passiert den Förderbagger 16 an der Schleife von Toussaun · Zwischen 1880 und 1890 · Abzug auf Albuminpapier, 22,3 × 28,1 cm

Hippolyte Arnoux' Fotos vom Suezkanal gelangen 1893 über den Vicomte Méhier de Mathuisieulx, der sie auf einer Ägypten-Reise erwirbt, in den Besitz der Société de Géographie. Sie zählen zum Spätwerk des Fotografen und dokumentieren die Nutzung des Suezkanals in den 1880er-Jahren. An dem mächtigen Förderbagger, der dabei ist, die Fahrrinne auszuheben, wird deutlich, dass die Instandhaltung des Kanal der Verwaltungsgesellschaft erhebliche Kosten verursachte.

EINE DEUTSCHE EXPEDITION

DURCH DIE WÜSTE LIBYENS

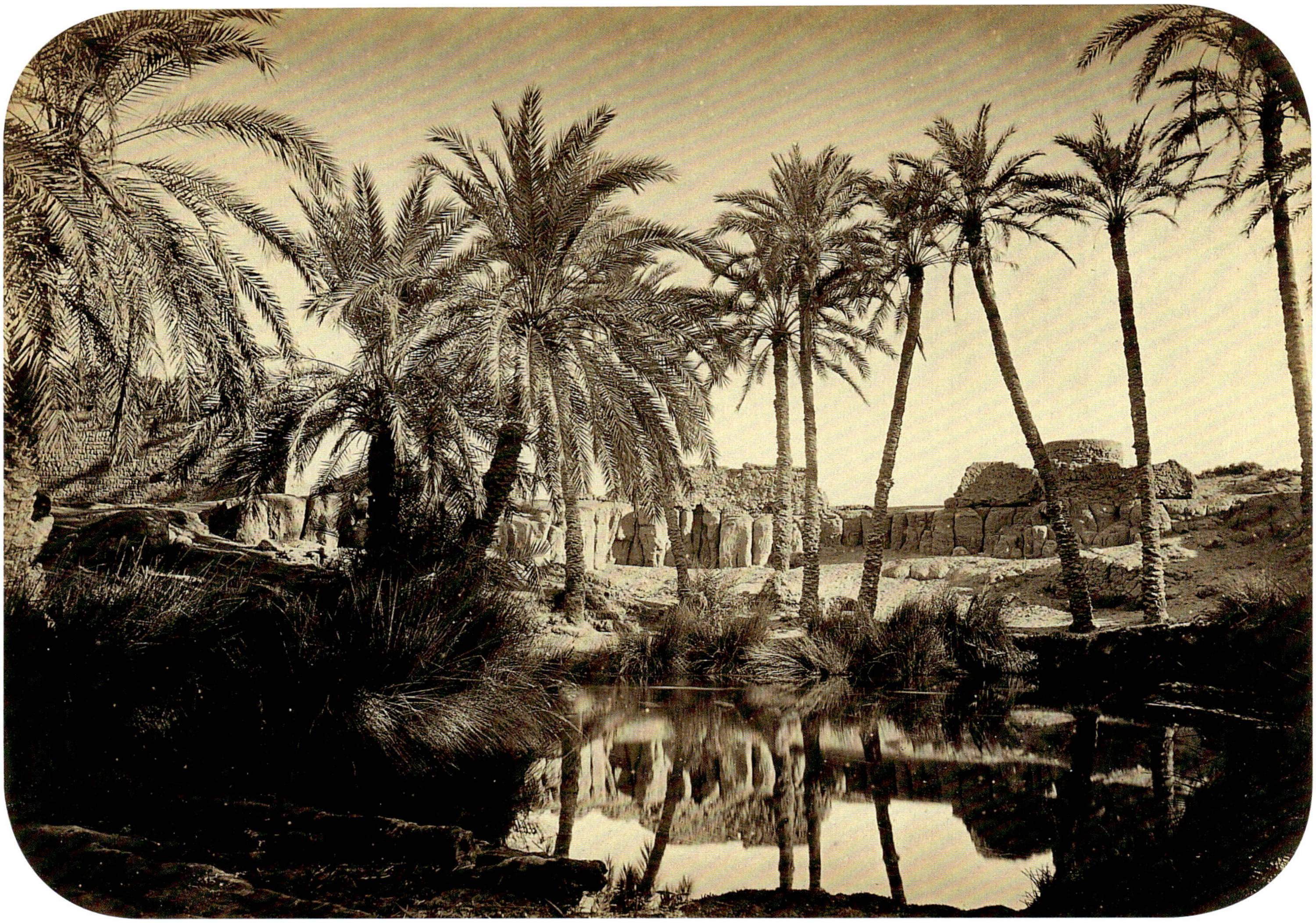

PHILIPP REMELÉ

Die Oase Farafra · 1873/74 · Abzug auf Albuminpapier, 15,1 × 20,9 cm

Der deutsche Sahara-Reisende und -Forscher Gerhard Rohlfs wird 1873 von einem ägyptischen Khediven mit einer Expedition beauftragt. Mit rund 100 Mann und vielen Kamelen durchquert er die endlosen Weiten der bis auf wenige Oasen extrem unwirtlichen Wüste Libyens. Die Oase Farafra wurde nach den sprudelnden Quellen benannt, die zur Bewässerung der Gärten dienen. Ein kleines Paradies, dessen Bewohner sich regelmäßig zur Wehr setzen gegen die Angriffe von Nomaden, die die Gärten verwüsten und die Ernte einstreichen.

PHILIPP REMELÉ

Abstieg (Negeb) zur Oase Dachel · 1874 · Abzug auf Albuminpapier, 14,1 × 20 cm

Auf Anraten des damaligen Präsidenten der Berliner Gesellschaft für Fotografie, Hermann Wilhelm Vogel, nimmt Rohlfs Philipp Remelé als Fotografen mit auf die Expedition. Der Abstieg zur Oase Dachel erfolgt vor eindrucksvoller landschaftlicher Kulisse. Deshalb steigt Remelé einige Tage später erneut ab, um nun Fotos zu machen. In einem Sandsturm wird seine Ausrüstung jedoch gegen einen Felsen geschleudert, alle Glasplatten landen im Sand. Aber es gelingt Remelé, seine Dunkelkammer wieder instand zu setzen und die Aufnahmen, die zu den schönsten seines Albums gehören, nochmals zu machen.

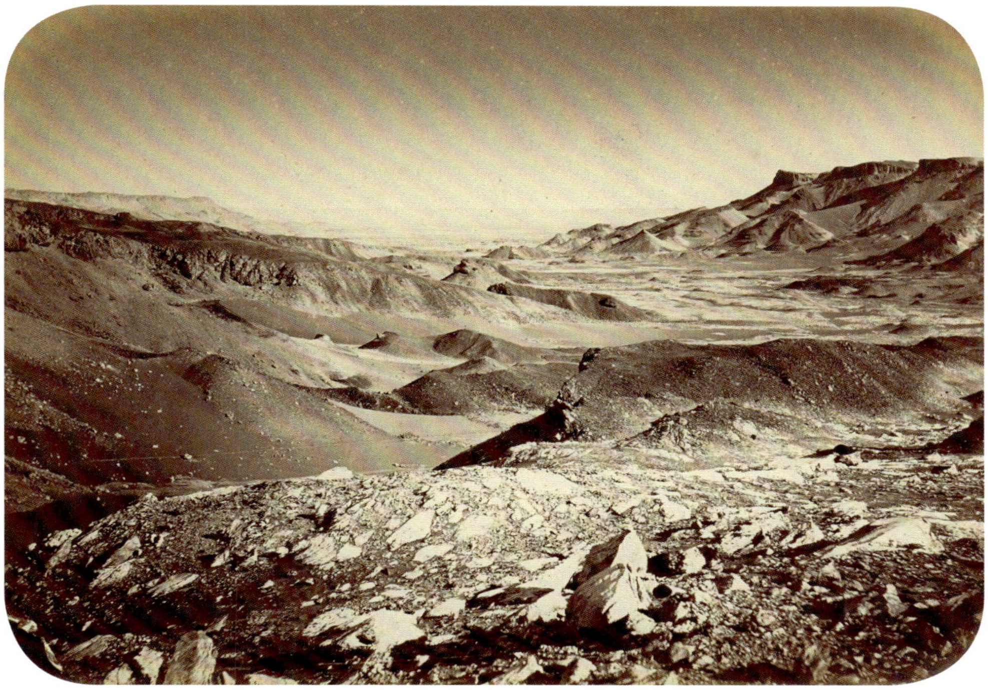

PHILIPP REMELÉ

Suntbäume (A. Nilotica) bei Ain Scherif · 1874 · Abzug auf Albuminpapier, 14,3 × 20,1 cm

Die Expeditionsteilnehmer sammeln topografische, geologische und archäologische Daten. Der Botaniker Paul Ascherson ist für die Erfassung der wildwachsenden Pflanzen und der Kulturpflanzen in den Gärten der Oasen zuständig. Besonders beeindruckt ist er von der Größe mancher Akazien. Im Schatten der Bäume findet Remelé ideale Bedingungen für die Aufstellung seines Dunkelkammerzelts und die Lagerung seiner Fotoausrüstung.

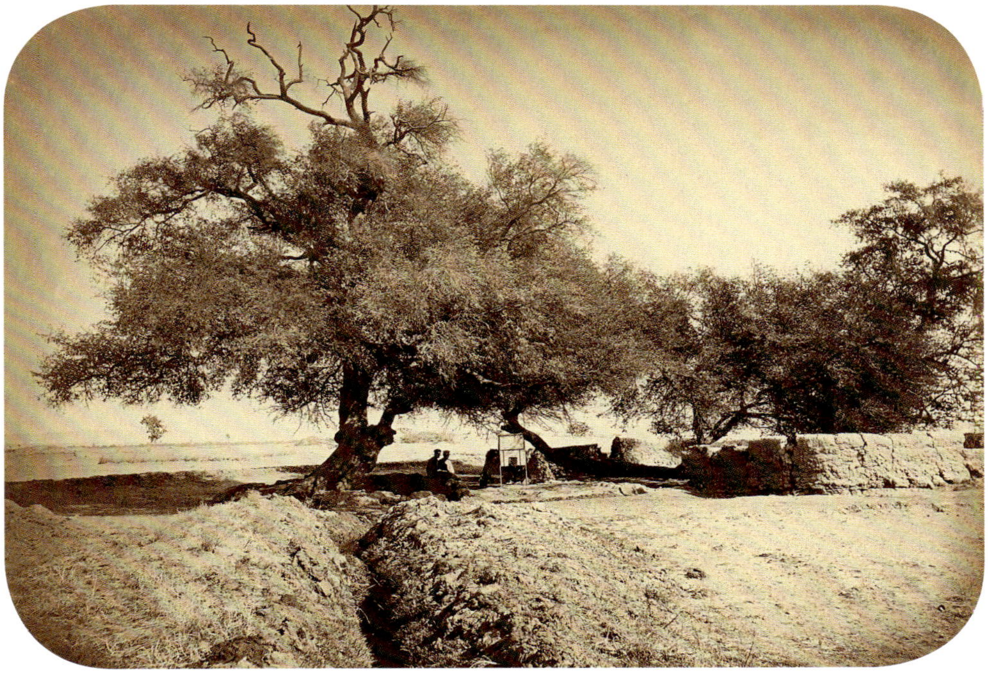

NACHFOLGENDE DOPPELSEITE
PHILIPP REMELÉ

Bab El Jasmund · 1874 · Abzug auf Albuminpapier, 14,4 x 20,5 cm

Nach der Rückkehr von seiner Expedition 1874 produziert Rohlfs 110 Fotobände für den Khediven, andere Herrscher und wissenschaftliche Gesellschaften. Leider umfasst das Album *G. Rohlfs'sche Expedition in die libysche Wüste* nur 50 Aufnahmen. Über den rein dokumentarischen Wert hinaus lassen viele Fotos durch die Wahl des Bildausschnitts und den Bildaufbau deutlich erkennen, mit welcher Emotionalität Rohlfs seinen Motiven begegnete.

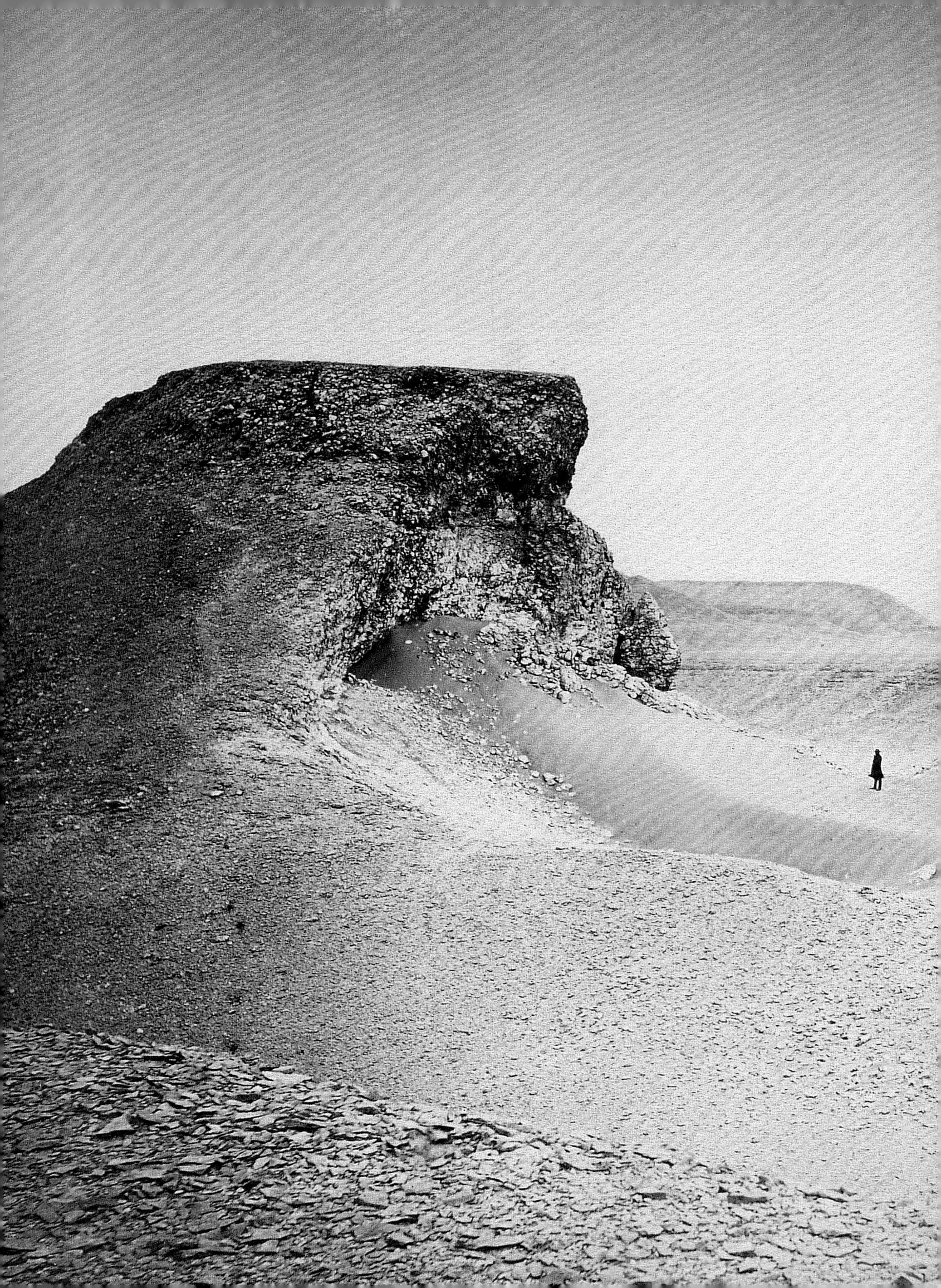

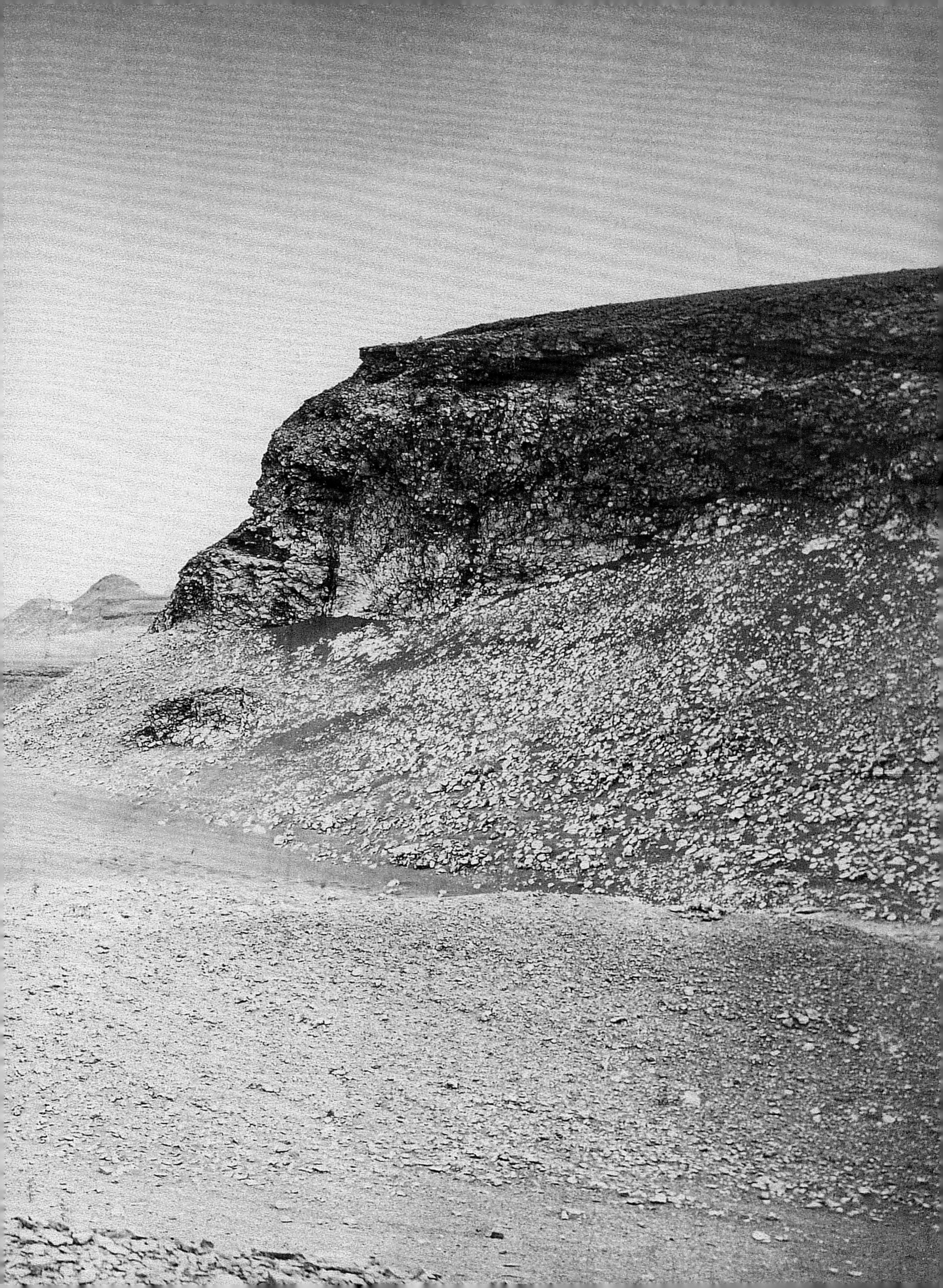

IM LAND DER CHAAMBA

DIE ZITADELLE VON EL GOLEA

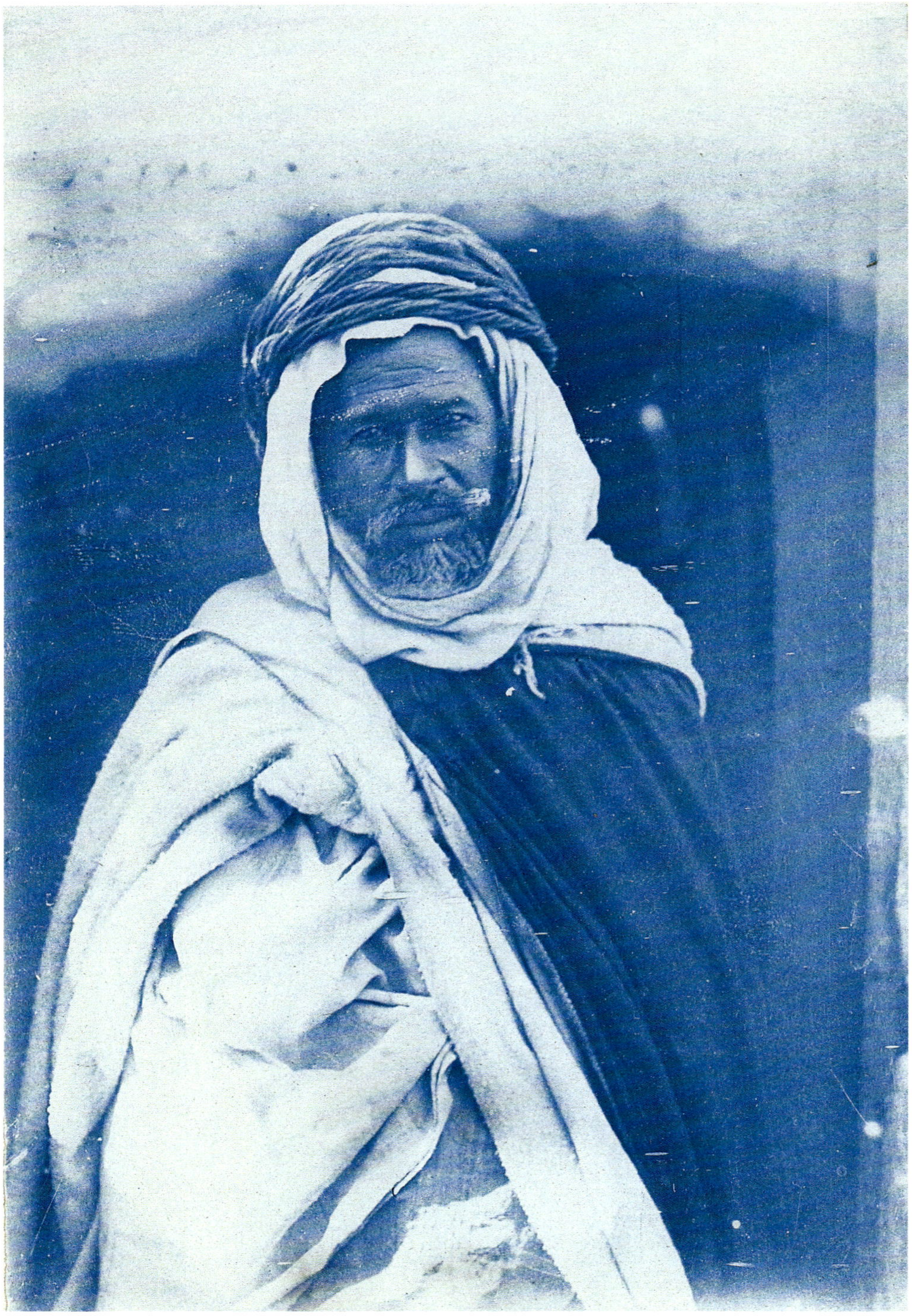

VICTOR DEPORTER

Der Khalifa vom Stamm der Chaamba Mouadhi · 1888/89 · Blaudruck, 17,6 × 11,8 cm

Victor Benjamin Deporter, ab 1890 Kommandant des Militärbezirks Ghardaia, gehört zu den Offizieren, die mit der Erkundung und Besetzung des algerischen Teils der Sahara beauftragt sind. Überzeugt, dass die Gründung eines ständigen Militärpostens in El Golea notwendig sei für die Stärkung der militärischen Präsenz Frankreichs in dieser Region, setzt Deporter vorrangig auf enge Kontakte zum Stamm der Chaamba.

RECHTE SEITE
VICTOR DEPORTER

Reiter des Makhzen von El Golea · 1888/89 · Blaudruck, 16 × 11,6 cm

Minutiös beschreibt Deporter das Leben der Chaamba Mouadhi mitten in der Wüste und der ständigen Gefahr ausgesetzt, von den Tuareg angegriffen zu werden. Den Chaamba Mouadhi gehört die Oase El Golea mit ihrem Ksar und ihren Gärten, hier verbringen sie die heißesten Monate des Jahres, bevor sie ihr Nomadenleben wieder aufnehmen, das sie niemals aufgeben würden. Die ausdauernden Reiter kommen mit den widrigen Bedingungen in der Wüste bestens zurecht und kennen die Sahara in- und auswendig. Das macht sie zu idealen Begleitern, wenn man wie Deporter im äußersten Süden Algeriens unterwegs ist.

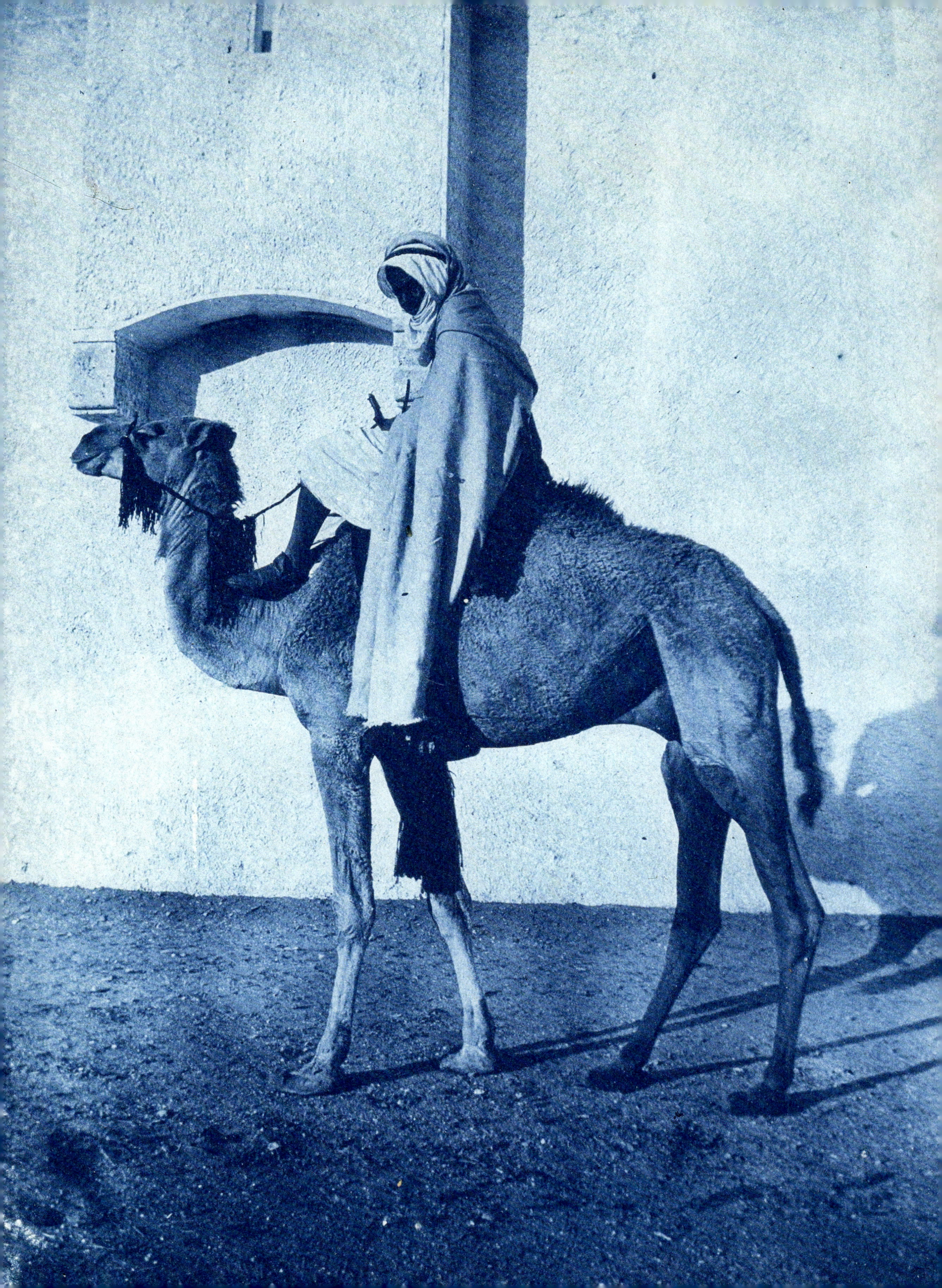

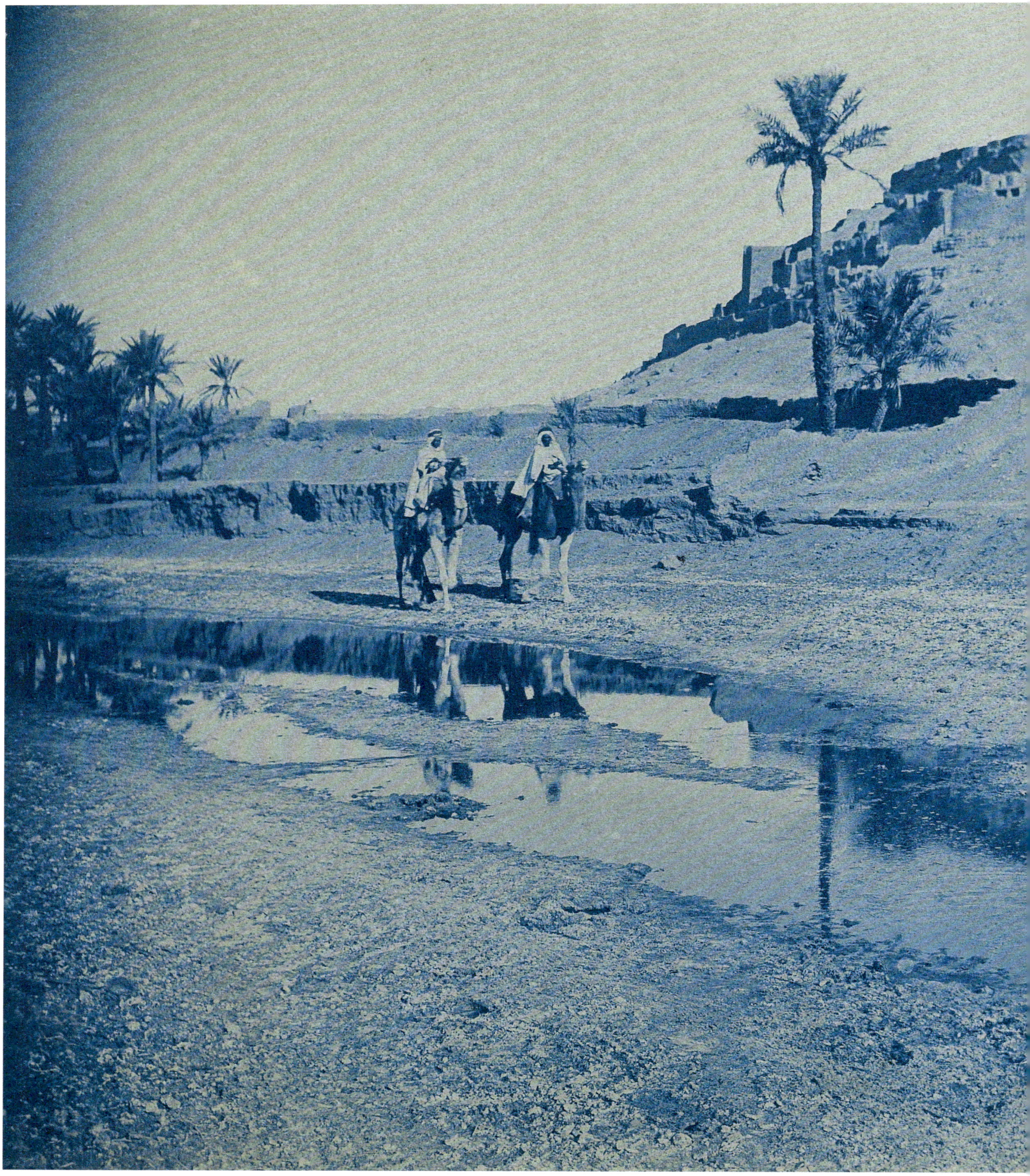

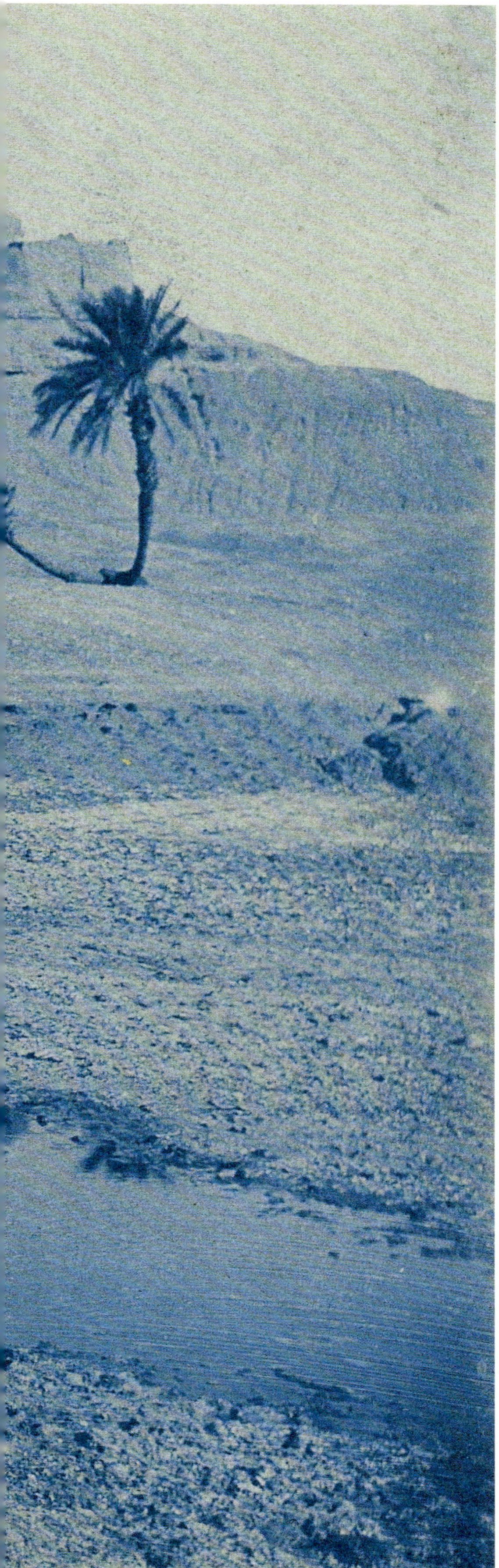

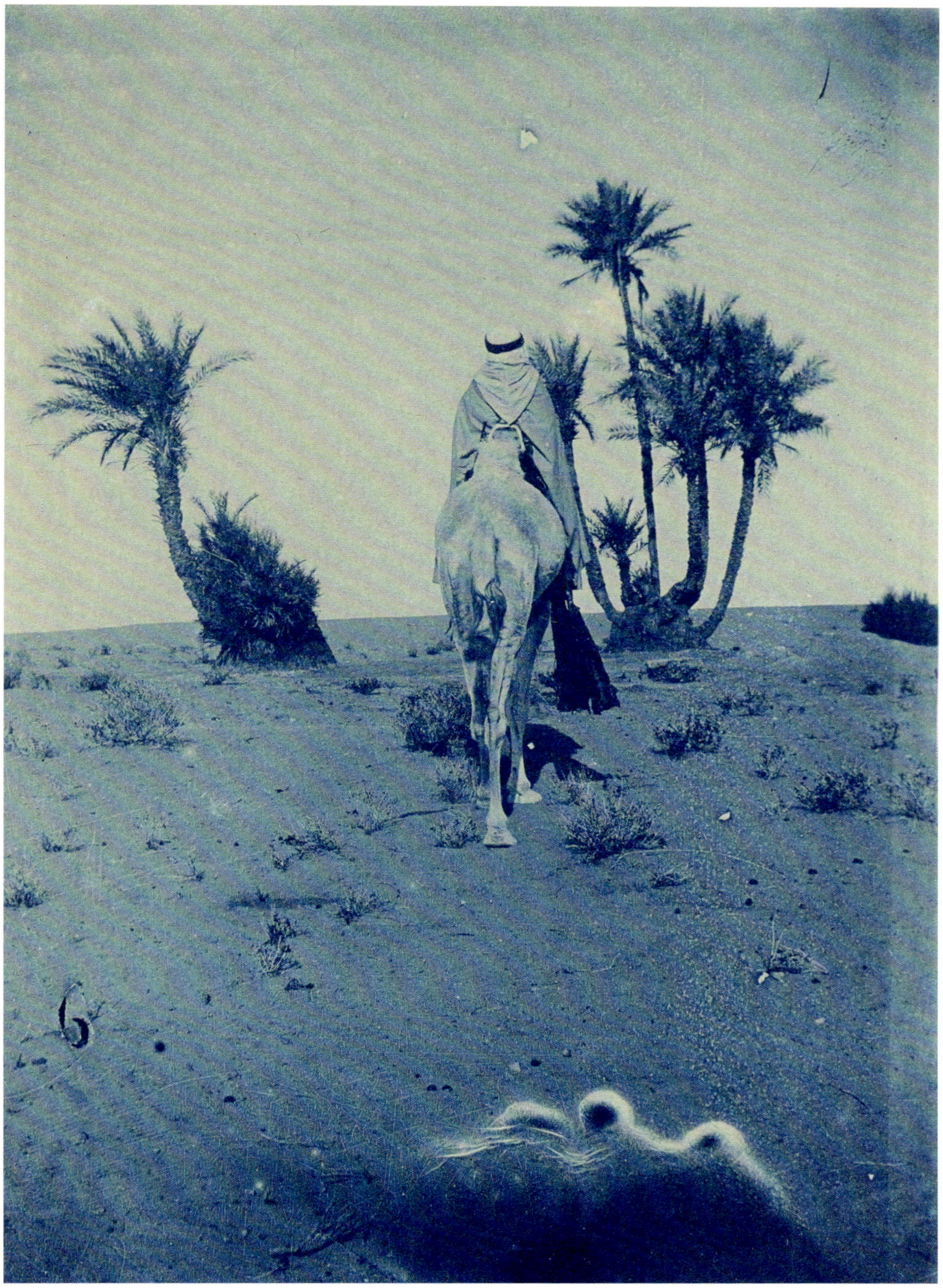

VICTOR DEPORTER

Der Ksar von El Golea, Ostansicht · 1888/89 · Blaudruck, 13 × 16 cm

Der Ksar von El Golea ist ein Kleinod mitten in der Sahara. Nach einem zehntägigen anstrengenden Kamelritt taucht vor den Reisenden, die von Ghardaia oder Ouargla durch die Geröllwüste kommen, plötzlich ein von Palmen umgebener hohen Felsen mit einer imposanten Zitadelle auf. Die Besetzung dieser Oase sichert den Franzosen nicht nur die Kontrolle über Südalgerien, sondern ist zugleich eine Machtdemonstration, denn der Ksar galt immer als uneinnehmbar.

VICTOR DEPORTER

Badrian, Palmen westlich von El Golea · 1888/89 · Blaudruck, 17,3 × 11,9 cm

Nicht Malern oder Schriftstellern verdanken die Europäer die ersten Eindrücke von der Wüste. Vielmehr sind es Offiziere, die Zeichnungen oder Fotos mit nach Hause bringen und damit kollektive Vorstellungen, Fantasien und Stereotype von Oasen und Sanddünen, Nomadenkriegern und Kamelkarawanen nähren. Das einfache, kostengünstige und lichtunempfindliche Blaudruckverfahren ist auch für heiße und sonnige Regionen geeignet und daher Deporters erste Wahl für seine Fotos von Südalgerien. Einige werden später in Zeitschriften veröffentlicht (*La Nature,* 1891, I).

GESICHTER DER SAHARA

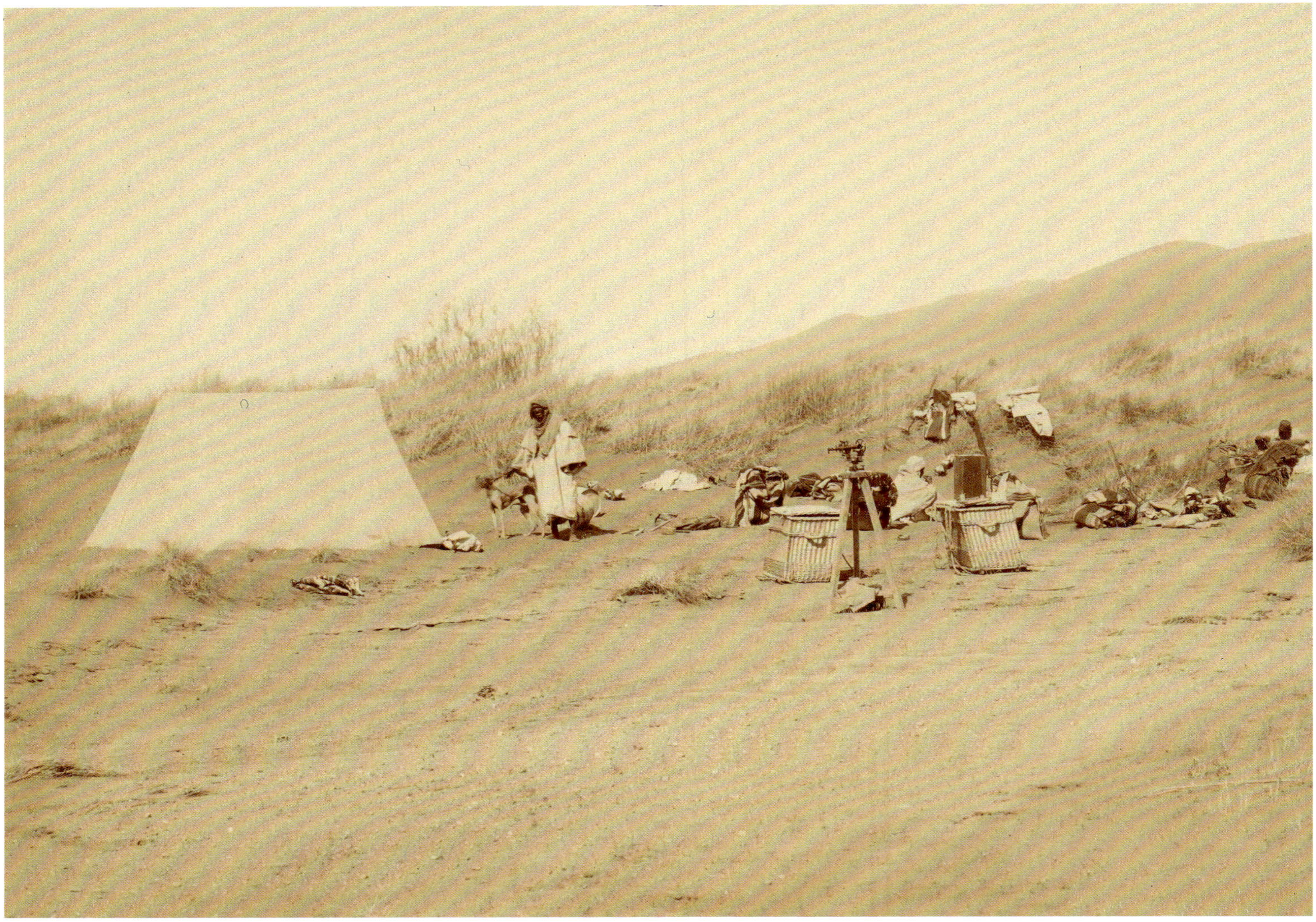

FERNAND FOUREAU

Forschungslager in Maader Suf · 1890 · Abzug auf Albuminpapier, 12 × 17,6 cm

Zwischen 1884 und 1896 reist Fernand Foureau neunmal in die größte Sandwüste der Welt und leistet damit einen maßgeblichen Beitrag zur Sahara-Forschung. Das Team seiner Expedition zum Tademait-Plateau 1890 besteht nur aus acht Männern, die in großen Körben Messinstrumente wie Chronometer, Barometer, Thermometer und einen Theodolit samt Stativ mitführen. Dennoch bringt die Reise wertvolle Erkenntnisse zur Machbarkeit und möglichen Streckenführung einer Eisenbahnlinie quer durch die Sahara von Ouargla nach In Salah.

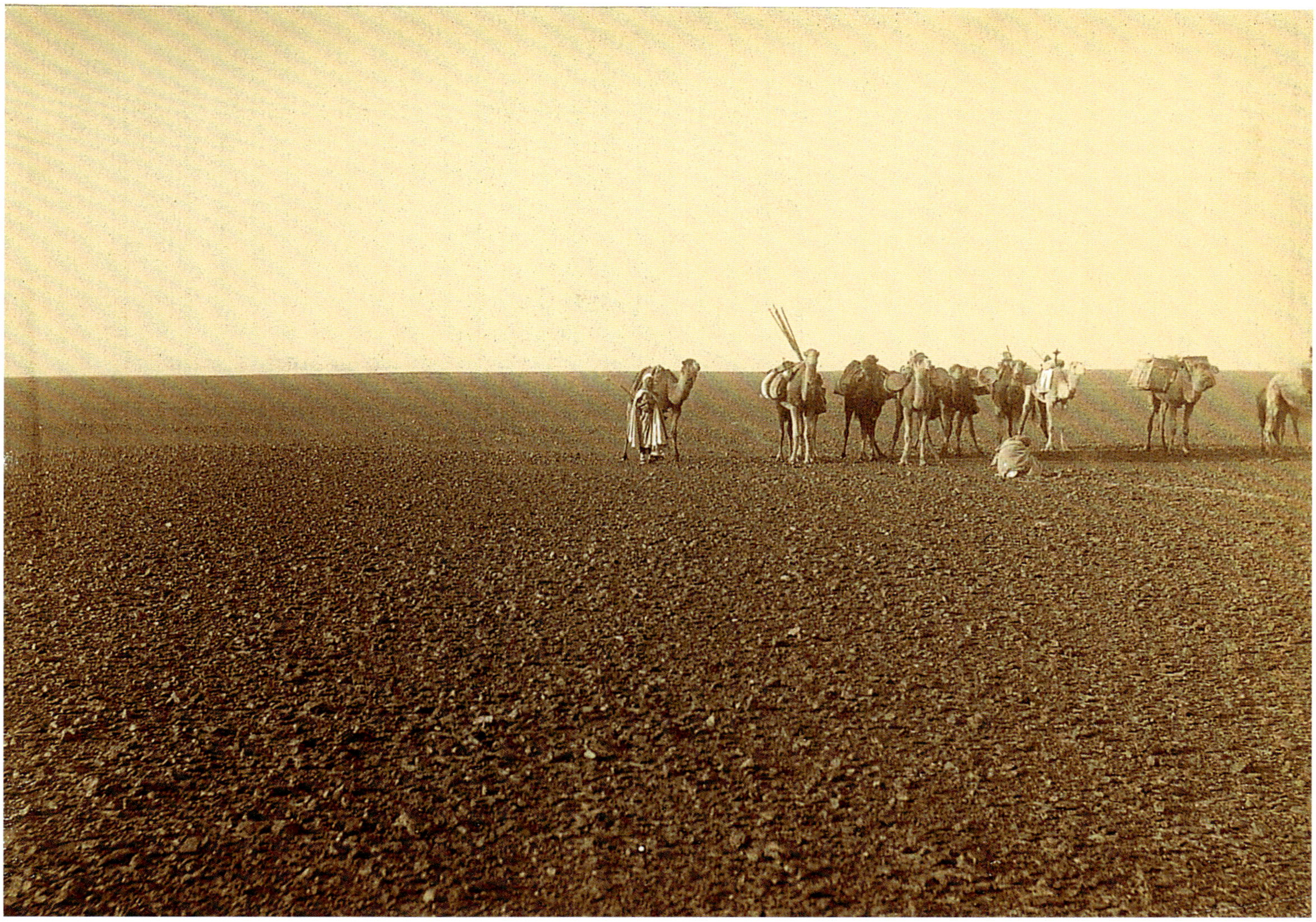

FERNAND FOUREAU

Die schwarze Hammada vom Tademait ·
1890 · Abzug auf Albuminpapier, 12,4 × 17,1 cm

Mit Führern und Kameltreibern vom Stamm der Chaamba durchquert Foureau die unterschiedlichsten Landschaften: die Sanddünen der Erg, die feinsteinige Reg, die lehmigen Böden der Maader entlang der Wadis und die Hammada, ein ausgedehntes Plateau mit grobem, scharfkantigem Geröllboden, sehr unangenehm für die Kamele. Am 1. März 1890 erreicht er die schwarze Hammada an den Südhängen des Tademait, muss jedoch umkehren, weil er nicht genügend Männer für eine Eskorte dabeihat, um in die Tuareg-Gebiete Tidikelt und Ahenet vorzustoßen. Fernand Foureau gehört zu den von der Société de Géographie meistausgezeichneten Forschern: Für seine Sahara-Forschung erhält er 1989 den Prix Erhard, 1895 den Prix Duveyrier und 1896 den Prix Janssen, für seine Sahara-Durchquerung 1901 die Goldene Medaille.

RÖMISCHE ÜBERRESTE IN

ALGERIEN

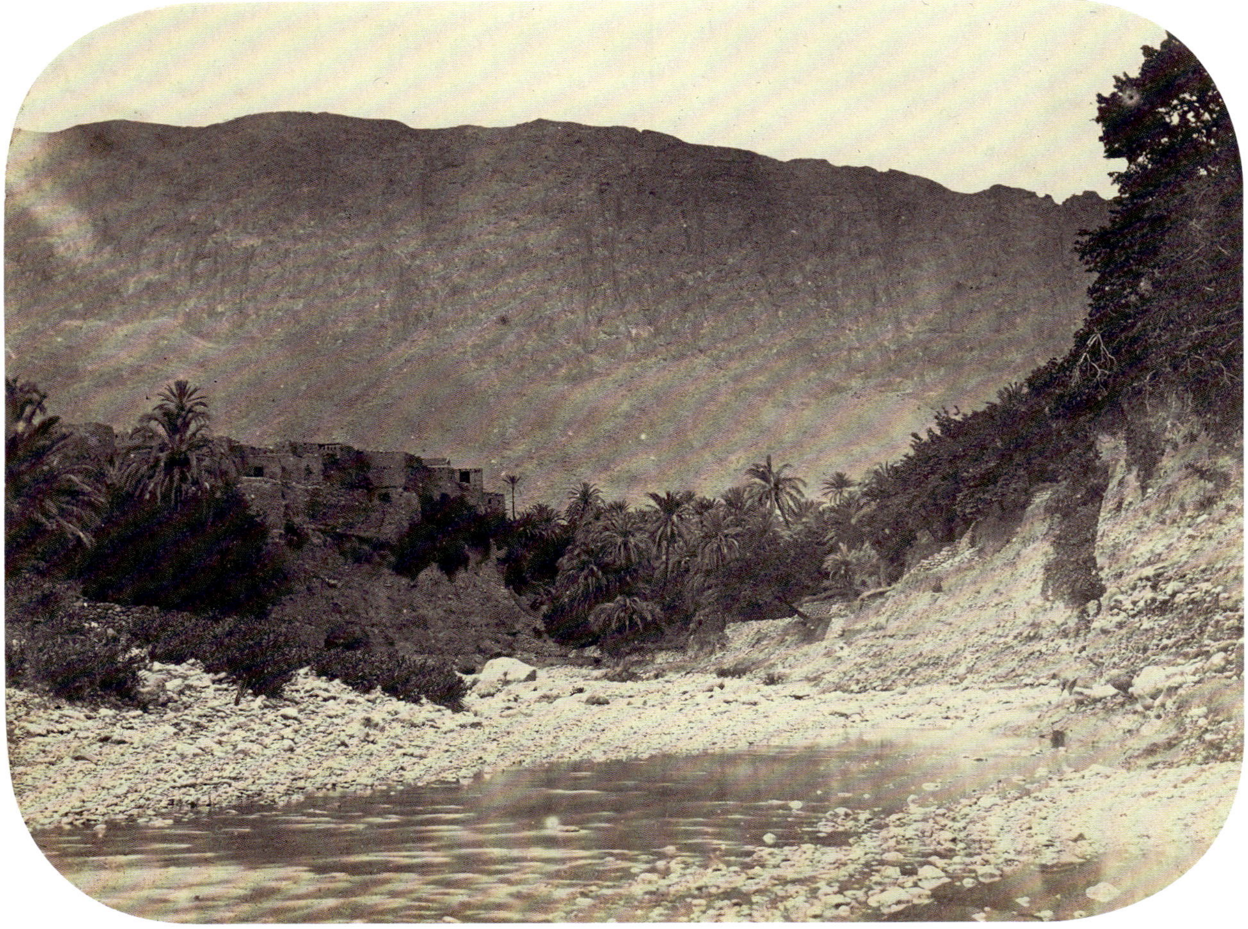

GUSTAVE DE COURCIVAL

Von Batna bis Biskra: El Kantara und das Dorf Khrekar von Südosten · 1861/62 · Abzug auf leicht albuminiertem Salzpapier, 16,1 × 20,9 cm

Marquis Stellaye Baigneux de Courcival, Kavallerieoffizier des 3. Jägerregiments, ist von September 1861 bis Juli 1865 in Algerien stationiert. Von 1861 bis 1862 gehört er dem Expeditionskorps von Oued Souf an. Bereits zu Beginn seines Aufenthalts macht er erste Fotoreportagen über den Nordosten Algeriens, von Sétif über die bergigen Regionen Hodna und Aurès bis hin zu den Sahara-Oasen Oued Souf und Touggourt. Nach seiner Rückkehr tritt er 1869 der Société française de photographie und 1872 der Société de Géographie bei. Auf dem Internationalen Geographenkongress in Paris werden seine Fotos 1875 dem Fachpublikum präsentiert.

GUSTAVE DE COURCIVAL

Triumphbogen in Timgad, bei Batna, Westansicht · 1861/62 · Abzug auf leicht albuminiertem Salzpapier, 9,5 × 15 cm

Das Expeditionskorps verfolgt in Südalgerien nicht nur strategisch-militärische Ziele, sondern auch wissenschaftliche. Courcival hat den Auftrag, Erkenntnisse über die archäologischen Stätten zu sammeln. Besonders im Fokus stehen Monumente aus der Römerzeit wie der Triumphbogen von Djémila oder der von Timgad. Das dient Frankreich gleichzeitig als Legitimation seiner ›zivilisatorischen Mission‹ in Algerien, bei der es offiziellen Schriften zufolge schließlich um die Bewahrung antiken Kulturerbes geht.

GUSTAVE DE COURCIVAL

Köpfe von Statuen im Prätoriumsmuseum, Lambaesis, bei Batna · 1861/62 · Abzug auf leicht albuminiertem Salzpapier, 13,5 × 20,4 cm

Courcivals Fotos sind ambivalent. Sie dienen einerseits wissenschaftlichen Dokumentationszwecken, sind aber andererseits auch von ästhetischen und literarischen Einflüssen geprägt. Mit seinem ausgeprägten Interesse an den noch sichtbaren Spuren der ruhmreichen Vergangenheit des Römischen Reichs und ihrer Dokumentation stellt Courcival unbewusst eine Verbingung her zwischen dieser Epoche und Frankreichs zunehmend kolonialistischen Bestrebungen zur Zeit des Zweiten Kaiserreichs.

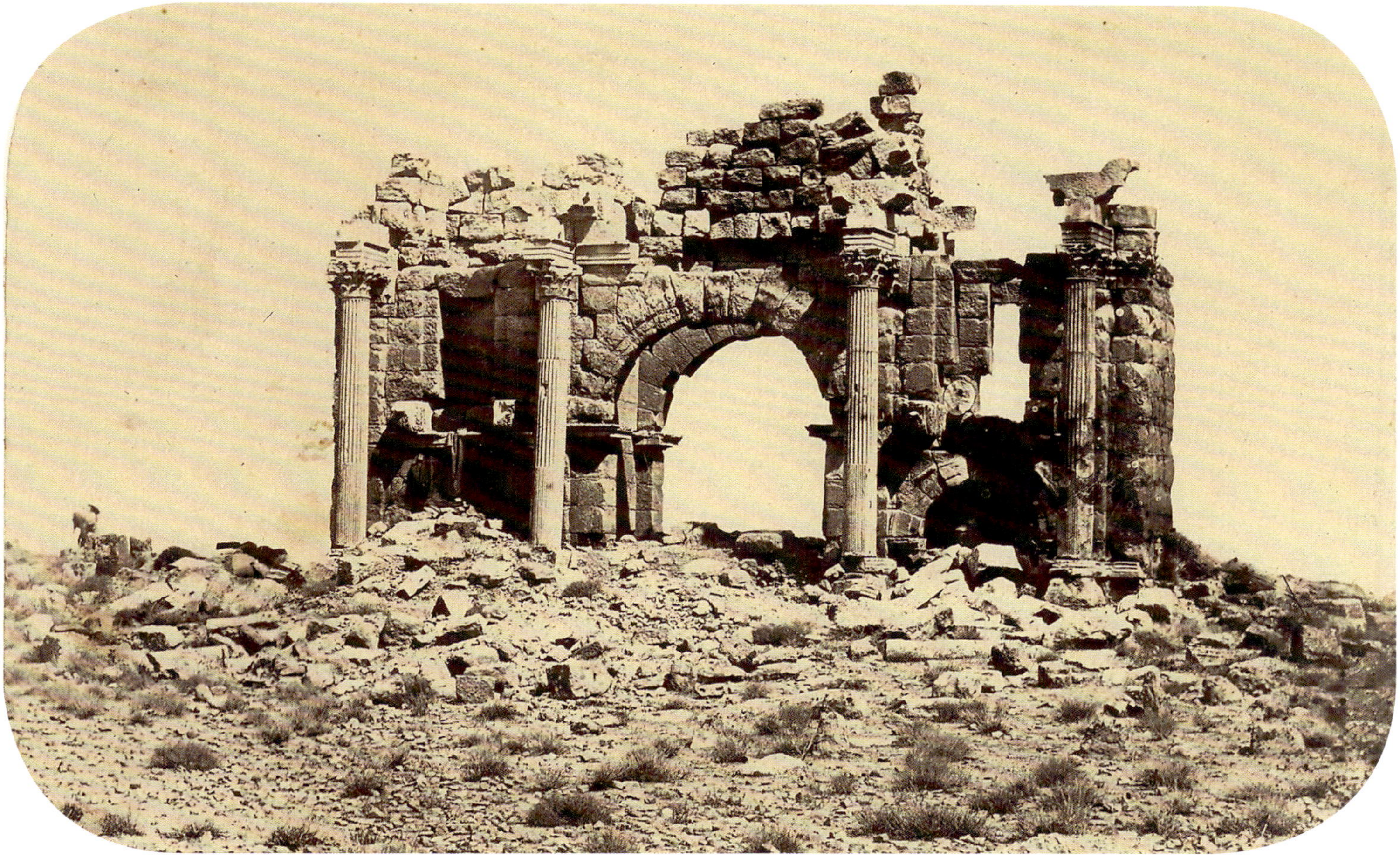

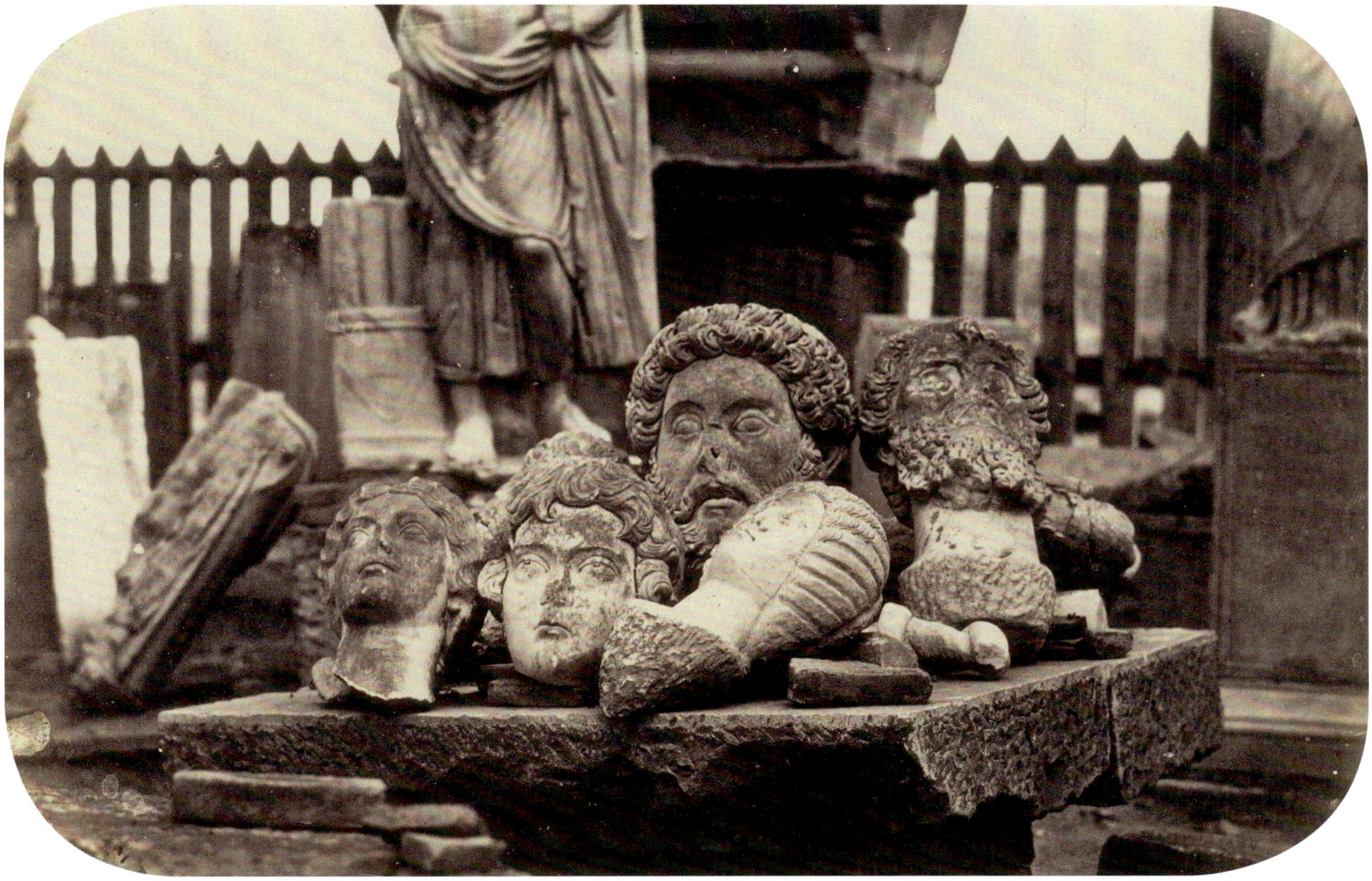

DIE VÖLKER DES

NIGER

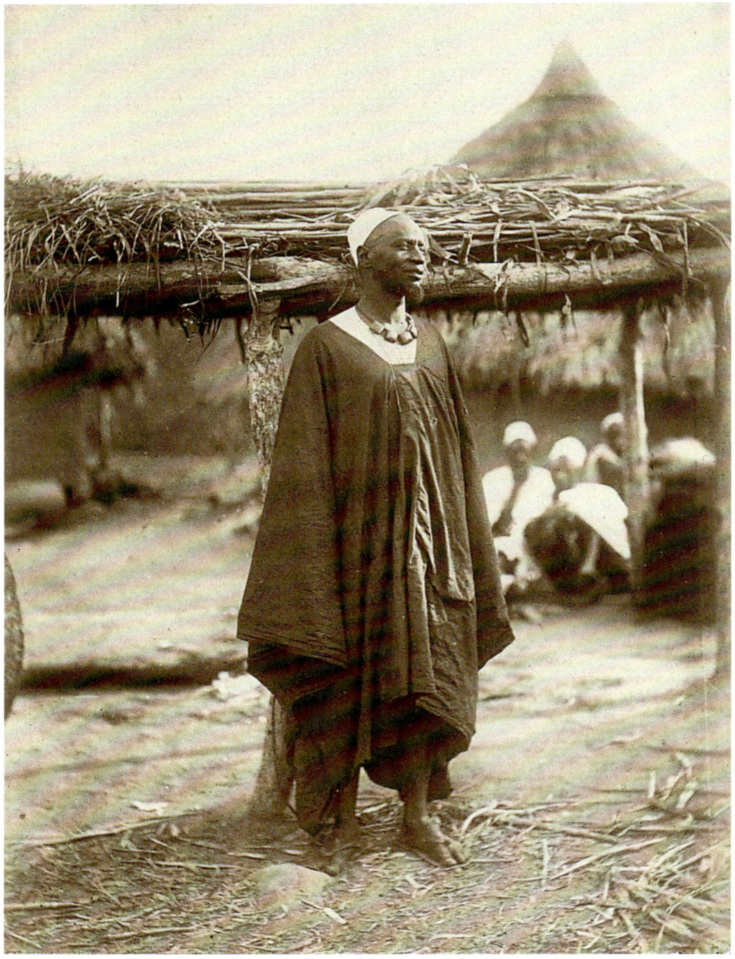

PIERRE DELANNEAU
ZUGESCHRIEBEN

Griot in Senoudebou · 1882 · Abzug auf Albuminpapier, 21,5 × 16,2 cm

Oberstleutnant Gustave Borgnis-Desbordes macht dort weiter, wo Joseph Gallieni aufgehört hat: Er studiert die Möglichkeit, Senegal und Niger über eine Eisenbahnlinie miteinander zu verbinden. Von 1880 bis 1883 leitet er drei Erkundungsmissionen im Sudan, scheitert jedoch an den Kriegern von Samory. Der Expedition gehört auch Pierre Delanneau an, Hauptmann der Kavallerie und Fotograf. Ihm obliegt die kartografische Erfassung des oberen Senegal-Beckens. Delanneau übergibt seine Fotos später dem französischen Marine- und Kolonienministerium und der Société de Géographie.

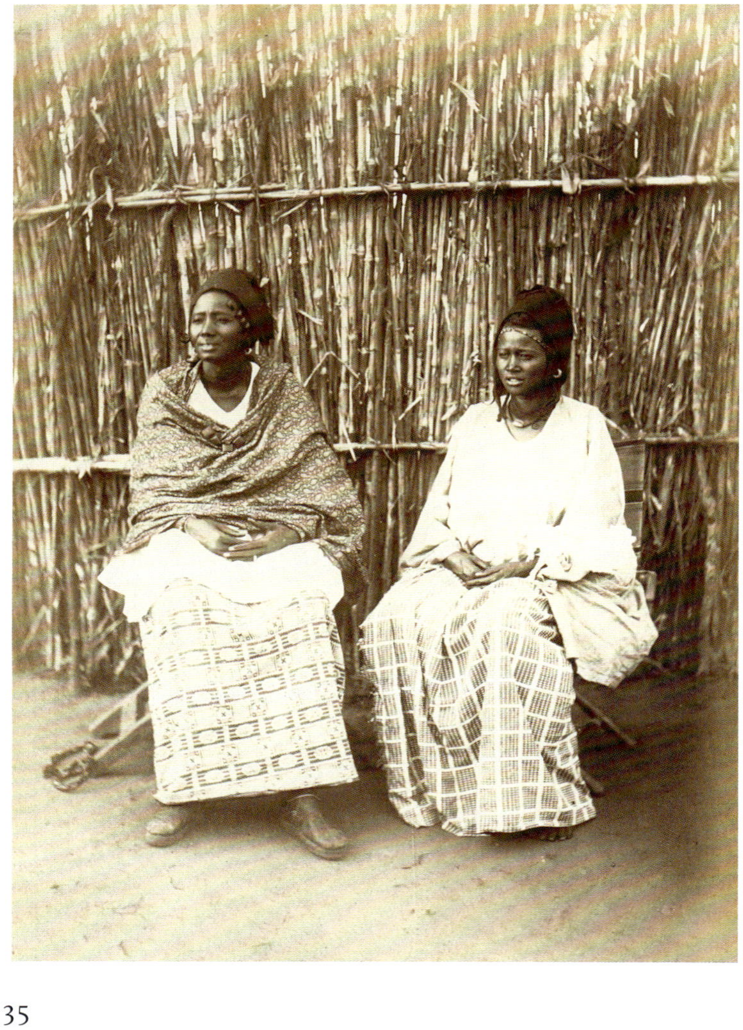

PIERRE DELANNEAU
ZUGESCHRIEBEN

Frauen in Senoudebou · 1882 · Abzug auf Albuminpapier, 21,5 × 16 cm

Das Dorf Senoudebou liegt in der Region Bondu südlich des Flusses Senegal. Dort, am Ufer des Falémé, planen die Franzosen die Errichtung eines Forts. Delanneau, der die Route von Kayes nach Bakel kartografiert hat, kennt die Region wie kein anderer. Seine Aufnahmen von Einheimischen zeugen von sorgfältiger Motivwahl und feinfühligem Bildaufbau. Manche werden später als Kupferstiche in Jacques Méniauds Werk *Les Pionniers du Soudan* (1931) veröffentlicht.

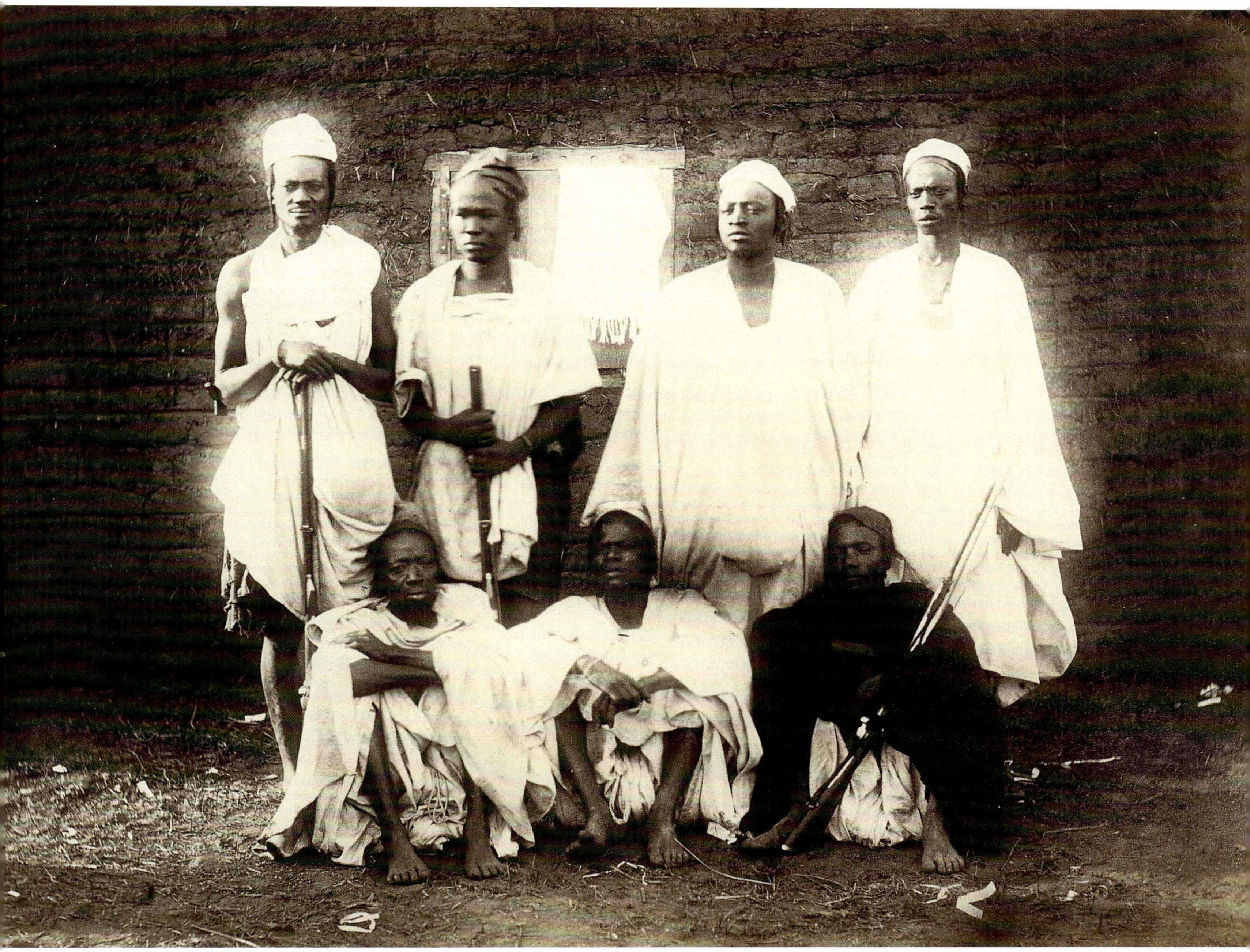

PIERRE DELANNEAU
ZUGESCHRIEBEN

Einheimische in der Region Bambouk · 1882 · Abzug auf Albuminpapier, 16 × 20,8 cm

Bei ihrem Vorstoß zum Niger machen die französischen Expeditionen Bekanntschaft mit den zahllosen Ethnien dieser Region. Mit ihnen schließen sie Verträge ab und gehen Bündnisse ein, um den weiteren französischen Vormarsch im Sudan abzusichern. Einige der einheimischen Botschafter, Häuptlinge und Dorfbewohner lassen sich bereitwillig von Delanneau fotografieren. Im Titel der Bilder wird häufig der ›ethnische Typus‹ oder die Herkunftsregion angegeben, manchmal auch der Beruf wie Griot, Prediger, Krieger oder Jäger.

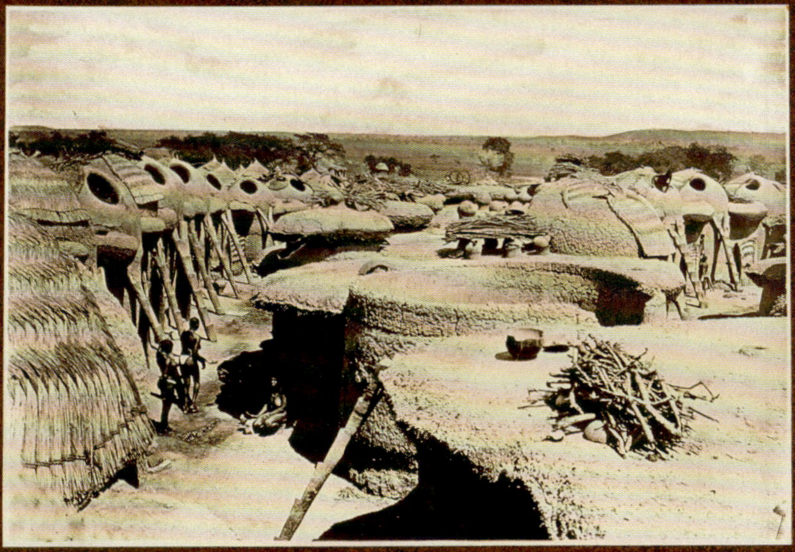

Vue intérieure d'un tata

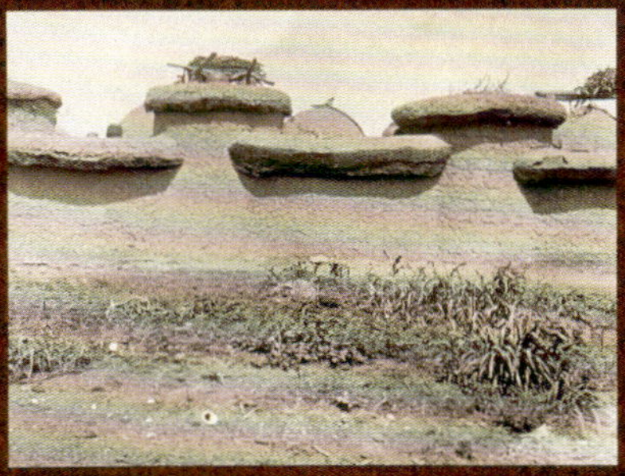

Murs extérieurs d'un tata

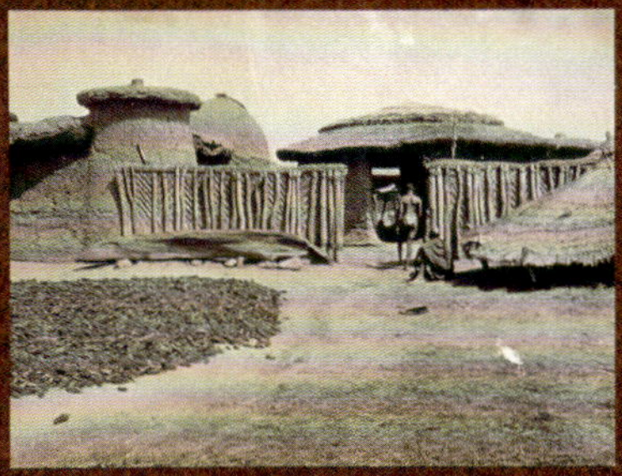

Entrée du tata de Léré

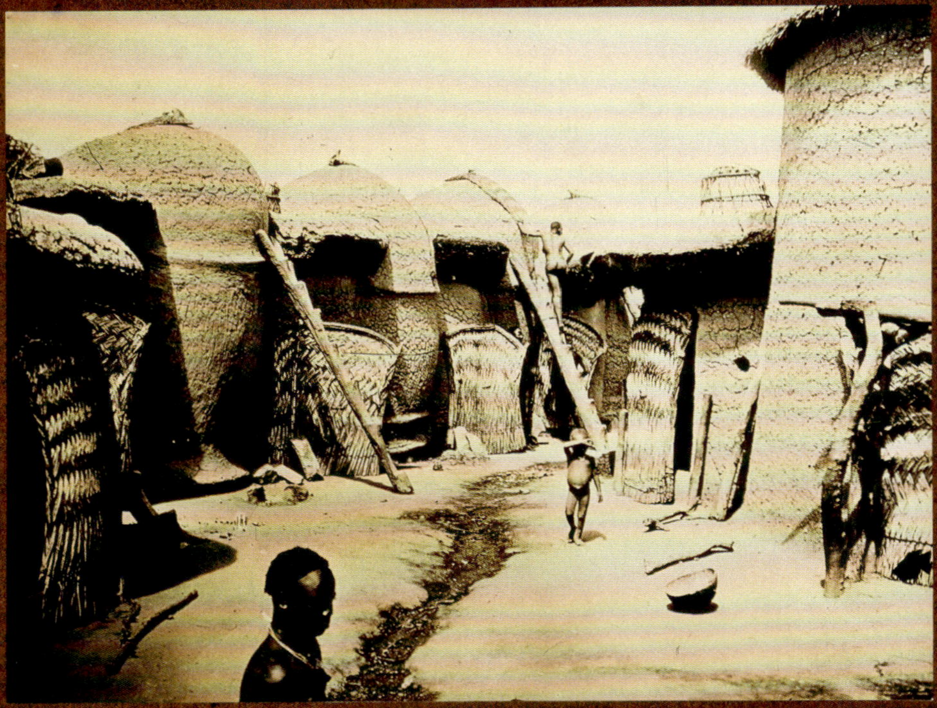

Une rue intérieure du tata

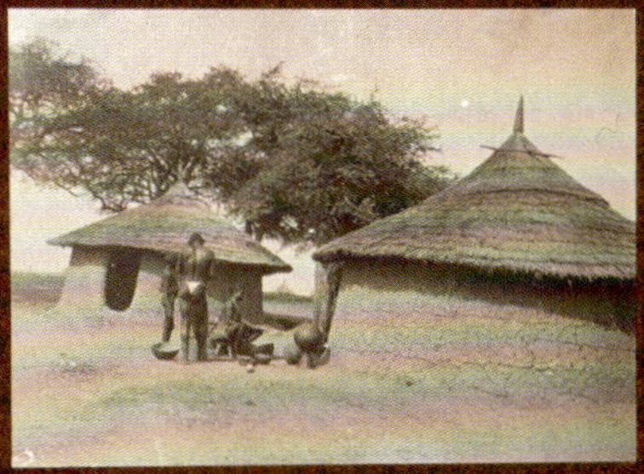

Cases Haoussas à Léré

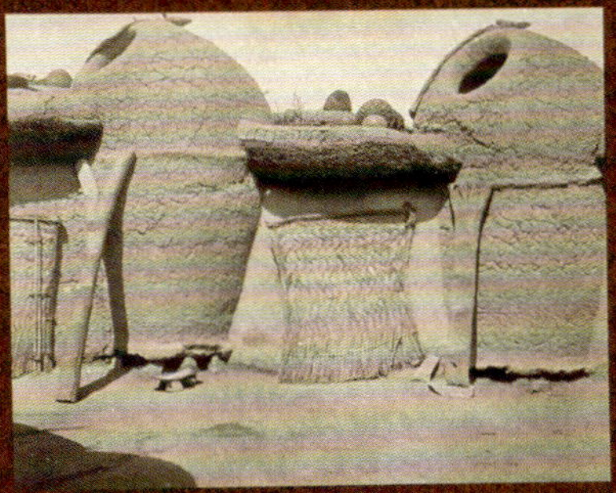

Entrée intérieure des cases

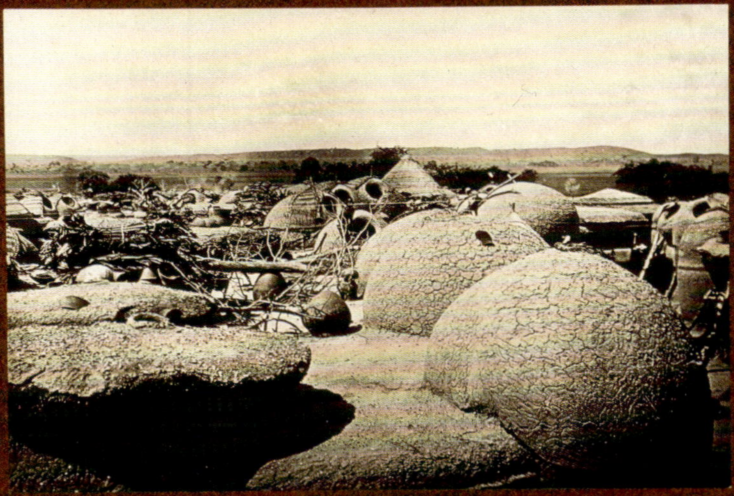

Les terrasses du tata

AN DER GRENZE ZWISCHEN

KONGO UND KAMERUN

LINKE SEITE
EUGÈNE BRUSSAUX

Tata und typische Hütten in Léré · 1906 · sieben Silbergelatine-Drucke auf Holzplatte (54 × 40 cm)

1906 bekommt Kommandant Henri Moll den Auftrag, eine Mission zu leiten, die offiziell die Grenze zwischen der französische Kolonie Kongo und der deutschen Kolonie Kamerun festlegt. Die Société de Géographie schickt den bewährten und passionierten Afrika-Reisenden Eugène Brussaux mit auf die Mission, der bereits Brazza begleitet hat und im Kongo Stationschef war. Dieser nutzt die Mission für eine ethnografische Fotoreportage. Darüber hinaus bringt er eine ganze Sammlung lokaler Objekte sowie ein Glossar für die Sprachen der Peul, Baya und Mundang mit nach Frankreich. Minutiös dokumentiert er die Hütten, den Vorplatz, die runden Kornspeicher und die an eine zinnenbekrönte Befestigungsmauer erinnernde Einfriedung.

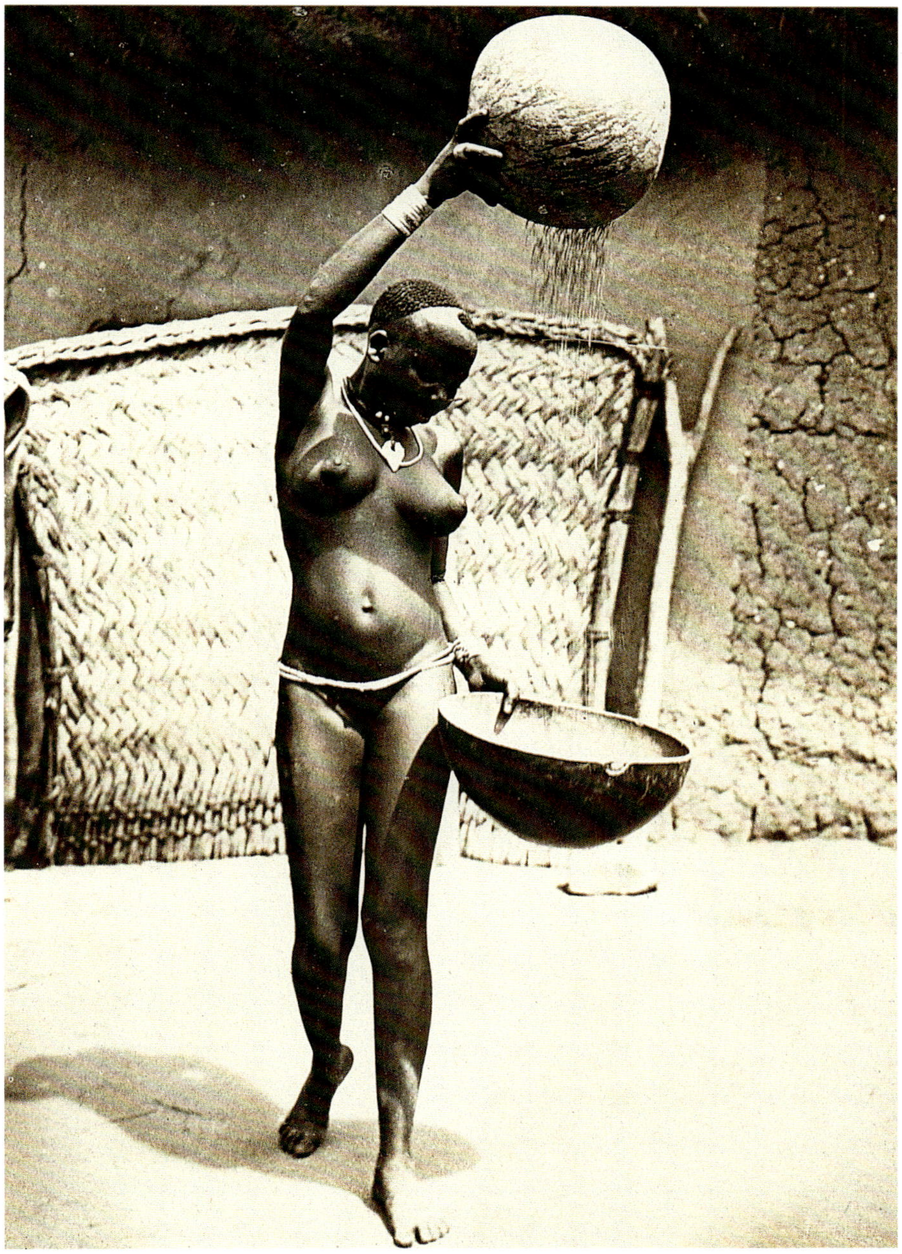

EUGÈNE BRUSSAUX

Mundang-Kornschwingerin · 1906 · Silbergelatine-Druck, 27,2 × 19,5 cm

Eugène Brussaux sagt über die von ihm fotografierte junge Frau: »Eine Statue wäre neidisch, wenn sie den Körper dieser Kornschwingerin hätte, aufrecht, ungezwungen und frei, mit selbstverständlicher Anmut und Leichtigkeit die großen, schweren Gefäße rhythmisch hin- und herschwingend, welche in ihren agilen Händen ebenso leicht wirken wie ein Palmenfächer in der Hand einer Tanagra-Figur.« Nach dem 1907 in *L'Illustration* abgedruckten Foto fertigt der Bildhauer Guilbert eine Bronzestatuette, die er in der Kunstgießerei Barbedienne gießen lässt. Eugène Brussaux verklagt Guilbert daraufhin wegen Verletzung des Urheberrechts. Das Gericht gibt ihm recht.

NACHFOLGENDE DOPPELSEITE
EUGÈNE BRUSSAUX

Mundang auf geschmückten Pferden · 1906 · Silbergelatine-Druck, 23 × 36 cm

Die Mitglieder der Moll-Expedition sind fasziniert von den an mittelalterliche Ritterspiele erinnernden Fantasias der Mundang. Mit Metallbändern über der Brust und im Wind flatterndem Helmschmuck paradieren die Mundang mit prunkvollen Lanzen auf ihren geharnischten Pferden. Die Fotos werden für die Auftraggeber der Mission, Kaiser Wilhelm II. und den französischen Präsident Armand Fallières, in einem Prachtband zusammengefasst.

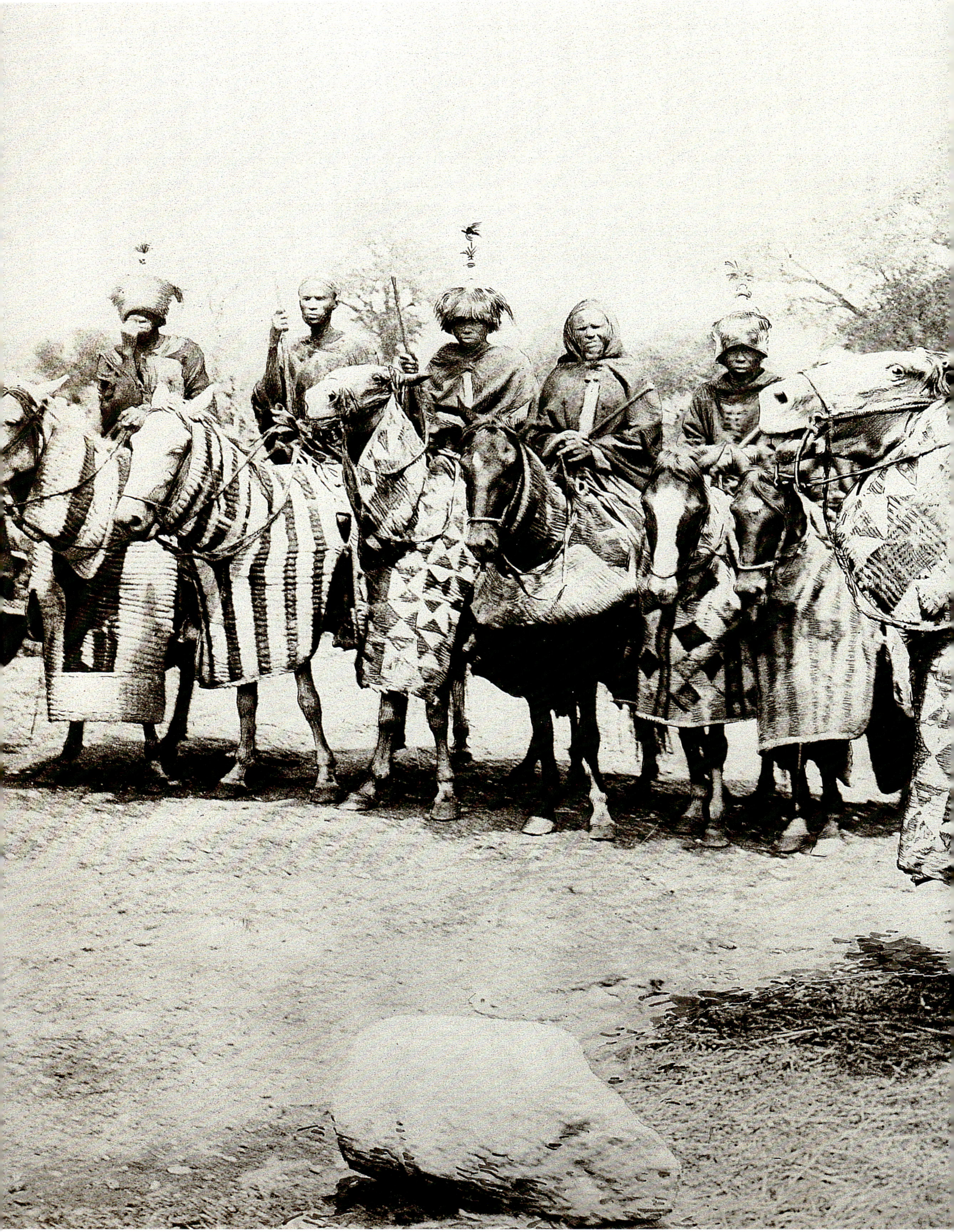

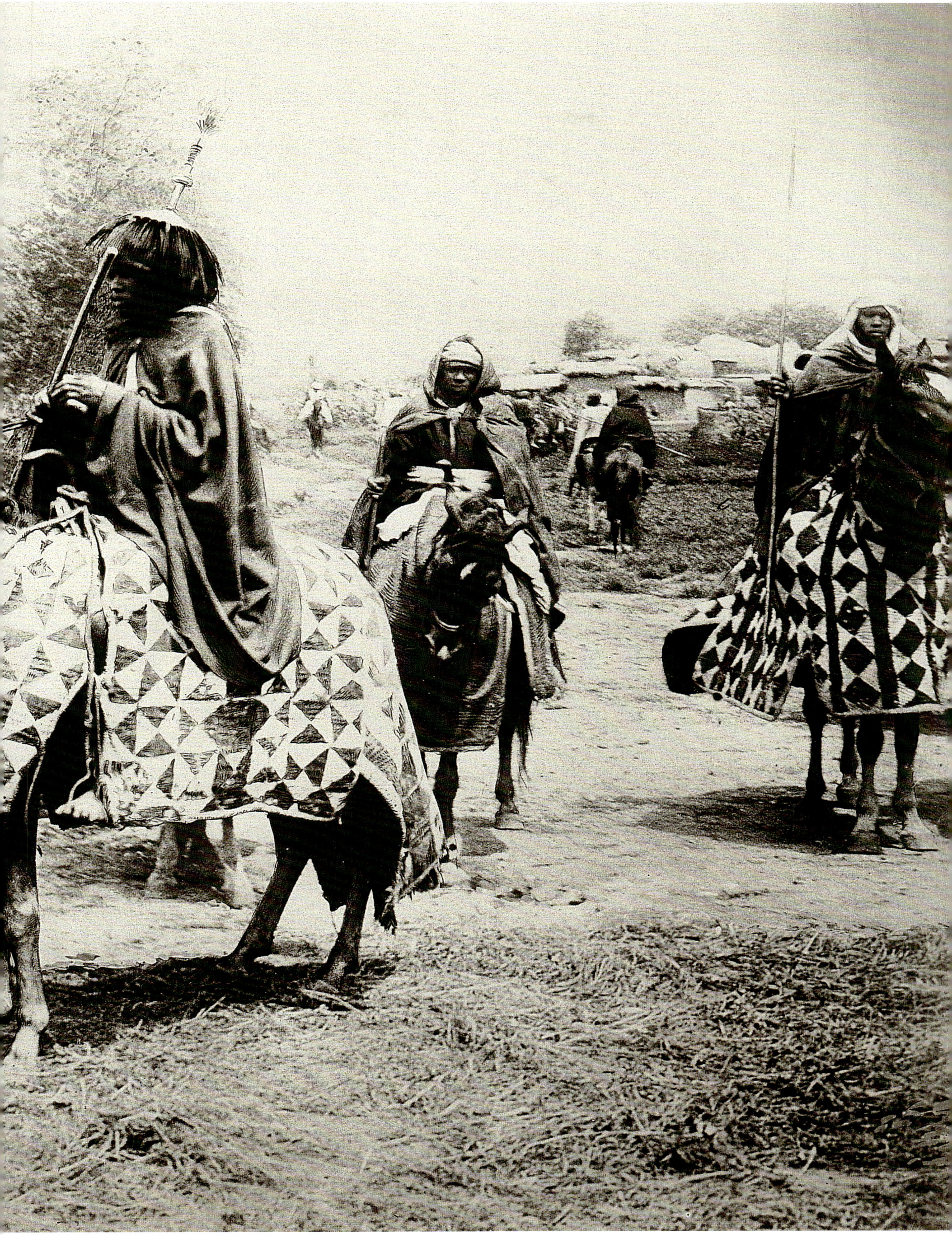

FASZINIERENDE PORTRÄTS AUS

ÄTHIOPIEN

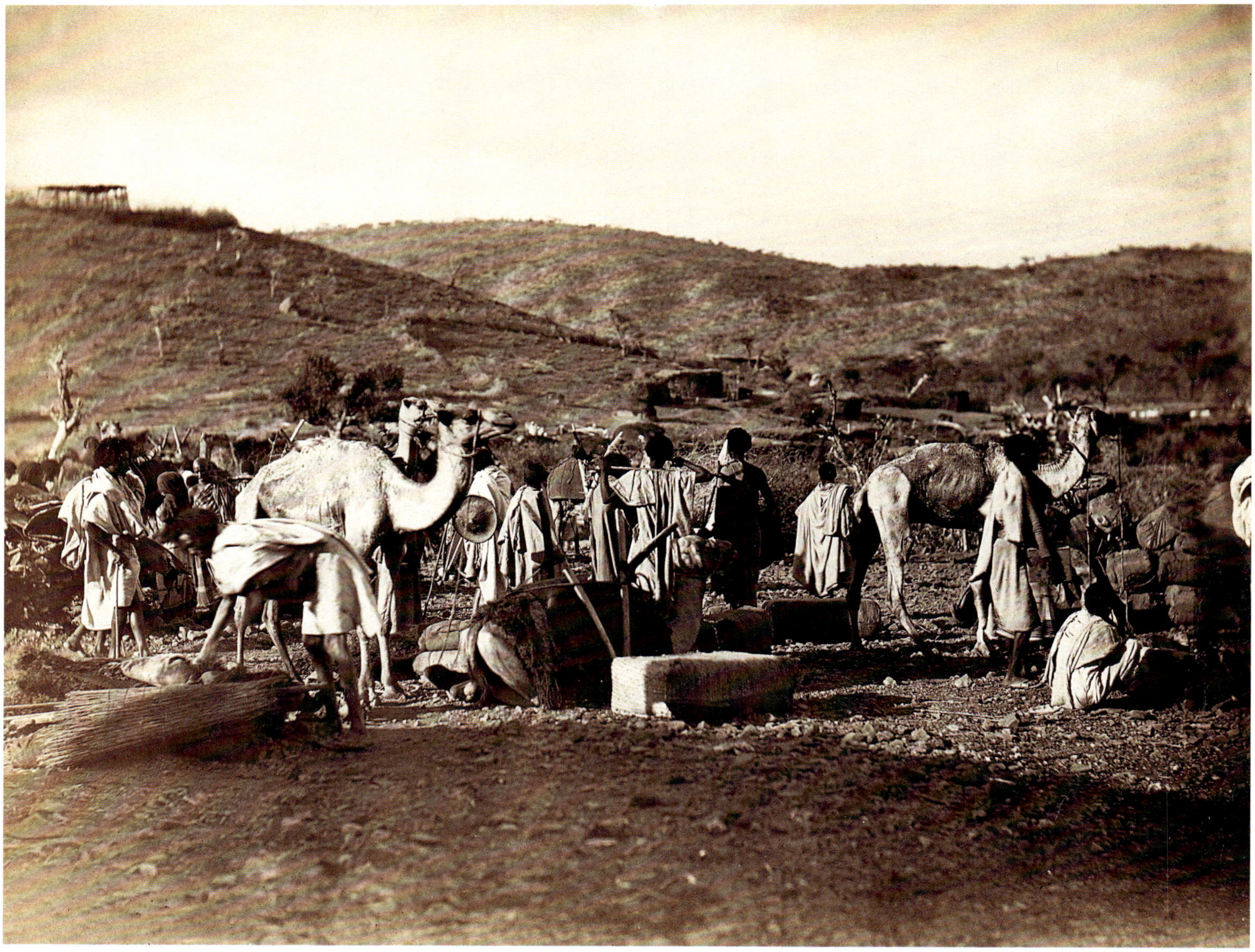

ÉDOUARD JOSEPH BIDAULT DE GLATIGNÉ

Gueldessey, Abladen der Kamele · Um 1888 · Abzug auf Albuminpapier, 22,3 × 28 cm

Edouard Joseph Bidault de Glatigné eröffnet 1878 in Aden ein Fotoatelier, das er zehn Jahre lang betreibt. Einige Monate vor seiner endgültigen Rückkehr nach Frankreich reist er nach Harrar. In Gueldessey, einem kleinen Dorf an der Grenze zwischen dem Gebiet der Galla und dem der Somali, kehren die Kameltreiber um und überlassen den Dorfbewohnern den weiteren Transport des Gepäcks bis Harrar.

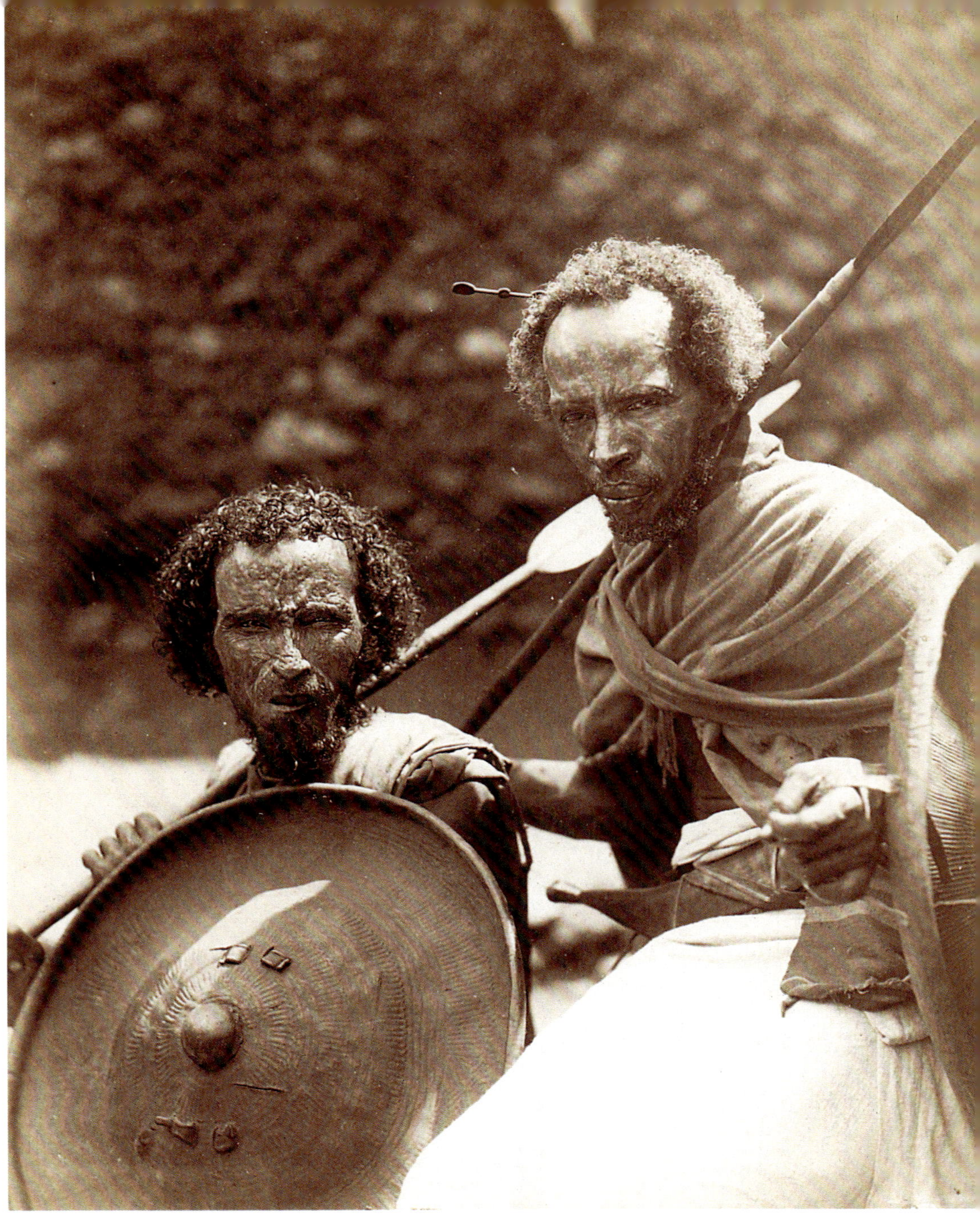

ÉDOUARD JOSEPH BIDAULT DE GLATIGNÉ

Danakil vom Stamm der Bita, Erer · Um 1888 · Abzug auf Albuminpapier, 28,4 × 22,9 cm

Erer ist ein kleiner Ort an der Kreuzung mehrerer Wege. Hier treffen Issa, Oromo (Galla) und Afar (Danakil) aufeinander. Nicht selten kommt es zu bewaffneten Konflikten, Gebietsstreitigkeiten und Wegezollerpressung, was die Region für Reisende sehr gefährlich macht. Daher sollte man grundsätzlich bewaffnet und nicht ohne Führer unterwegs sein. Jules Borelli sagt über die Einheimischen: »Alle sind Krieger und haben schon mehrere Männer getötet. Abgesehen vom üblichen Schmuck tragen sie um den Hals und auf der Brust ekelerregend stinkende Streifen aus Rinder- oder Hammelfett.«

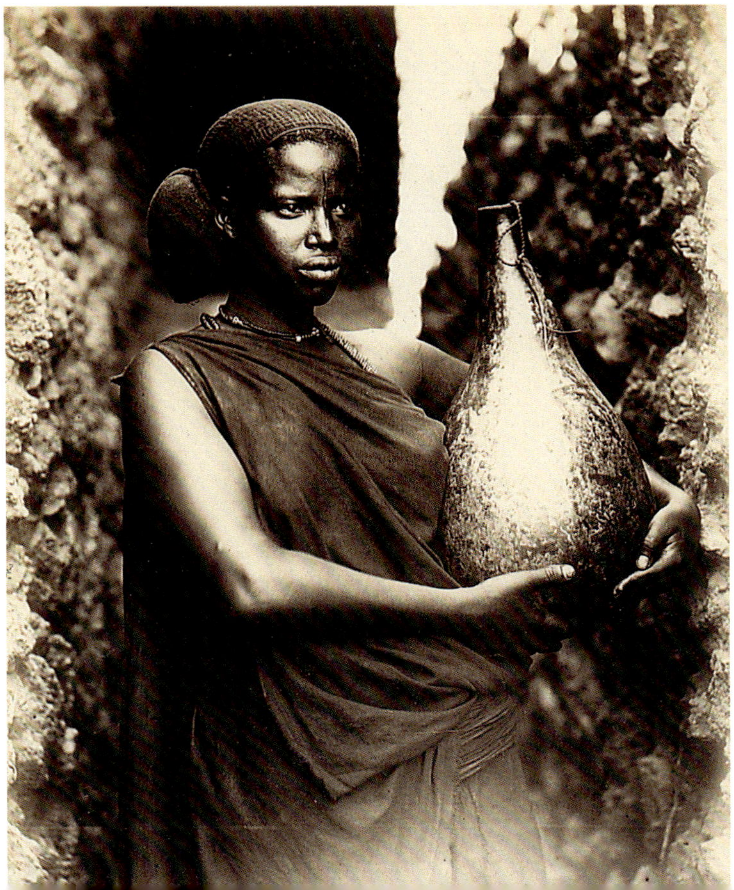

ÉDOUARD JOSEPH BIDAULT DE GLATIGNÉ

Galla-Frau · Um 1888 · Abzug auf Albuminpapier, 28 × 22,4 cm

Auf seiner Reise nach Harrar macht Bidault de Glatigné auch ein paar Tage Station bei Arthur Rimbaud, der ihn in seiner Korrespondenz »mein in den Bergen von Harrar umherstreifender und fotografierender Freund« nennt. Auch Rimbaud interessiert sich für Fotografie und nimmt sich vor, der Société de Géographie einen Fotoband über das Land der Galla vorzulegen. Dazu kommt es jedoch nie. Dafür kann Bidault de Glatigné mit einer Reihe außergewöhnlicher Fotos aufwarten und so den Plan anstelle seines Dichterfreundes umsetzen.

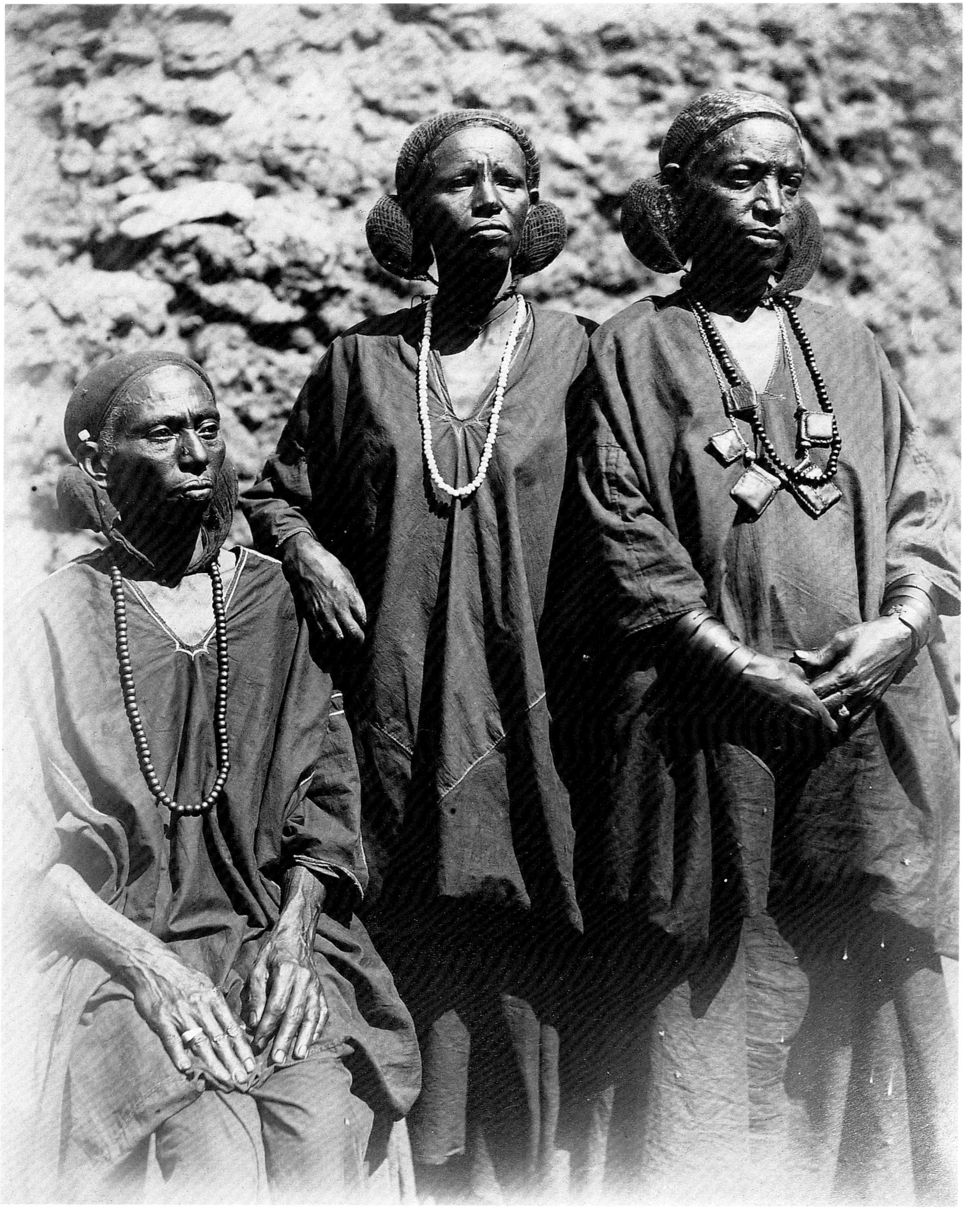

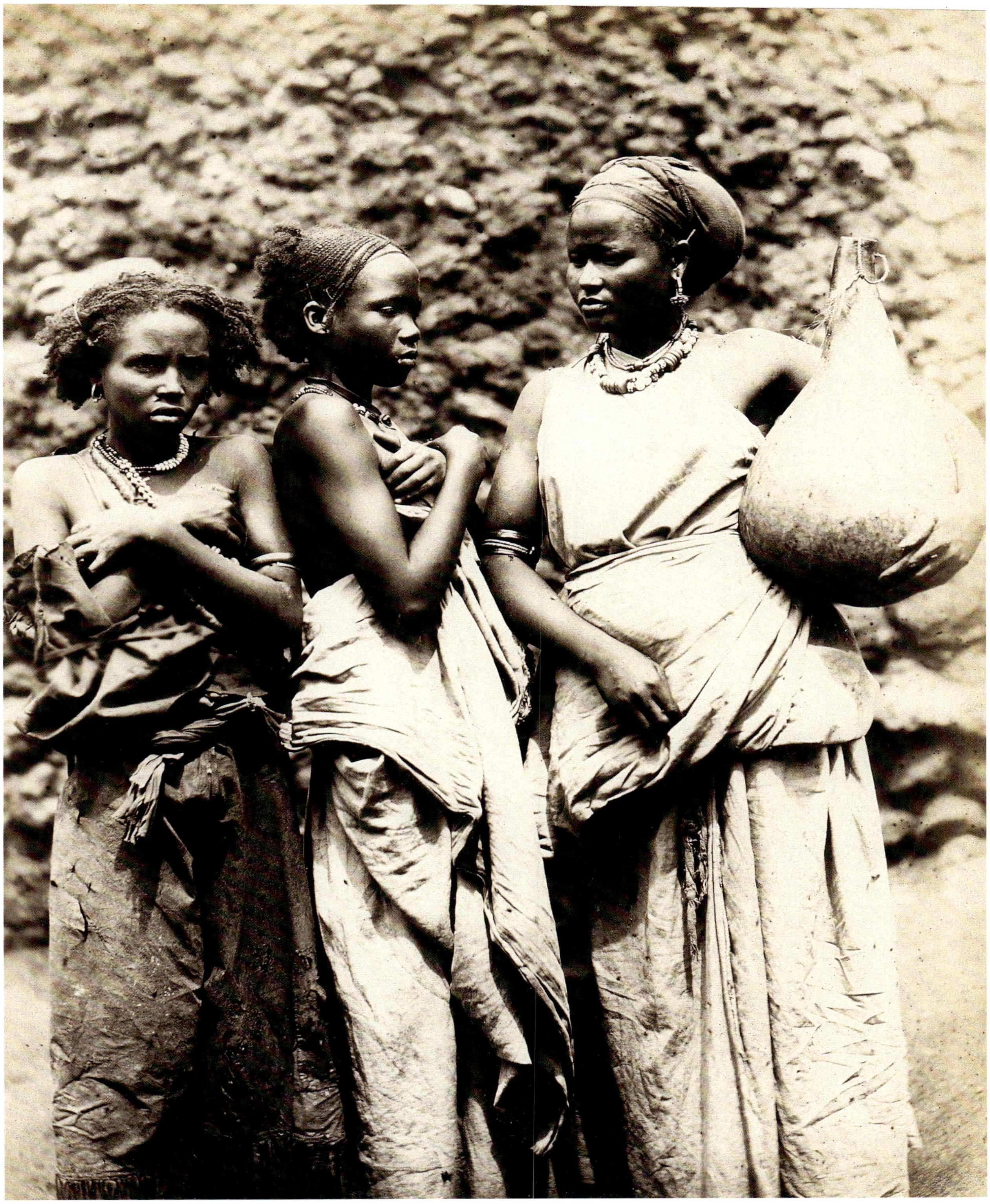

LINKE SEITE
ÉDOUARD JOSEPH BIDAULT DE GLATIGNÉ

Harrar, Kopfschmuck und Kleidung verheirateter Frauen · Um 1888 · Abzug auf Albuminpapier, 30 × 23,3 cm

RECHTE SEITE
ÉDOUARD JOSEPH BIDAULT DE GLATIGNÉ

Junge Somali-Frau rechts, zwei Galla-Mädchen links · Um 1888 · Abzug auf Albuminpapier, 27,7 × 23,5 cm

Die Bewohner der Handelsstadt Harrar gehören unterschiedlichen Volksgruppen an. Hier trifft man sowohl Galla als auch Araber und Somali. Aufgabe der Frauen ist es, Waren auf die Märkte zu tragen. Trotz der Strenggläubigkeit der Männer und zur Freude des Fotografen gehen sie unverschleiert auf die Straße. Im Gegensatz zu den jungen Mädchen, die ihr Haar zu zahlreichen dünnen Zöpfchen flechten, tragen verheiratete Frauen es auf beiden Seiten des Kopfes zu einer großen Kugel gewickelt, die von einem Haarnetz gehalten wird. Hier zwei meisterlich eingefangene Frauengruppen. Der Faltenwurf der Gewänder, die anmutigen Gesten, die Plastizität der Gesichter – vieles an dieser Komposition erinnert an antike Statuengruppen.

EINDRUCKSVOLLES, MYTHISCHES
SANSIBAR

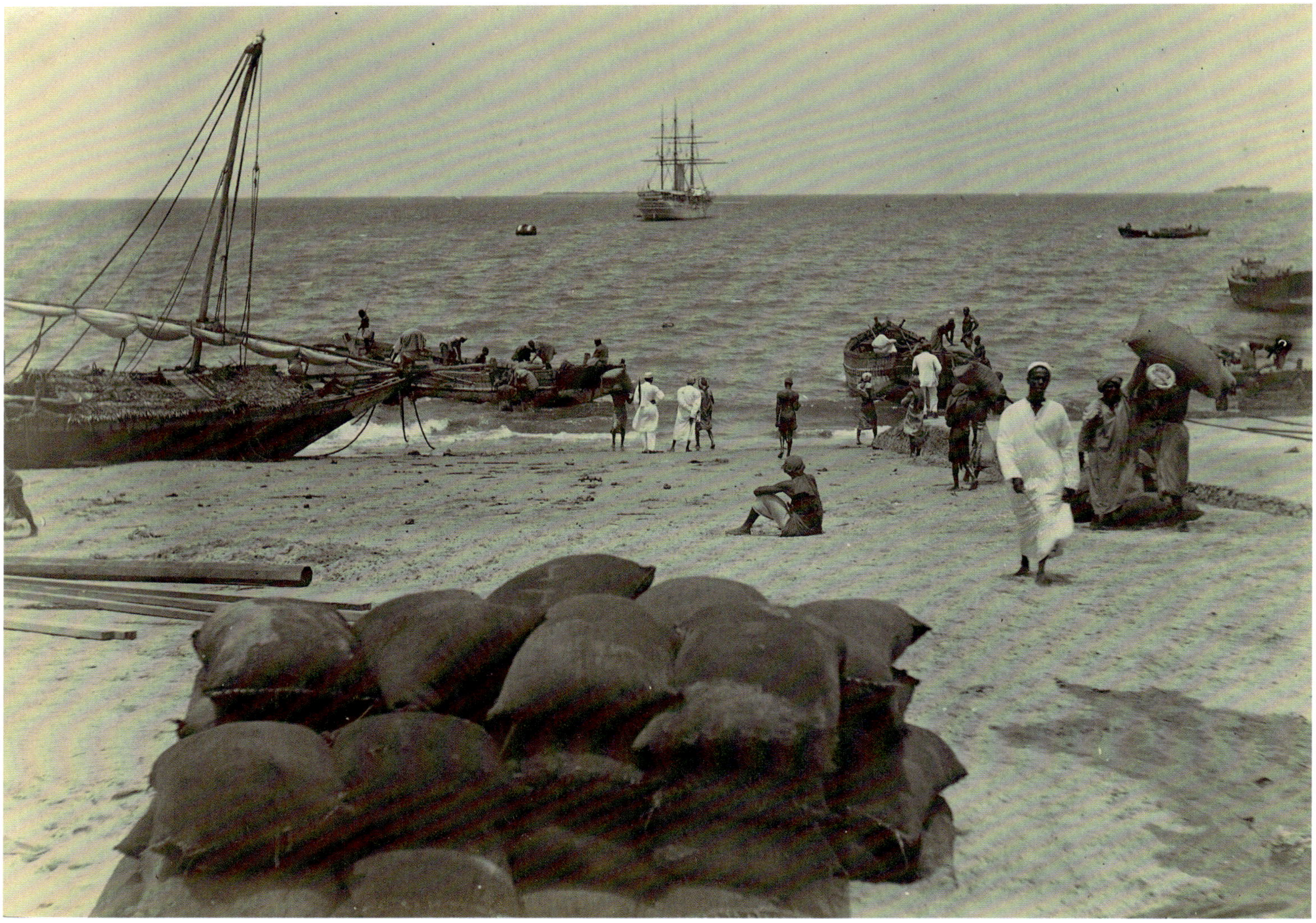

UNBEKANNTER FOTOGRAF

Sansibar, Hafenansicht · Um 1890 ·
Abzug auf Albuminpapier, 14,3 × 19,8 cm

Sansibar, früher im Besitz des Sultans von Oman, Kleinod im Indischen Ozean und wichtiger Warenumschlagplatz, ist nicht nur obligatorischer Zwischenstopp auf dem Weg vom Roten Meer nach Südafrika, sondern für viele Forscher vor allem das Tor ins Innere des afrikanischen Kontinents. Hier bereitet Livingstone 1866 seine Expedition zu den Nilquellen vor. Jules Vernes macht Sansibar in seinem 1863 erschienenen Roman *Fünf Wochen im Ballon* zum Ausgangspunkt der Entdeckungsreise seiner drei britischen Protagonisten.

RECHTE SEITE UNTEN
UNBEKANNTER FOTOGRAF

Haus der Regierung · Um 1890 ·
Abzug auf Albuminpapier, 14,3 × 19,6 cm

Die drei durch überdachte Übergänge verbundenen Paläste stehen im Herzen der Altstadt von Sansibar. In der Mitte Beit El-Hukm, das Haus der Regierung, links der Sultanspalast Beit Es Sahel und rechts das Haus der Wunder, das erste mit elektrischem Licht ausgestattete Gebäude der Stadt. Die Gebäude liegen direkt am Ufer und werden beim Aufstand 1896 schwer beschädigt, als die vor Sansibar liegende britische Flotte die Aufständischen bombardiert.

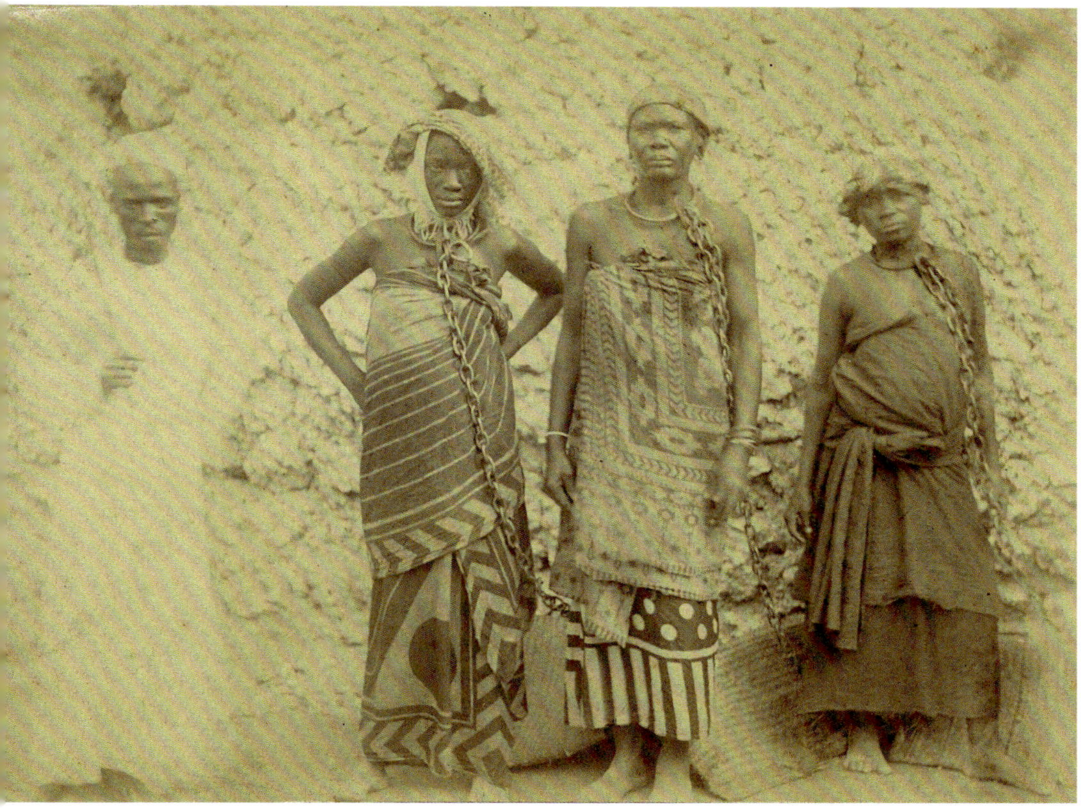

UNBEKANNTER FOTOGRAF

Sklaven · Um 1890 · Abzug auf Albuminpapier, 14,3 × 20 cm

Trotz der in Europa beschlossenen Abschaffung des Sklavenhandels und des Drucks entsprechender Gesellschaften zur Bekämpfung der Sklaverei werden von den Arabern weiterhin viele Einheimische versklavt. Der Sklavenhandel wird von Sultan Barghasch ibn Said 1873 zwar offiziell beendet, geht jedoch, wie diverse Fotos belegen, heimlich weiter bis 1890, als Sansibar unter britisches Protektorat gestellt wird. Fotos dieser Art dienen unter anderem der Rechtfertigung westlicher Interventionen. In der Tat ist die Bekämpfung des Sklavenhandels ein häufig gebrauchtes Argument zur Legitimierung der Kolonisierung.

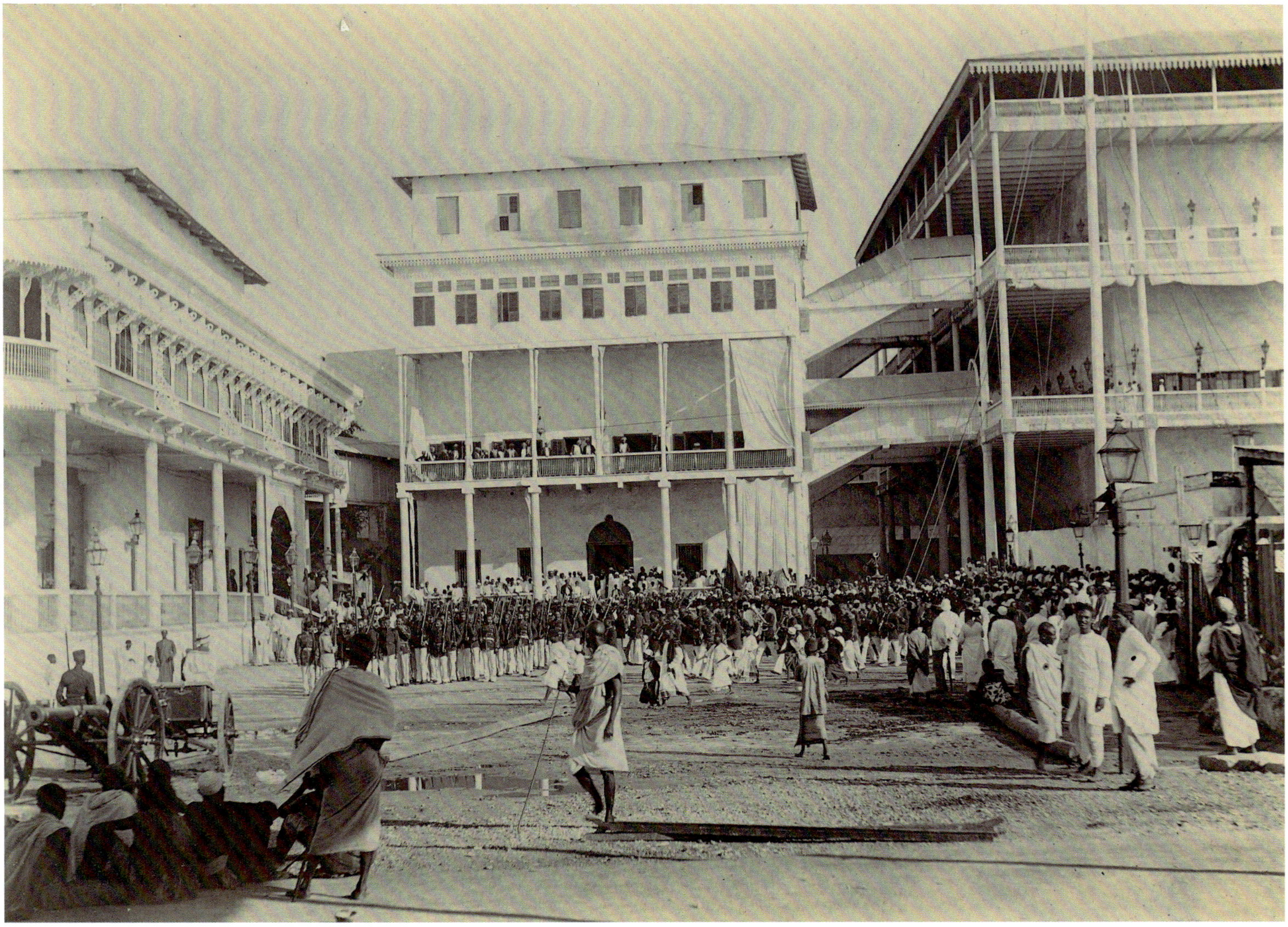

EDOUARD FOÀ

Junge Frauen in Sansibar · Um 1893 · Abzug auf Albuminpapier, 14,3 × 19,8 cm

Ende der 1890er-Jahre eröffnet A.-C. Gomes in Sansibar das erste Fotoatelier, und viele weitere Fotografen folgen ihm. An dieser Stadt kommt niemand vorbei, der im Indischen Ozean unterwegs ist, und bei diesen Zwischenstopps werden viele der Fotos gekauft, die später mit in die Heimat gebracht werden. Ein häufiges und gern genommenes Motiv sind junge Frauen, gehüllt in die traditionell bunt gemusterte Kanga aus Baumwolle.

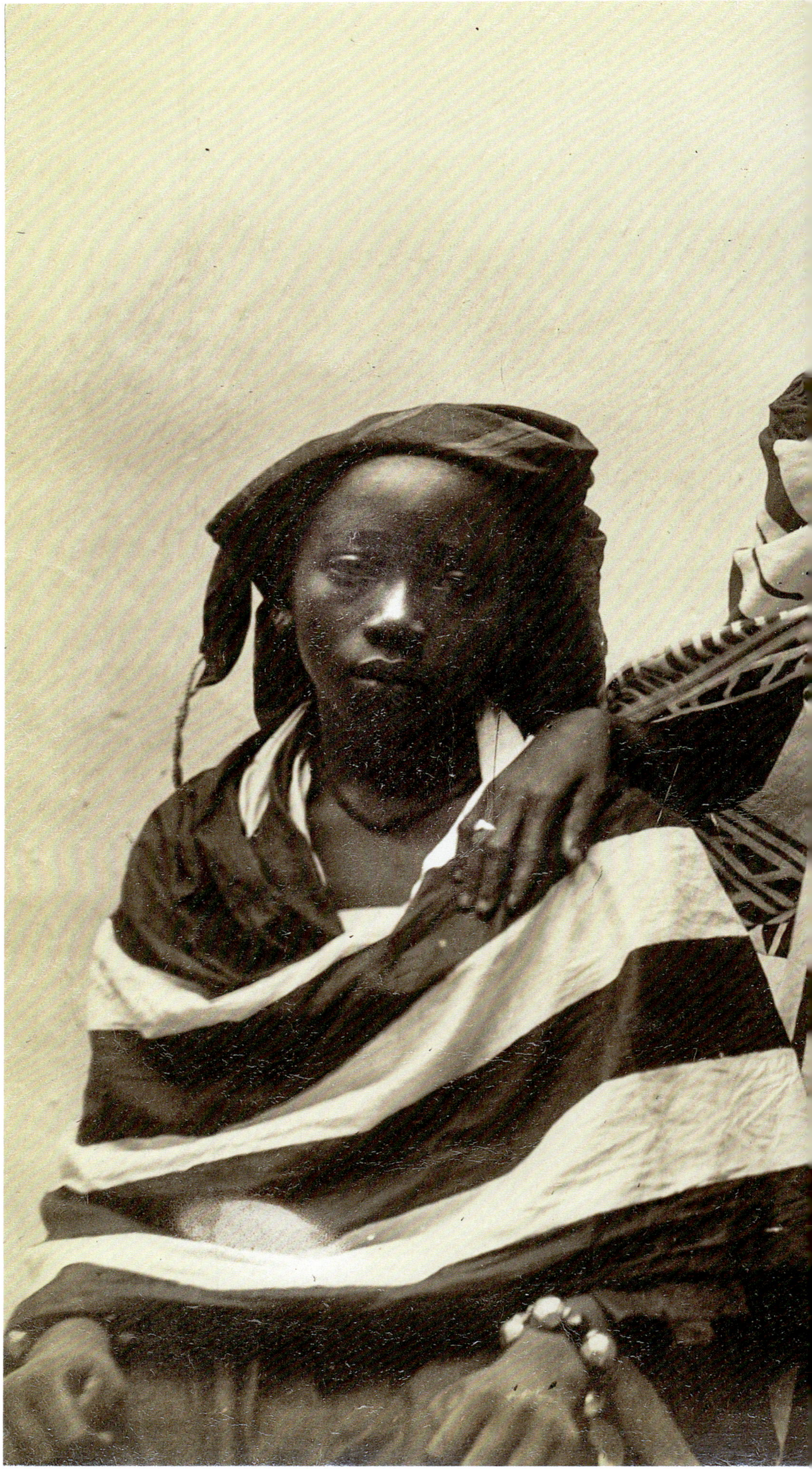

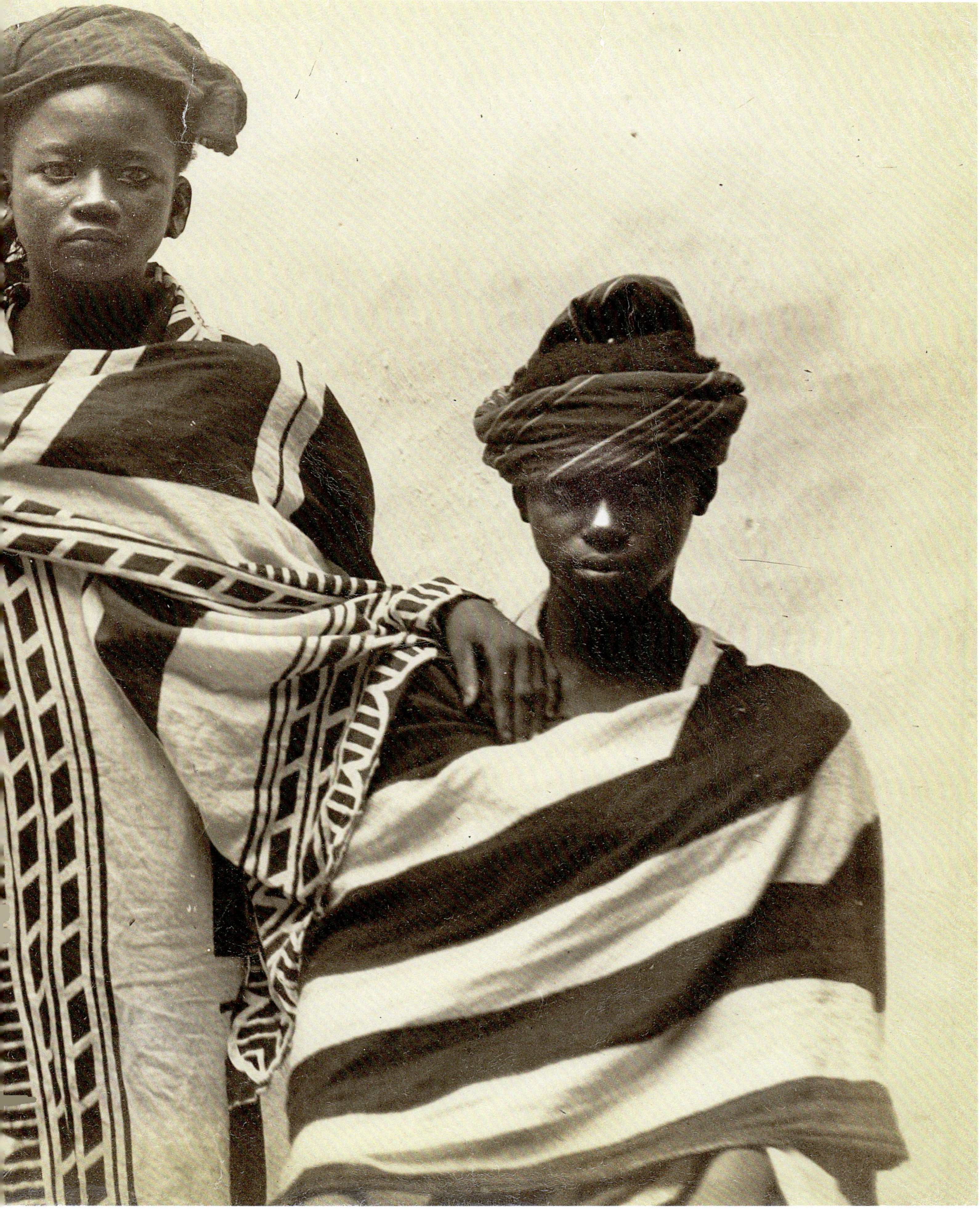

AUF DIPLOMATISCHER MISSION IN

MADAGASKAR

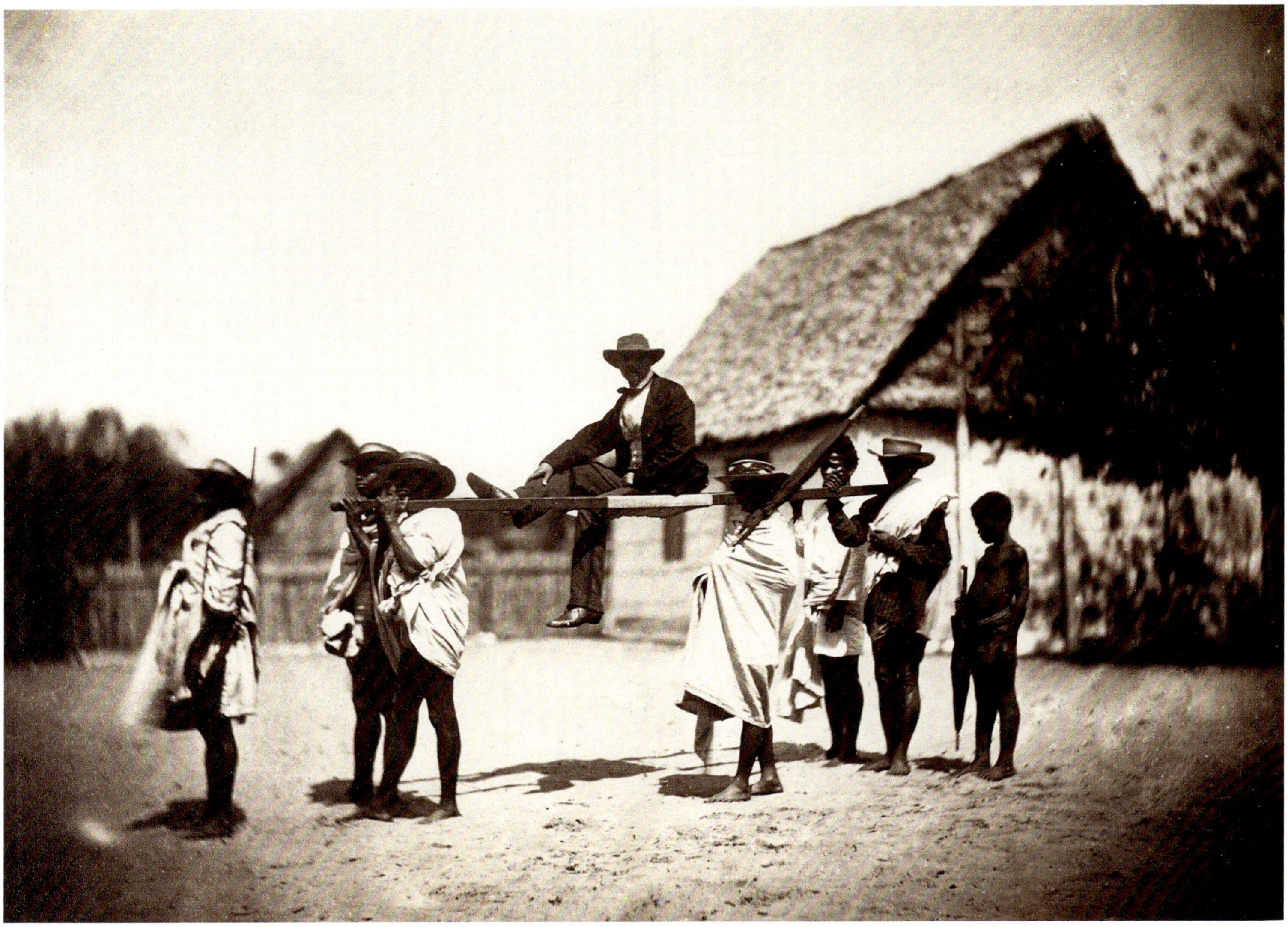

DÉSIRÉ CHARNAY

Tacon in Madagaskar · 1863 · Abzug auf Albuminpapier, 15,8 × 21,5 cm

Désiré Charnay kommt 1863 im Rahmen einer diplomatischen Mission nach Madagaskar, mit der die französische Präsenz in der Region ausgebaut werden soll. Den Franzosen gehören zu diesem Zeitpunkt bereits Sainte-Marie, Nosy Be und Mayotte. Die Situation vor Ort ist angespannt, da der König von Madagaskar kurz zuvor einem Anschlag zum Opfer gefallen ist. Während im August 1863 alles auf die Krönung von Königin Rasoherina wartet, halten sich die Mitglieder der Mission mehrere Monate lang in Tamatave (Toamasina) auf. In dieser Zeit erkundet Charnay die Nordostküste der Insel und lässt sich dabei von Einheimischen auf dem ländestypischen Tacon transportieren.

RECHTE SEITE
DÉSIRÉ CHARNAY

Baobab · 1863 · Abzug auf Albuminpapier, 28,2 × 22,2 cm

Die Insel Mohéli, die kleinste des Komoren-Archipels, ist einer der Orte, die Charnay am meisten faszinieren. Kokosplantagen, riesige Baobab (Affenbrotbäume), Bäche, die in Kaskaden die Hänge hinabfließen, veranlassen ihn zu der Feststellung, dass »man hier gern in Ruhe und Frieden leben würde, weit ab von den Menschen, umgeben von der wundervollen Natur und dem weiten, in der Sonne glitzernden Ozean, der die Insel zu einer abgeschiedenen Oase der Ruhe macht«.

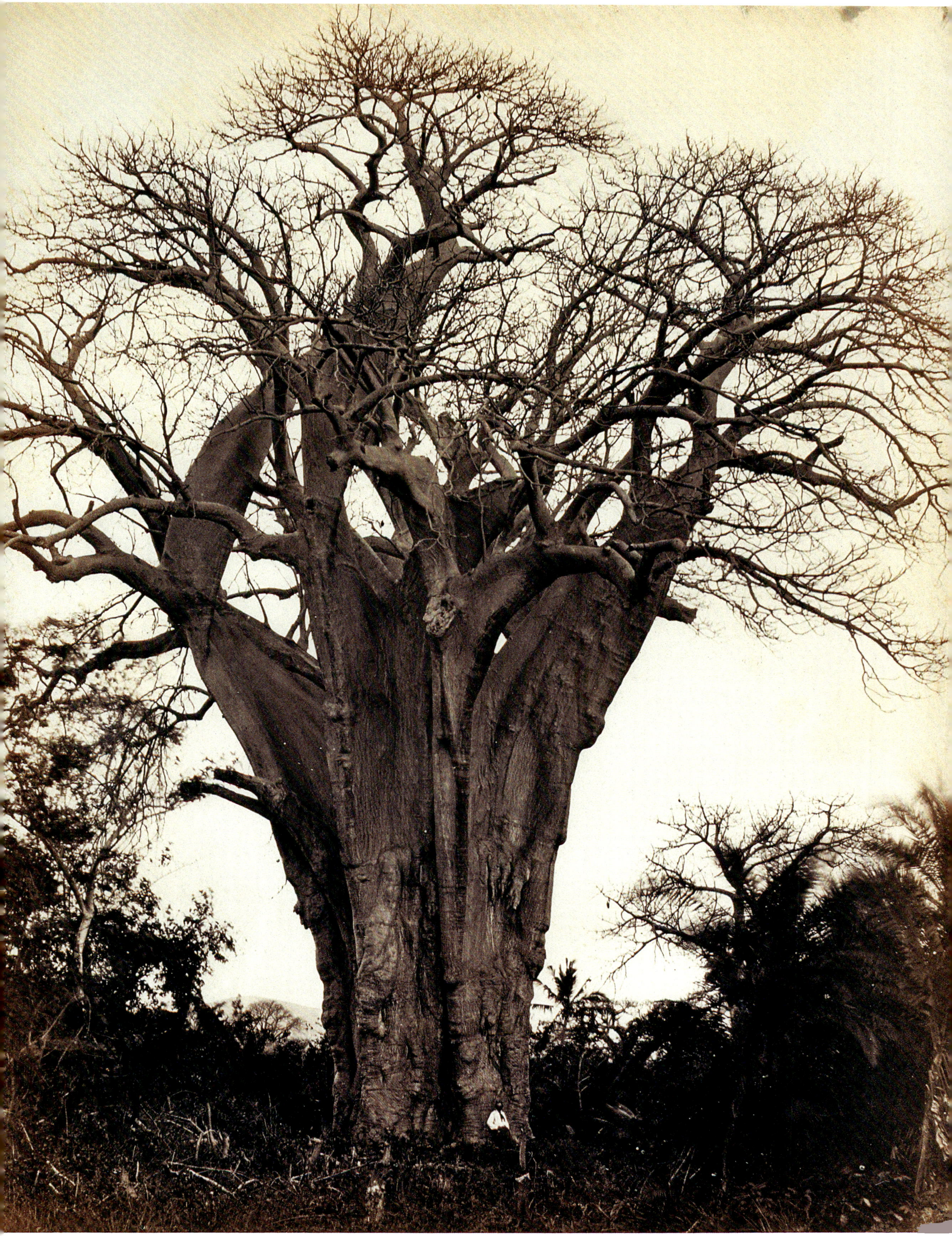

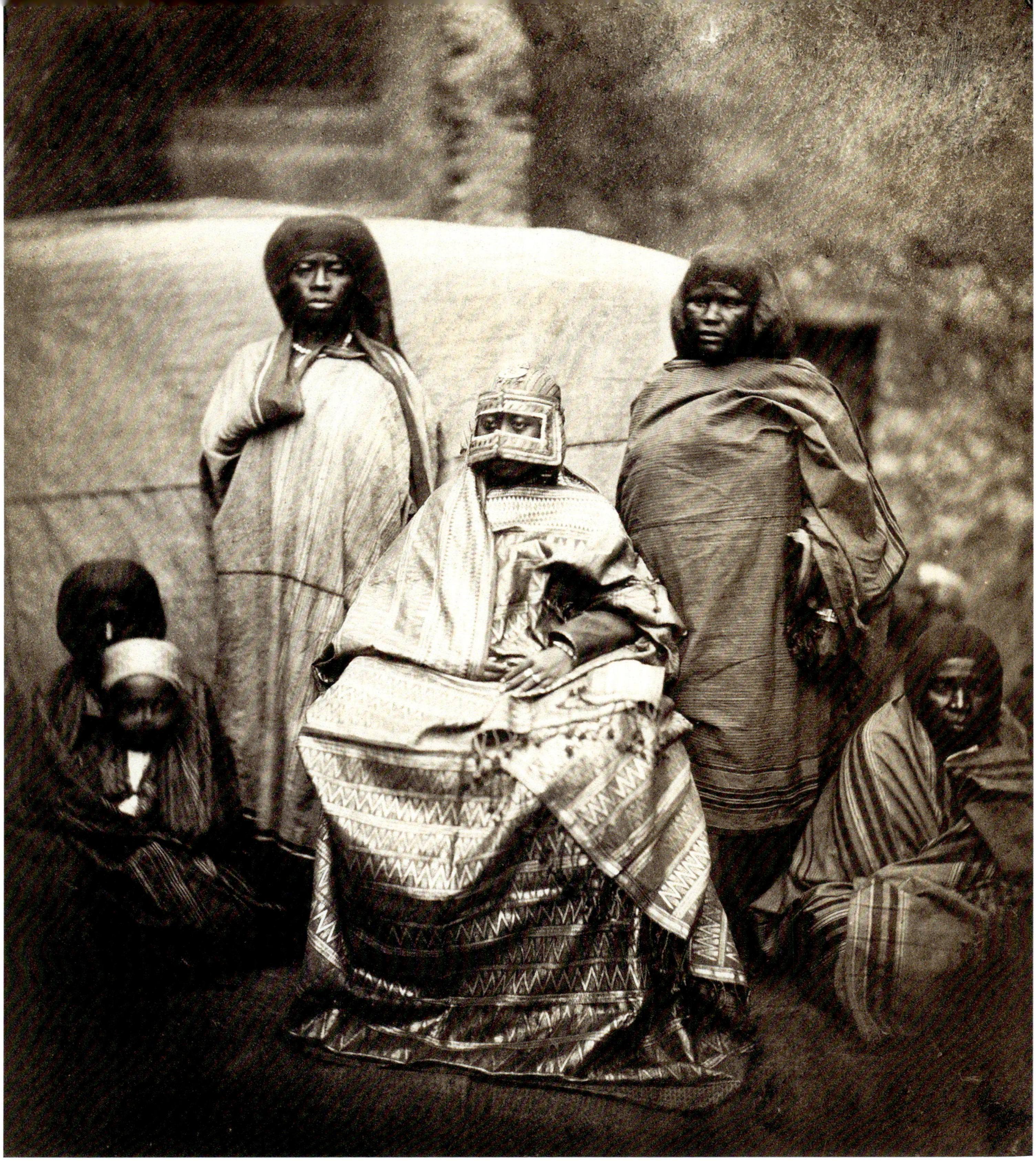

DÉSIRÉ CHARNAY

Die Königin von Mohéli · 1863 · Abzug auf Albuminpapier, 25 × 21,4 cm

Die Mission endet im Oktober 1863 auf der Insel Mohéli. Die junge muslimische Königin Jumbe-Souli empfängt in Gesellschaft ihrer Amme und einer Vertrauten die französische Delegation in ihren Gemächern. Hinter ihr verdeckt ein einfacher Tuchvorhang das Schlafzimmer.

Mit dieser gelungenen Bildkomposition hält Charnay die Begegnung mit der Königin, in deren Blick er »eine süße Melancholie« zu erkennen glaubt, für die Nachwelt fest.

ERKUNDUNGSREISE AUF DEM SAMBESI

DIE GROSSEN SEEN

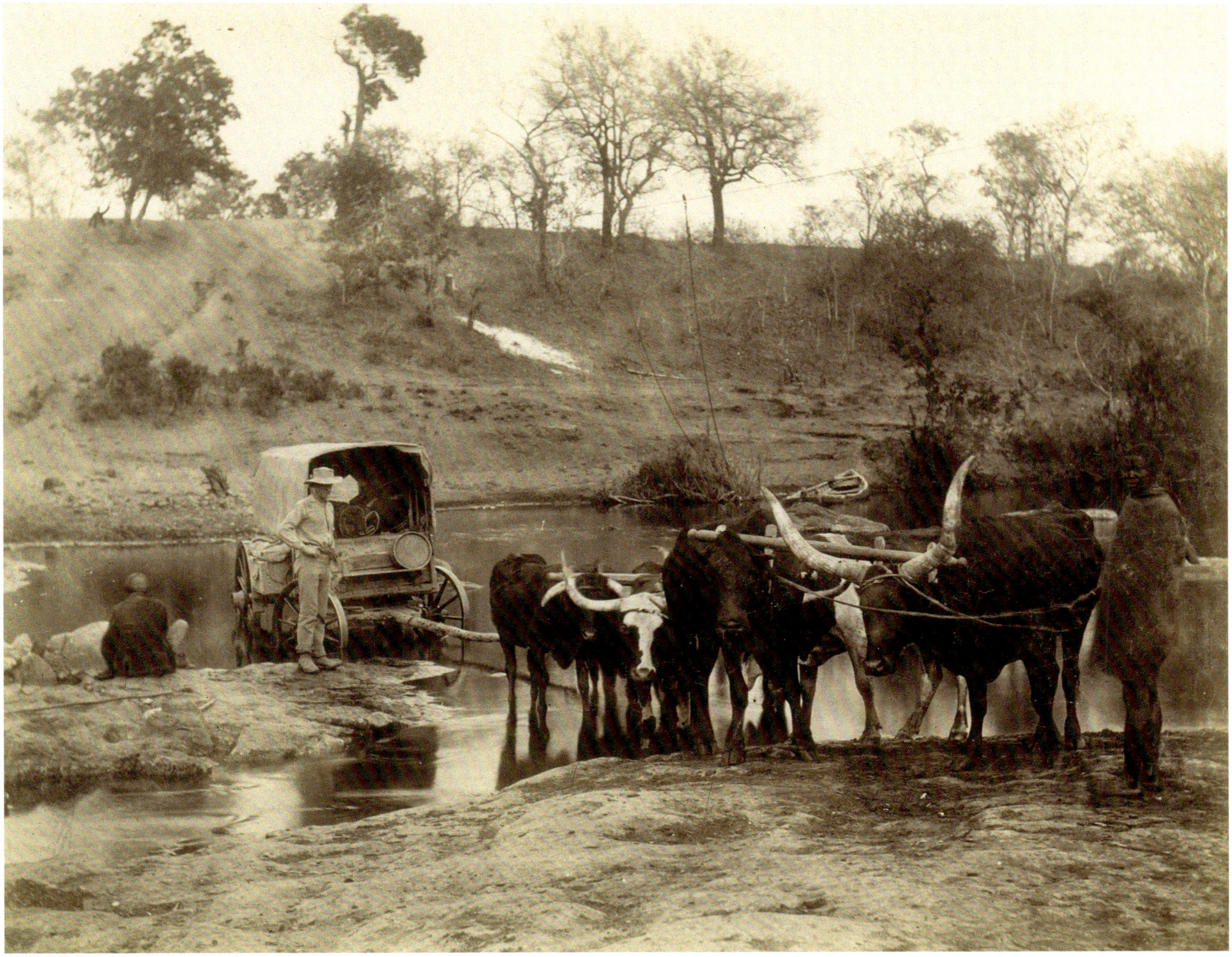

LIONEL DÈCLE

Durchquerung eines Furts in Matabeleland ·
1892 · Abzug auf Albuminpapier, 9,3 × 11,6 cm

Der französische Forscher Lionel Dècle, viel in den britischen Gebieten Afrikas unterwegs, wird 1890 vom französischen Bildungsministerium mit einer Mission im südlichen Afrika beauftragt. Im Mai 1891 startet er in Kimberley und dringt entlang der Kalahari innerhalb von sieben Monaten bis zum Sambesi vor.

Dècle setzt sich gern selbst in Szene, etwa an der Spitze eines Konvois mitten in der Wüste oder beim Durchqueren von Flüssen, die gerade Hochwasser führen. Die Begegnung des Forschers mit der afrikanischen Wildnis inszeniert Dècle dabei regelrecht als Triumph über die Naturgewalten.

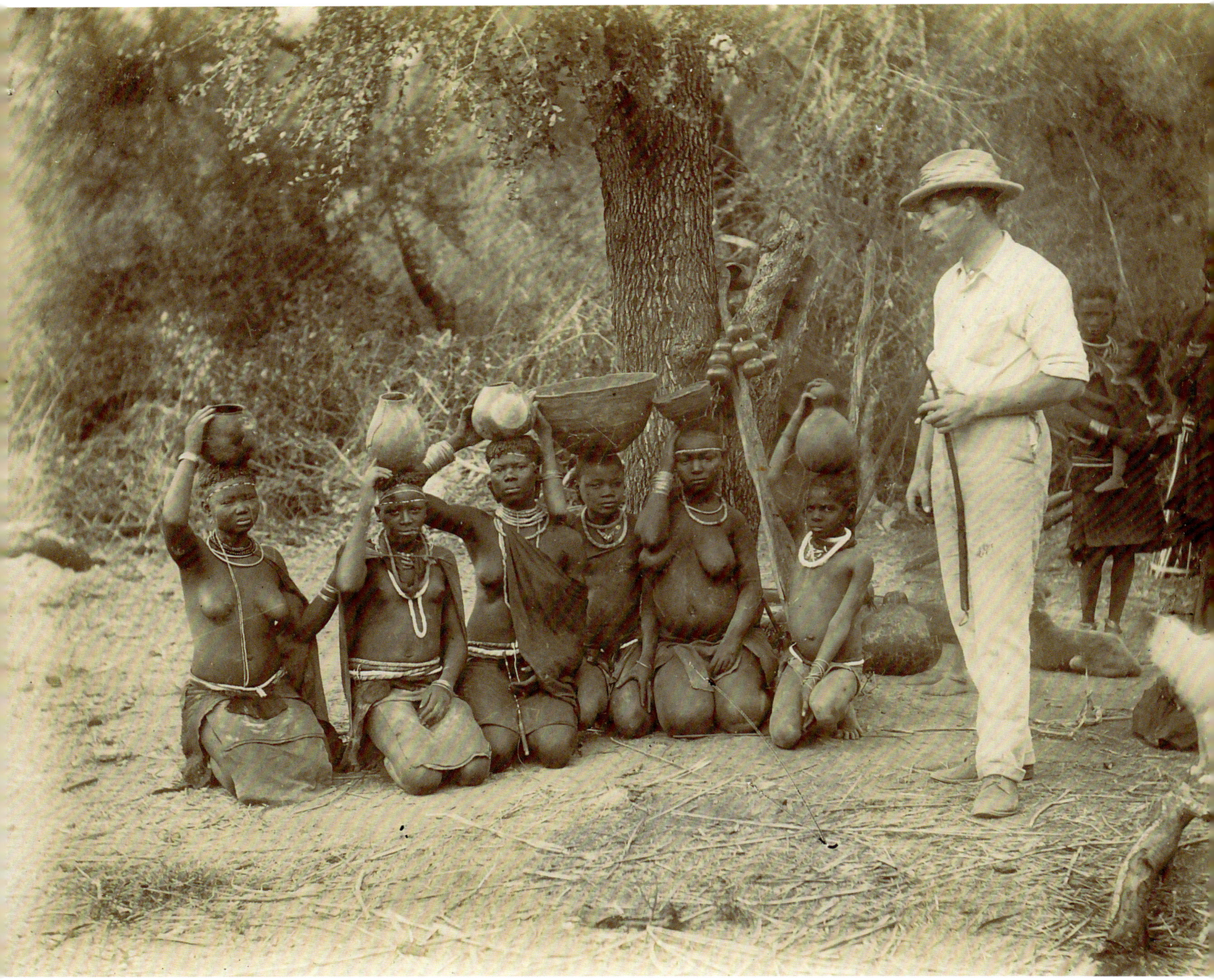

LIONEL DÈCLE

Shona-Frauen bei Tuli · 1892 · Abzug auf Albuminpapier, 9,3 × 11,6 cm

Lionel Dècles Mission dient ethnografischen Zwecken. Er sammelt Informationen über das Volk der Shona und der Ndebele und besichtigt den Palast des Königs Lobengula in Bulawayo und die Ruinenstadt Alt-Simbabwe. Wie bei vielen Fotografen ist auch Dècles Denkmuster kolonialistisch geprägt. Mit den vor dem europäischen Forscher knienden Shona-Frauen transportiert er das Klischee von der Überlegenheit der weißen Rasse.

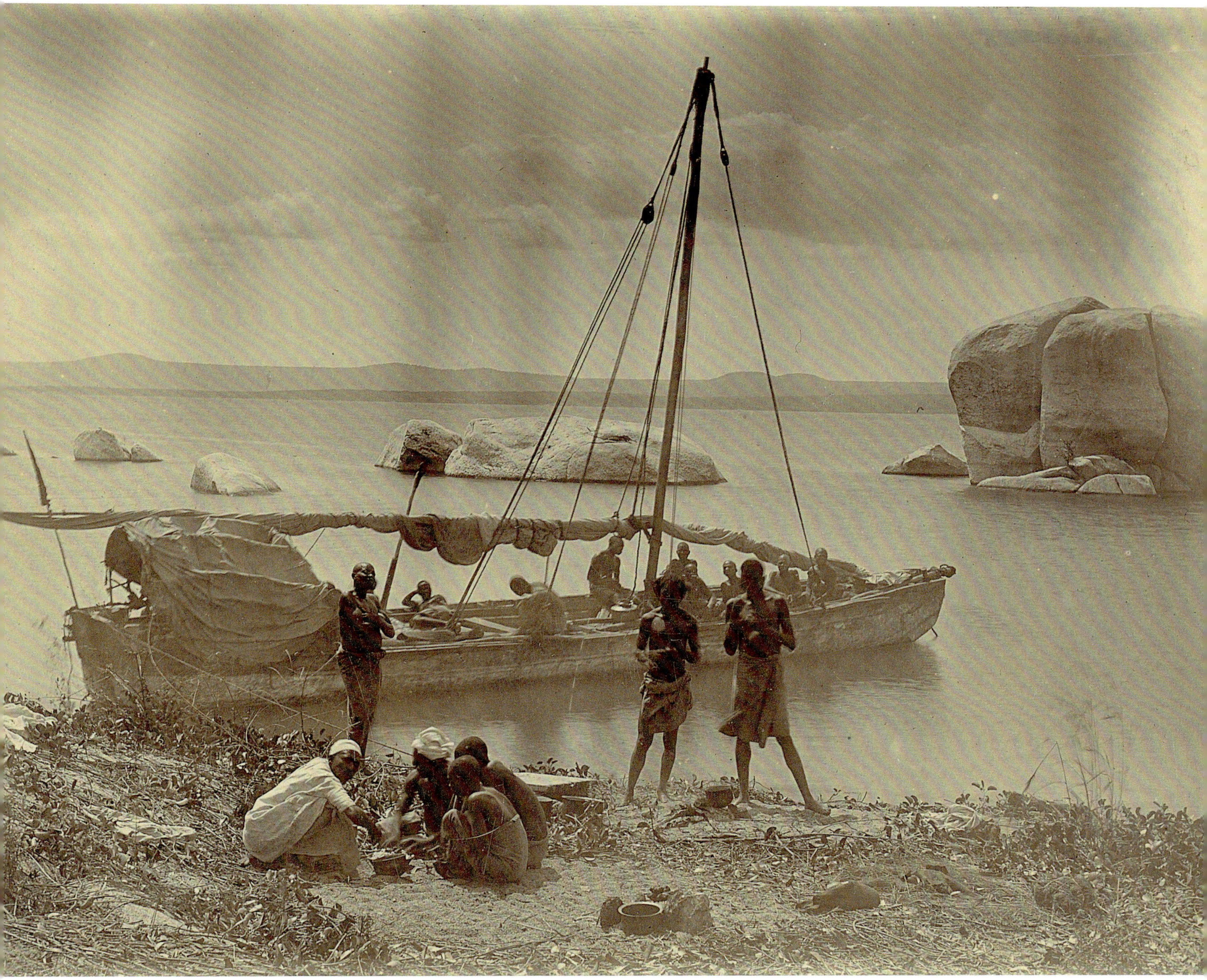

LIONEL DÈCLE

Arabische Dau auf dem Tanganjikasee · 1893 ·
Abzug auf Albuminpapier, 9,3 × 11,8 cm

1893 bricht Dècle zum zweiten Teil seiner Reise auf, die ihn bis zu den Afrikanischen Großen Seen führt: Malawisee (auch Njassasee), Tanganjikasee und Victoriasee (auch Victoria Nyanza). Seine Schilderungen lösen jedoch nach seiner Rückkehr in Frankreich nicht gerade Begeisterung aus. Man wirft ihm zu große Sympathie vor für die britische Verwaltung der Länder, die er bereist. Ganz anders dagegen die britische Presse. Sein Reisebericht *Three Years in Savage Africa* erscheint 1895 in London mit einem Vorwort von Henry Morton Stanley. Gewidmet ist es Cecil Rhodes, dem Begründer der britischen Vorherrschaft im südlichen Afrika und Pionier des britischen Kolonialimperialismus.

DIE DIAMANTENMINE VON

KIMBERLEY

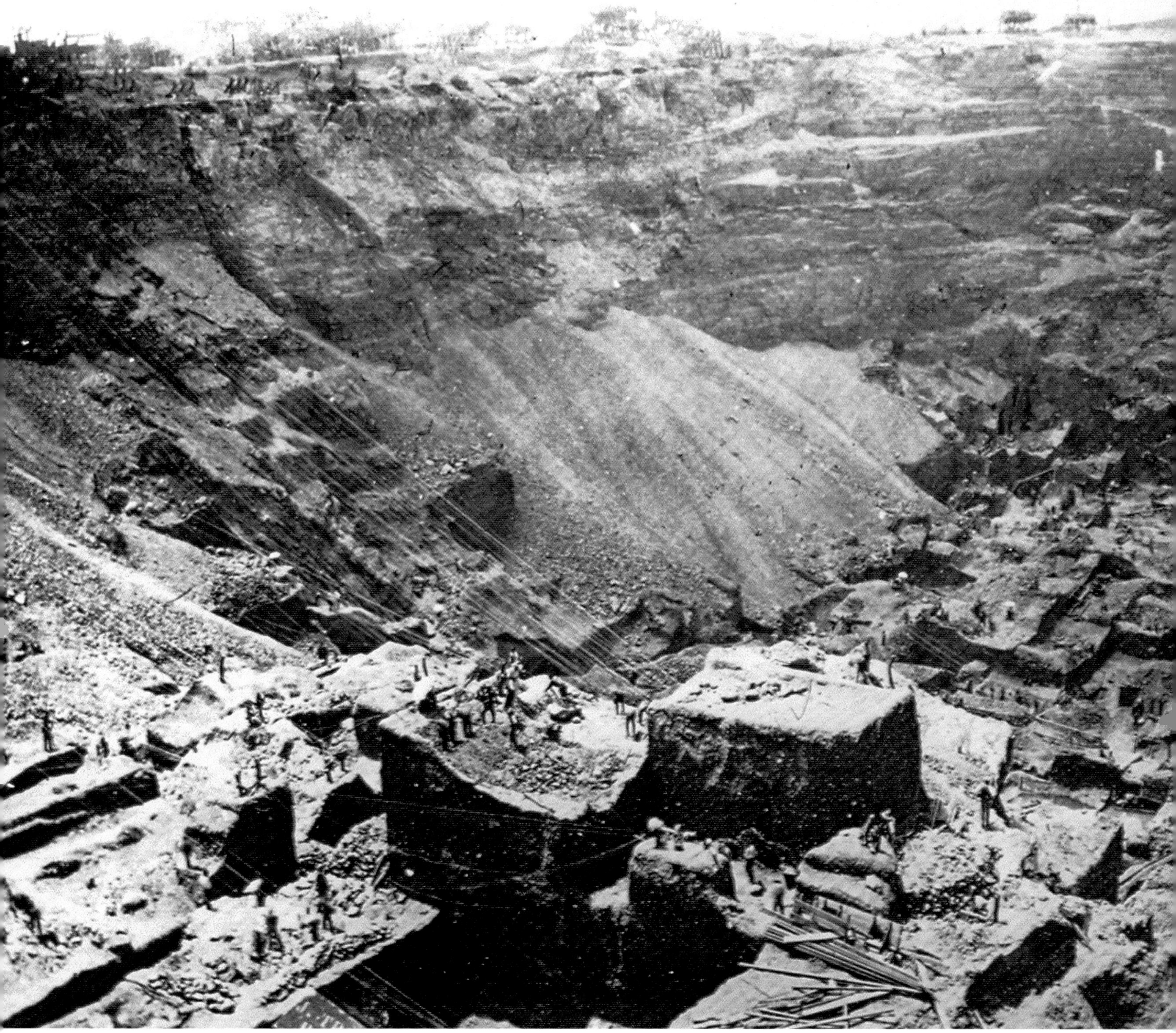

54 · 55

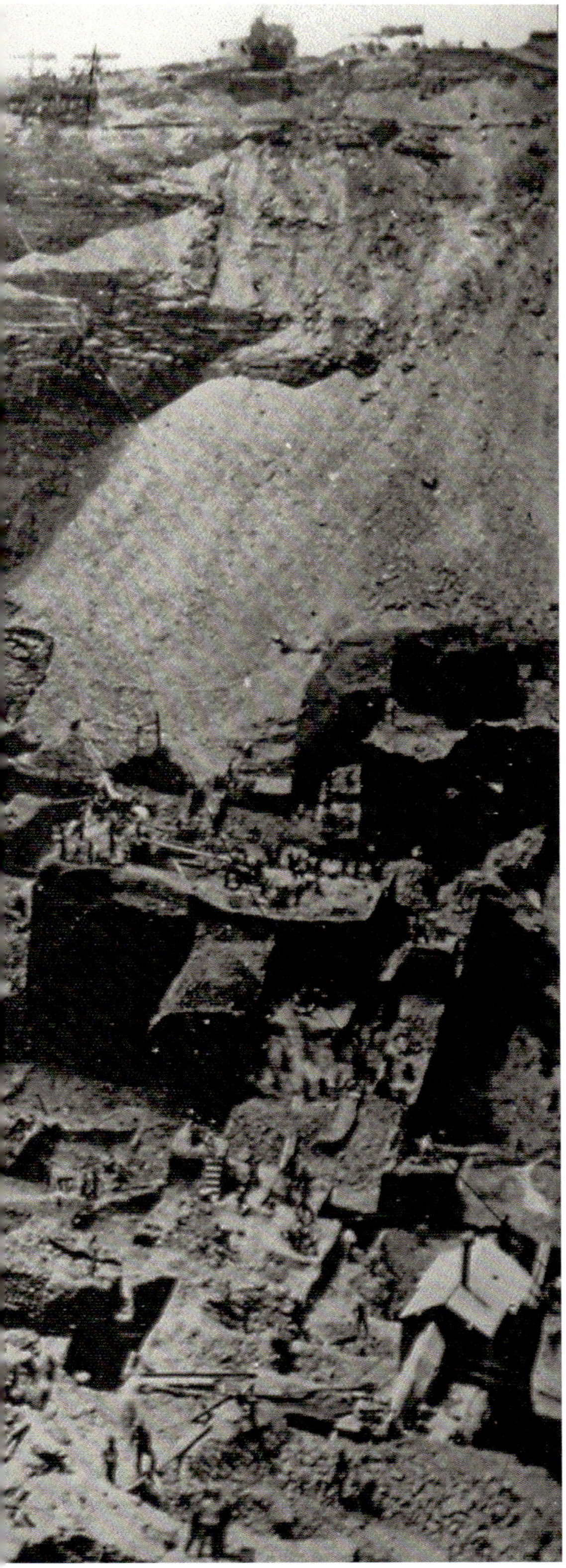

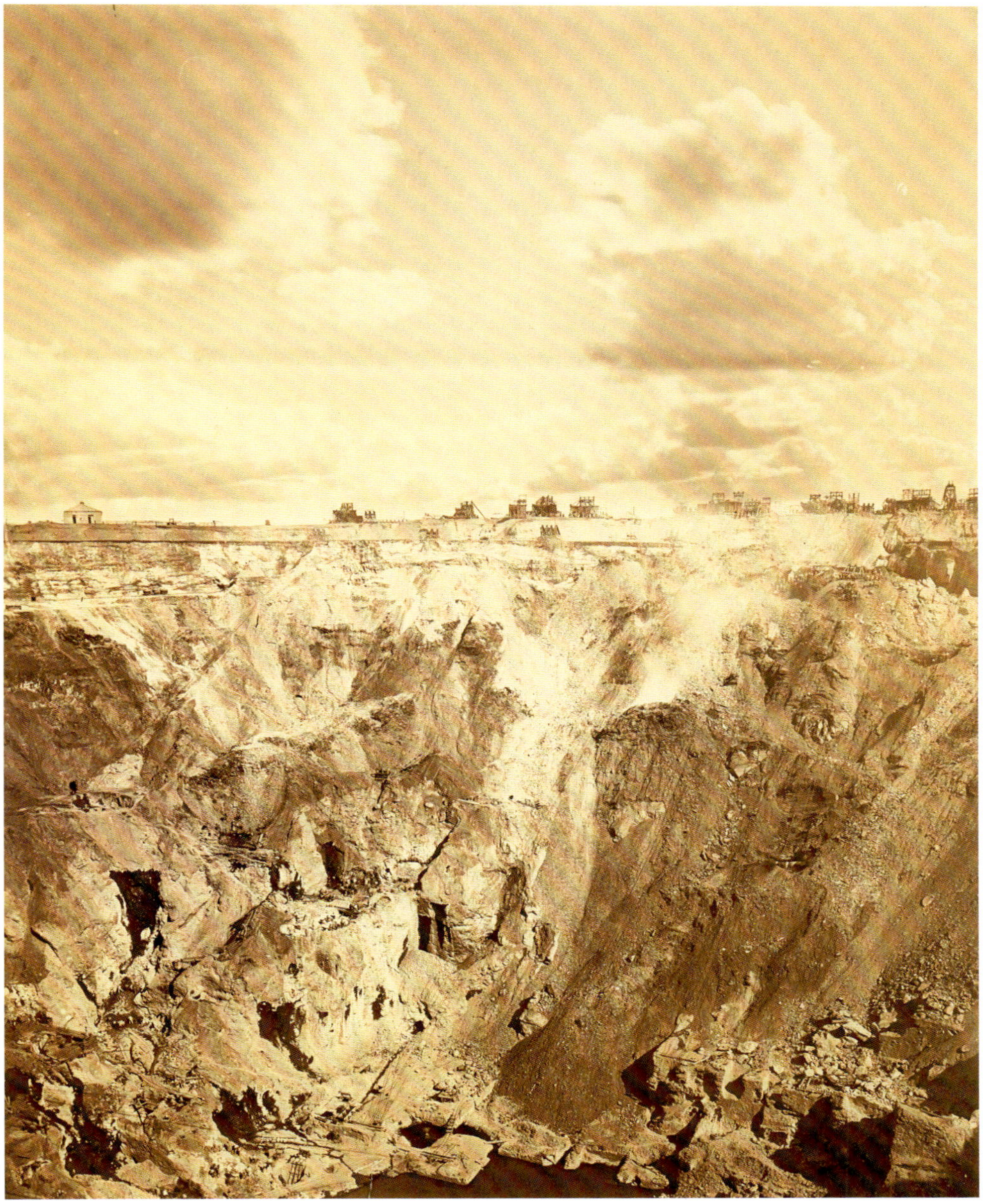

HENRI PORCHERON ZUGESCHRIEBEN (DUPLIKATNEGATIV MOLTENI)

Die Claims der Tagebaumine von Kimberley, Südafrika · Vor 1895 · Diapositiv auf Glas, 8,5 × 10 cm

Henri Porcheron, ehemaliger Chefingenieur der Compagnie française des mines de diamants du Cap, hält am 1. März 1895 vor Mitgliedern und Gästen der Société de Géographie einen Diavortrag über die Diamantenminen in Südafrika. Er spricht über verschiedene Aspekte der Diamantengewinnung: Tagebau, Untertagebau, früher und aktuell verwendetes Gerät sowie den Wert der Minen. Unter anderem präsentiert er ein Dia vom Big Hole, dem riesigen Tagebauloch, in dem die Minenarbeiter nach Diamanten schürfen.

UNBEKANNTER FOTOGRAF

Diamantenminen in Kimberley · 1881 · Abzug auf Albuminpapier, 56 × 45,7 cm

Mit der Entdeckung von Diamantenvorkommen in der Region um Kimberley 1867 verändert sich das Gesicht Südafrikas innerhalb kürzester Zeit. Die Diamanten locken zahlreiche ausländische Bergbaugesellschaften ans Kap. Adrien Auguste Moulle, Mineningenieur und Mitglied der Société de Géographie, arbeitet in den 1880er-Jahren für die Compagnie française des mines de diamants du Cap. Seine Erinnerungen an diese Zeit fasst er in dem Buch *Mémoire sur la géologie générale du Sud* zusammen. Er ist auch der Stifter dieses Fotos vom Big Hole. An den Rändern des gewaltigen Lochs erkennt man die Hütten der Claim-Besitzer.

AMERIKA

Amerika, von den europäischen Siedlern und Kolonialherren als Neue Welt bezeichnet, ist in vielerlei Hinsicht noch unbekannt, als die ersten Fotografen anrücken. Im Süden erheben sich die Völker gegen die spanischen Kolonialherren. Im Norden sind die USA und Kanada gerade dabei, sich als Staaten zu konsolidieren. Mitte des 19. Jahrhunderts gibt es noch so viele weiße Flecken auf der nordamerikanischen Landkarte, dass man noch an die Existenz eines transkontinentalen Wasserwegs glaubt.

In Nordamerika erschließen Soldaten die Great Plains und die Rocky Mountains. Die überraschende Wehrhaftigkeit der Indianer empfinden viele als Bedrohung. Unerbittlich werden die Ureinwohner aus ihren Territorien verjagt und in Reservate gesteckt. Die Entdeckung neuer Landschaften und neuer Pflanzen, vor allem der Mammutbäume im Westen, prägt die Assoziation Nordamerikas mit ›wilderness‹, einer Unberührtheit, die in den Nationalparks noch heute zu finden ist.

Geografie dient in erster Linie der genauen Erfassung von Territorien. Noch vor dem Erwerb der französischen Kolonie Louisiana 1804 schickt US-Präsident Thomas Jefferson, fasziniert vom Westen und den Trappern, Meriwether Lewis und William Clark den Missouri aufwärts bis nach Dakota. Von dort aus erforschen sie die Rocky Mountains und fahren auf dem Columbia River bis zum Pazifik. Ihre Erkundungsreise verhilft erstmalig zu einer genaueren geografischen Kenntnis der Rocky Mountains sowie Hunderter bisher unbekannter Tier- und Pflanzenarten. Ihre Vermessungsdaten bestätigen, dass der Buenaventura River, der bisher vermutete Wasserweg zwischen Ost- und Westküste, nur ein Mythos ist.

Die Eroberung des Mittleren Westens kennt man heute vor allem aus Filmen und Romanen. Mitte des 19. Jahrhunderts räumt John Charles Frémont mit dem Irrtum auf, südwestlich der »landwirtschaftlich nutzbaren« Great Plains, wie er dem US-Senat das Gebiet beschreibt, gebe es eine »große amerikanische Wüste«. Der Große Salzsee und der Utahsee ziehen Massen von Abenteurern an, während die ersten Goldfunde in Kalifornien die Eisenbahngesellschaften dazu veranlassen, den Bau der Ost-West-Verbindung fieberhaft voranzutreiben. In den USA wie in Kanada treten Ingenieure an die Stelle der Forschungsreisenden. Ob Viadukt, Schleuse oder Fabrik, gebaut wird alles, was es den Siedlern erleichtert, die Schätze ihrer neuen Heimat zu Geld zu machen.

Im hohen Norden suchen die Briten hartnäckig nach einer Nordwestpassage, nicht um nach China zu gelangen, denn dafür gibt es die südlichen Routen, sondern vielmehr, um das Nordpolarmeer besser zu erkunden und einen Weg zum Nordpol zu finden. William Parry kommt bis zur Baffin-Bucht und zur Meerenge von Lancaster und kann so zumindest eine präzise Karte von fast 1000 Kilometern Küstenlinie zeichnen. Die Société de Géographie hört um 1821 erstmalig Berichte über Eskimos. Von Spitzbergen erfährt sie sechs Jahre später. In gelehrten Kreisen spricht man über Quebec und seine extremen Schneeverhältnisse, Kabeljaufischen in Neufundland und die höchsten Gipfel wie den von William Libbey fotografierten Mount Saint Elias. Vulkane im hohen Norden und Geysire in der Yellowstone-Region sind für so manchen Anlass, sich der Geografie zu verschreiben.

Im Mexikanisch-Amerikanischen Krieg entdecken die amerikanischen Soldaten wunderschöne, nahezu unbesiedelte Landschaften in den Hochebenen der Rocky Mountains. Die Canyons in Colorado sind als Landschaftsform zwar nicht völlig unbekannt, aber schon allein aufgrund ihrer gewaltigen Ausmaße außergewöhnlich. Man kennt sie bereits von Gemälden oder Zeichnungen, doch erst die Fotografie vermittelt einen echten und detailreichen Eindruck von diesen Naturwundern. Auch die Geologie gewinnt an Bedeutung. Immerhin gibt es mitten im Pazifik eine Insel, Hawaii, deren Vulkane noch völlig unerforscht sind.

Für Südamerika existiert aufgrund der frühzeitigen Kolonisierung durch die Spanier und Portugiesen bereits eine präzise Landkarte. Große Waldgebiete und Ströme wie Paraná, Amazonas und Orinoco sind bereits erkundet, zum Teil durch Forscher wie Humboldt, der vom Orinoco über den Rio Casiquiare bis zum Amazonas vorgedrungen ist. Allerdings fragt sich in Europa kaum einer, wie es in den Anden oder in Kolonialstädten wie Quito oder Buenos Aires aussieht. Lateinamerika fasziniert nicht so wie die anderen Terrae incognitae. Die von Bolívar angeführten Unabhängigkeitskriege lassen neue Staaten entstehen wie das Kaiserreich Brasilien, wo die erste Eisenbahnlinie Südamerikas zwischen Rio de Janeiro, São Paulo und der Bergbauregion Minas Gerais gebaut wird.

Auf der mittelamerikanischen Landbrücke steht vor allem der Bau des Panamakanals im Mittelpunkt des Interesses und lässt speziell Geschäftsleute ins Schwärmen geraten: Eisenbahnverbindungen im Norden und im Süden und in der Mitte der Kanal. Was will man mehr? Potenzielle Bauherren reißen den Landvermessern förmlich die Karten aus der Hand. Der Bau des Panamakanals und die damit einhergehenden Konflikte führen letzten Endes zur Abspaltung Panamas von Kolumbien. Ansonsten hat Lateinamerika speziell für Botaniker die Antillen und einige Regionen Brasiliens als Heimat der Araukarien zu bieten, aber auch vulkanische Aktivitäten auf Martinique sowie häufige Erdbeben, unter anderem das von Valparaiso 1906, wecken die Neugier auch in Europa.

Ethnografen interessieren sich für indigene Völker wie die Maya oder die Guahibos, über die bisher nur literarische Darstellungen von Diderot und anderen Schriftstellern des 18. Jahrhunderts vorlagen. Auch am Kap Hoorn leben Indianer, über die so gut wie nichts bekannt ist. Dumont d'Urville stößt 1840 mit seiner Expedition bis in die Antarktis vor, stellt eine französische Flagge auf und benennt das Land nach seiner Ehefrau Adélie. In Europa verfolgen interessierte Kreise gespannt die Südpol-Expeditionen von Shackleton, Amundsen und Scott. Frankreich schickt Charcot zwei Mal auf Erkundungsreise in antarktische Gewässer. Auch Fitzroy und Darwin, der gerade auf fünfjähriger Weltreise an Bord der HMS Beagle ist, beteiligen sich ab 1831 vor Patagonien, Chile und Peru an der Vermessung der südamerikanischen Küsten. Seine hier gemachten Beobachtungen an Flora und Fauna liefern dem jungen britischen Forscher die Grundlagen für die Entwicklung seiner Evolutionstheorie, die die Welt genauso verändert, wie die Entdeckung Südamerikas im 16. Jahrhundert sie zuvor verändert hat.

GILLES FUMEY

AUF FORSCHUNGSMISSION AM

KAP HOORN

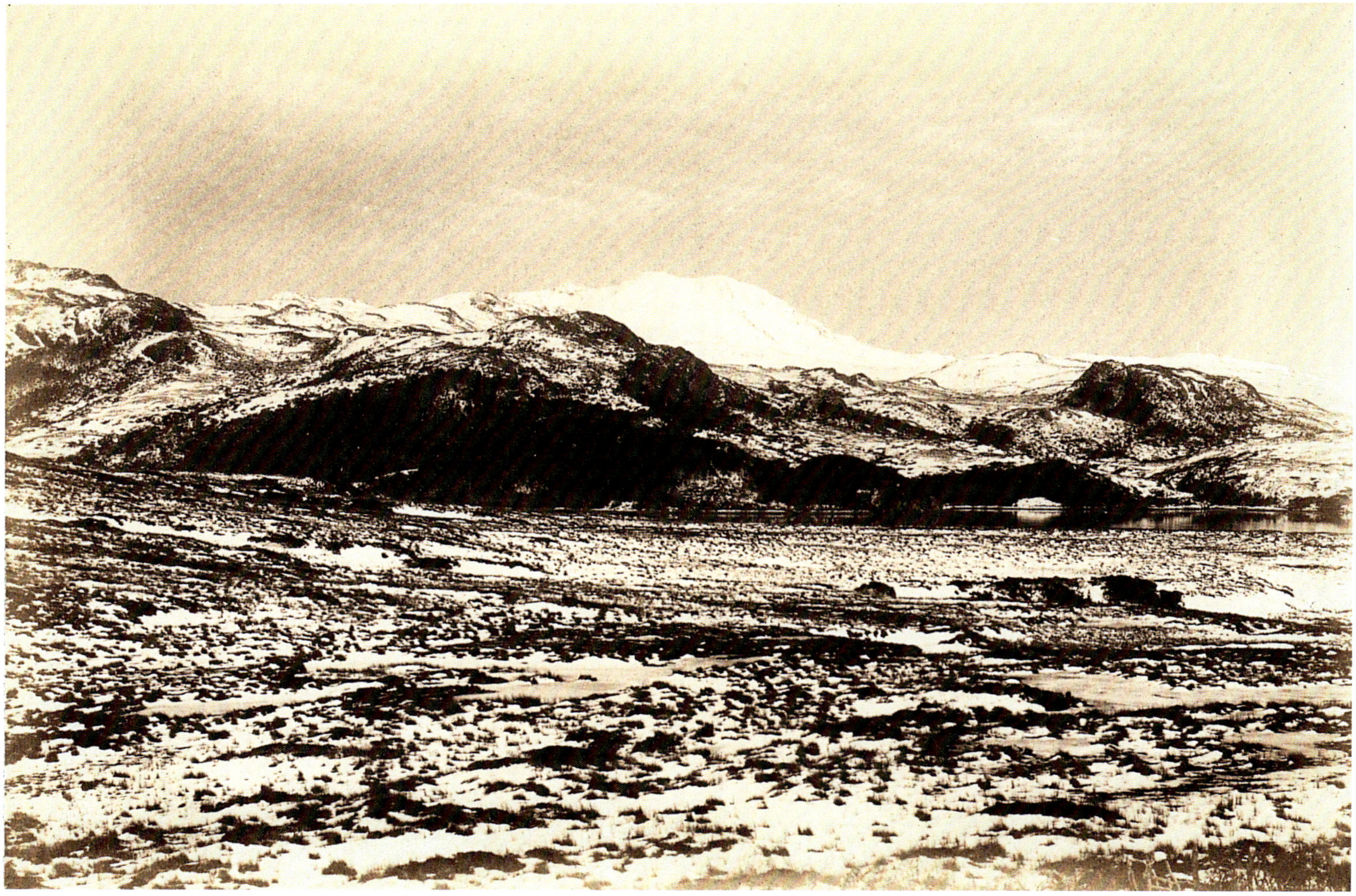

EDMOND PAYEN
(ODER ANDERES
EXPEDITIONSMITGLIED)

Verschneite Montaña Roja, von der Station aus fotografiert · 1882 oder 1883 · Abzug auf Albuminpapier, 11,7 × 17,1 cm

Anlässlich des internationalen Polarjahres wird Fregattenkapitän Louis-Ferdinand Martial 1882 mit einer Forschungsmission am Kap Hoorn betraut. An Bord der Romanche erreicht die Expedition am 6. September chilenischen Boden. In der Bahia Orange gehen sie an Land und errichten dort für ein Jahr ihr Basislager. Die Gruppe wird in zwei Teams aufgeteilt, wobei in jedem Team ein Kapitänleutnant die Aufgabe des Fotografen übernimmt: Jean-Louis Doze für die Mission zu Wasser und Edmond Payen für die Mission zu Land.

JEAN-LOUIS DOZE
(ODER ANDERES
EXPEDITIONSMITGLIED)

Feuerländer, Bahia Ouftatena, Canal Lajarte · 1882 oder 1883 · Abzug auf Albuminpapier, 16,8 × 11,8 cm

Auch wenn ethnografische Studien nicht auf dem Programm stehen, sammeln die Expeditionsmitglieder jede Menge Daten und Informationen. Die Kontakte mit den Indianern sind zahlreich. Manche kommen sogar bereitwillig an Bord des Schiffes. Beeindruckt fixieren sie die Kamera. Die Bildkomposition – drei wie verloren auf der Brücke eines fremden Schiffes stehende Einheimische – betont den Unterschied zwischen ihrer und der europäischen Kultur und verleiht dem Bild seine besondere Ausdruckskraft.

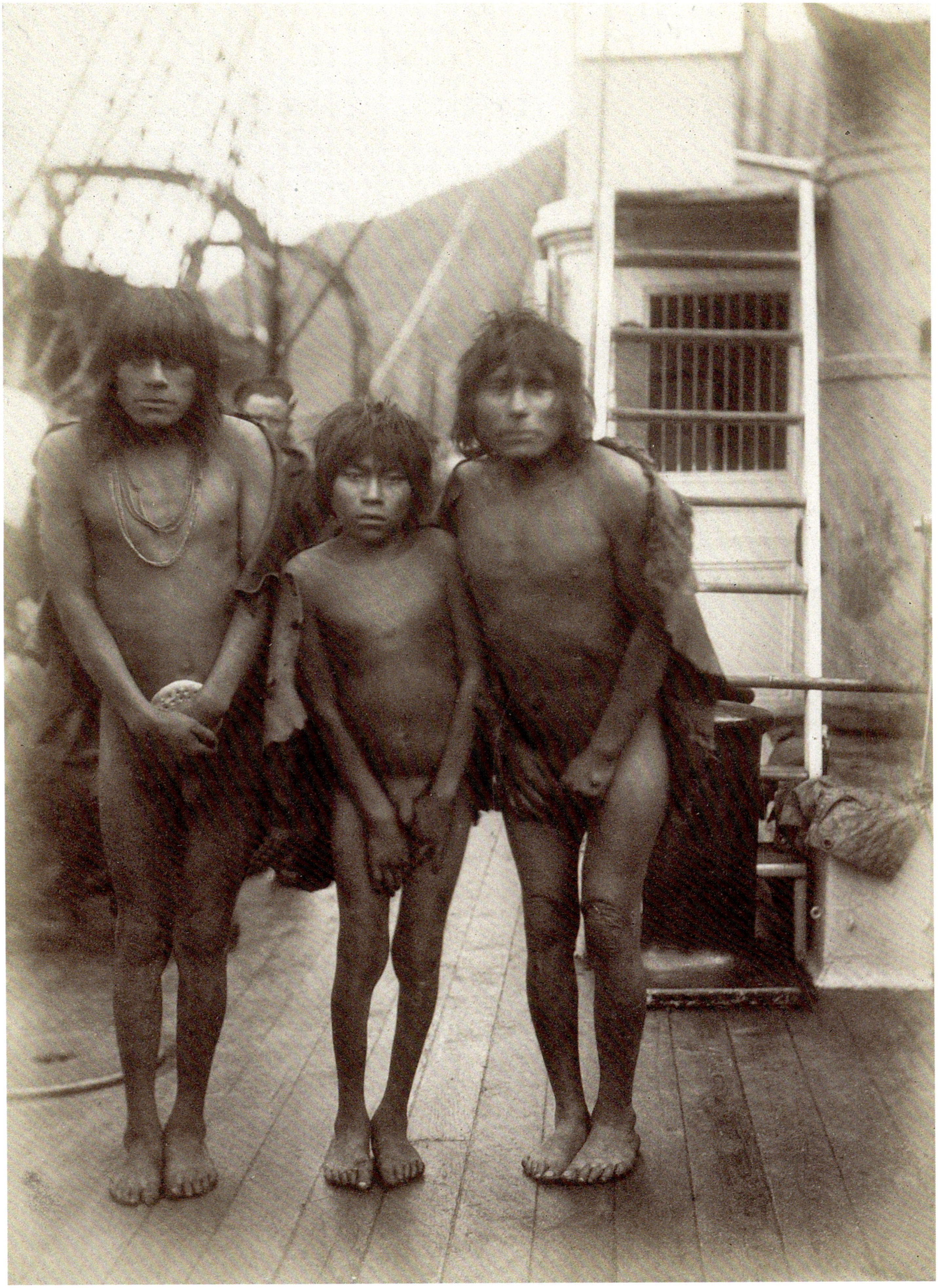

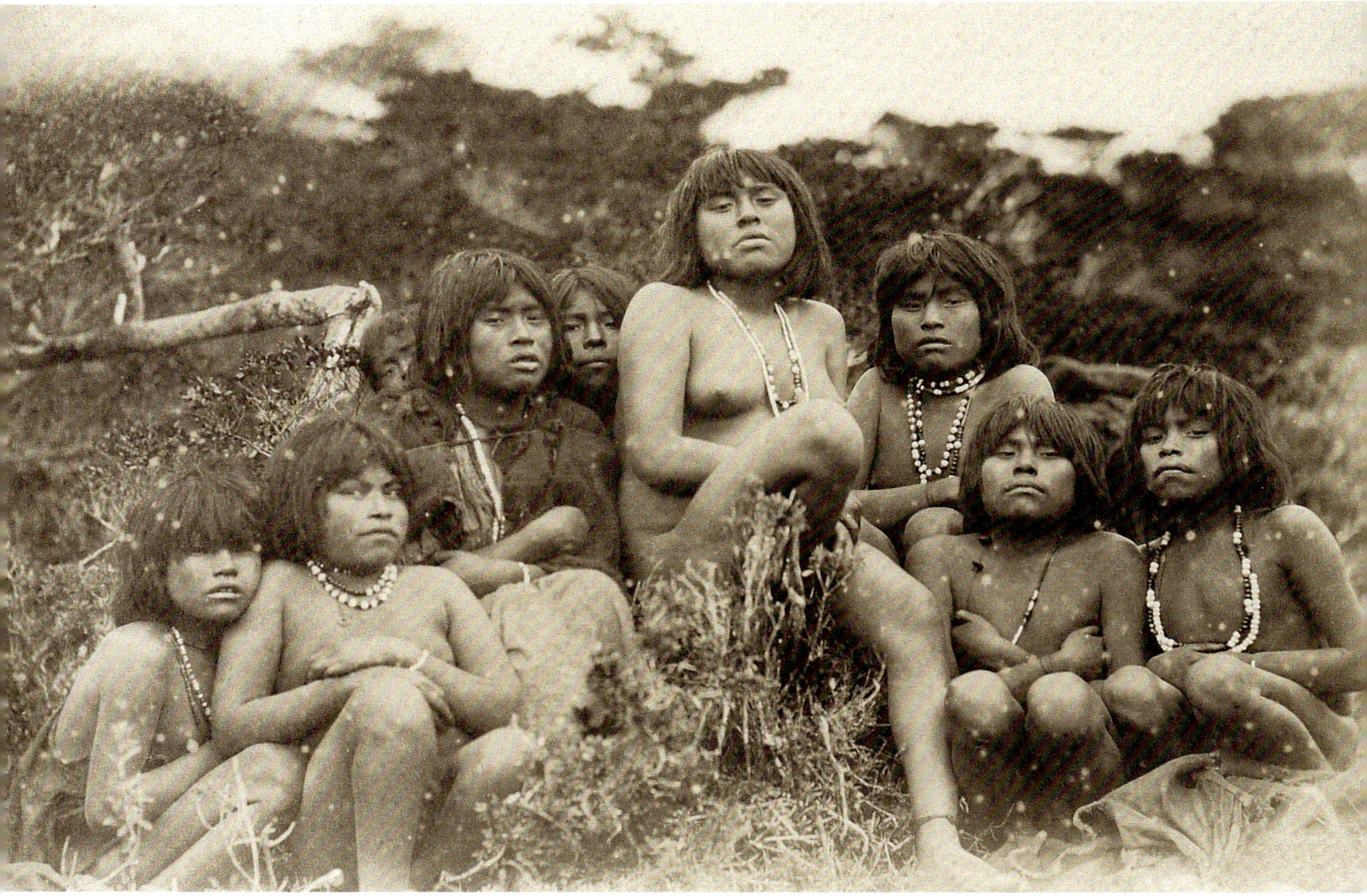

EDMOND PAYEN
(ODER ANDERES
EXPEDITIONSMITGLIED)

Eine Gruppe junger Mädchen, Bahia Orange · 1882 oder 1883 · Abzug auf Albuminpapier, 11 × 16,7 cm

Weit entfernt von der karikaturalen und entwürdigenden Darstellung eines Gustave Le Bon, der die Feuerländer auf einer ethnografischen Ausstellung im Pariser Jardin d'acclimatation 1881 als »Wilde« beschreibt, »die in einer Art und Weise leben, die man bestenfalls mit der wilder Tiere vergleichen kann«, bemüht sich die Kap-Hoorn-Mission um Rehabilitierung der Indianer. Manche Fotos zeugen von echter Bewunderung für die Schönheit der Yámana, wie diese Gruppe junger Mädchen um die mehrmals fotografierte Kamanakar Kipa beweist.

EDMOND PAYEN
(ODER ANDERES
EXPEDITIONSMITGLIED)

Uçipiçi und Kamutakara Kipa · 1882 oder 1883 · Abzug auf Albuminpapier, 17,1 × 11,6 cm

Den Expeditionsmitgliedern ist sehr wohl bewusst, dass sie die letzten Zeugnisse eines zum baldigen Untergang verurteilten Volkes sammeln. Mehr und mehr Einheimische sterben an Infektionskrankheiten, die von den seit Jahrzehnten immer zahlreicher kommenden Europäern eingeschleppt werden. Bei einem Besuch der protestantischen Mission in Ushuaia stellt Doktor Hyades eine Zunahme von Tuberkulosefällen fest. Die beiden Kinder auf diesem Foto stehen stellvertretend für ein vom Aussterben bedrohtes Volk.

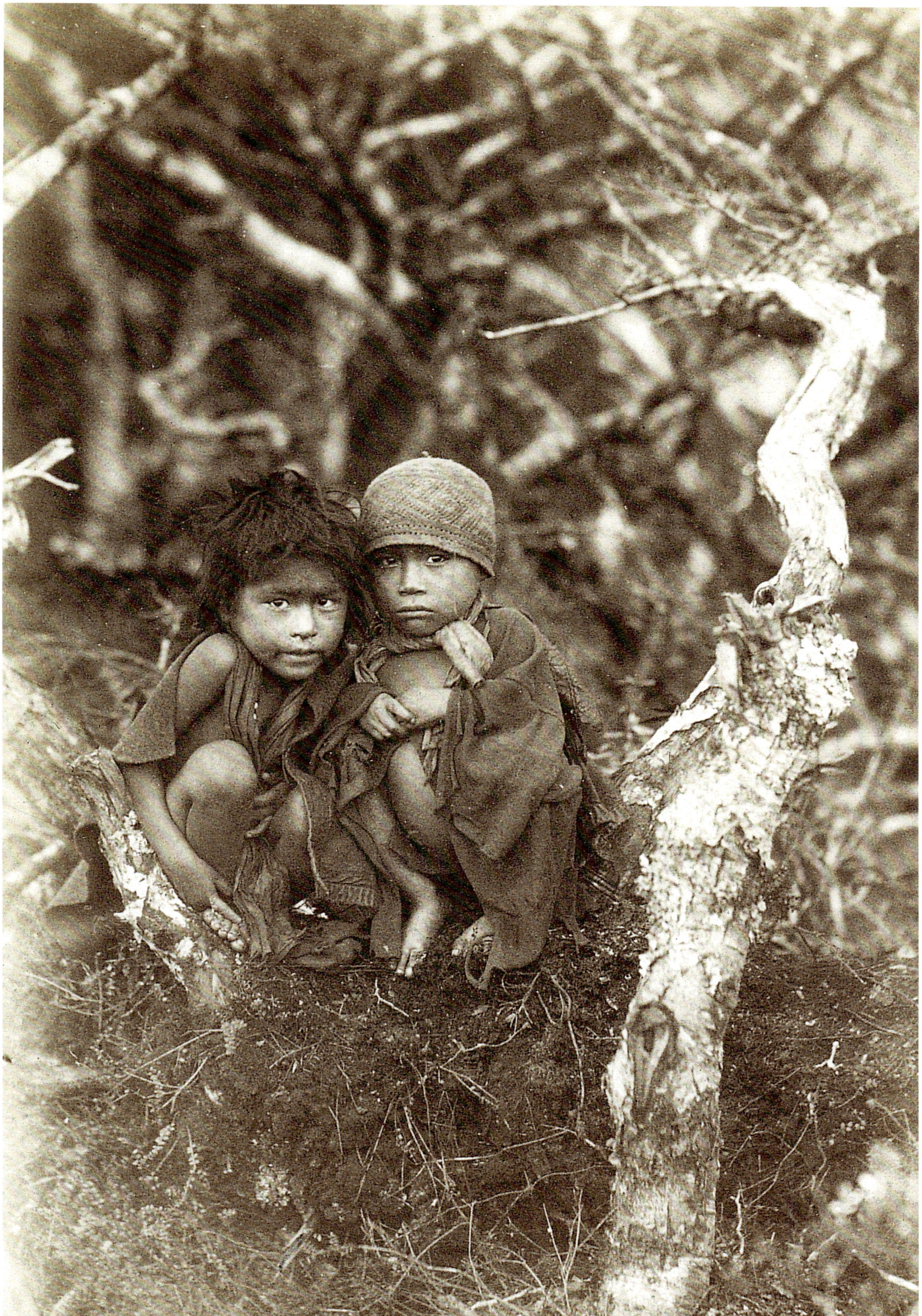

EINE REISE DURCH

SÜDAMERIKA

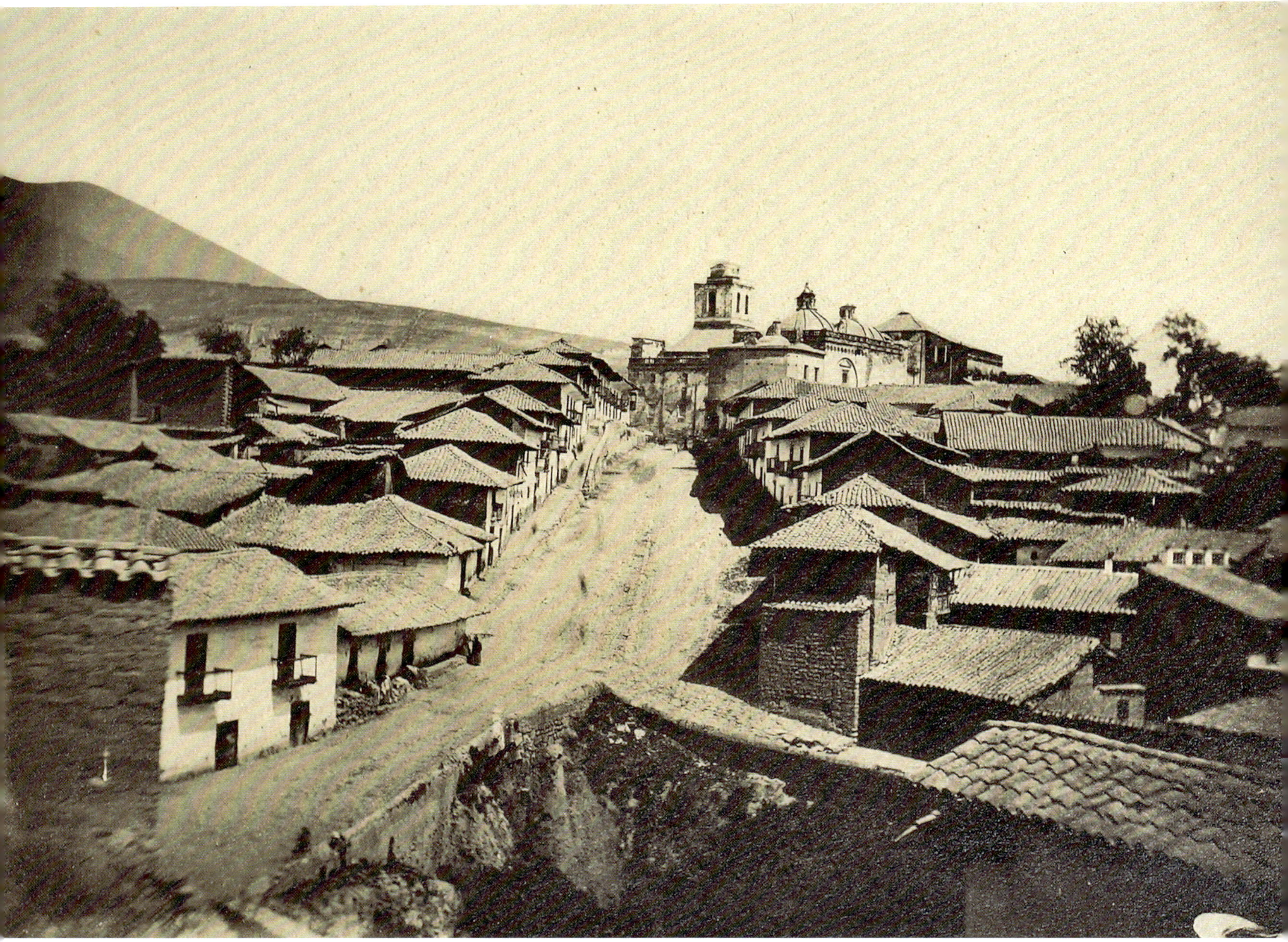

UNBEKANNTER FOTOGRAF

Quito, Ecuador · 1858 · Abzug auf leicht albuminiertem Salzpapier, 16,4 × 22,1 cm

1857 reisen Alfred und Ernest Grandidier zusammen mit Jules Janssen nach Südamerika. Nach kurzen Zwischenetappen im Osten der Vereinigten Staaten und in Kanada schiffen sie sich in New Orleans Richtung Callao ein. Für Peru und Bolivien nehmen sie sich mehr Zeit, erkunden die alten Inka-Stätten und leben eine Zeit lang unter Indianern. Im November 1859 kehren sie nach Frankreich zurück, im Gepäck jede Menge geologische, zoologische und botanische Funde sowie umfangreiche Notizen, auf deren Grundlage Ernest Grandidier seine 1861 erscheinenden Reiseschilderungen *Voyage dans l'Amérique du Sud, Pérou et Bolivie* verfasst.

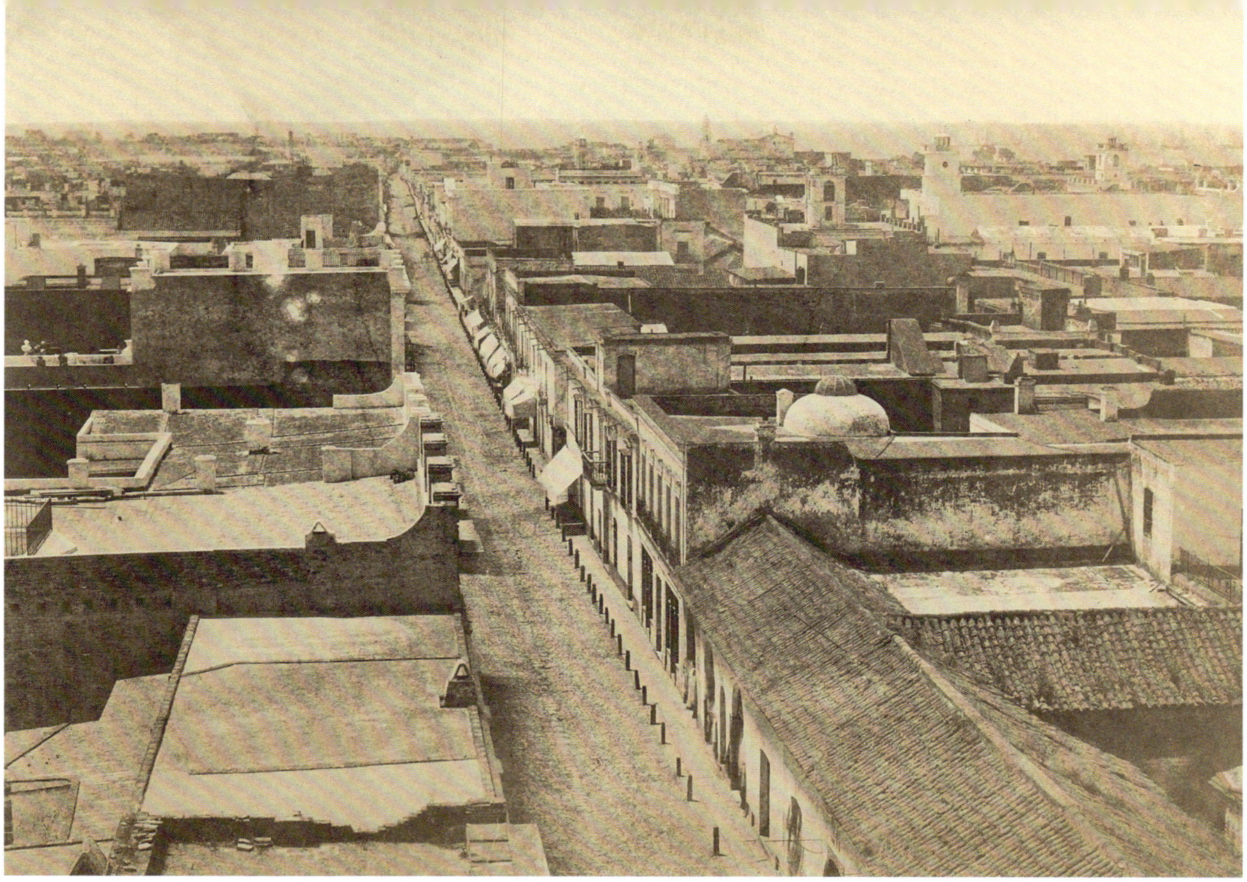

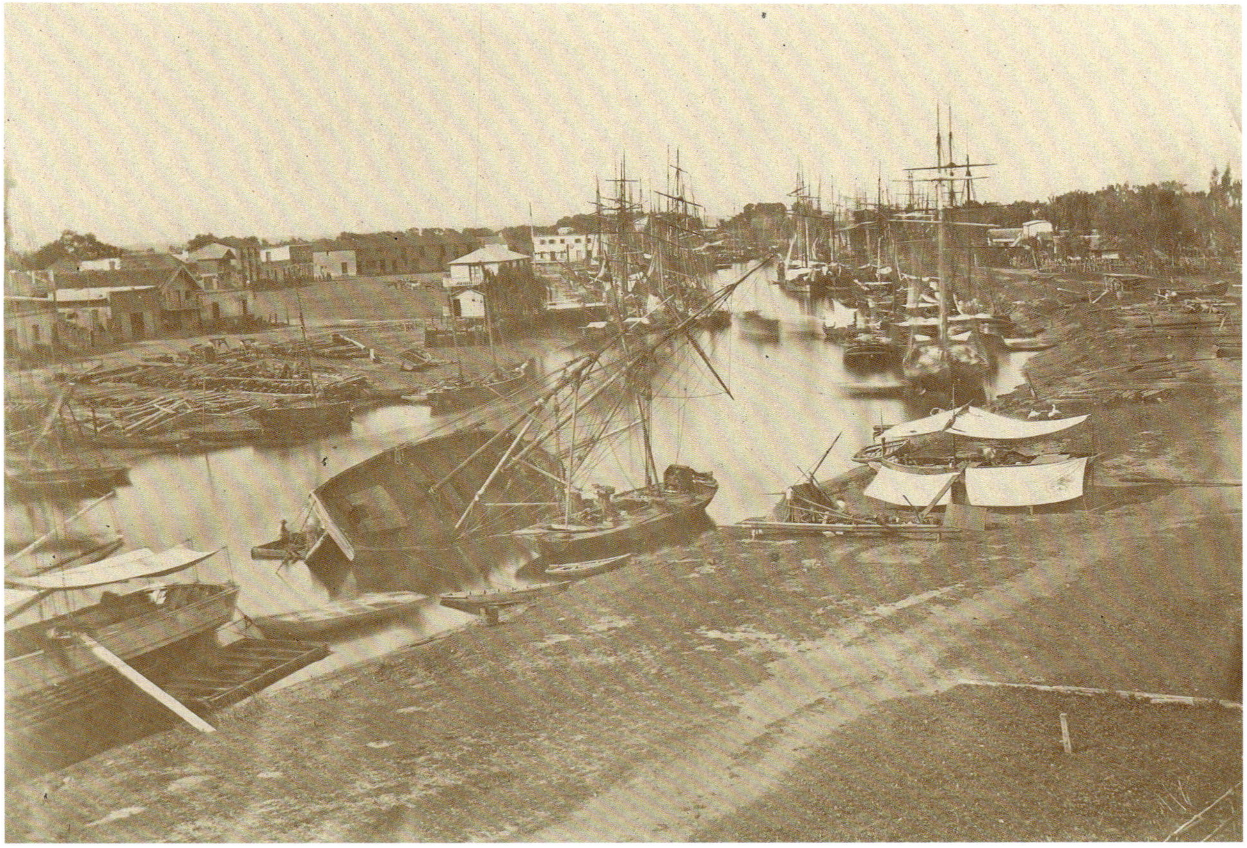

UNBEKANNTER FOTOGRAF

Buenos Aires · 1858 · Salzpapierabzug, 34,5 × 45,8 cm

UNBEKANNTER FOTOGRAF

Buenos Aires · 1858 · Salzpapierabzug, 21,6 × 30,6 cm

Die letzten Etappen von Alfred und Ernest Grandidiers Südamerika-Reise sind Argentinien und Brasilien. Sie entdecken unter anderem Buenos Aires, seine Plätze, seine Bauwerke und sein orthogonales Straßenraster, deren Avenidas alle entweder direkt zum Meer oder in die Pampa führen. Im Südosten der Stadt entsteht an der Einmündung des Rio Riachuelo in den Rio de la Plata das neue Stadtviertel La Boca (Mündung), in dem sich vor allem italienische Hafenarbeiter ansiedeln.

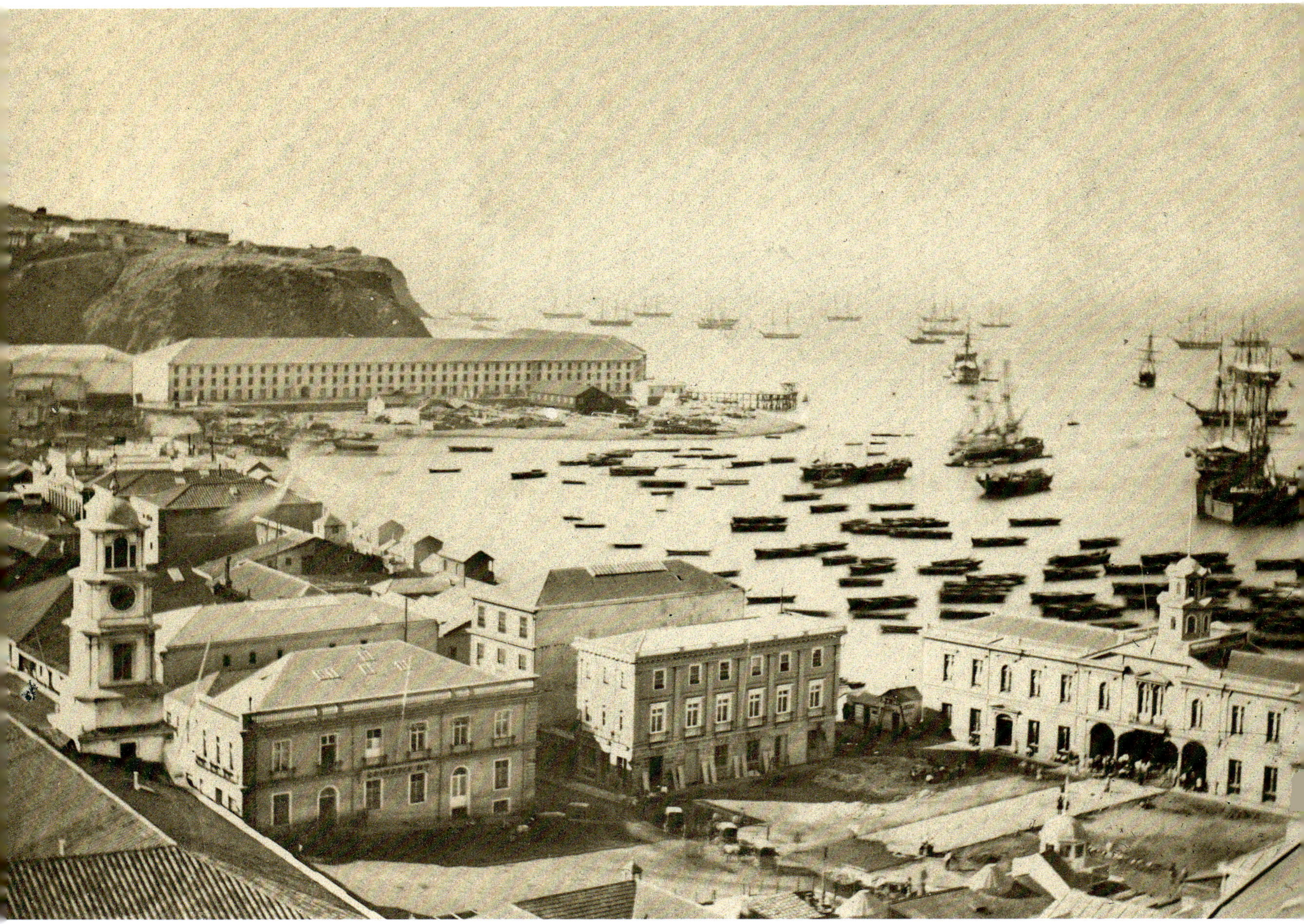

UNBEKANNTER FOTOGRAF

Valparaiso · 1858 · Abzug auf leicht albuminiertem Salzpapier, 12,3 × 16,7 cm

Alfred Grandidier macht zwar selbst keine Fotos, interessiert sich aber sehr für die neue Technik. Von seinen Reisen bringt er eindrucksvolle Aufnahmen südamerikanischer Städte mit in die Heimat: Quito, Guayaquil, Lima, Buenos Aires und Bahia. Es sind die ersten Fotos, die man in Europa von diesen Orten zu Gesicht bekommt. Valparaiso, der erste Hafen nach der Umschiffung von Kap Hoorn in westlicher Richtung, ist obligatorischer Zwischenstopp für alle Schiffe, die die Pazifikküste hinauffahren.

DAS ERDBEBEN VON
VALPARAISO

UNBEKANNTER FOTOGRAF

Iglesia de la Merced, Valparaiso nach dem Erdbeben, August 1906 · 1906 · Silbergelatine-Druck, 29 × 23 cm

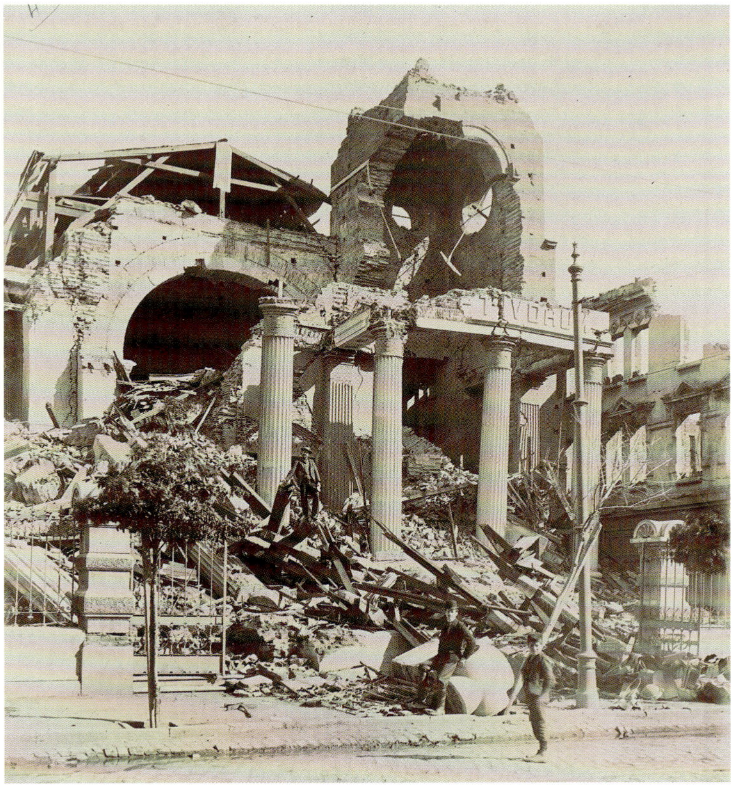

UNBEKANNTER FOTOGRAF

Via Blanco, Valparaiso, nach dem Erdbeben, August 1906 · 1906 · Silbergelatine-Druck, 23 × 29 cm

Am 16. August 1906 wird die chilenische Hafenstadt Valparaiso von einem gewaltigen Erdbeben verwüstet. Die schönsten Bauwerke der Stadt werden dabei zerstört, unter anderem das Teatro Victoria und die Iglesia de la Merced. Die Gran Avenida ist nur noch von eingestürzten Mauern gesäumt. Alle Fotografen vor Ort dokumentieren die Katastrophe. Zwei Jahre später wird in Santiago der Nationale Seismologische Dienst ins Leben gerufen und die Leitung dem Franzosen Fernand Montessus de Ballore übertragen. Innerhalb weniger Jahre entsteht in Chile ein flächendeckendes Netz seismologischer Observatorien.

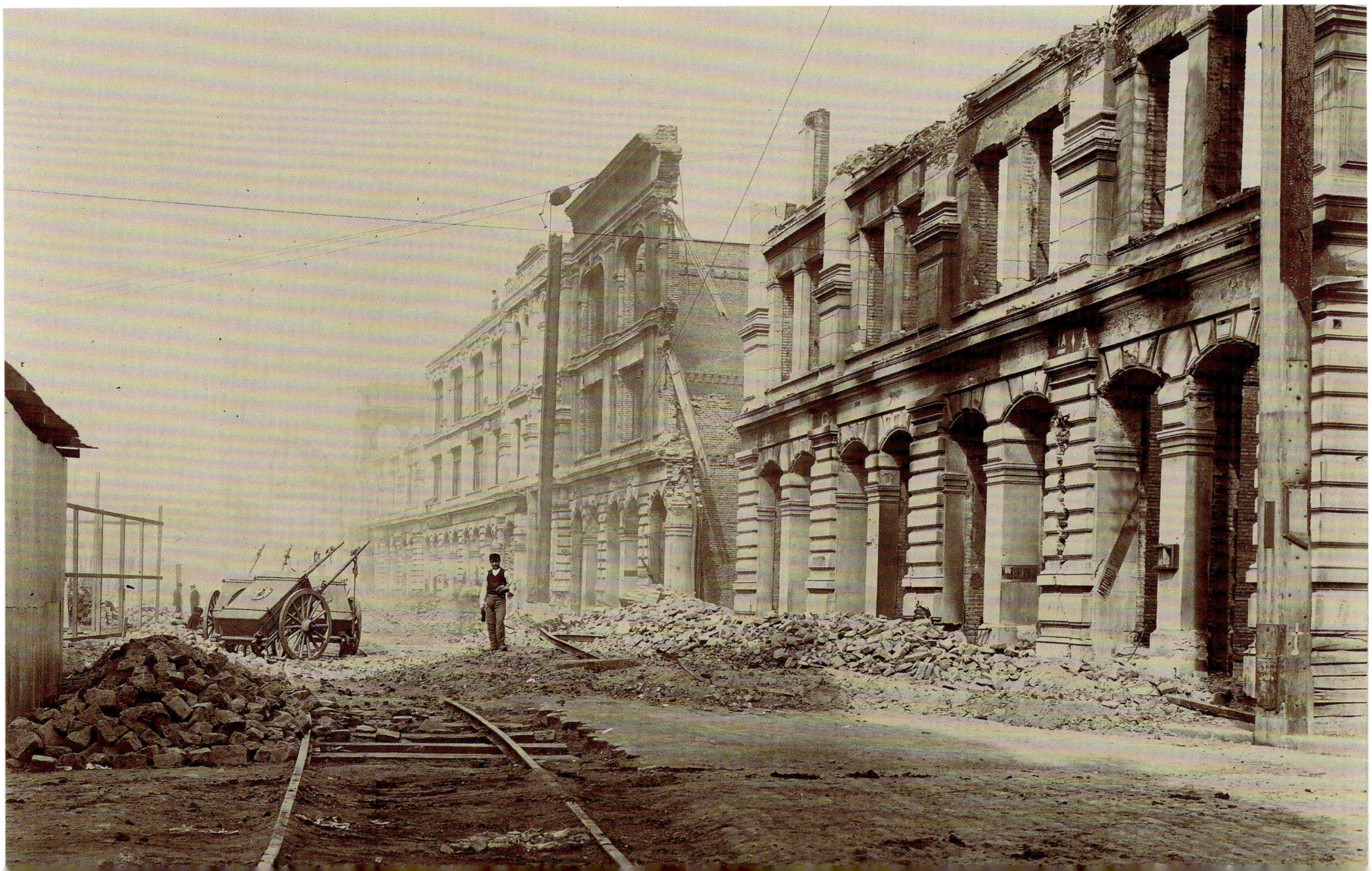

DER BAU DER EISENBAHNLINIE
PARANAGUÁ-CURITIBA

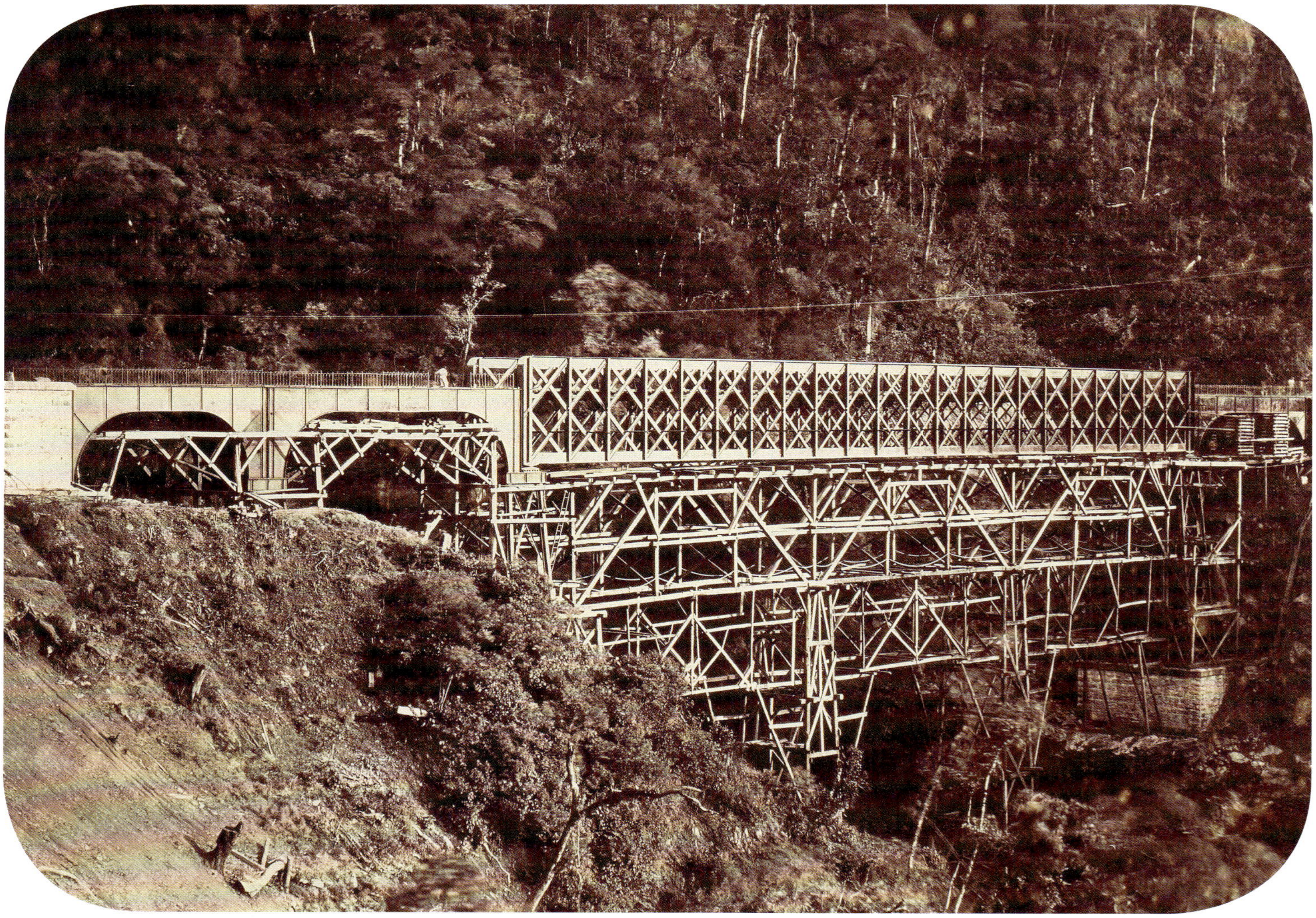

MARC FERREZ

Viadukt über den Rio São João, Kilometer 62 210 · 1884 · Silbergelatine-Druck, 29,8 × 39,8 cm

In den letzten Jahren seiner Herrschaft beschließt der brasilianische Kaiser Pedro II. eine Reihe großer Bauprojekte. 1880 wird in der Region Paraná der Bau einer Eisenbahnlinie von der Hauptstadt Curitiba zum größten Hafen Paranaguá geplant. 1884 beauftragt der Kaiser seinen Hoffotografen Marc Ferrez mit einer Fotoreportage über die Fertigstellungsphase. Die 26 Aufnahmen von der Eisenbahnlinie verdankt die Société de Géographie ihrem Mitglied Aimé Durieux, einem Ingenieur, der ihr die Bilder 1886 überlässt.

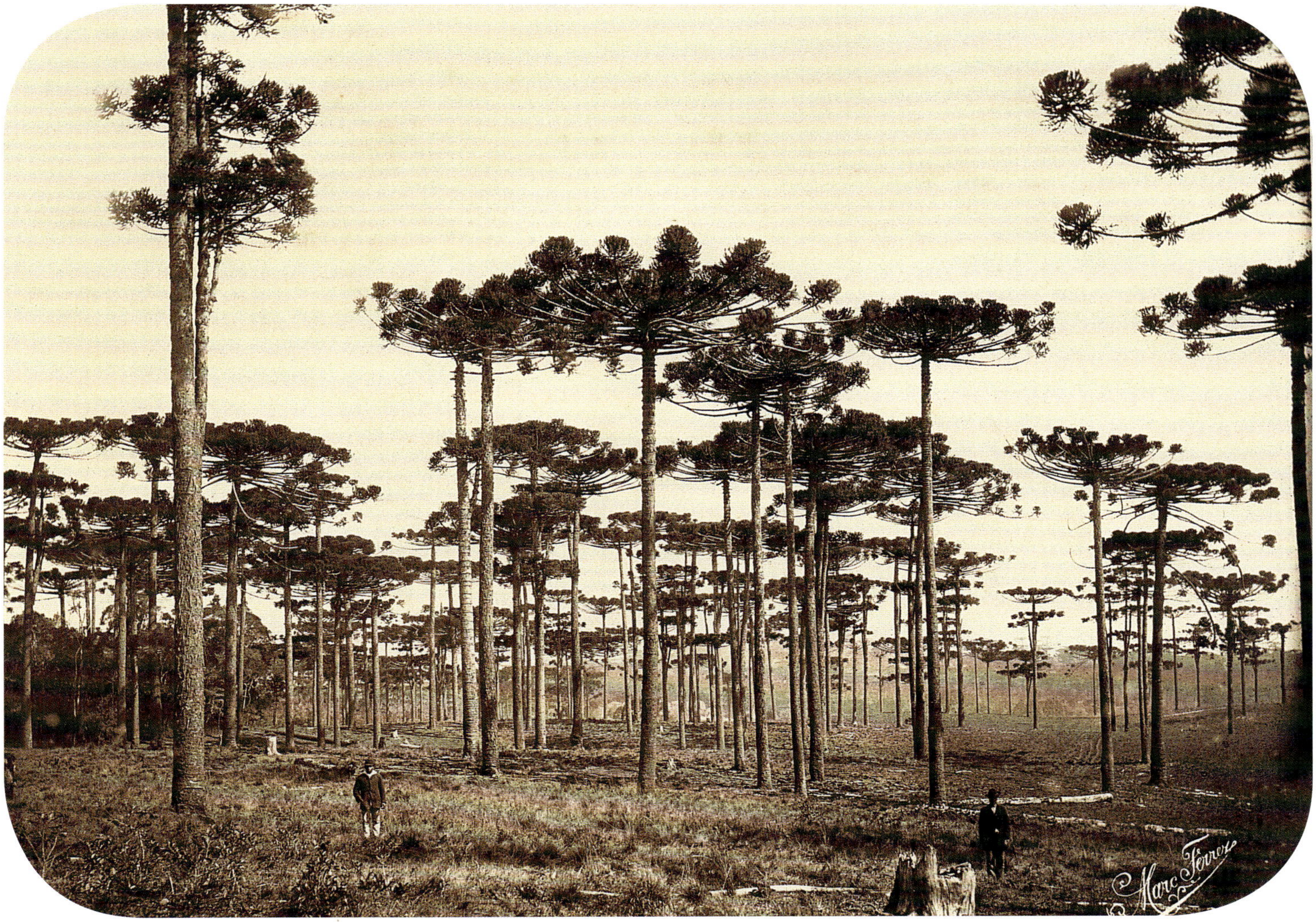

MARC FERREZ

Araucarias · 1884 · Silbergelatine-Druck, 29 × 39,4 cm

Neben seiner Fotoreportage über die Eisenbahnlinie Paranaguá-Curitiba findet Marc Ferrez auch Zeit für Landschaftsaufnahmen. Hier eines seiner gelungensten Werke. Die für diese Region typischen Araukarienwälder (pinheiros do Paraná) gehören zu den besonders pittoresken Flecken entlang der Bahnlinie und laden immer wieder zum Verweilen ein.

MARC FERREZ

Viadukt über den Rio São João, Kilometer 62 210 · 1884 · Silbergelatine-Druck, 30 × 39,4 cm

Aus der Froschperspektive wirkt der den Rio São João überspannende Viadukt noch imposanter, zumal so auch Breite und Tiefe der Schlucht gut zur Geltung kommen. Aus den Informationen zum Foto geht hervor, an welchem Streckenkilometer sich der Viadukt befindet, wie hoch er ist und dass er aus vier Bögen besteht. Voller Stolz posieren die Arbeiter auf der Brücke. Rechts im Bild die Lokomotive als Beweis für die Solidität des Bauwerks.

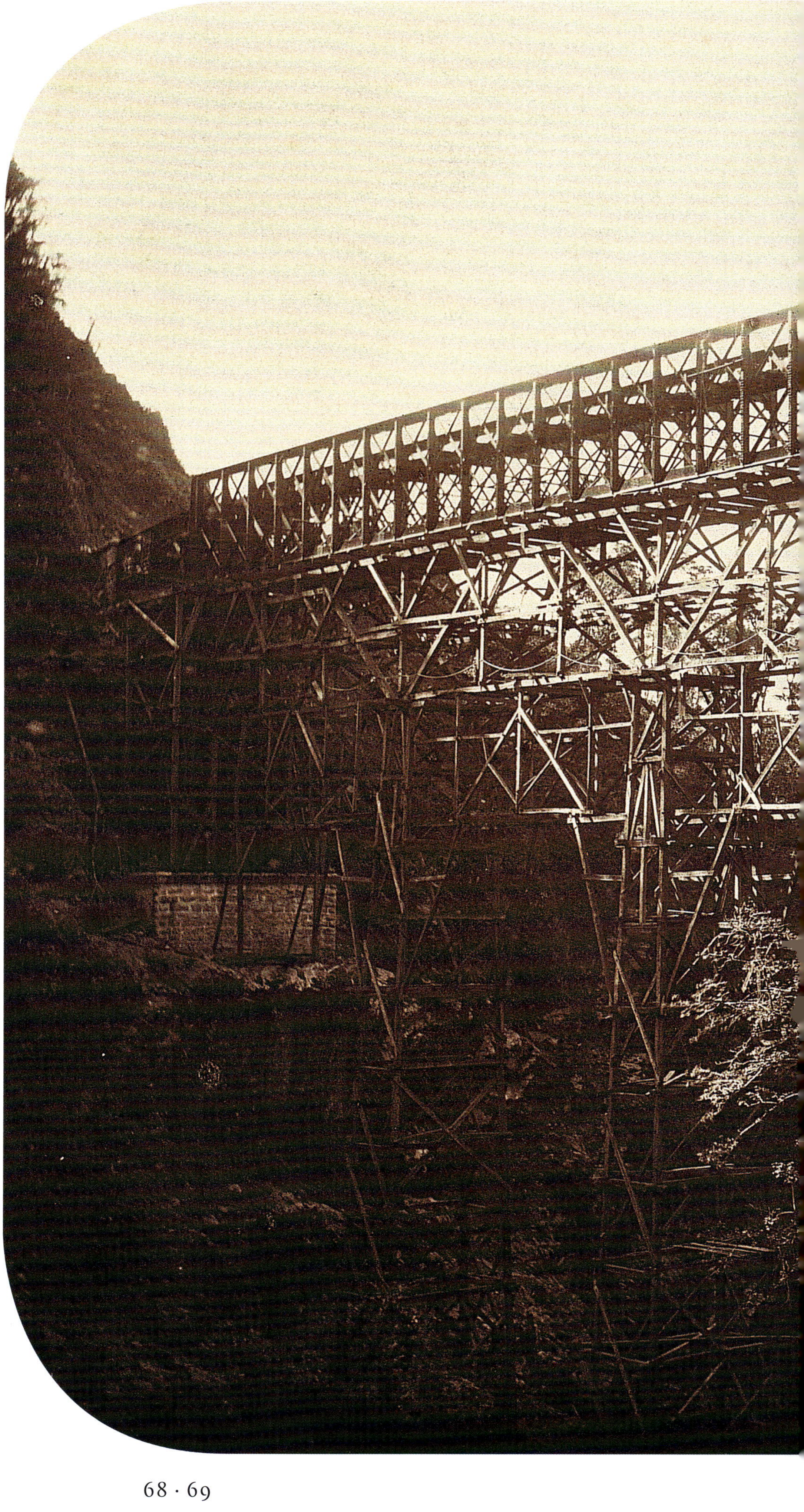

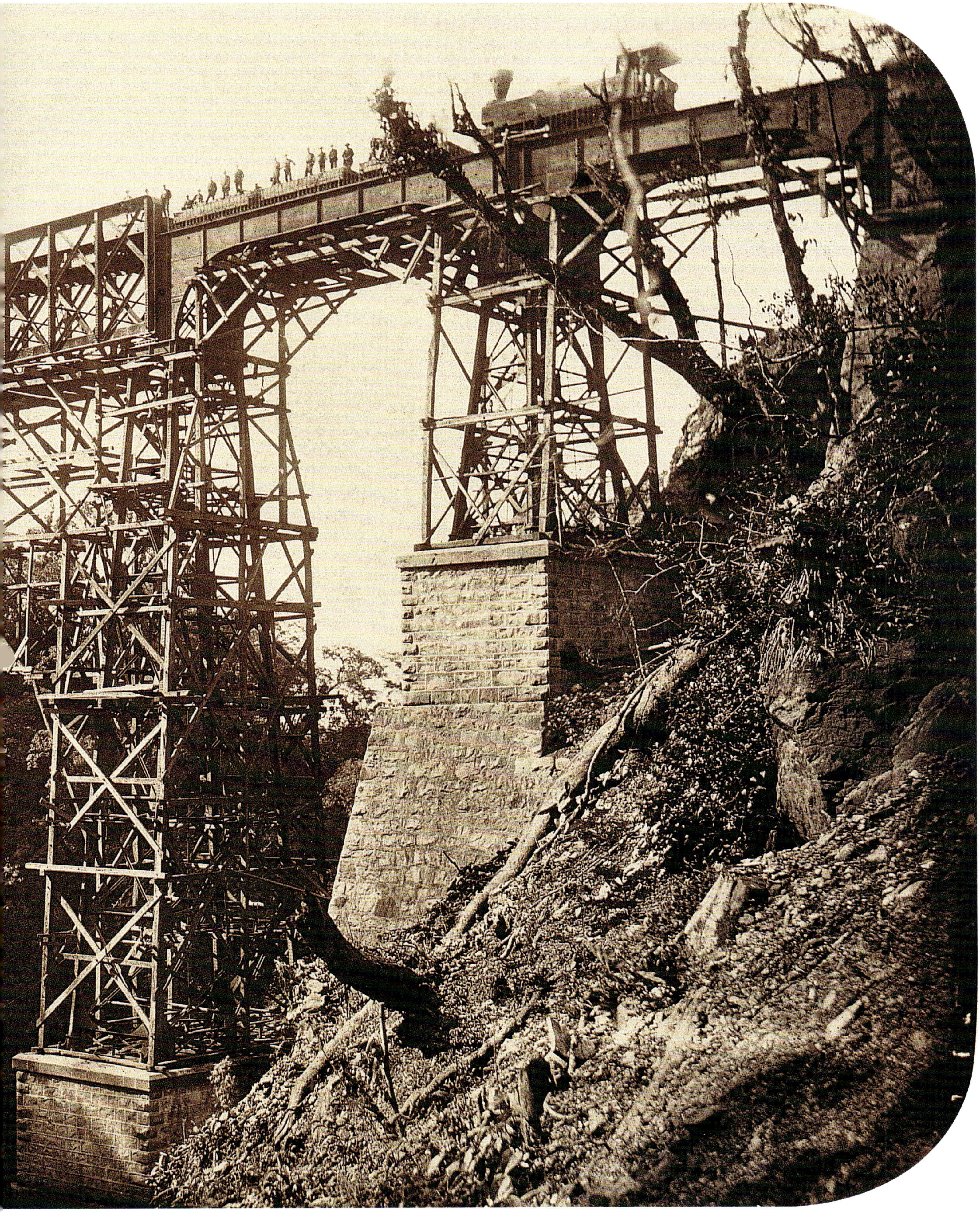

QUER DURCH

AMAZONIEN

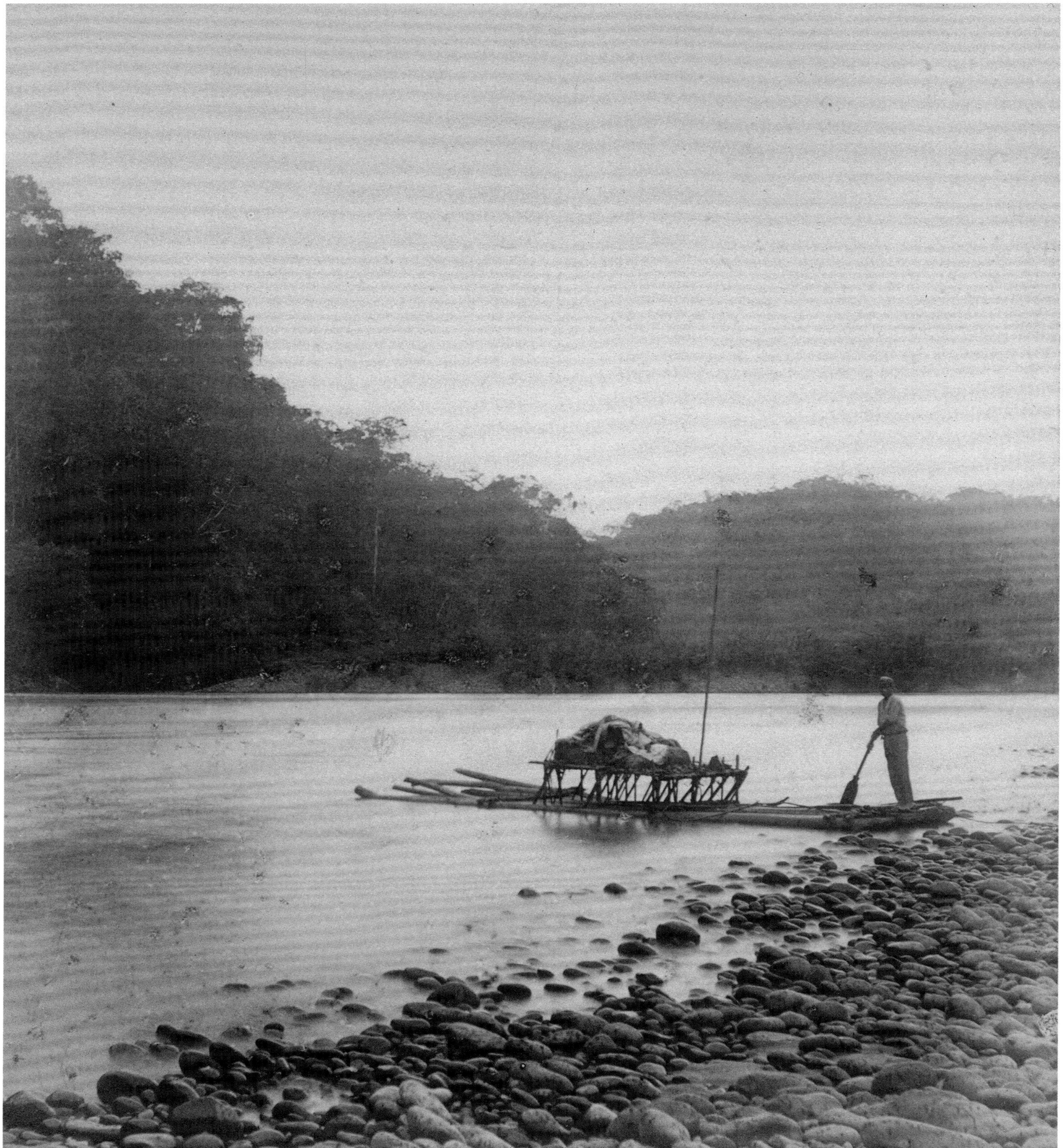

LINKE SEITE
MARCEL MONNIER

Mein Balsa am Oberlauf des Huallaga · 1886 · Abzug auf Albuminpapier, 17,9 × 12,4 cm

Marcel Monnier, Korrespondent der französischen Tageszeitung *Le Temps*, will 1886 Südamerika von West nach Ost durchqueren. Dafür hat er sich die breiteste Stelle des Kontinents ausgesucht. Von Trujillo, Peru, aus durchquert er die Anden und fährt mit einem ›balsa‹, einem einfachen Floß aus zusammengebundenen Baumstämmen des gleichnamigen Baums, auf einem der Quellflüsse des Amazonas flussabwärts. In Brasilien gibt er seinen schwimmenden Untersatz bald auf und geht an Bord eines Dampfers. Im Dezember 1886 erreicht er Pará an der Atlantikküste.

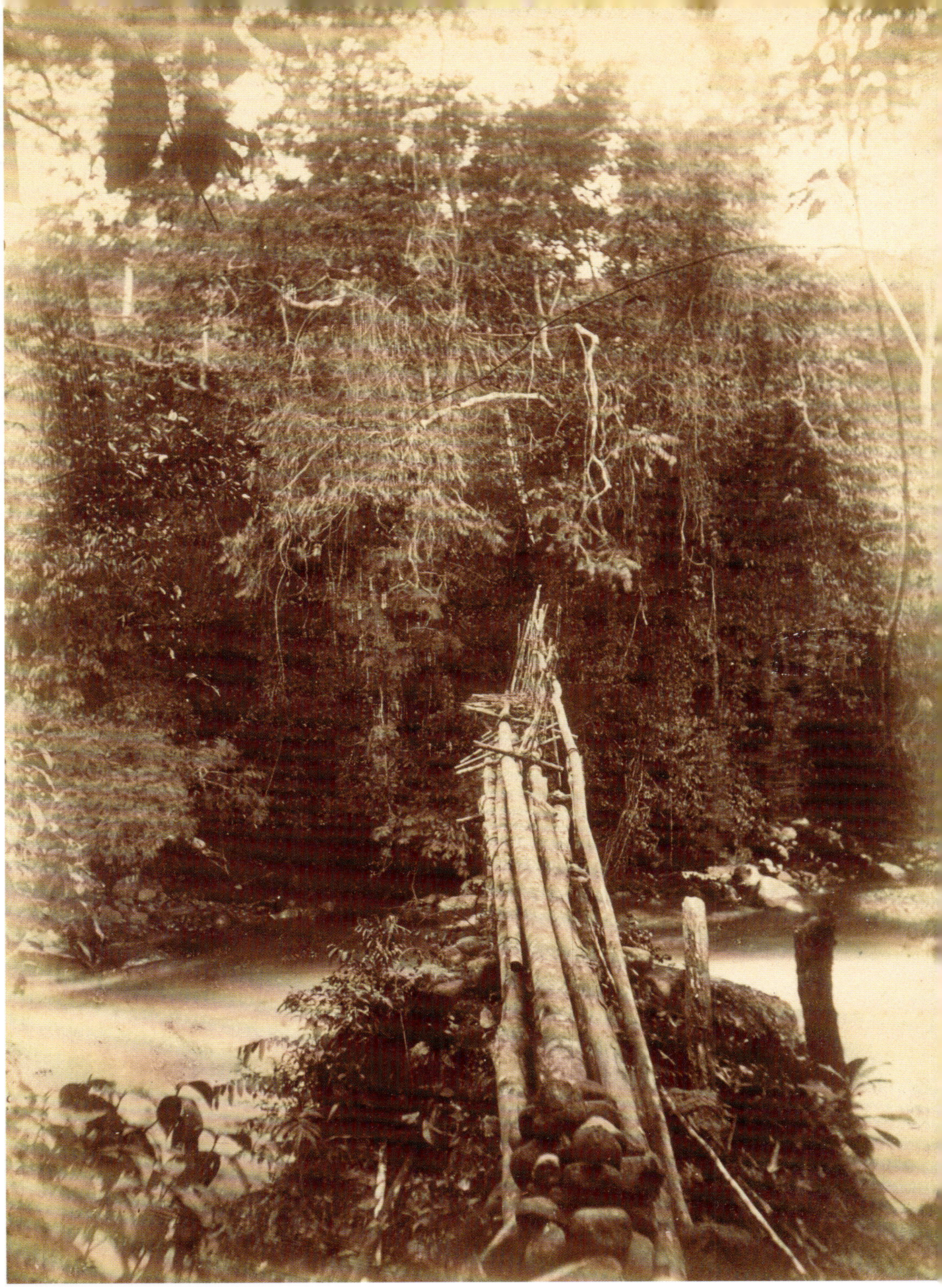

MARCEL MONNIER

Behelfsbrücke über den Rio Huaamayo, 4. und 5. Oktober 1886 · 1886 · Abzug auf Albuminpapier, 17,8 × 12,8 cm

Die Durchquerung der peruanischen Anden ist die schwierigste Etappe seiner Reise. In Begleitung einer Gruppe Indios überwindet er die zahlreichen natürlichen Hindernisse. Seine Erlebnisse hält er sehr eindrücklich mit vielen pittoresken Details in seinem Reisetagebuch fest. Marcel Monnier ist weder auf Forschungsmission noch auf Expeditionsreise, sondern einfach nur als abenteuerlustiger Privatmann unterwegs.

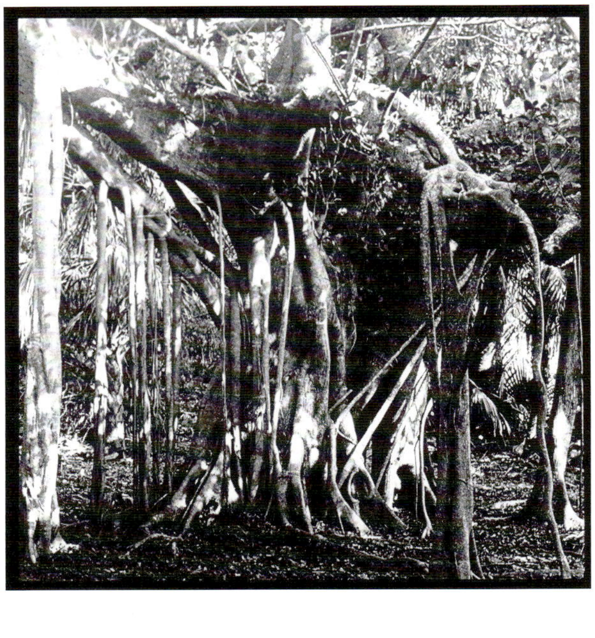

MARCEL MONNIER
(DUPLIKATNEGATIV MOLTENI)

Oberlauf des Amazonas, Regenwald an der Ostseite der Anden, Peru · 1886 · Diapositiv auf Glas, 10 × 8,5 cm

Wieder zurück in Frankreich, beschließt Monnier, auch andere an seinen Erlebnissen teilhaben zu lassen. Auf der Generalversammlung der Société de Géographie am 4. Mai 1888 hält er einen aufmerksam verfolgten Diavortrag. 1890 erscheinen seine Reiseerinnerungen *Des Andes au Para,* mit denen er auch sein literarisches Talent unter Beweis stellt. Auch wenn er wie viele seiner Zeitgenossen bedauert, dass »die Ära der großen Abenteuer zu Ende geht«, siegt seine Reiselust letzten Endes doch wieder: Bereits kurze Zeit später zieht es ihn nach Westafrika und später in den Fernen Osten.

GUANO-GEWINNUNG AUF DEN
CHINCHA-INSELN

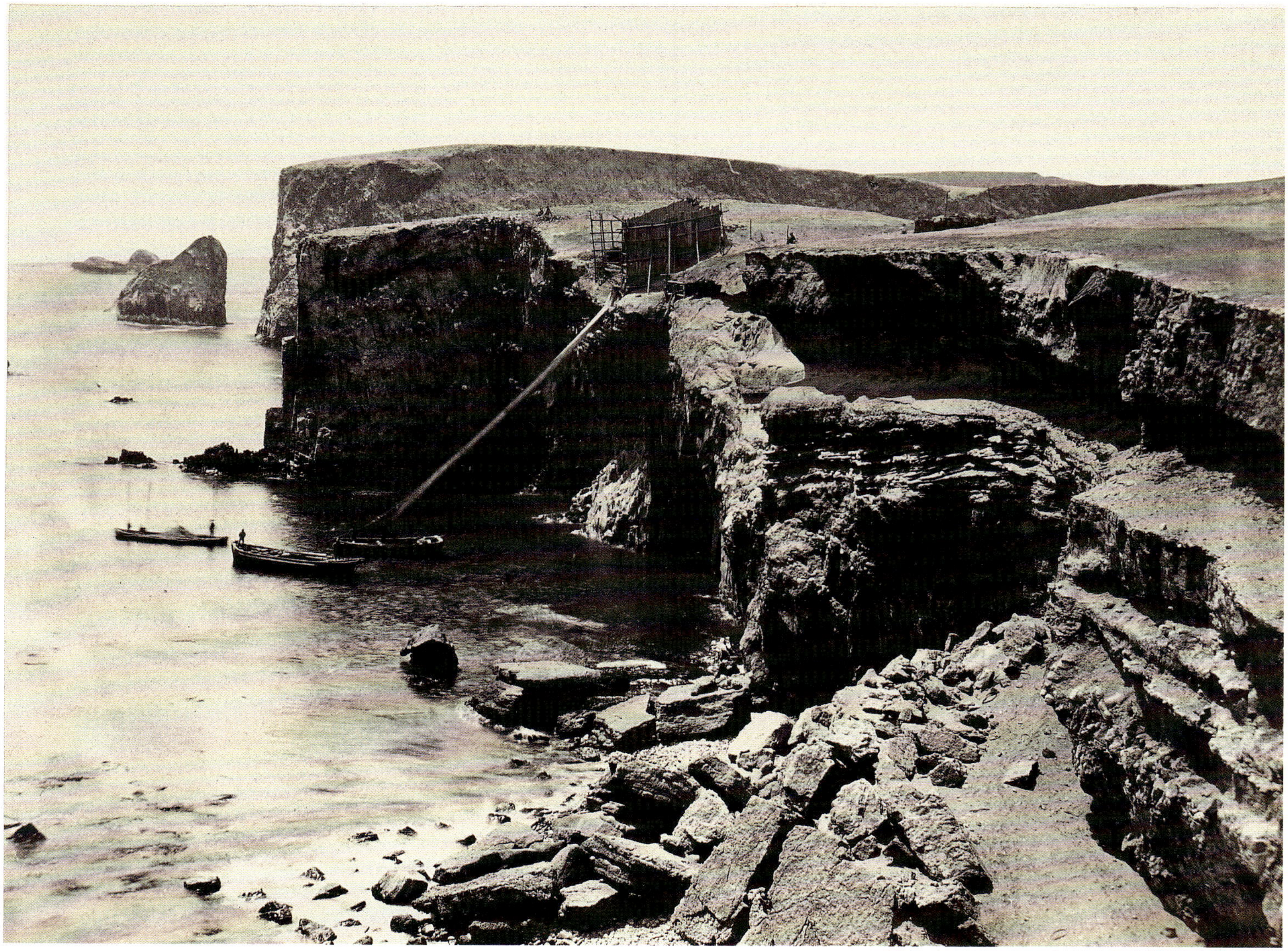

HENRY DE WITT MOULTON

Westpunkt der nördlichen Chincha-Insel · Zwischen 1863 und 1865, Abzug 1865 · Abzug auf Albuminpapier, 17,2 × 22,7 cm

Die fischreichen peruanischen Gewässer locken zahlreiche Seevögel an, die auf der kleinen Inselgruppe einen idealen Lebensraum vorfinden. Die drei aus Granitgestein bestehenden Inseln 21 Kilometer vor der peruanischen Südwestküste nahe Pisco sind über und über mit Guano bedeckt. Aufgrund der seltenen Niederschläge ist die Schicht an einigen Stellen bis zu 30 Meter dick. Der bereits von den Inka verwendete Naturdünger wird ab 1840 in großem Stil abgebaut und in die ganze Welt verschifft.

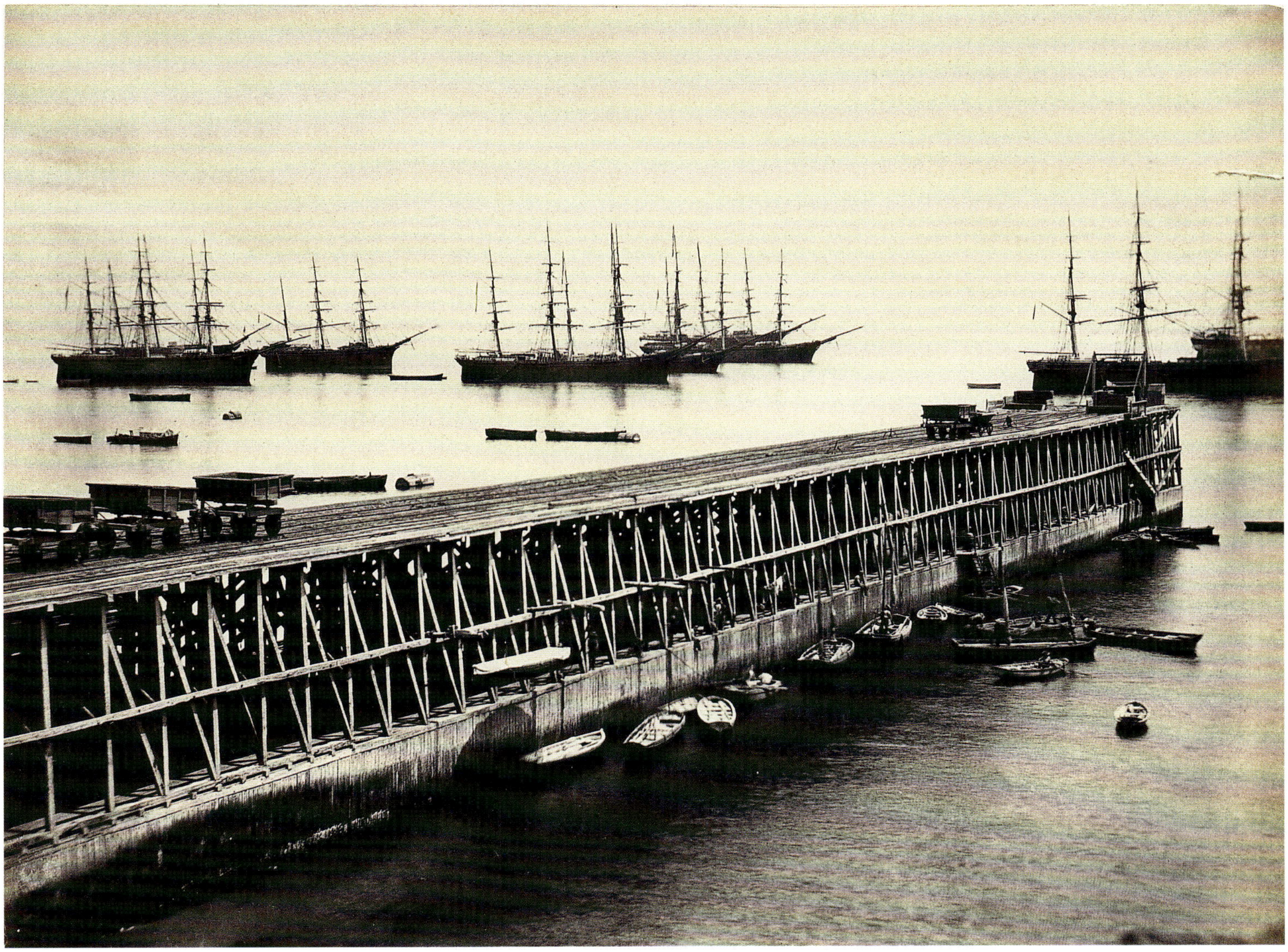

HENRY DE WITT MOULTON

Blick vom Großen Pier auf Schiffe für Guano · Zwischen 1863 und 1865, Abzug 1865 · Abzug auf Albuminpapier, 17,2 × 22,4 cm

Der New Yorker Fotograf Henry De Witt Moulton schifft sich 1859 nach Lima ein, um dort 1862 ein Fotoatelier zu eröffnen. Nach seiner Rückkehr stellt er 1865 auf der Grundlage seiner Negativplatten einen Fotoband mit dem Titel *Rays of Sunlight from South America* zusammen. Er enthält Aufnahmen von den Bauwerken der peruanischen Hauptstadt sowie eine spannende Fotoreportage über die Chincha-Inseln und ihre immensen Guano-Vorkommen. Dieses Foto mit den vielen vor Anker liegenden Schiffen, die nur darauf warten, ihre Fracht an Bord zu nehmen, zeigt anschaulich, wie groß damals die weltweite Nachfrage nach dem Naturdünger war.

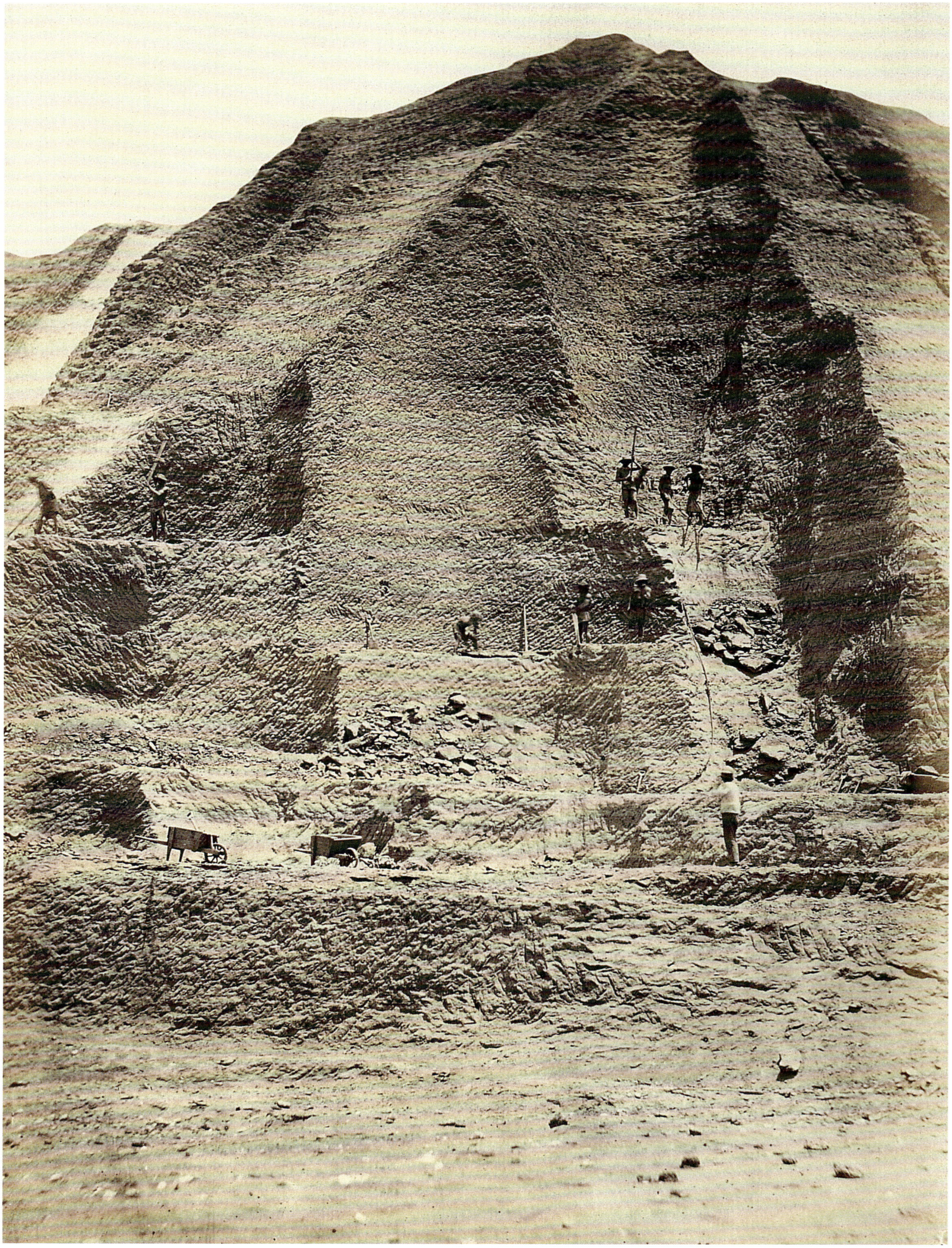

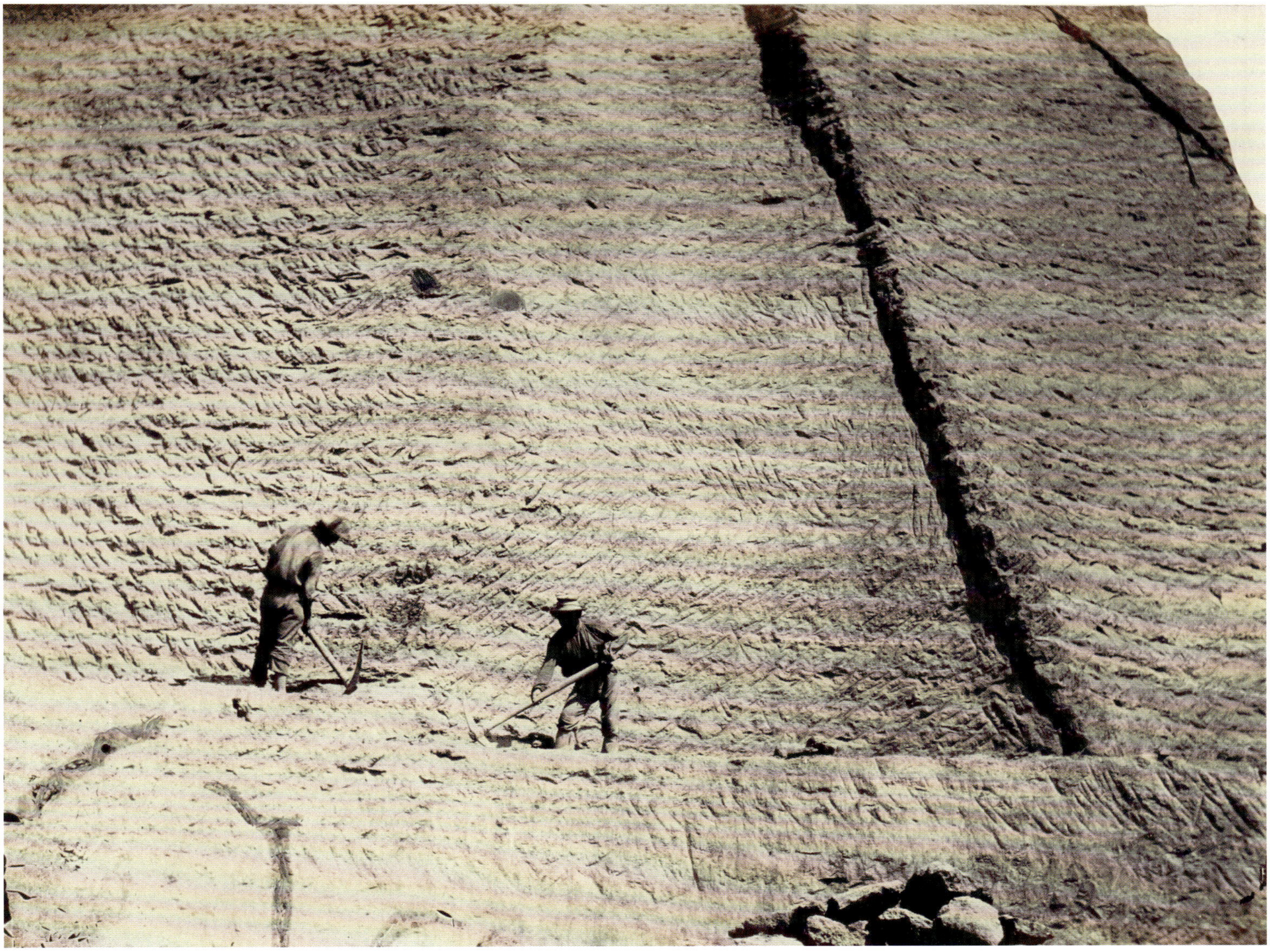

HENRY DE WITT MOULTON

Chinesische Arbeiter bauen Guano ab, Große Halde, Chincha-Inseln · Zwischen 1863 und 1865, Abzug 1865 · Abzug auf Albuminpapier, 22,7 × 17,2 cm

Moulton dokumentiert die großen Strapazen des Guanoabbaus. Arbeiter, Sträflinge und chinesische Gastarbeiter lockern die Exkremente mit der Hacke und schaufeln den begehrten Naturdünger anschließend in Loren, überall um sie herum beißender Ammoniakgestank. Der Ingenieur Louis Simonin berichtet zu dieser Zeit in *Le Tour du monde:* »Staub und Gestank können einen Neuling umbringen. (...) Man kann sich das Taschentuch noch so fest vor die Nase pressen (...), gegen den penetranten Gestank ist man machtlos. Obendrein legt sich auch noch eine salzige gelbe Staubschicht auf Gesicht und Kleidung.«

HENRY DE WITT MOULTON

Guano-Schichten, Chincha Islands · Zwischen 1863 und 1865, Abzug 1865 · Abzug auf Albuminpapier, 17,2 × 22,4 cm

Zwei Huaneros bauen bei sengender Sonne in einem riesigen Guanobruch die bröckeligen und staubigen Exkremente ab. Der enge Bildausschnitt, das grelle Licht und die hohe, kahle Wand erwecken den Eindruck, als seien hier Gefangene einer Strafkolonie am Werk. Die Männer sehen nichts als gewaltige, von Hacken zerkratzte Guanowände, Tag für Tag die gleichen mechanischen Bewegungen, wie Verdammte im Vorhof der Hölle.

ZU DEN QUELLEN DES

ORINOCO

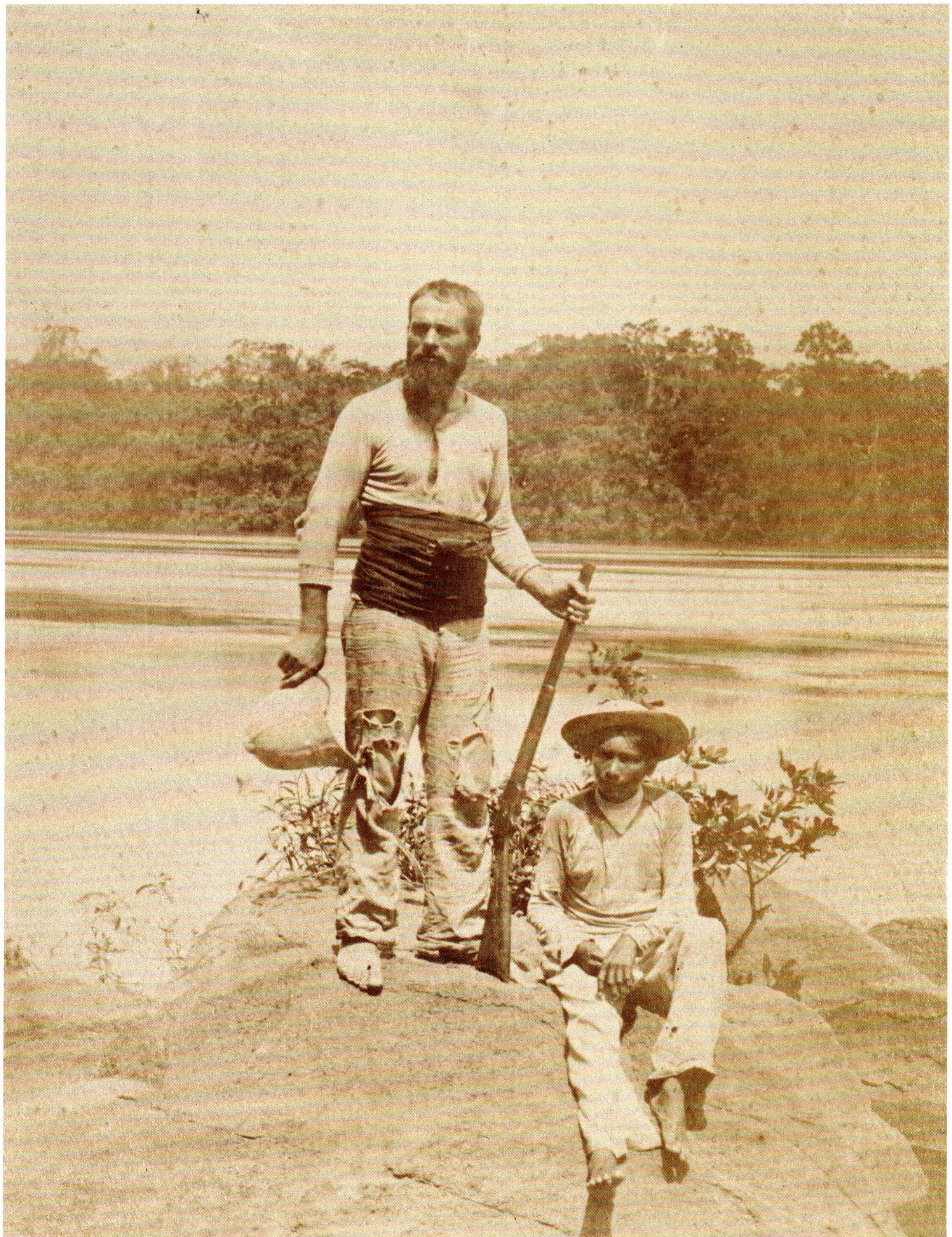

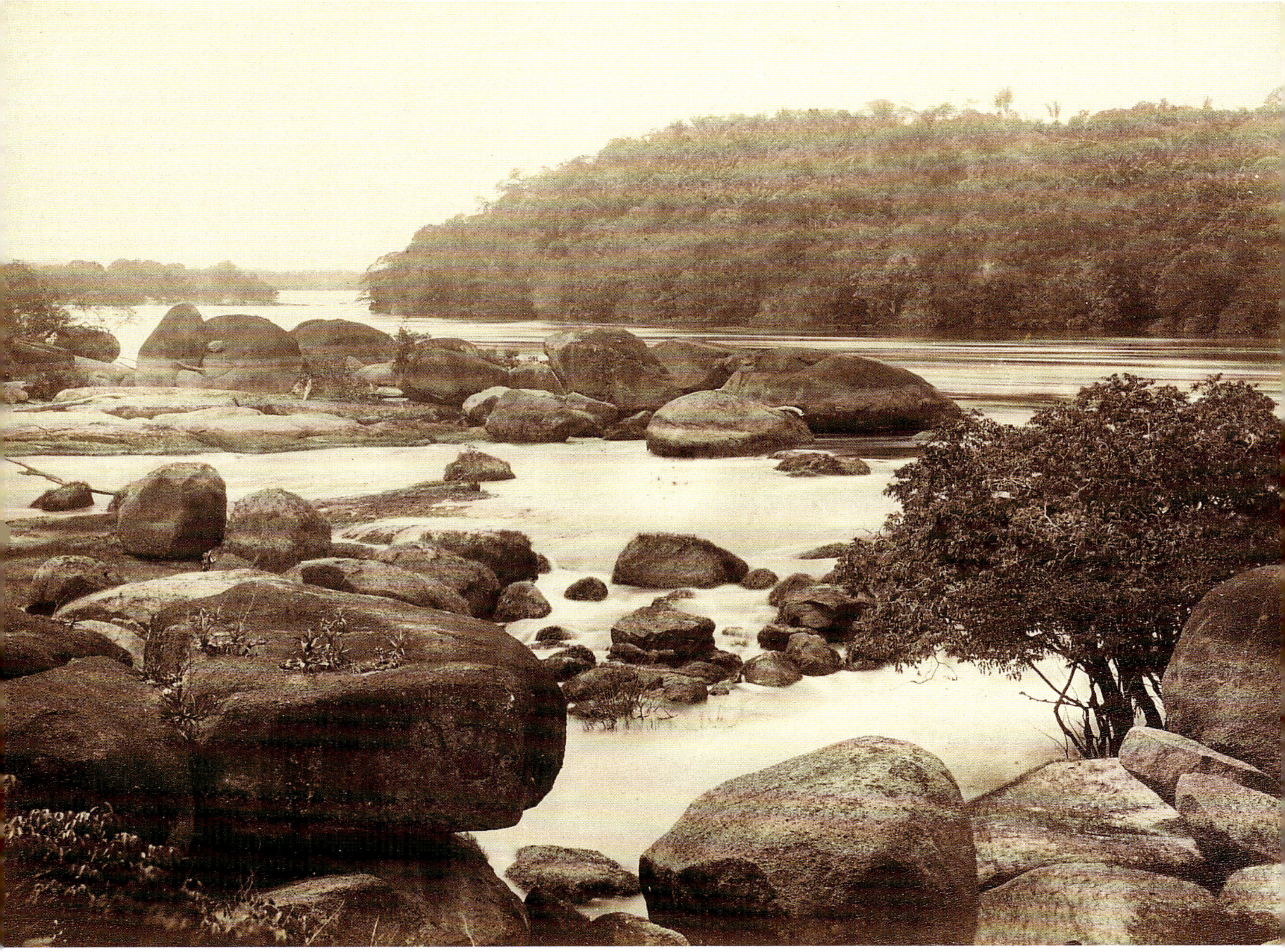

UNBEKANNTER FOTOGRAF

Jean Chaffanjon · 1886 · Abzug auf Albuminpapier, 17,3 × 12,1 cm

1884 wird Jean Chaffanjon vom französischen Bildungsministerium mit der Erforschung des Orinoco-Beckens beauftragt. Ein Jahr verbringt er am Unterlauf des venezolanischen Stroms, bevor er mit umfangreichem ethnografischen und naturgeschichtlichen Datenmaterial nach Frankreich zurückkehrt. Er ist nach wie vor überzeugt davon, dass ein Vordringen bis zum Oberlauf oberhalb des Rio Meta möglich sei. 1886 reist er erneut in staatlichem Auftrag nach Südamerika, um den Oberlauf des Orinoco zu erforschen und dessen Quelle zu finden.

JEAN CHAFFANJON

Stromschnellen von Viboral, Anlegestelle für die Boote, 17. September 1886 · 1886 · Abzug auf Albuminpapier, 12,4 × 17,3 cm

Neben den Wasserfällen besteht im Oberlauf des Orinoco die größte Schwierigkeit in der Passage der nicht schiffbaren, Raudales genannten Stromschnellen. Die tosenden Wassermassen der Raudales de Atures hört man schon einen Tag, bevor man sie erreicht. Hier bricht der Fluss, nachdem er sich über eine Länge von zehn Kilometer durch eine enge Felsschlucht zwängen musste, mit aller Macht hervor. In Viboral lassen sich die Pirogen dank der natürlichen Barriere aus Felsen und Inselchen leicht entladen und anschließend an Seilen den Wasserfall hochziehen.

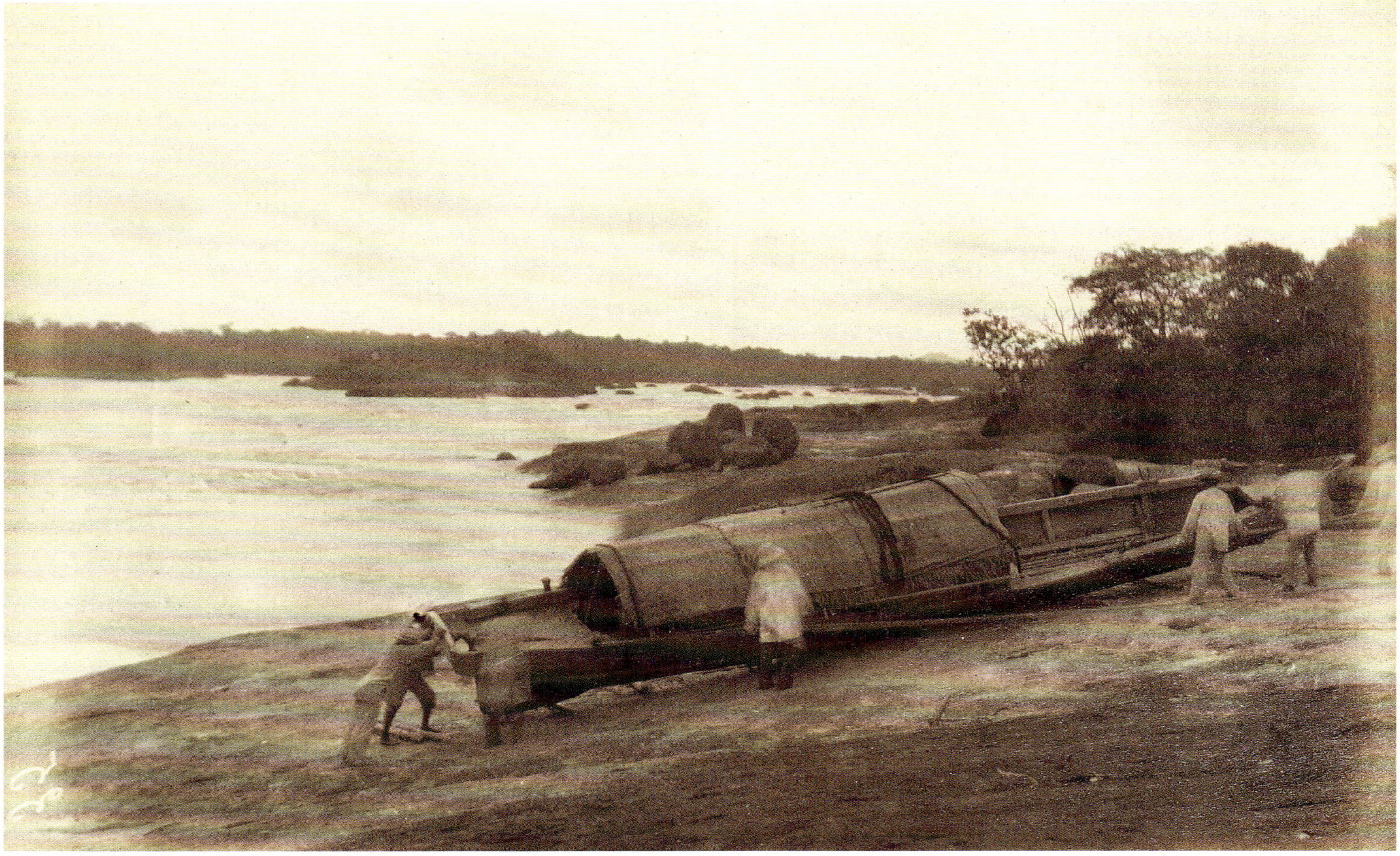

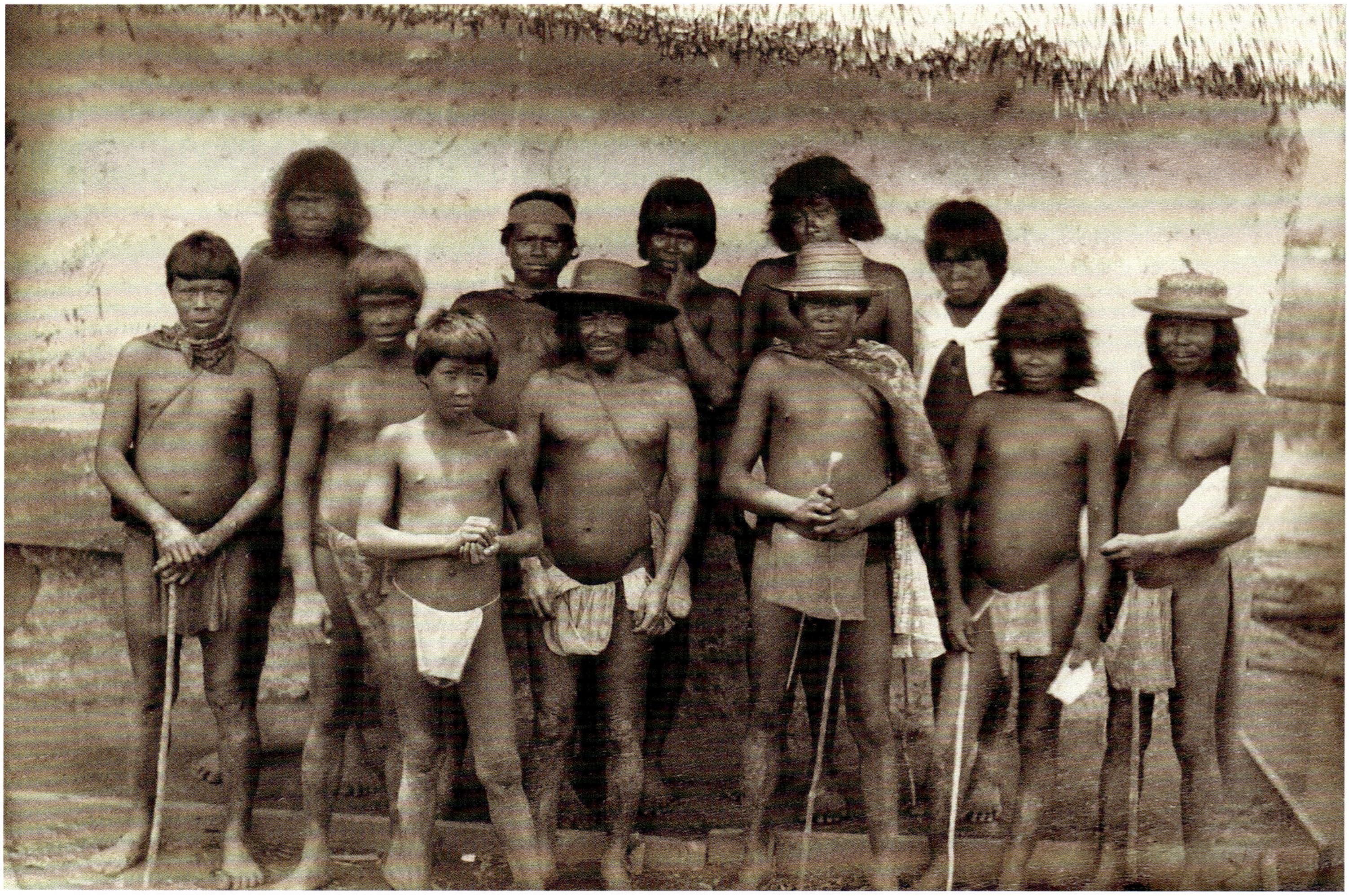

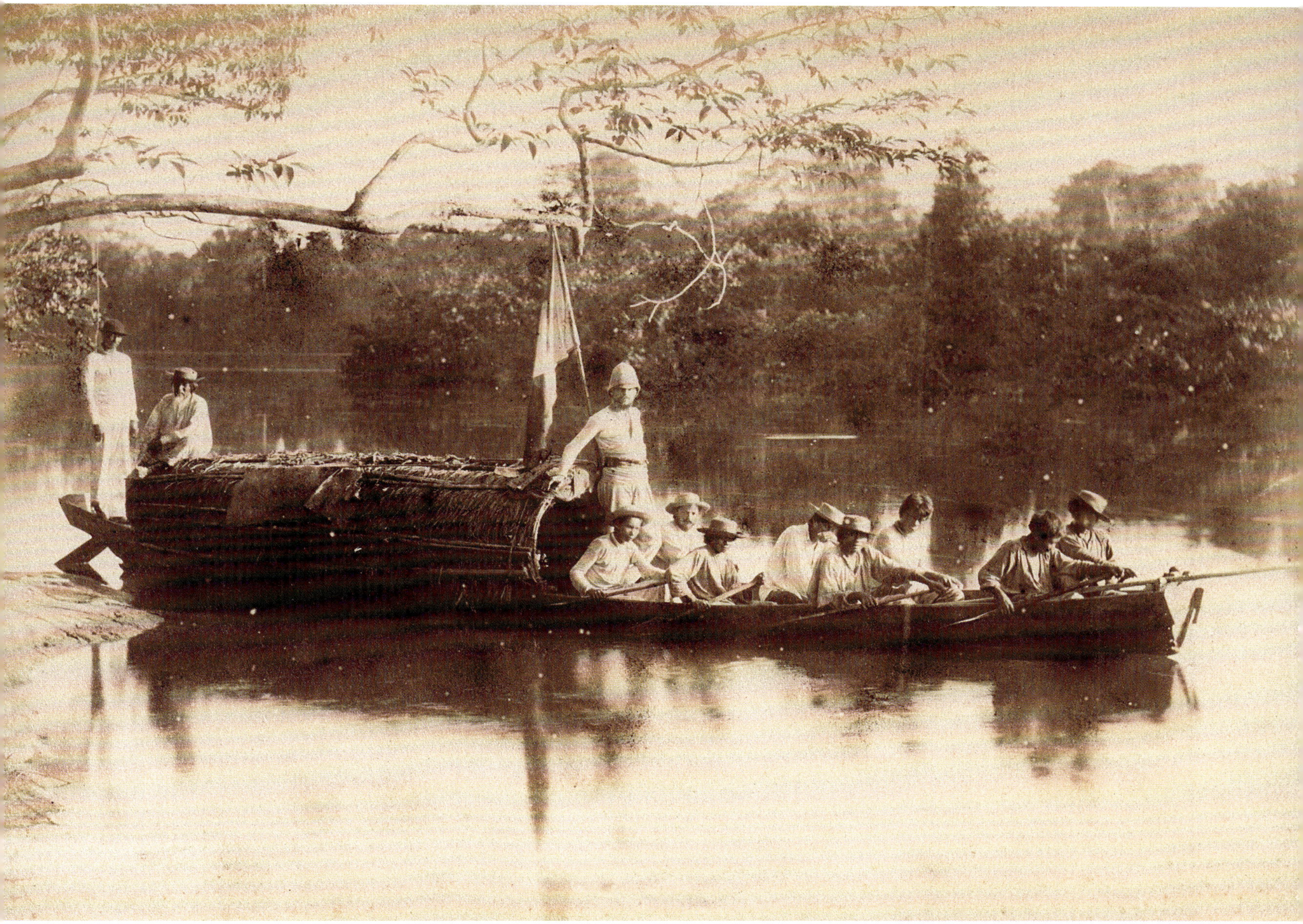

LINKE SEITE OBEN
JEAN CHAFFANJON

Eine Piroge wird über Land gezogen, Stromschnellen von Maipure, 5. Oktober 1886 · 1886 · Abzug auf Albuminpapier, 12 × 17,2 cm

Den Orinoco mit einer Piroge flussaufwärts zu fahren, ist nicht nur ein Kampf gegen die Strömung, sondern auch gegen den in der Hochwasserperiode permanent wehenden Wind. In dieser Zeit können Segel nicht genutzt werden. Den nötigen Vortrieb erzeugen jetzt die Bootsinsassen, indem sie sich mit Stangen vom Ufer abstoßen. Zur Überwindung von Wasserfällen und Stromschnellen müssen die Pirogen über Felsen gezogen werden, unter Umständen über Distanzen von mehreren 100 Metern, etwa an den Stromschnellen von Maipure.

LINKE SEITE UNTEN
JEAN CHAFFANJON

Guahibos am Rio Meta, 23. September 1886 · 1886 · Abzug auf Albuminpapier, 12,3 × 17,1 cm

An helfenden Händen mangelt es nicht, wenn es darum geht, die Boote an den Wasserfällen und Stromschnellen für die Passage über Land zu entladen. Die Guahibos warten am linken Orinoco-Ufer auf Boote und bieten sich bereitwillig an, den Reisenden gegen eine entsprechende Gegenleistung behilflich zu sein. Chaffanjon schreibt in seinen Reiseschilderungen: »Ich gebe jedem eine Hose, ein Hemd, ein Messer, Tabak und einen Messbecher Salz. Der Häuptling verlangt zusätzlich noch ein Beil.«

UNBEKANNTER FOTOGRAF

Piroge der Expedition Chaffanjon · 1886 · Abzug auf Albuminpapier, 12 × 17,7 cm

Chaffanjon mag zwar die wahren Quellen des Orinoco nicht gefunden haben, dennoch hat er viel zur besseren geografischen Kenntnis seines Oberlaufs beigetragen. Zurück in Paris berichtet Chaffanjon an der Sorbonne von seinen Erfahrungen und Erkenntnissen. 1889 erscheinen seine Reiseschilderungen *Orinoco und Rio Caura* mit Kupferstichen, die nach seinen Fotos erstellt wurden. Sie bringen ihm nicht nur viel Ruhm und Anerkennung ein, sondern dienen Jules Vernes als Inspirationsquelle für seinen 1898 erschienenen Roman *Der stolze Orinoco.* Kann es eine größere Ehre geben?

DURCHSTOSS ZUM PAZIFIK

DER PANAMAKANAL

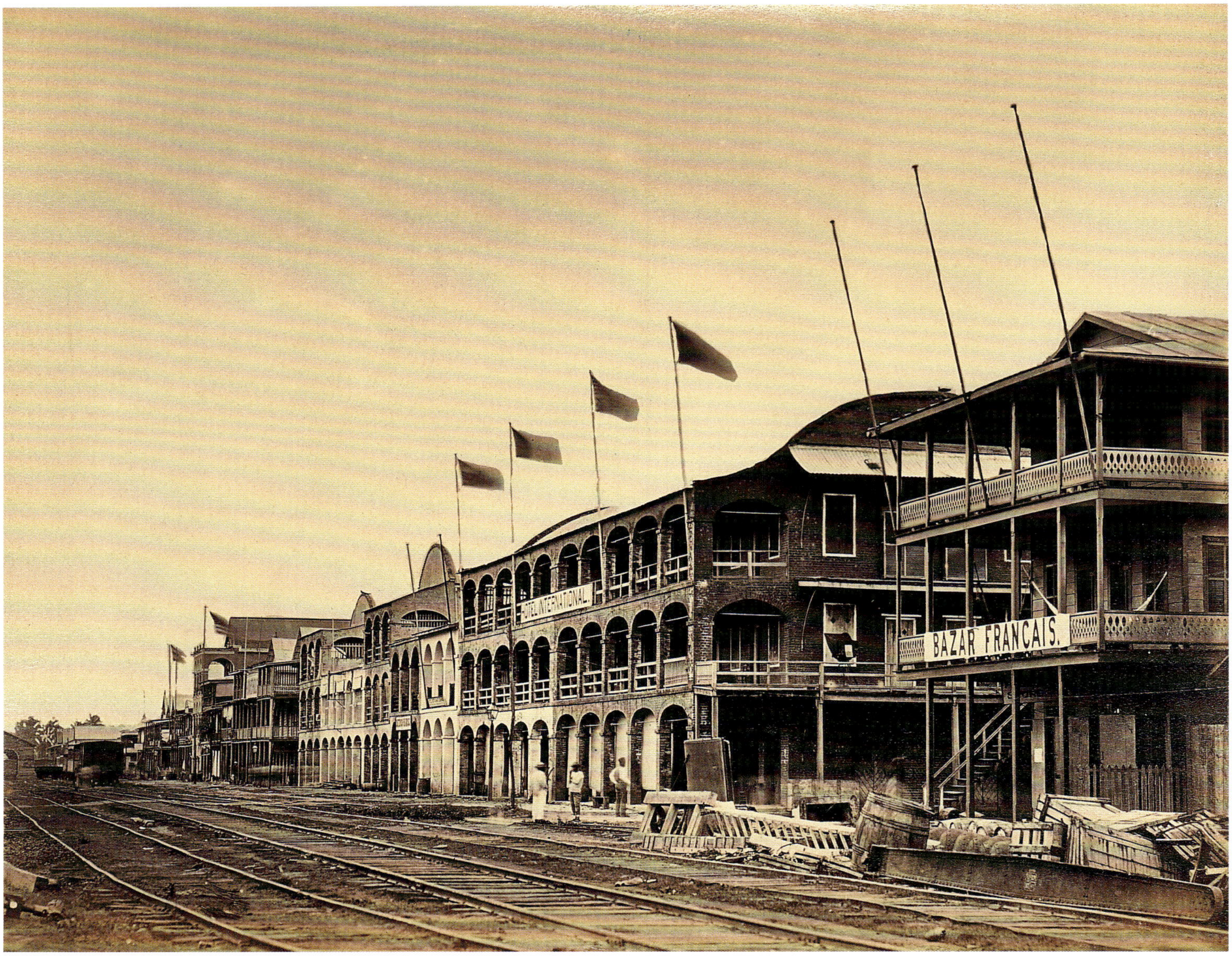

ARMAND RECLUS

Colón, Straßenansicht · 1882 oder 1883 · Abzug auf Albuminpapier, 21 × 25,8 cm

Bestätigt durch seinen Erfolg am Suezkanal, stürzt sich Ferdinand de Lesseps auf der mittelamerikanischen Landbrücke in ein weiteres Kanalbauprojekt. Unter dem Dach der Société de Géographie findet vom 15. bis 29. Mai 1879 ein internationaler Kongress statt, auf dem der Bau eines Kanals zwischen Atlantik und Pazifik erörtert wird. Man einigt sich auf den Plan von Wyse und Reclus, der einen Kanal ohne Gefälle und damit ohne Schleusen von der Bahia de Limón an der Atlantikküste bis nach Panama-Stadt am Pazifik vorsieht. Dem Hafen von Colón, Startpunkt der Eisenbahnlinie nach Panama-Stadt, kommt in der Bauphase eine zentrale logistische Rolle zu.

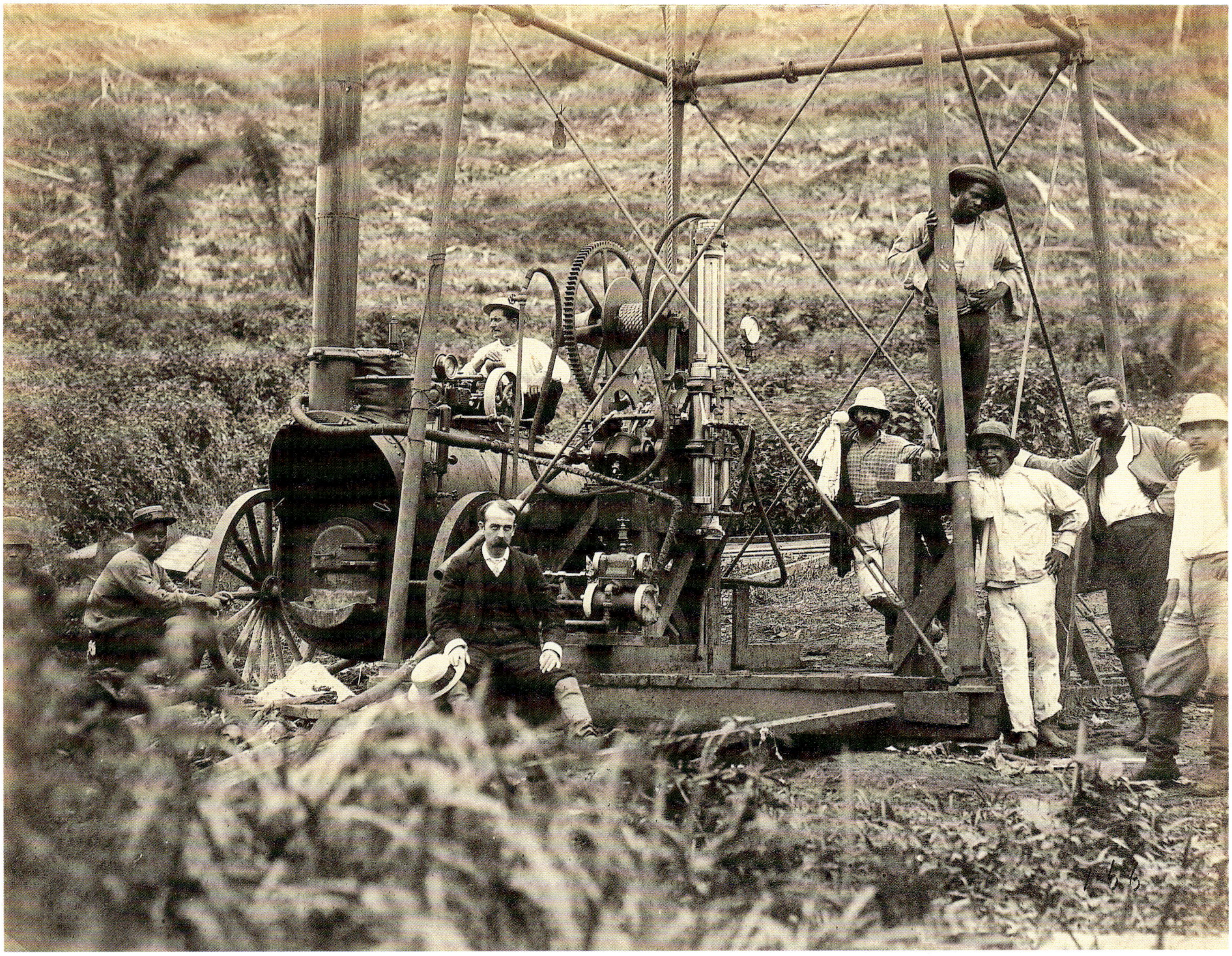

ARMAND RECLUS

Culebra, Vorstoß mit Diamantbohrer · 1883 ·
Abzug auf Albuminpapier, 20,3 × 25,9 cm

Der Marineoffizier Armand Reclus wird als Bauleiter an den Isthmus von Panama geschickt. Er dokumentiert den Fortschritt der Arbeiten in Fotografien, die er seinen Lageberichten beilegt. Für die Bohrarbeiten am Culebra-Bergrücken wird ein Diamantbohrer eingesetzt. Das Ergebnis gibt Anlass zu hoffen, dass der Durchstoß tatsächlich gelingen könnte. Das Foto zeigt optimistische Ingenieure, die jedoch die Rechnung ohne die bei solchen Großprojekten auftretenden Widrigkeiten machen. Am Ende kostet der Bau des Panamakanals fast 10 000 Männer das Leben.

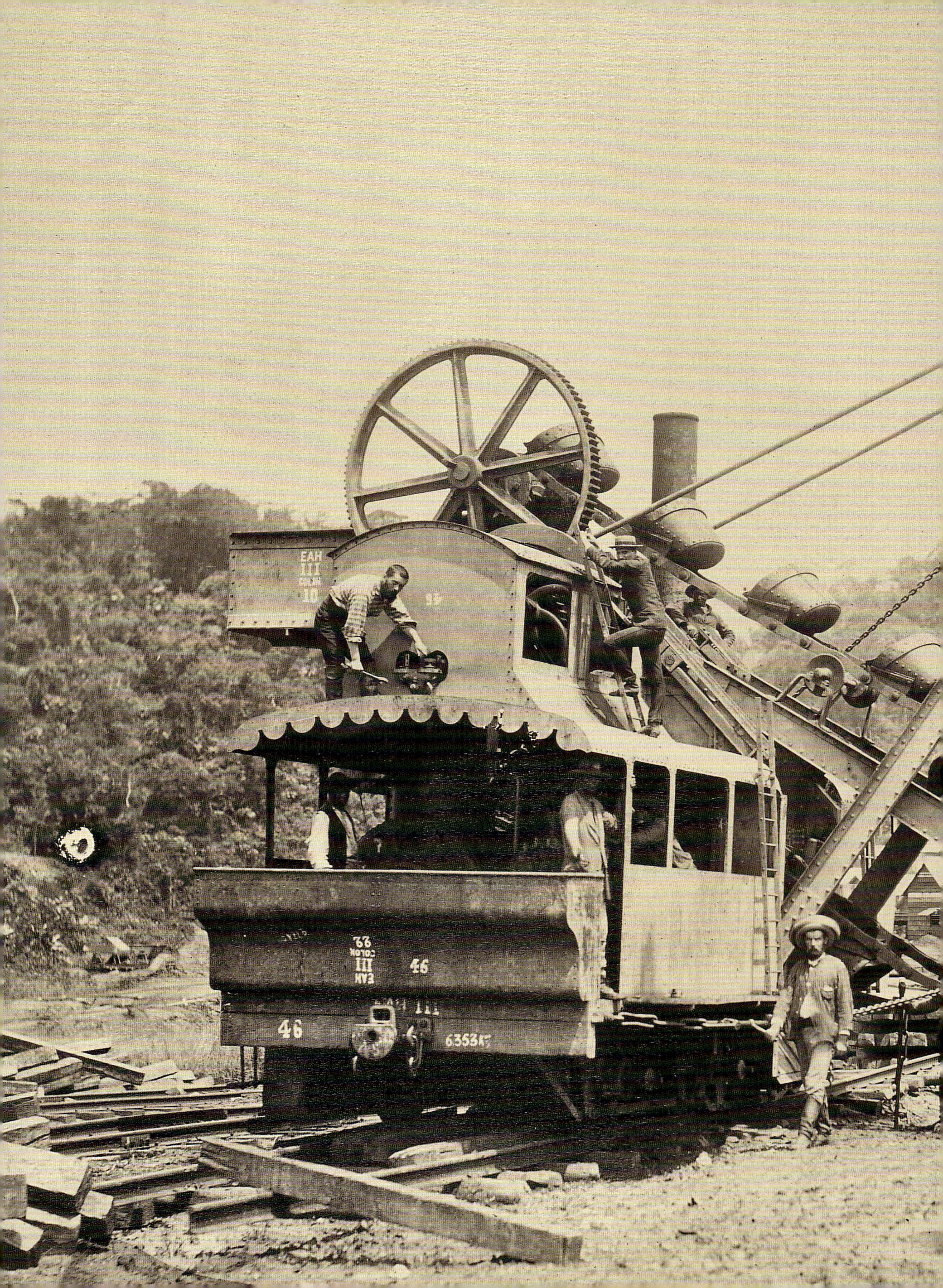
EAH
III
COLON
10
46
46
6353K

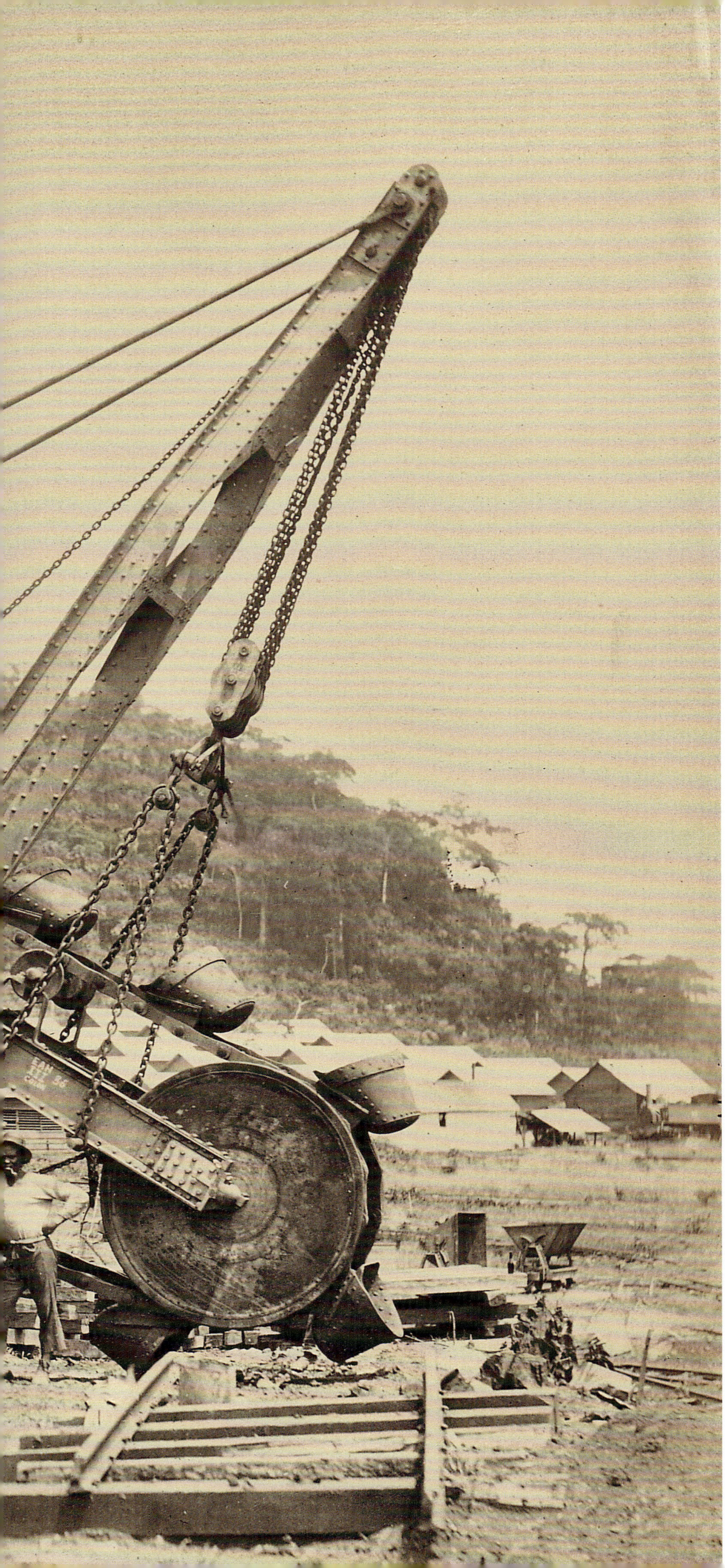

A. BLANC

Culebra, Riesiger Eimerkettenbagger, 180 PS, Kilometer 55 · 1886 · Abzug auf Albuminpapier, 22,5 × 28,3 cm

Bei Culebra entreißen mächtige Eimerkettenbagger dem Berg bis zu 1000 Kubikmeter pro Tag. Das bedeutet, dass etliche Millionen Kubikmeter Aushub abtransportiert werden müssen. Obendrein lassen sintflutartige Regenfälle die Hänge auf breiter Front abrutschen. 1886 gibt die französische Kanalbaugesellschaft eine Fotoreportage über den Stand der Arbeiten in Auftrag, um die Investoren bei Laune zu halten. Allerdings müssen die Arbeiten kurze Zeit später eingestellt werden, was den sogenannten Panamaskandal auslöst, einen der größten französischen Finanzskandale des 19. Jahrhunderts.

DREI JAHRE VOR DER KATASTROPHE

MARTINIQUE

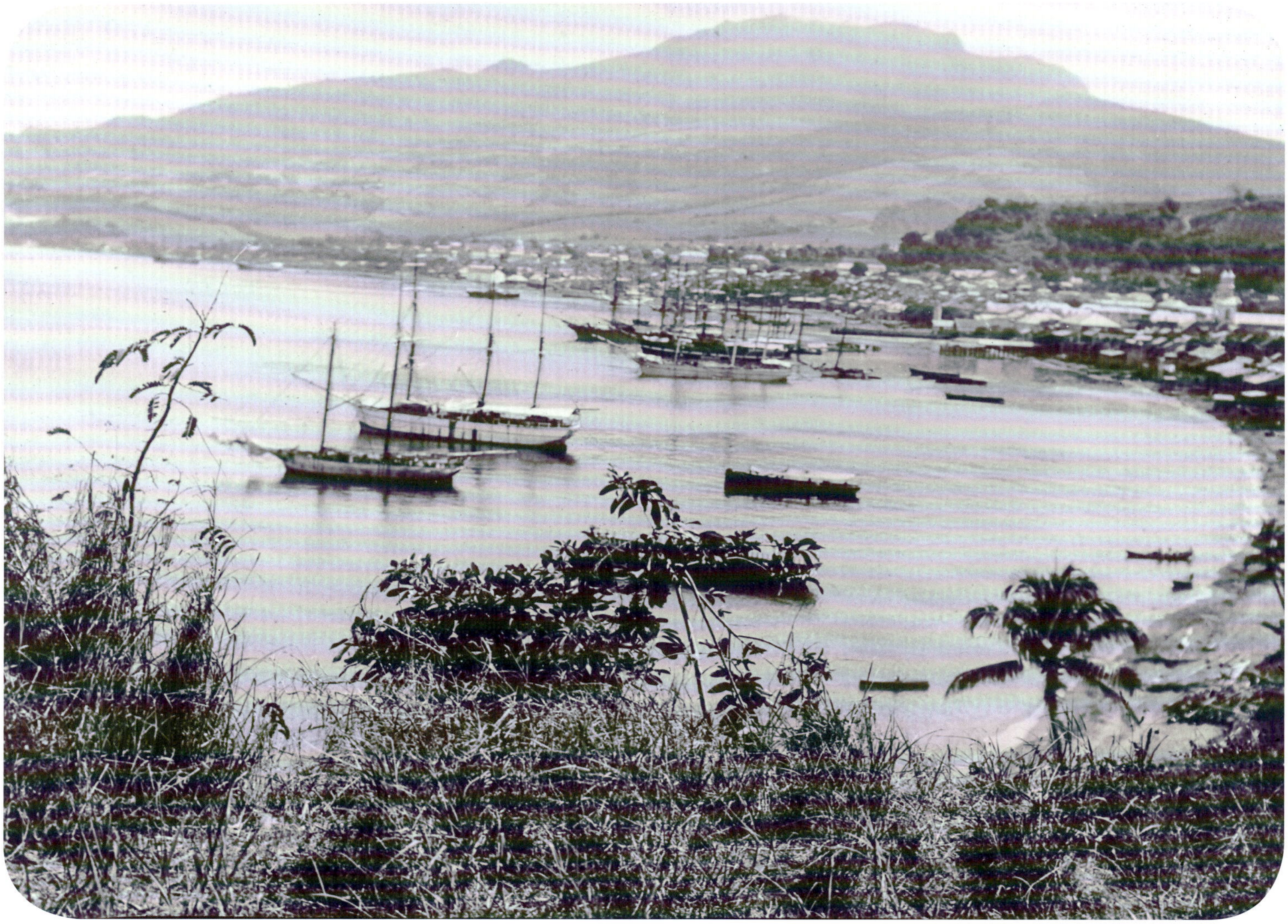

ANDRÉ SALLES

Martinique, Blick auf den Ostteil des Bootshafens von Saint-Pierre, von Süden aufgenommen · 1899 · Diapositiv auf Glas, 8,5 × 10 cm

Mit 34 schafft André Salles, Unterkommissarius der Marine, die Aufnahmeprüfung zum Kolonialinspektor. In dieser Eigenschaft bereist er zehn Jahre lang die überseeischen Gebiete Frankreichs, von Indochina bis zu den Antillen, von Dahomey bis zu den französischen Niederlassungen in Ozeanien. Zwei Mal, 1894 und 1899, verschlägt es ihn nach Martinique. Die Aufnahmen, die er während seines zweiten Aufenthalts macht, haben einen großen historischen und emotionalen Wert, denn sie zeigen die Insel drei Jahre vor dem Ausbruch der Montagne Pelée am 8. Mai 1902, der die Inselhauptstadt Saint-Pierre vollständig vernichtet.

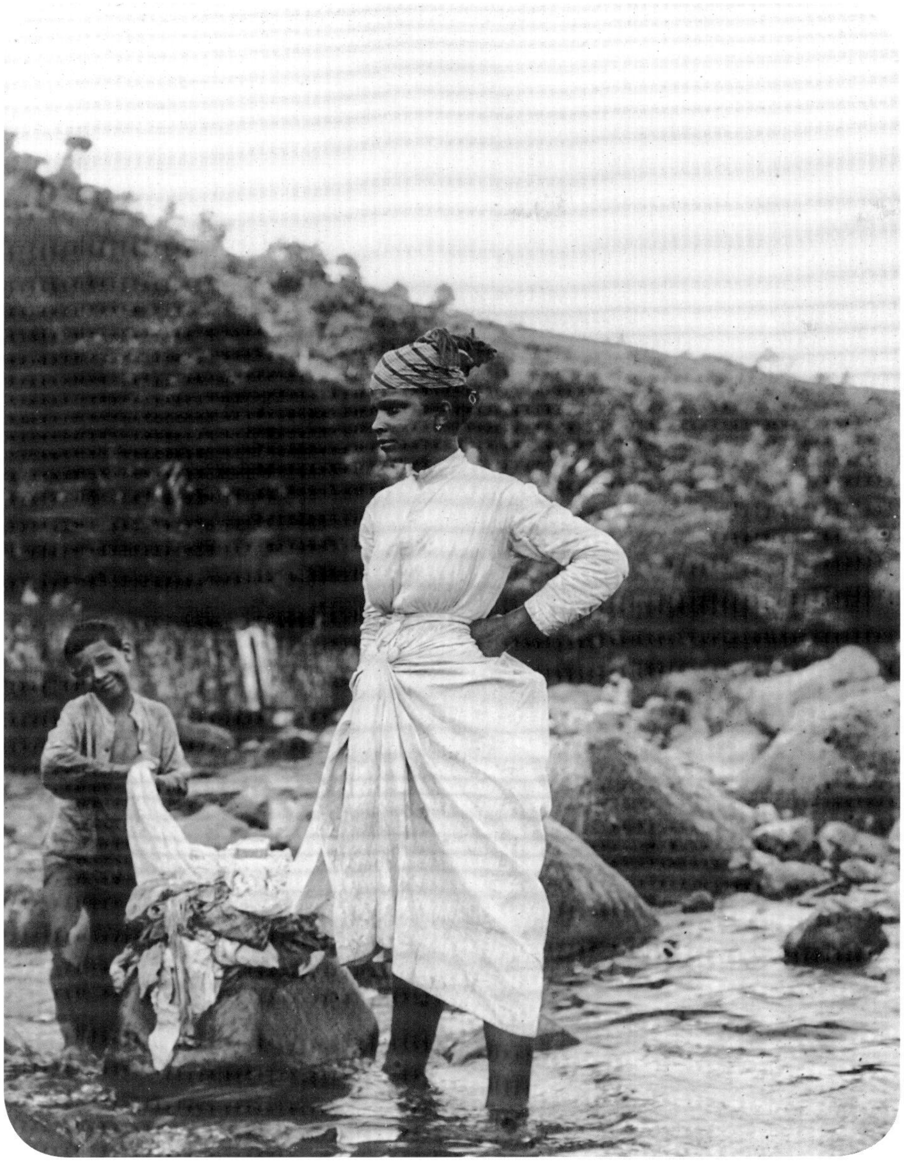

ANDRÉ SALLES

Martinique, Wäscherin in Saint-Pierre · 1899 · Diapositiv auf Glas, 10 × 8,5 cm

Salles entwickelt eine echte Begeisterung für die Fotografie, reist kreuz und quer über die Insel, auf der Suche nach Aussichtspunkten mit Blick auf die abwechslungsreiche Landschaft: Hügel, Berge, Häfen, Küsten, Zuckerrohrfelder und Kakaoplantagen. Oft fotografiert er auch Szenen aus dem Alltag: Menschen, die aus der Messe kommen, elegante Passanten auf der Place de la Savane in Fort-de-France oder Frauen in leuchtenden Kleidern, die an den Ufern des Roxelane Wäsche waschen.

ANDRÉ SALLES

Martinique, König Behanzin im Fort Tartenson, Dez. 1894 · 1894 · Diapositiv auf Glas, 10 × 8,5 cm

Zwischen 1892 und 1894 erobern die Truppen von Oberst Dodds das Königreich Dahomey (das heutige Benin). Der besiegte König Behanzin wird ins Exil nach Fort-de-France gebracht, wo er mit seinen Frauen und Töchtern im Fort Tartenson gefangen gehalten und zum Objekt allgemeiner Neugier wird. Dieses suggestive Foto soll beweisen, wie großherzig sich Frankreich gegenüber seinen ehemaligen Feinden zeigt. Das schwere Schloss an der Tür spricht allerdings eine ganz andere Sprache.

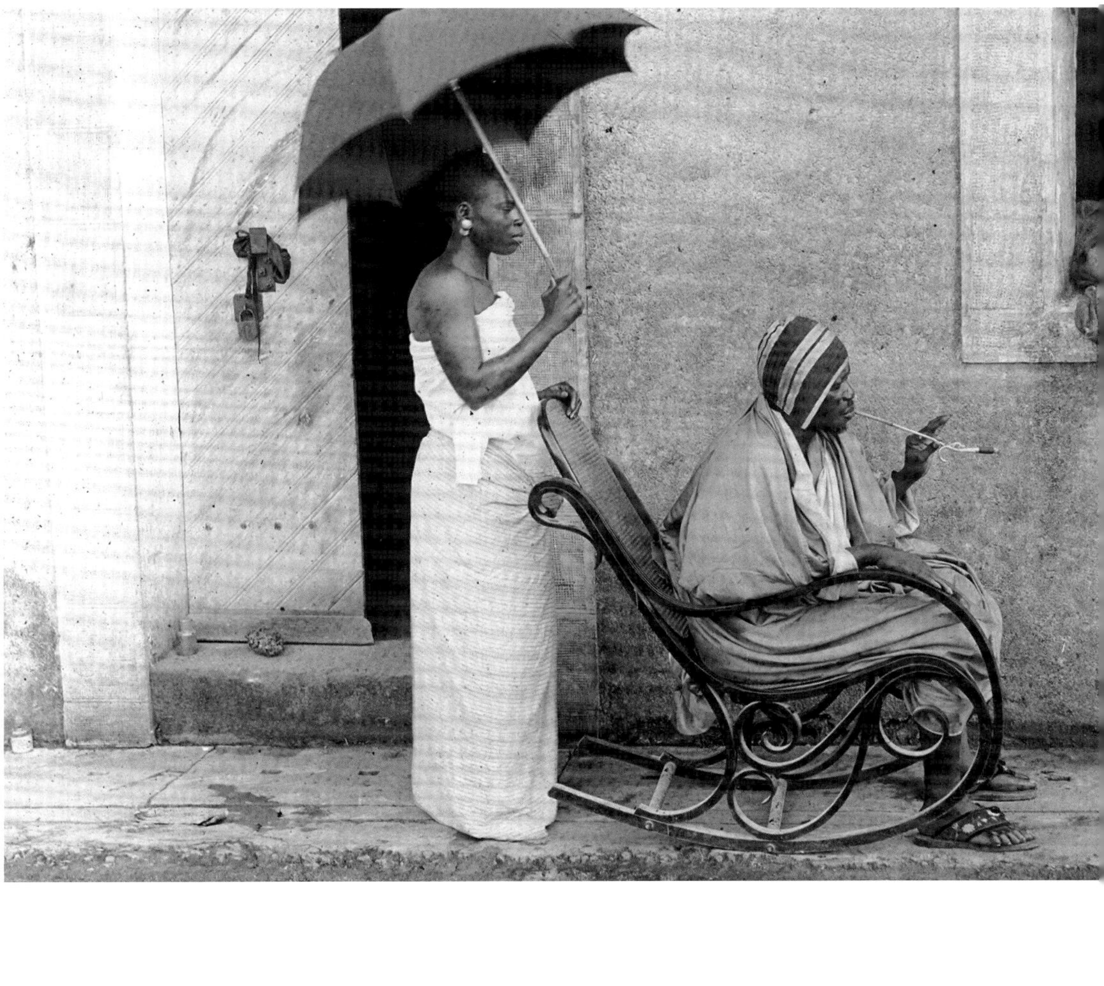

DIE MAYA-RUINEN VON

YUCATÁN

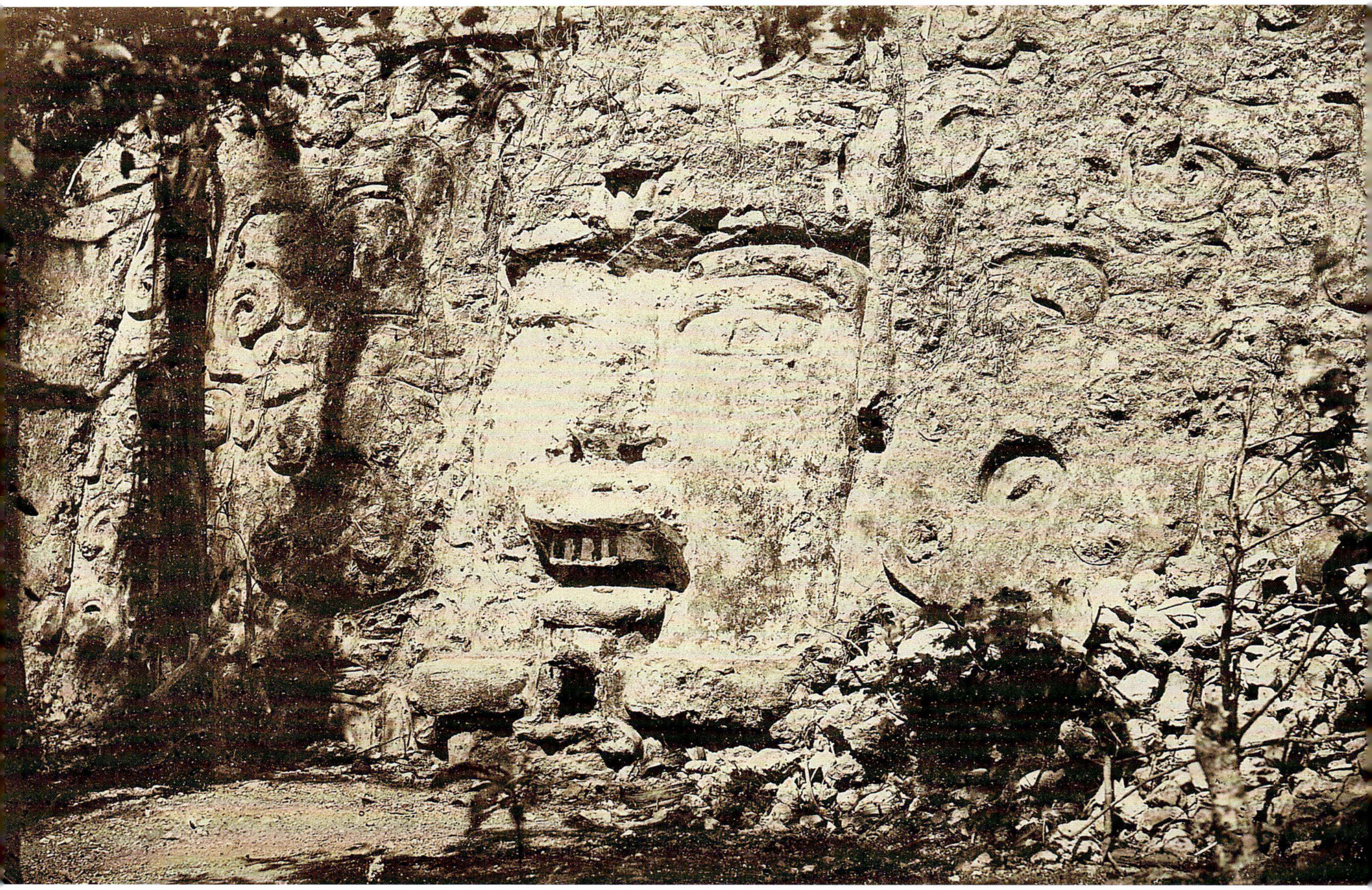

DÉSIRÉ CHARNAY

Riesige Stuckmaske am Fuß der kleinen Pyramide von Izamal, Yucatán · 1860 · Abzug auf Albuminpapier, 27 × 41,2 cm

Désiré Charnay reist 1857 im Auftrag des französischen Bildungsministeriums nach Yucatán, um die Maya-Bauwerke zu fotografieren. Seine Reise verschiebt sich jedoch aufgrund des Bürgerkriegs in Mexiko, sodass er erst 1860 vor Ort ist. Inspiriert von den Aufzeichnungen des amerikanischen Archäologen John Stephens *Incidents of Travel in Yucatán* (1843) mit Lithografien von Frederick Catherwood, fährt Charnay als erstes nach Izamal, berühmt für seine mit mächtigen Stuckmasten geschmückten Pyramiden.

DÉSIRÉ CHARNAY

Ostseite von Las Monjas in Chichén Itzá, Yucatán · 1860 · Abzug auf Albuminpapier, 32,6 × 43 cm

Von Mérida aus unternimmt Charnay Reisen zu den einzelnen Maya-Ruinen, und jedes Mal muss er seine gesamte Ausrüstung einpacken. Aufmerksam verfolgt er das Beladen der Maultiere, die seine Dunkelkammer und die Chemikalien tragen. Die Glasplatten transportiert er selbst. Wegen der großen Hitze reist er vorzugsweise nachts. In Chichén Itzá muss er sich mit der Machete einen Weg durch das dichte Grün bahnen, um als erster Fotos von Las Monjas machen zu können.

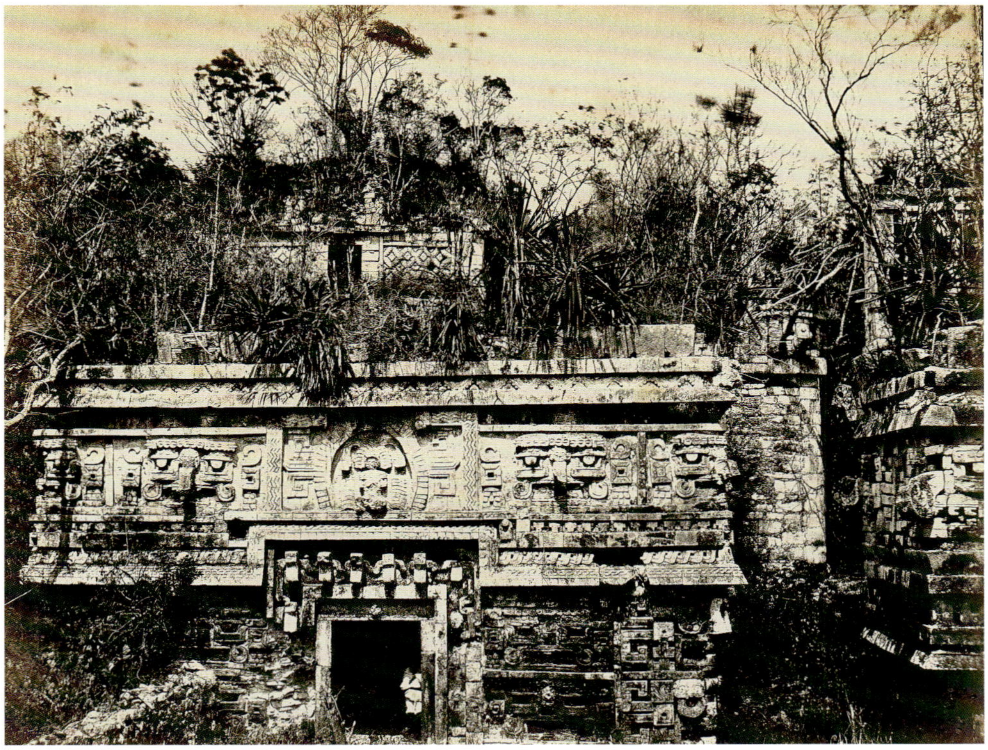

DÉSIRÉ CHARNAY

Haupteingang des Gouverneurspalastes in Uxmal (Detail), Yucatán · 1860 · Abzug auf Albuminpapier, 42,5 × 34,3 cm

Methodisch lichtet Charnay ein Bauwerk nach dem anderen ab und ordnet die Stätten unterschiedlichen Epochen zu, indem er sie mit bekannten Vorbildern vergleicht. »Auf den ersten Blick unterscheidet man drei Epochen: 1. Izamal: Mittleres Präklassikum, 2. Chichén Itzá: späte Maya-Zeit, 3. Uxmal: Ende des Späten Klassikums, Blütezeit einer hochentwickelten Kultur. Über allem thront der Gouverneurspalast wie der Parthenon über Athen.« Die 49 Aufnahmen der Ruinen von Yucatán, Chiapas, Tabasco und Oaxaca gehen 1861 als erste thematische Fotosammlung in den Besitz der Société de Géographie über.

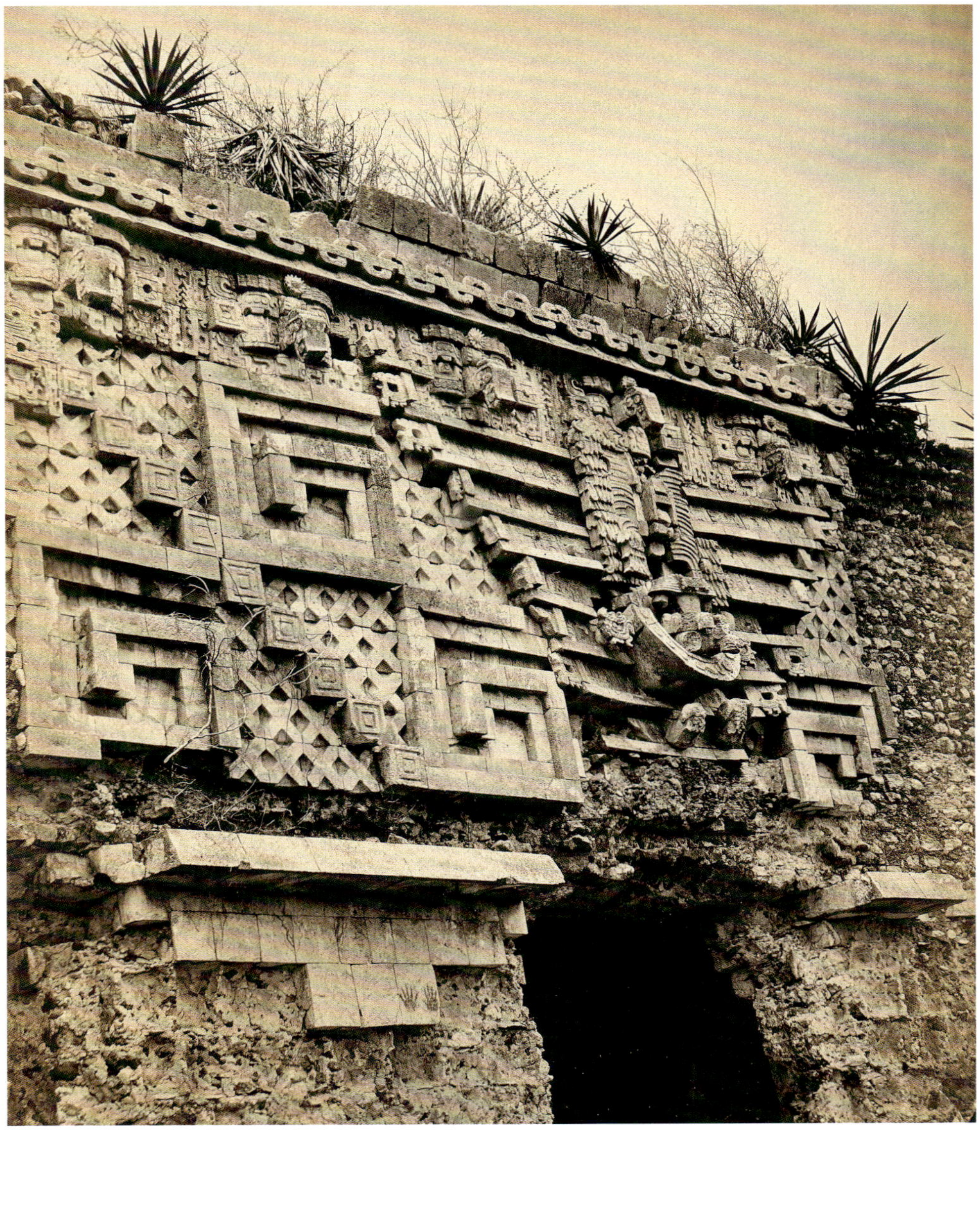

DER AUSBRUCH DES
MAUNA LOA

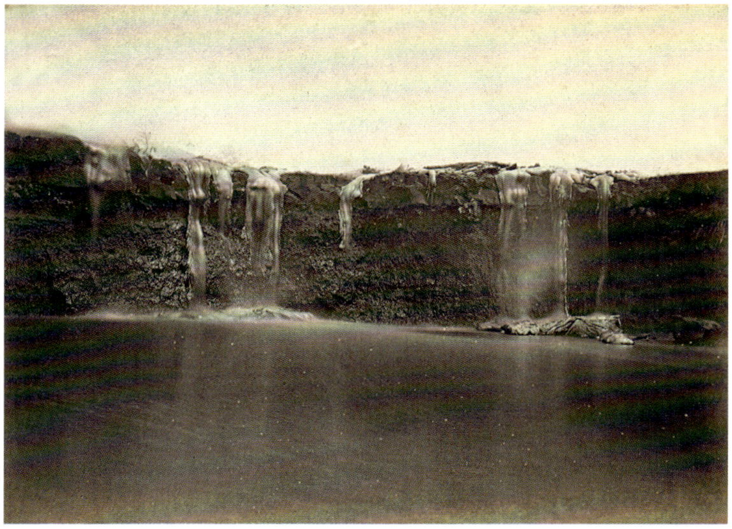

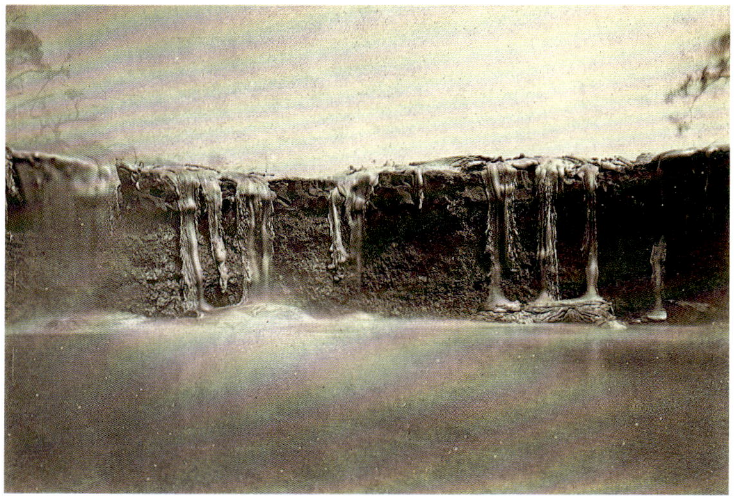

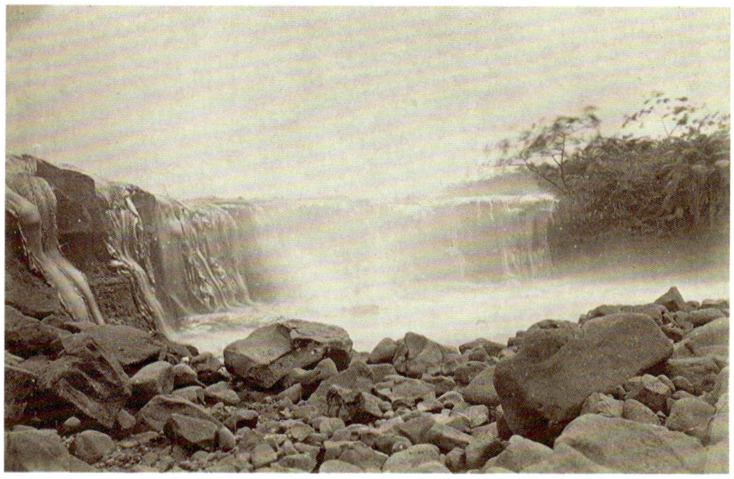

MENZIES DICKSON

Fließende Lava, Hiko, Hawaii: Erste Ansicht des Ausbruchs (von insgesamt fünf, jeweils mit 20 Minuten Abstand aufgenommen) · 1880/81 · Abzug auf Albuminpapier, 16,7 × 23 cm

MENZIES DICKSON

Fließende Lava, Hiko, Hawaii: Zweite Ansicht des Ausbruchs · 1880/81 · Abzug auf Albuminpapier, 16,5 × 23 cm

MENZIES DICKSON

Fließende Lava, Hiko, Hawaii: Dritte Ansicht des Ausbruchs · 1880/81 · Abzug auf Albuminpapier, 16 × 23,5 cm

Der Ausbruch des hawaiianischen Vulkans Mauno Loa 1880 ist eines der eindrucksvollsten und meistfotografierten Naturschauspiele der damaligen Zeit. Am 5. November 1880 quillt die Lava aus dem Krater und wälzt sich bis August 1881 ohne Unterbrechung die Hänge hinab. Das Spektakel zieht zahlreiche Beobachter an. Menzies Dickson macht alle 20 Minuten Fotos von der Lava, wie sie sich in einen ringsum von Felsklippen eingeschlossenen See ergießt. Obwohl der See drei Kilometer vom Krater entfernt liegt, füllt er sich in weniger als zwei Stunden. Diese Fotos gehen im August 1881 an William Martin, Legat des Königreichs Hawaii in Frankreich. Er präsentiert sie der Akademie der Wissenschaften und überlässt sie im Folgejahr der Société de Géographie.

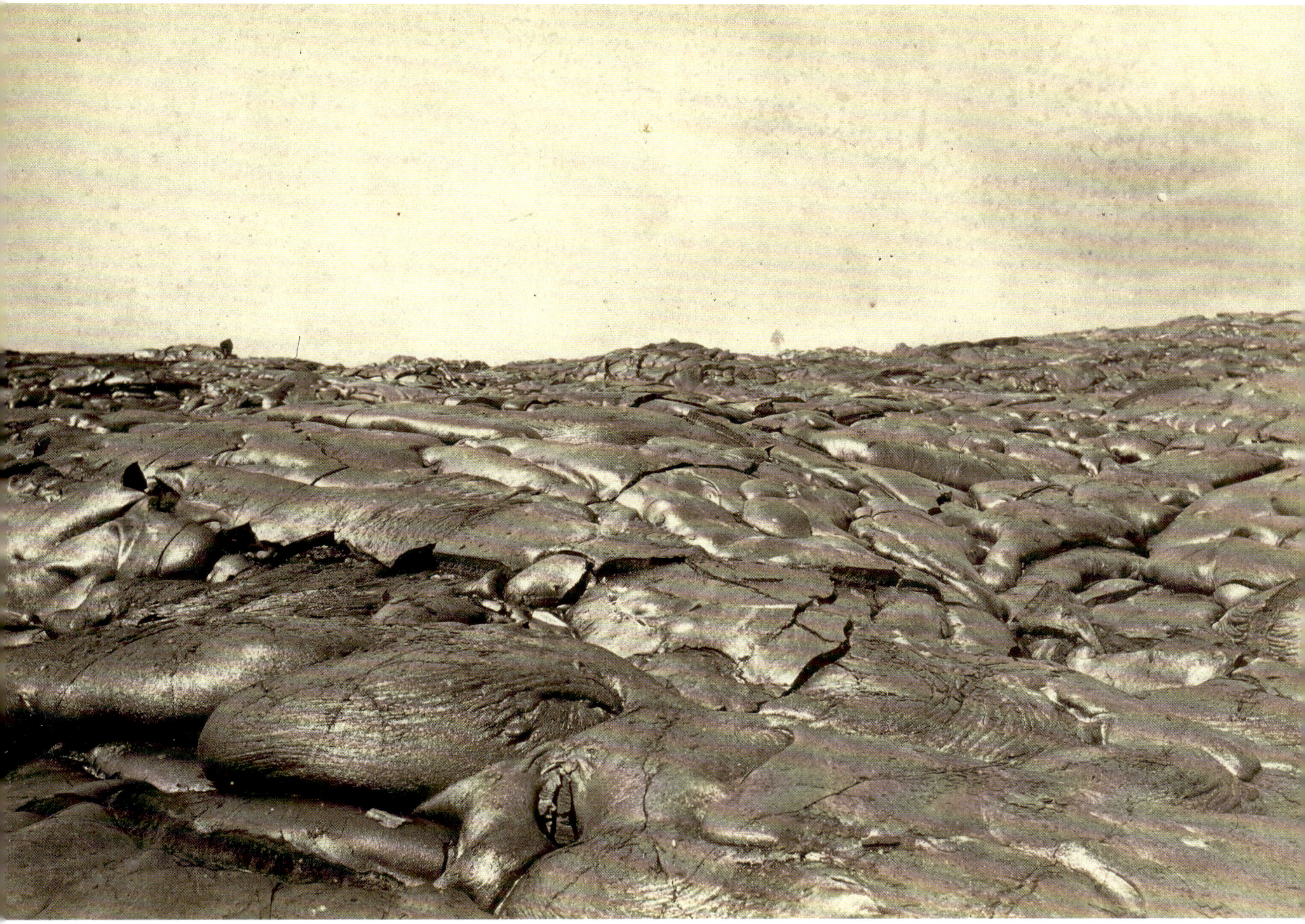

MENZIES DICKSON

Fließende Lava, Hiko, Hawaii: Lavastrom nach Erreichen der Ufer · 1880/81 · Abzug auf Albuminpapier, 16 × 23,4 cm

Bereits 1867 zieht Menzies Dickson von Ohio nach Honolulu, um dort das erste Fotoatelier der Stadt zu eröffnen. Spezialisiert auf Porträts im viktorianischen Stil, stellt er in seinem Atelier in der Fort Street 61 auch zahlreiche Aufnahmen hawaiianischer Landschaften aus sowie eine ganze Reihe von Kuriositäten wie vulkanische Gesteinsproben, Korallen und Muscheln. Zum Zeitpunkt der Aufnahmen vom Ausbruch des Mauna Loa blickt er bereits auf eine lange Tätigkeit als Fotograf zurück.

DIE CANYONS VON

COLORADO

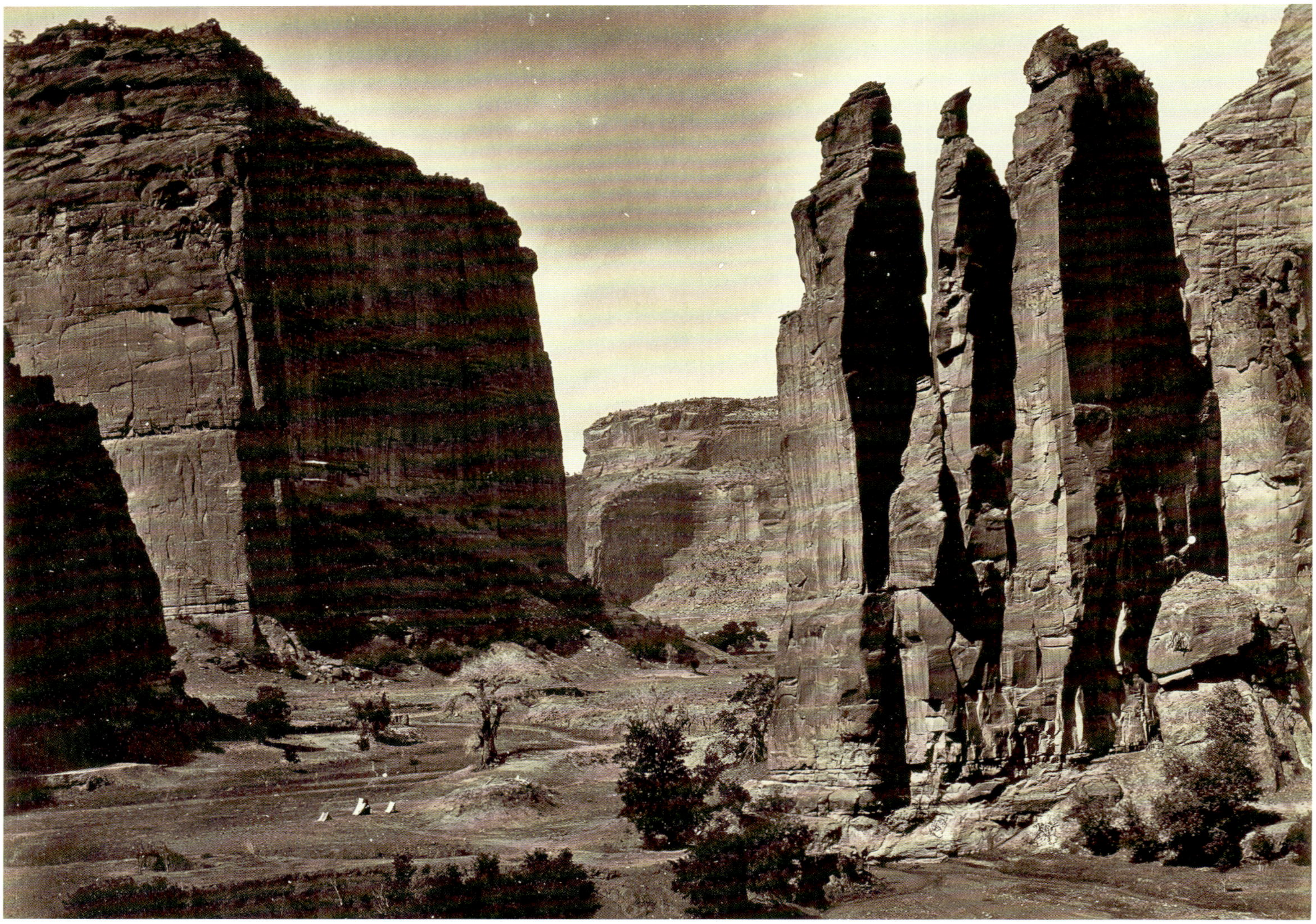

TIMOTHY O'SULLIVAN

Wände des Canyon de Chelly, etwa 1200 Fuß hoch · 1873 · Abzug auf Albuminpapier, 20,4 × 27,7 cm

Nach Ende des Sezessionskriegs werden insgesamt vier Expeditionsteams in staatlichem Auftrag auf Erkundungsmissionen (surveys) in den amerikanischen Westen geschickt. Sie erfassen orografische Auffälligkeiten und geologische Besonderheiten, kartografieren Fließgewässer und sammeln Gesteinsproben sowie naturgeschichtlich relevante Fundstücke. Mit dabei sind Paläontologen, Archäologen und Ethnografen, aber auch mehrere Fotografen, die mit ihren Aufnahmen dafür sorgen, dass man sich künftig auch andernorts ein Bild vom amerikanischen Westen machen kann.

TIMOTHY O'SULLIVAN

Runinen in einer Nische im Canyon de Chelly, 50 Fuß hoch · 1873 · Abzug auf Albuminpapier, 27,6 × 20,2 cm

Nachdem er drei Jahre mit dem Geologen Clarence King am 40. Breitengrad gearbeitet hat, schließt sich Timothy O'Sullivan der Wheeler-Expedition zur Erkundung des Gebietes südlich der Rocky Mountains westlich des 100. Längengrades an. 1873 entdeckt die Expedition in Arizona die sogenannten cliff dwellings, jahrtausendealte Felsbehausungen am Fuß steil aufragender Felswände. Im Canyon de Chelly macht O'Sullivan eine seiner berühmtesten Aufnahmen, sehr modern durch den engen Bildausschnitt und die grafische 3-D-Schraffur der Felswand.

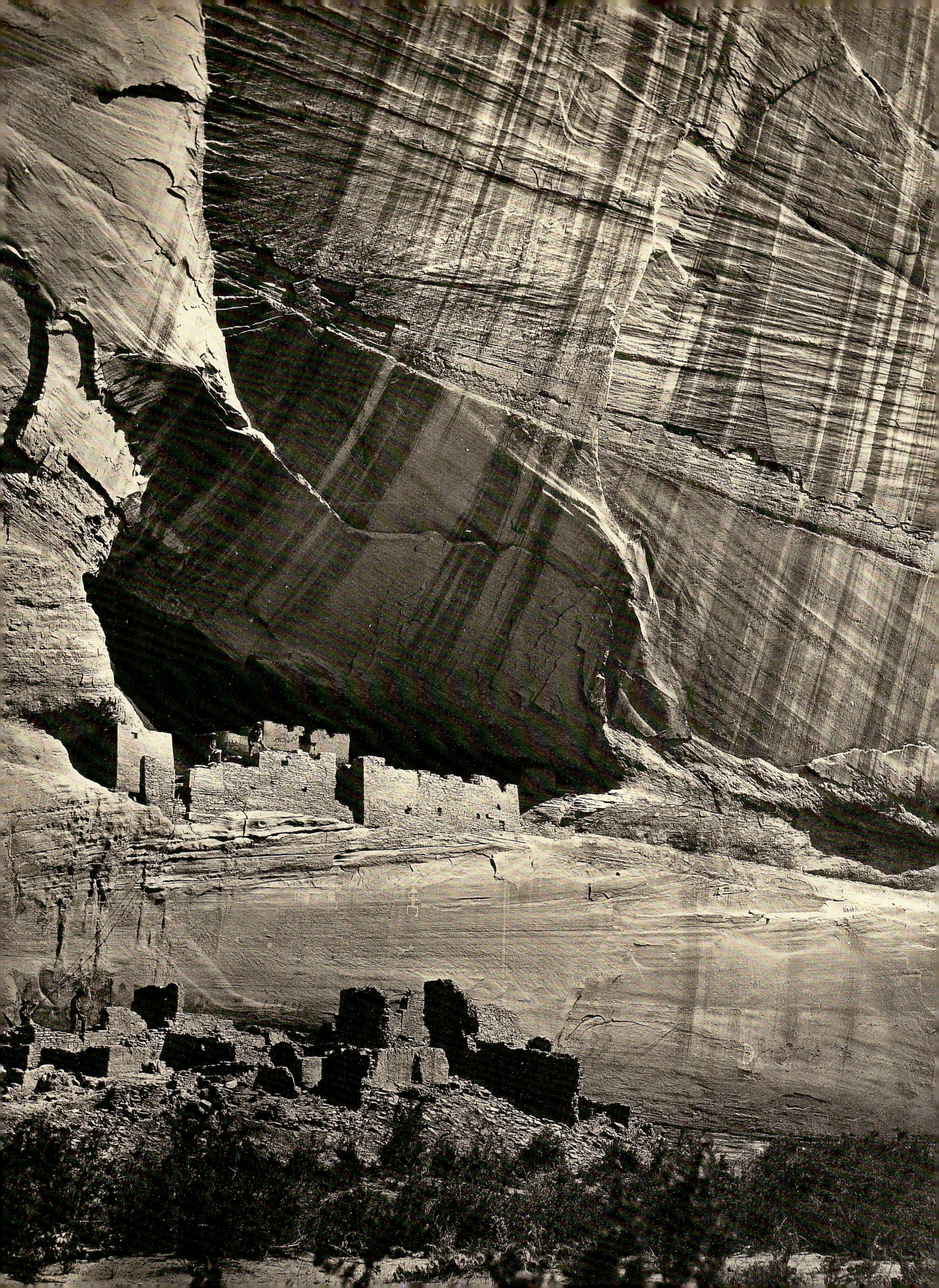

TIMOTHY O'SULLIVAN

Blick über den Colorado River auf die Mündung des Paria Creek · 1873 · Abzug auf Albuminpapier, 20,4 × 27,6 cm

Die fotografische Bestandsaufnahme geht bei vielen Fotografen deutlich über das rein Dokumentarische hinaus. Manche von O'Sullivans Aufnahmen erinnern in gewisser Weise an die Maler der Hudson River School wie Thomas Cole, Frederic Edwin Church und Albert Bierstadt. Manchmal platziert O'Sullivan auch Menschen in den Landschaften, um diese auf den Fotografien noch imposanter wirken zu lassen. Insgesamt haben seine Motive immer etwas Sublimes, geradezu Transzendentes.

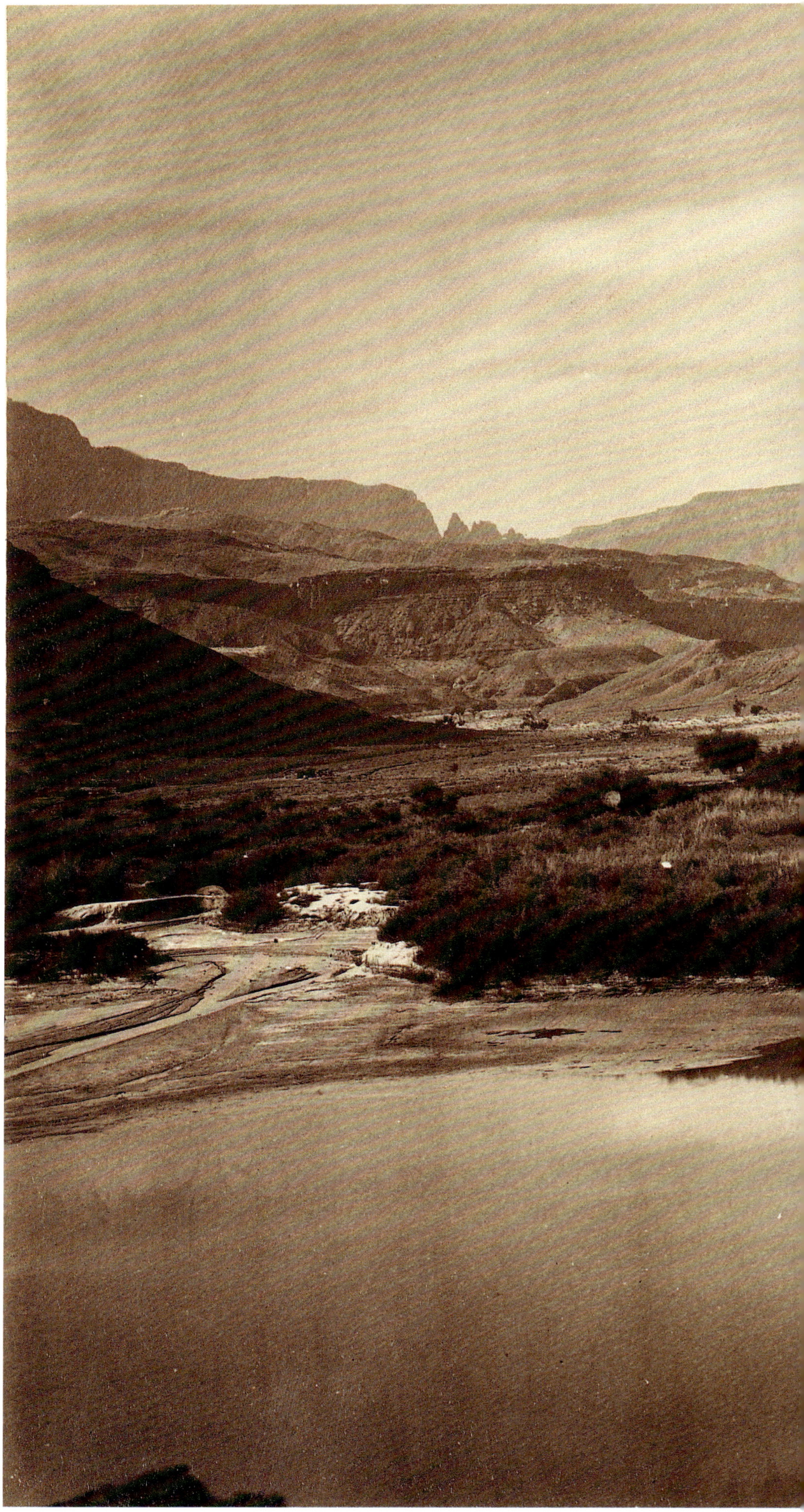

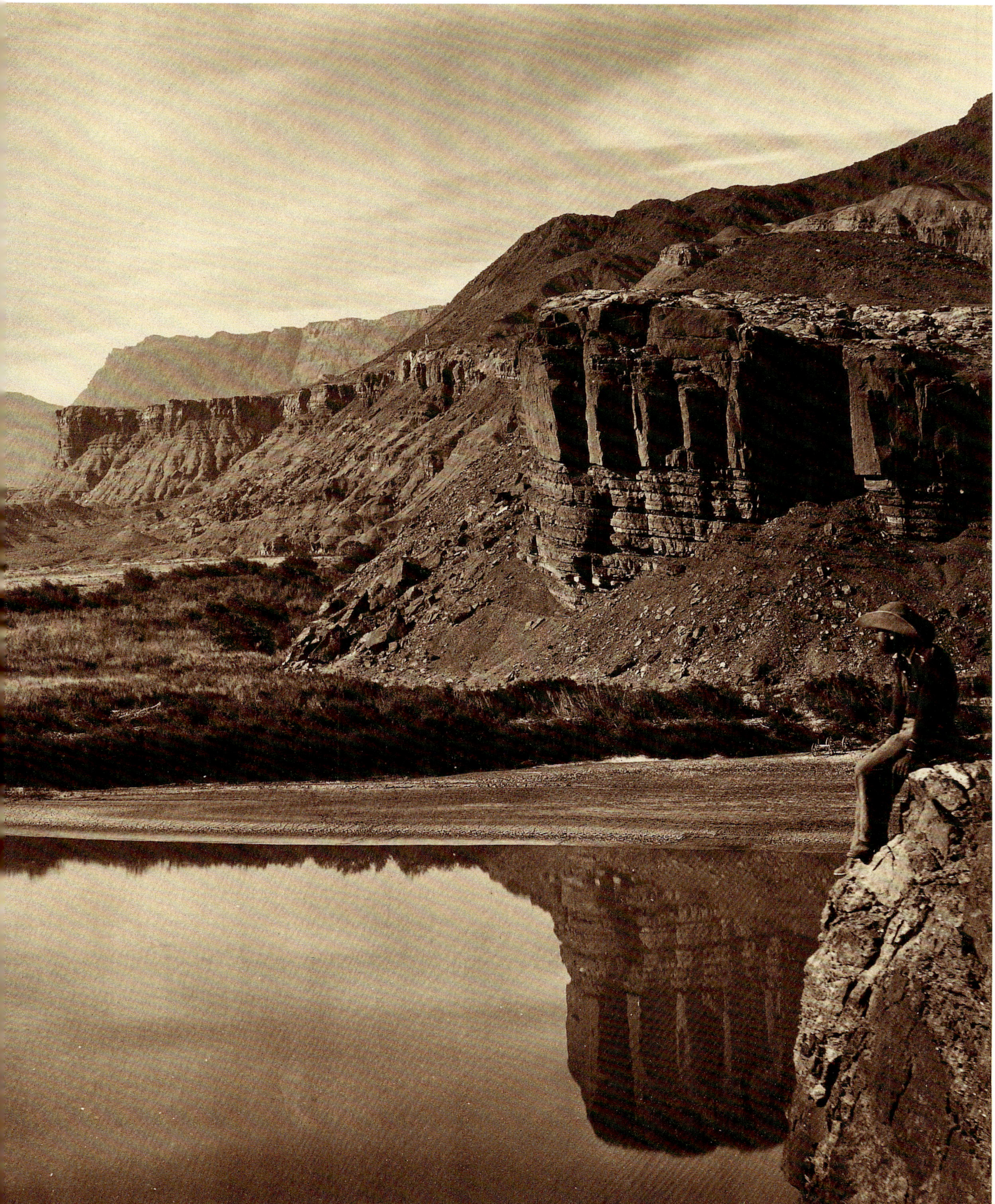

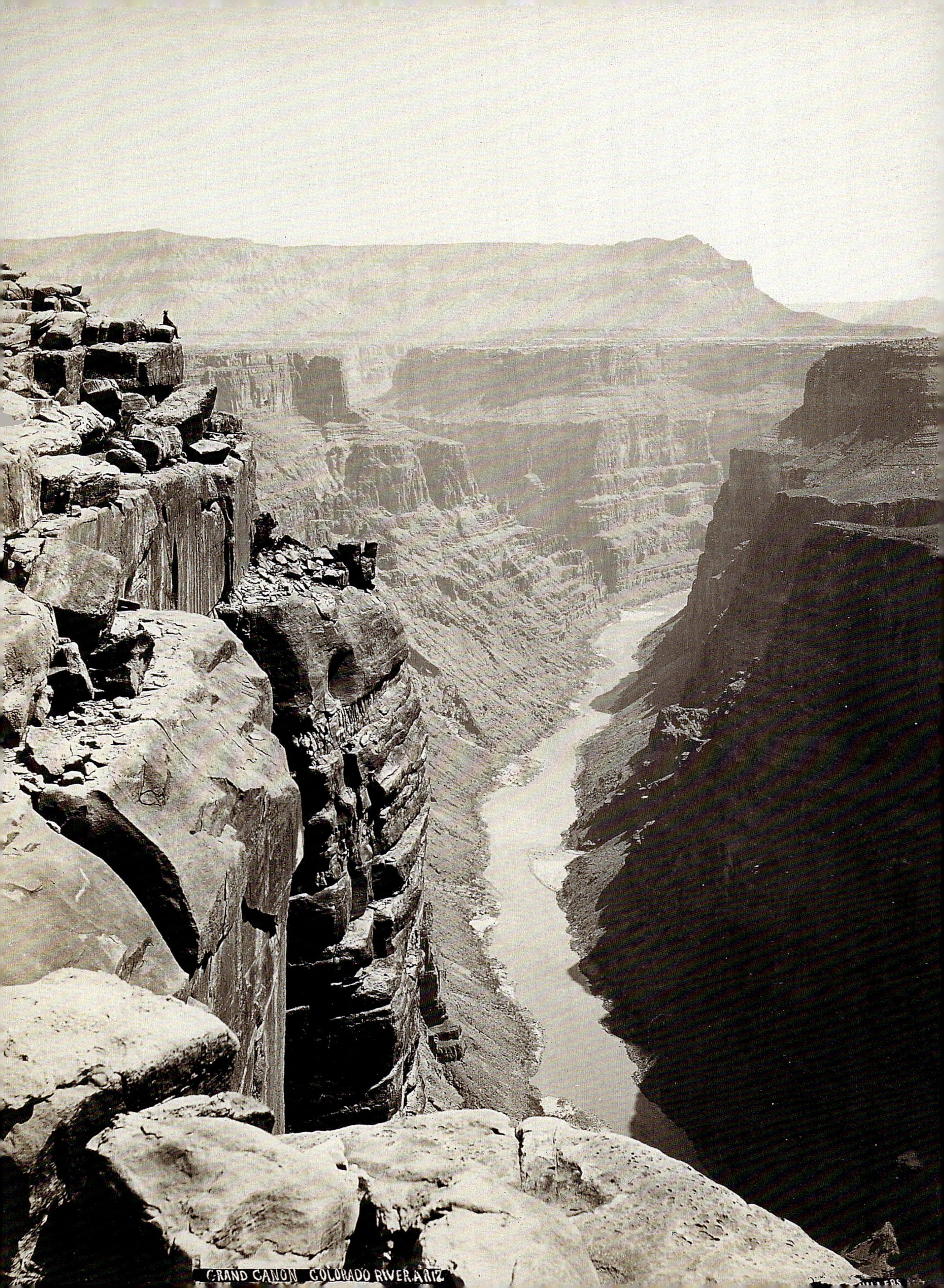
GRAND CANON COLORADO RIVER. ARIZ

LINKE SEITE
JOHN K. HILLERS

Grand Canyon, Colorado River, Arizona · Um 1872 · Abzug auf Albuminpapier, 33,4 × 25,1 cm

1868 erkundet John Wesley Powell im Auftrag der Smithsonian Institution die Hochebenen und Canyons am Mittellauf des Colorado River. Auf der zweiten Colorado-Expedition 1871/72 zeigt Hillers, der ursprünglich als Ruderer verpflichtet worden ist, großes Interesse an der Arbeit der beiden Fotografen Beaman und Fennemore. Unter ihrer Anleitung macht er seine ersten Aufnahmen. Im Januar 1872 fotografiert er die neben dem Colorado River über 900 Meter senkrecht emporragenden Toroweap-Felswände.

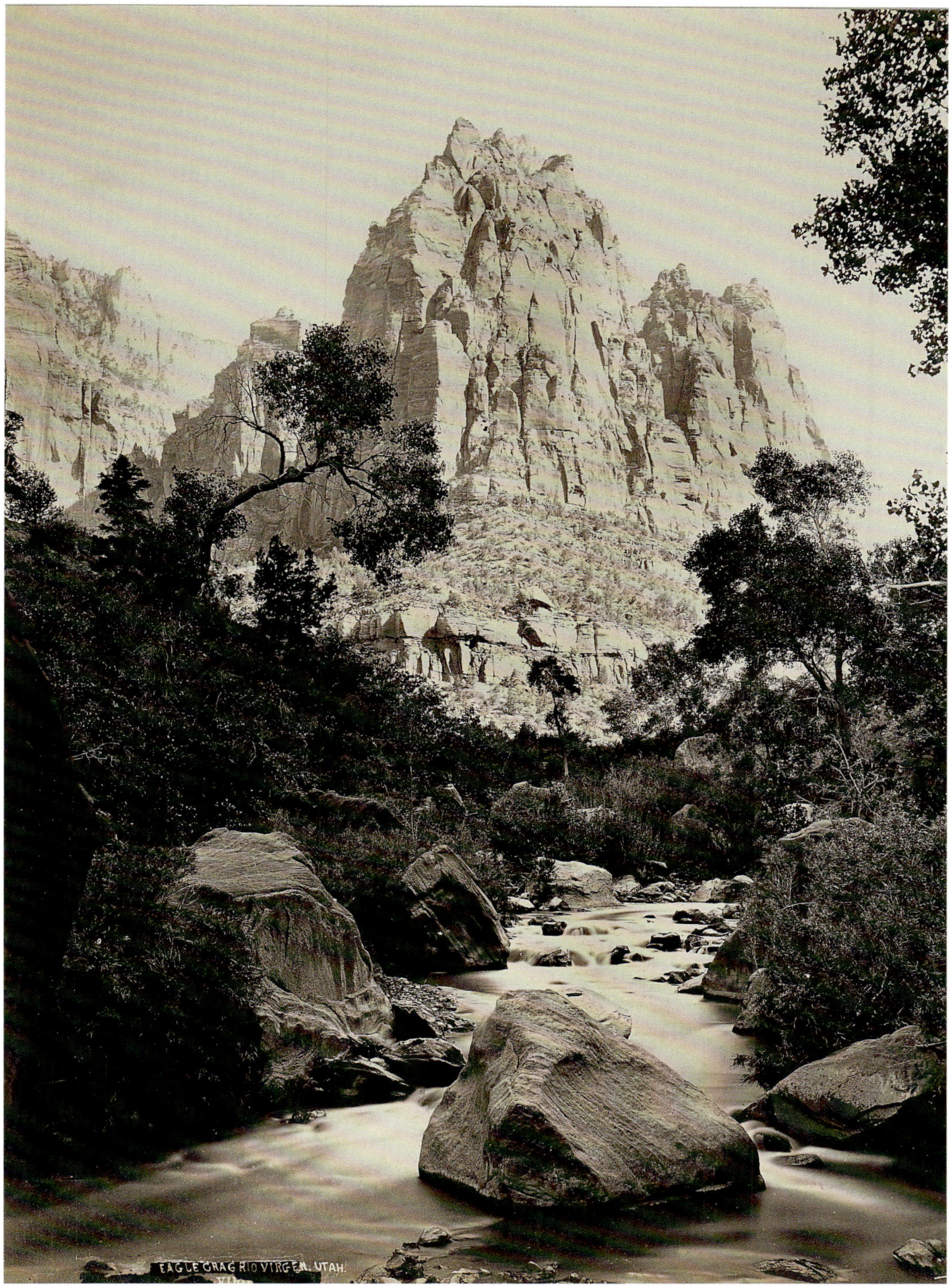

JOHN K. HILLERS

Eagle Crag, Virgin River, Utah · 1873 · Abzug auf Albuminpapier, 33,5 × 25,1 cm

Powells zweite Colorado-Expedition führt die Teilnehmer zum Zion Canyon und zum Virgin River im südwestlichen Utah. John K. Hillers Aufnahme vom Eagle Crag strahlt ein profundes Gefühl von Freiheit und unberührter Natur aus. Genau diese gilt es zu schützen. So entsteht hier 1919 der Zion-Nationalpark (Zion in Anspielung auf den Wohnsitz des Gottes der Israeliten).

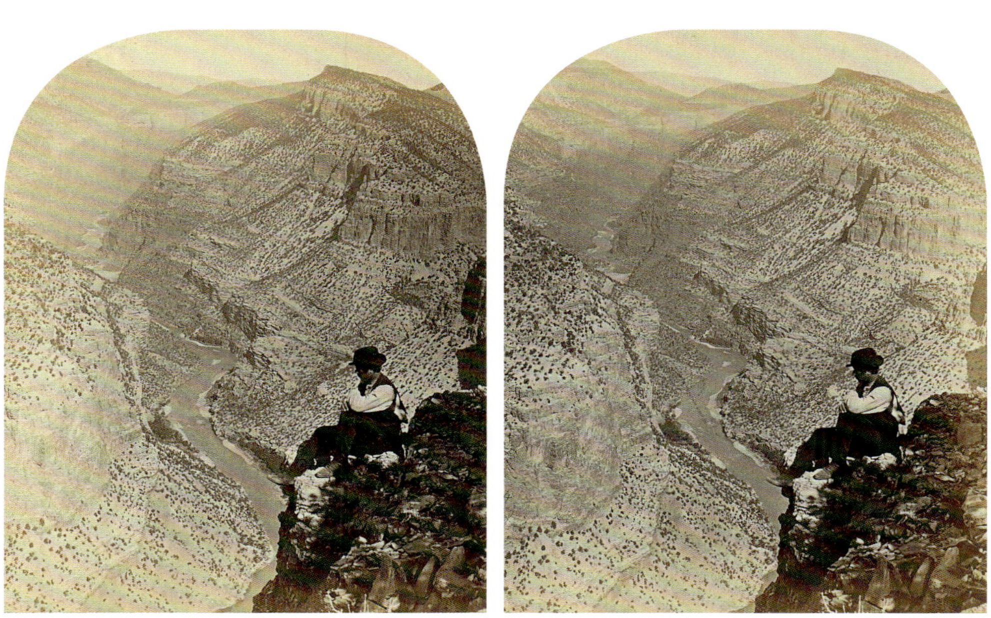

TIMOTHY O'SULLIVAN

Über Green River Canyon und Yampa River Canyon · 1872 · Stereoskopie auf Albuminpapier, zwei Fotos 9,4 × 7,6 cm auf Karton 10 × 17,8 cm

Die auf den Erkundungsreisen in den amerikanischen Westen gemachten Fotos werden unter anderem 1876 auf einer Ausstellung anlässlich des 100-jährigen Bestehens der Vereinigten Staaten in Philadelphia gezeigt. Doch erst durch den Verkauf von stereoskopischen Aufnahmen erreicht die Fotografie die breite Masse. Die räumlich wirkenden Naturaufnahmen vermitteln vielen Amerikanern einen detaillierten Eindruck von der Landschaft in den neuen Gebieten sowie das Gefühl, hautnah dabei zu sein.

DIE HOPI-DÖRFER IN

ARIZONA

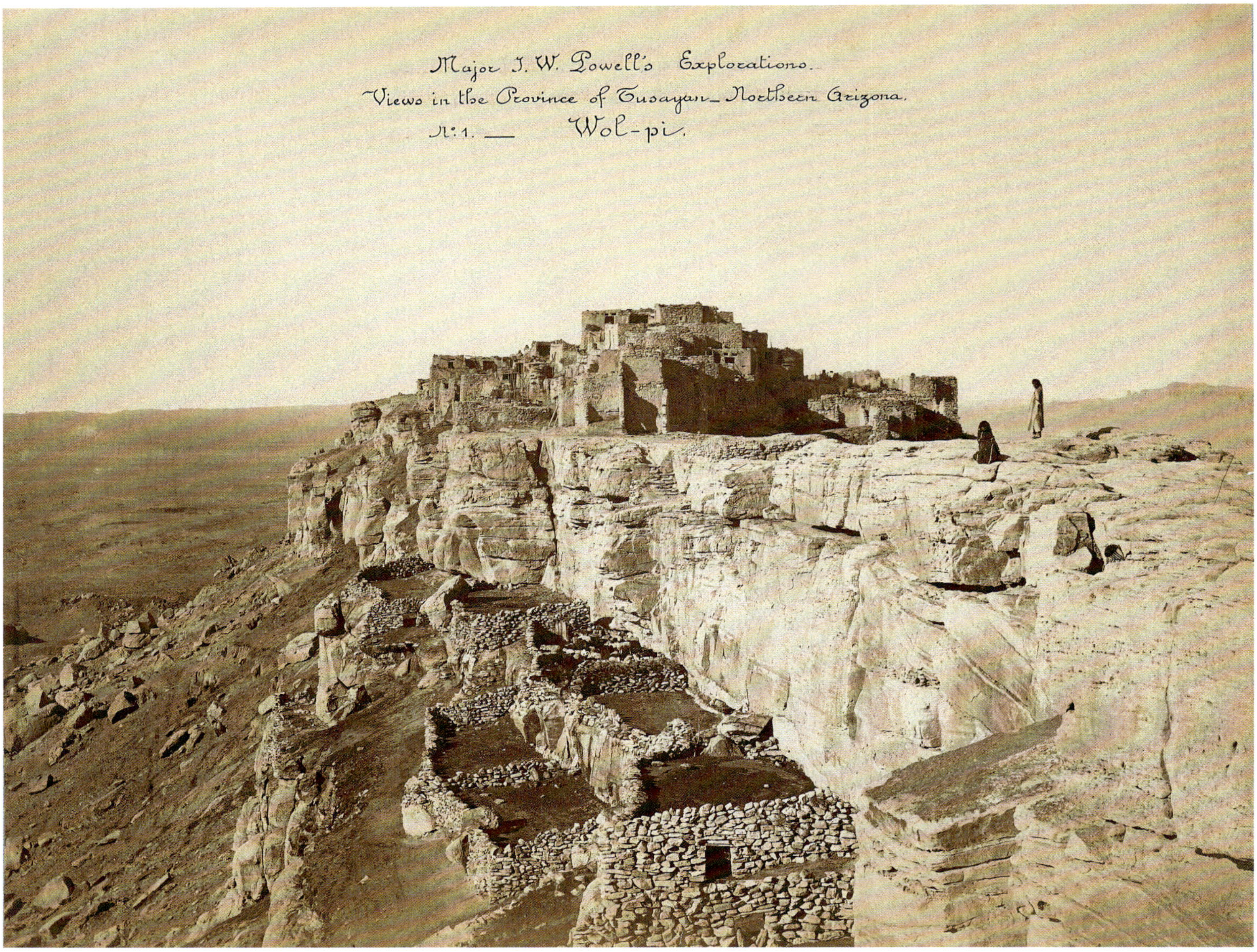

JOHN K. HILLERS

Wol-Pi · 1875/76 · Abzug auf Albuminpapier, 42,6 × 53,4 cm

Im Gegensatz zu den anderen drei großen Forschungsmissionen im amerikanischen Westen setzt John Wesley Powell den Schwerpunkt auf ethnografische Studien. 1873 wird er zum Sonderkommissar für indianische Angelegenheiten ernannt. Von 1872 bis 1876 macht der offizielle Fotograf der Expedition, John K. Hillers, mehrere Hundert Aufnahmen der in Utah, Oklahoma und Colorado beheimateten Indianerstämme. 1875 wird er nach Arizona geschickt, um in der Region Tusayan die auf steilen Felskuppen gelegenen Hopi-Dörfer Walpi, Sichomovi und Hano zu fotografieren.

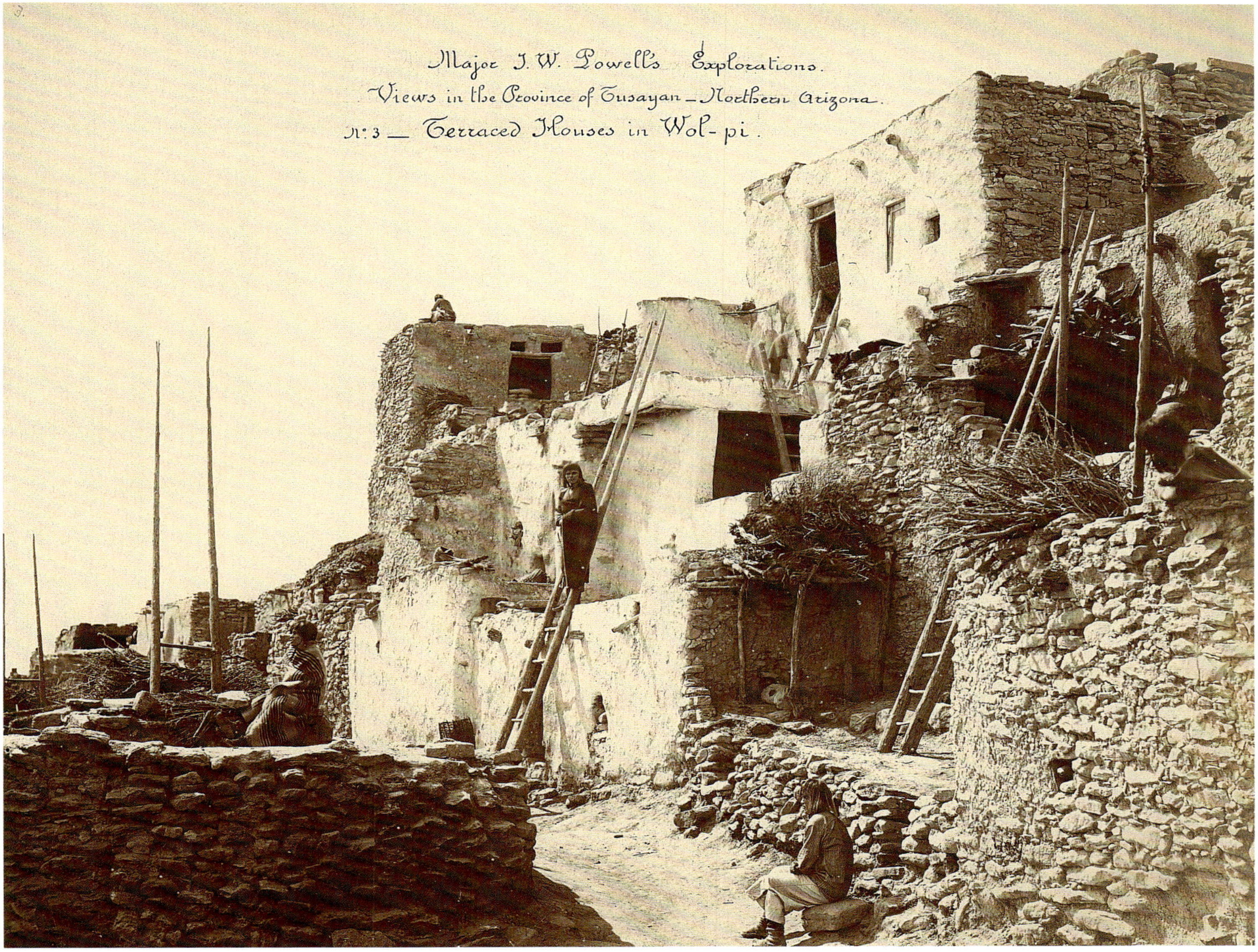

JOHN K. HILLERS

Terrassenhäuser in Wol-Pi · 1875/76 ·
Abzug auf Albuminpapier, 42,6 × 53,4 cm

Die starren Posen der Indianer sind typisch für Hillers fotografische Inszenierungen. Er platziert die Personen so, dass das Indianerdorf auf allen Ebenen bewohnt wirkt.

Die großformatigen Abzüge werden auf der Ausstellung anlässlich des 100-jährigen Bestehens der Vereinigten Staaten 1876 in Philadelphia auch dem breiten Publikum präsentiert. Ein Jahr später schickt Powell neun davon an die Société de Géographie.

UNBERÜHRTE NATUR

DAS YELLOWSTONE-GEBIET

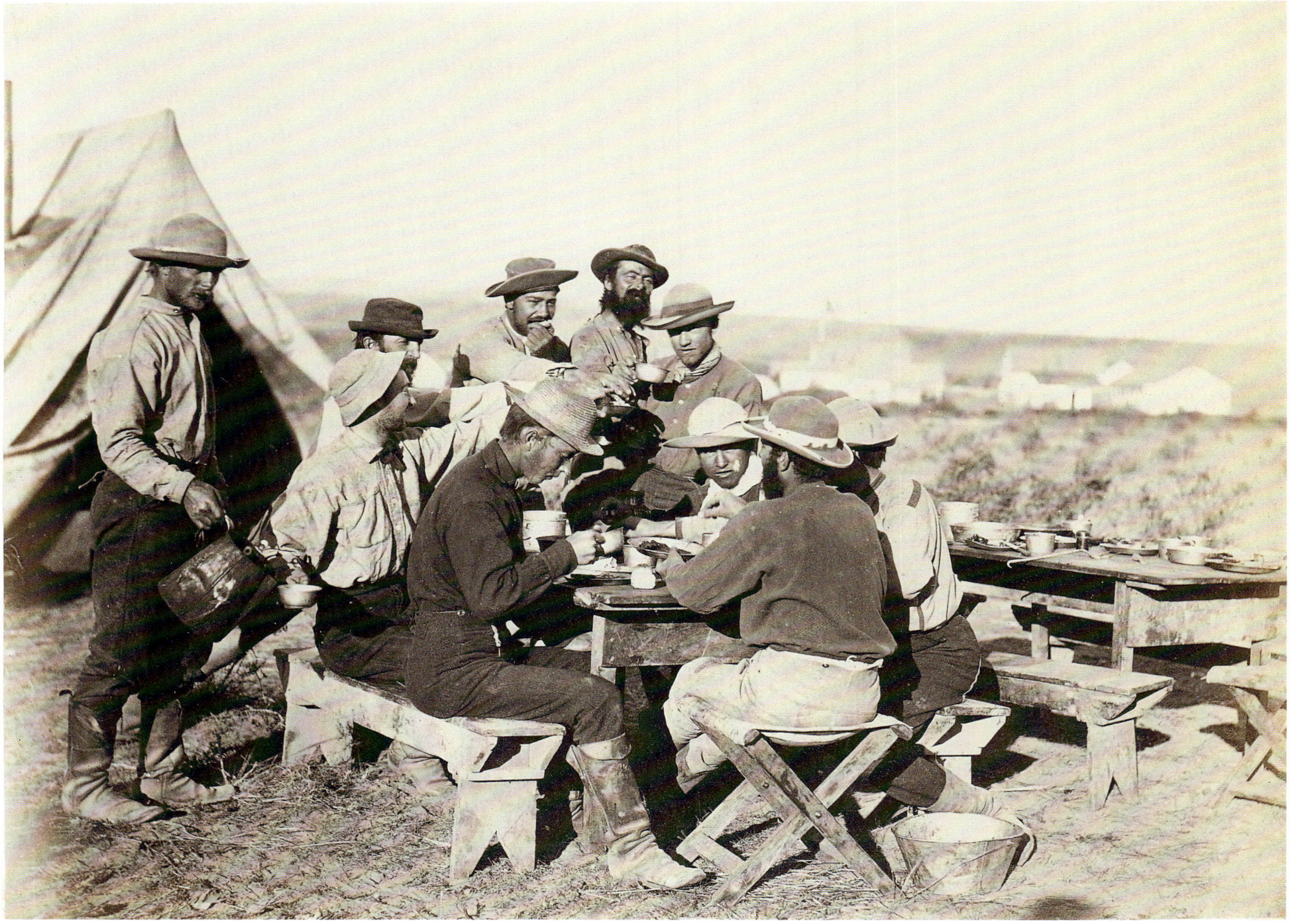

WILLIAM HENRY JACKSON

Mitglieder der Forschungsmission · 1872 ·
Abzug auf Albuminpapier, 16,5 × 22 cm

Die vierte Erkundungsmission wird von Ferdinand Vandeveer Hayden geleitet. Sie führt in den Norden der Rocky Mountains. Mit von der Partie sind Topografen, Geologen, Kartografen, Botaniker und Ornithologen, des Weiteren der Fotograf William Henry Jackson, der Maler Thomas Moran sowie mehrere Führer und Träger. Sogar einige Abgeordnete werden ins Team aufgenommen, weil Hayden sich davon auch zukünftig die Bewilligung finanzieller Mittel durch den US-Kongress erhofft.

WILLIAM HENRY JACKSON

Fotografieren in großer Höhe · 1872 ·
Abzug auf Albuminpapier, 21,6 × 17,2 cm

In seiner Autobiografie *Time Exposure* beschreibt Jackson die Umstände, unter denen dieses Foto gemacht wurde. Auf einem Felsvorsprung in der Teton Range bittet er seinen jungen Assistenten Charley Campbell, neben dem Dunkelkammerzelt zu posieren, trifft alle fotografischen Vorbereitungen und hockt sich dann selbst vor Campbell neben das Zelt. Den Auslöser betätigt sein Träger Aleck. Auf Jacksons Fotos von der Hayden-Mission bekommen die Amerikaner erstmalig die Teton Range zu Gesicht.

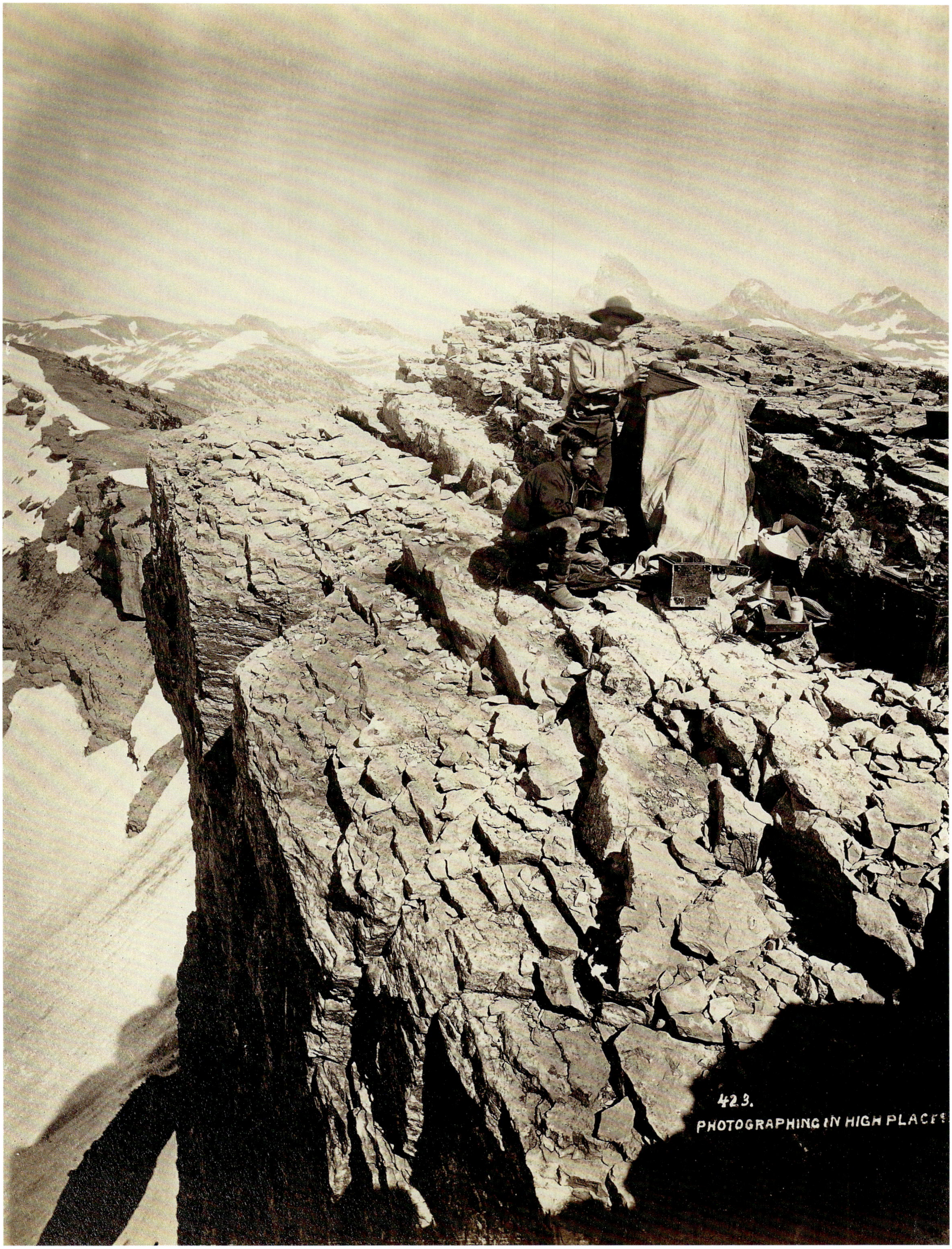

423.
PHOTOGRAPHING IN HIGH PLACES.

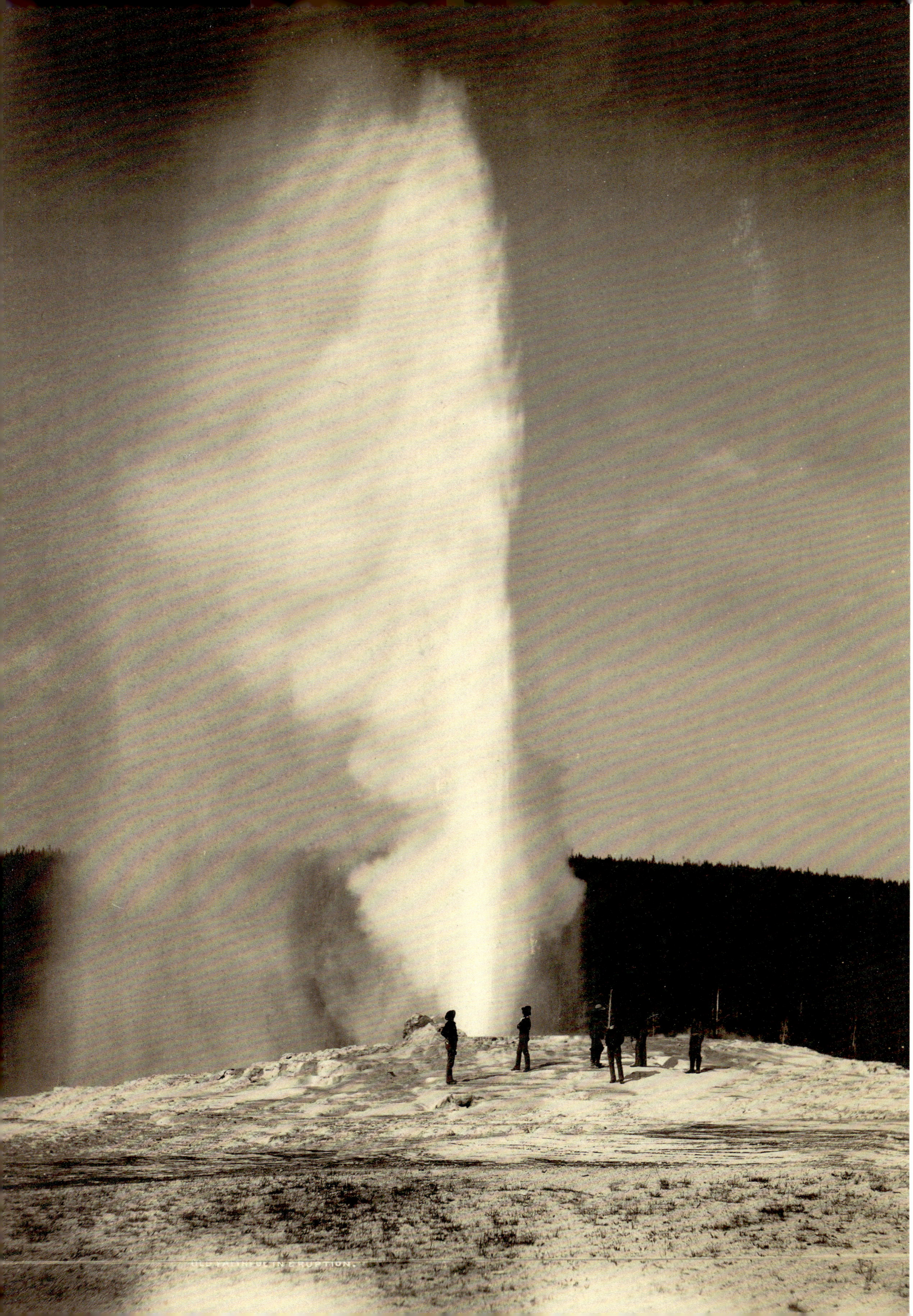
OLD FAITHFUL IN ERUPTION.

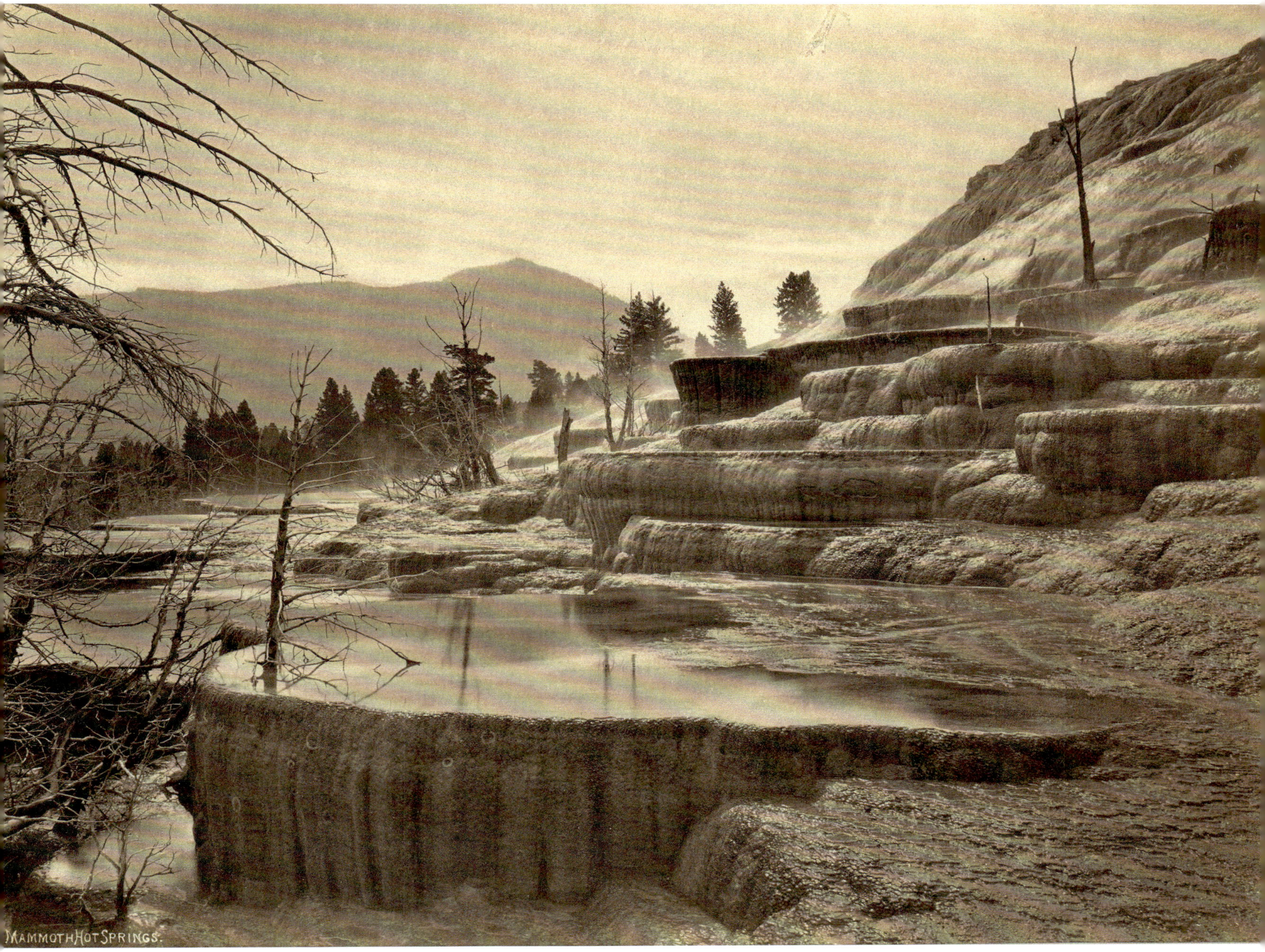

LINKE SEITE
WILLIAM HENRY JACKSON

Ausbruch des Old Faithful · 1872 ·
Abzug auf Albuminpapier, 33 × 25 cm

RECHTE SEITE
WILLIAM HENRY JACKSON

Mammoth Hot Springs · 1871 ·
Abzug auf Albuminpapier, 25 × 33 cm

1871 bewilligt der Kongress 40 000 Dollar für die Erforschung der Yellowstone-Region, wo Hayden und Jackson 1871 und 1872 zwei Sommer in Folge verbringen. Jacksons Fotos von den Naturwundern am Oberlauf des Yellowstone River, vom Grand Canyon of the Yellowstone bis hin zu den heißen Quellen und Geysiren, faszinieren die Kongressabgeordneten derart, dass sie 1872 beschließen, hier den ersten Nationalpark der Welt zu gründen.

MIT DER EISENBAHN QUER DURCH

DIE VEREINIGTEN STAATEN

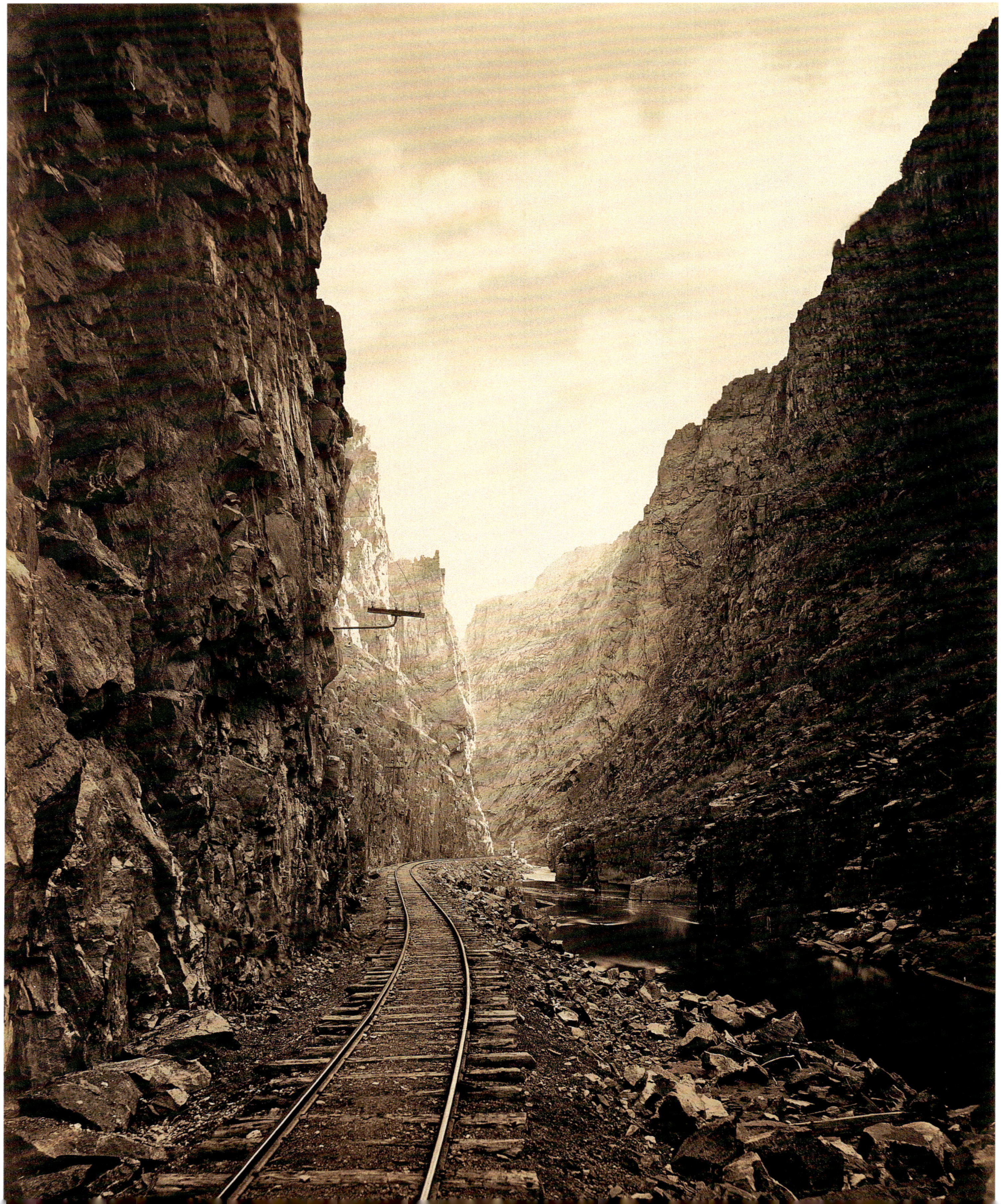

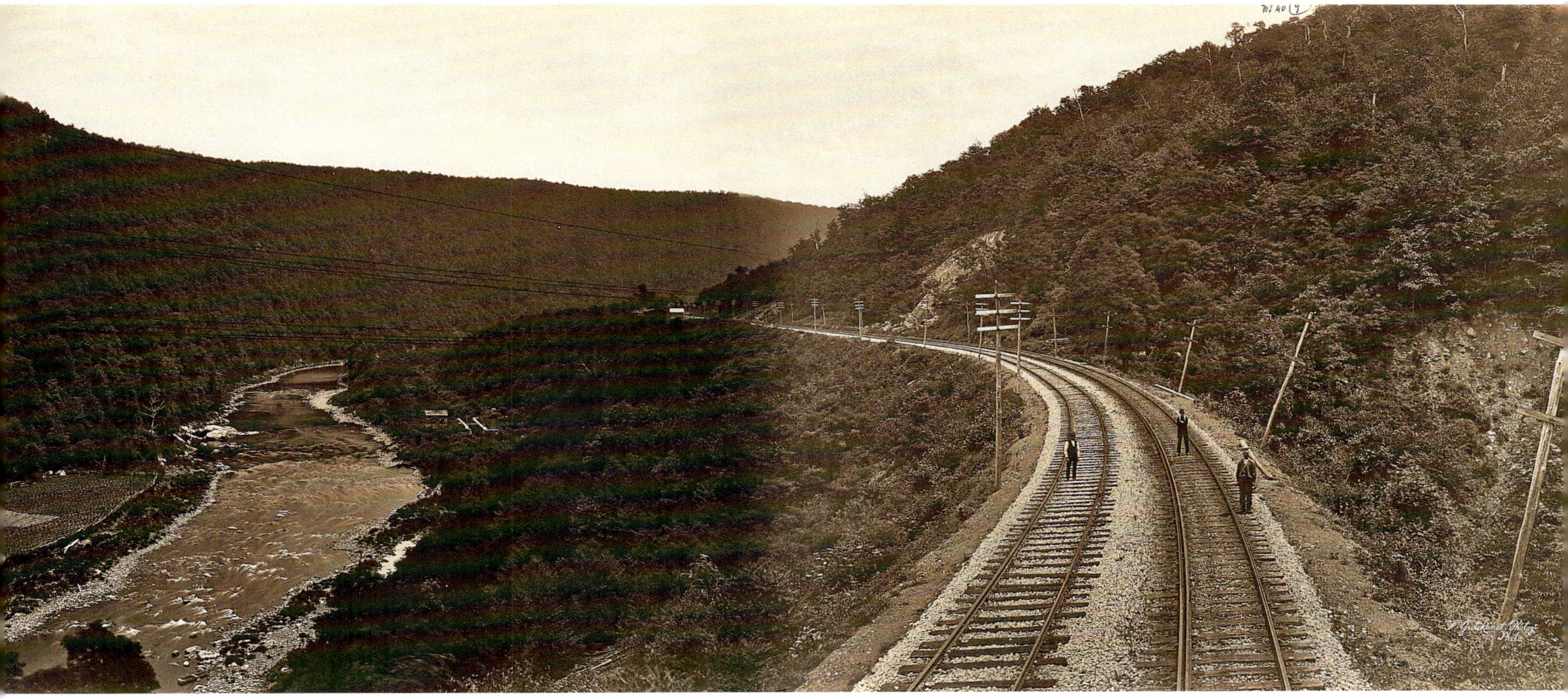

WILLIAM HENRY JACKSON

Royal Gorge, Grand Canyon des Arkansas Rivers · Um 1881 · Abzug auf Albuminpapier, 56,3 × 43,8 cm

Eisenbahngesellschaften und Fotografen, beide Kinder der Industrialisierung, pflegen von Anfang an eine enge Beziehung. Erstere lernen sehr schnell, die Macht der Bilder für Werbezwecke zu nutzen, und geben daher immer wieder Fotos in Auftrag. Nach seiner Teilnahme an den Forschungsmissionen im Westen wird der in Denver ansässige William Henry Jackson von der Eisenbahngesellschaft Denver and Rio Grande Railroad mit einer Fotoreportage beauftragt. Schon ihr Titel *The Scenic Line of America* hebt die landschaftliche Schönheit der Strecke hervor.

FREDERICK GUTEKUNST

In den Allegheny Mountains, Pennsylvania · Um 1875 · Abzug auf Albuminpapier, 40,5 × 94,5 cm

1875 engagiert die Pennsylvania Railroad Company den in Philadelphia niedergelassenen Frederick Gutekunst für eine Fotoserie über die zwischen Philadelphia und Pittsburg verlaufende Eisenbahnlinie. In den Allegheny Mountains folgt die Strecke an vielen Stellen den Läufen der Nebenflüsse des Susquehanna River. Auf diesem Foto erkennt man deutlich das Potenzial einer Eisenbahnlinie, ihren Reisenden an jedem Streckenabschnitt die Schönheit der umliegenden Landschaft nahezubringen und gleichzeitig weitere atemberaubende Anblicke zu verheißen.

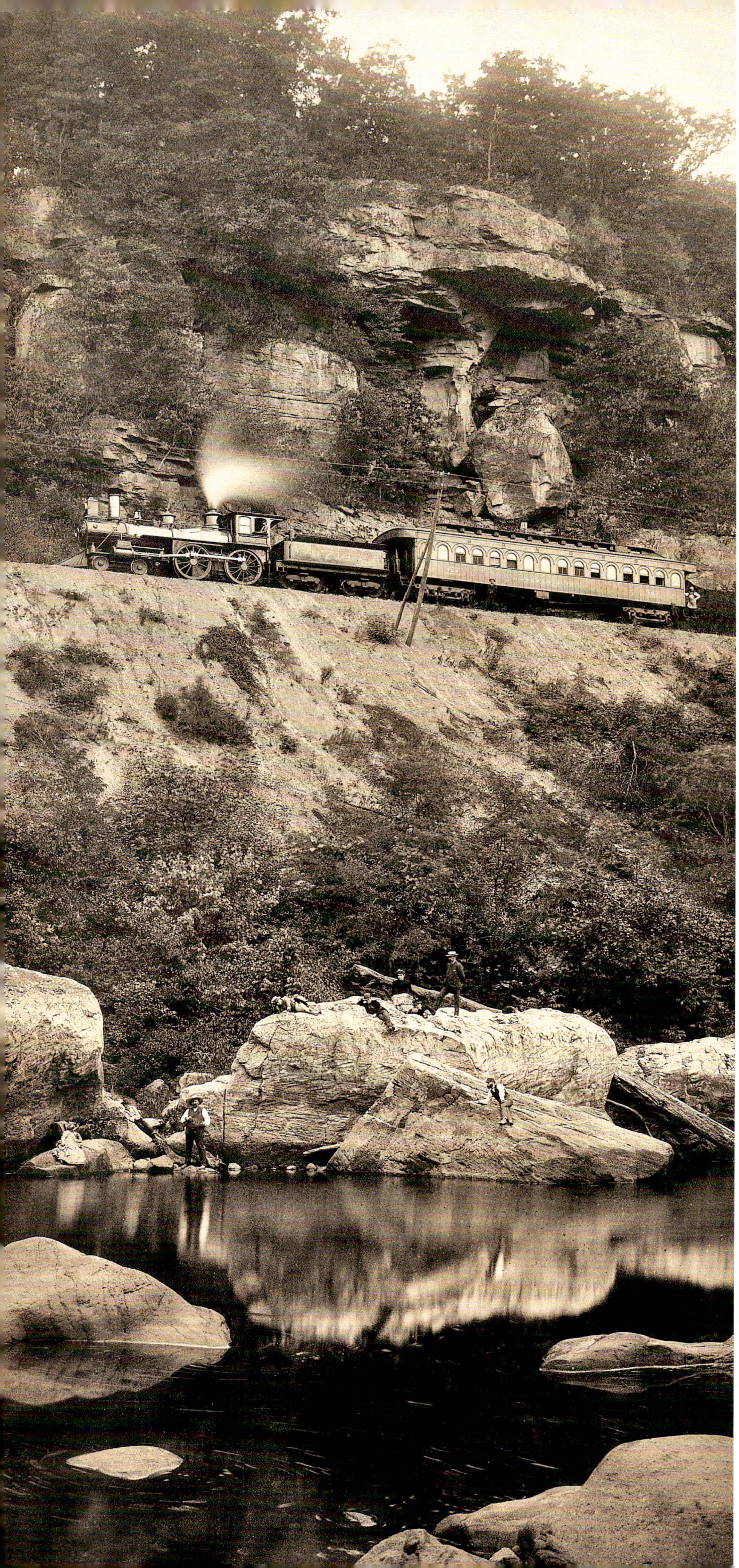

WILLIAM HENRY JACKSON

In der Picturesque B & O · Um 1885 ·
Abzug auf Albuminpapier, 54,1 × 23,9 cm

William Henry Jackson arbeitet mehrmals für die Eisenbahngesellschaft Baltimore & Ohio, die als eine der ersten die neue Form visueller Kunst für ihre Zwecke nutzt. 1885 beauftragt sie ihn im Rahmen einer Imagekampagne, Fotos von den durchquerten Landschaften zu machen. Noch im selben Jahr erhält die Société de Géographie über ihr Mitglied Joseph Gladding Pangborn, Werbeagent von Baltimore & Ohio, neun der dabei entstandenen großformatigen Aufnahmen.

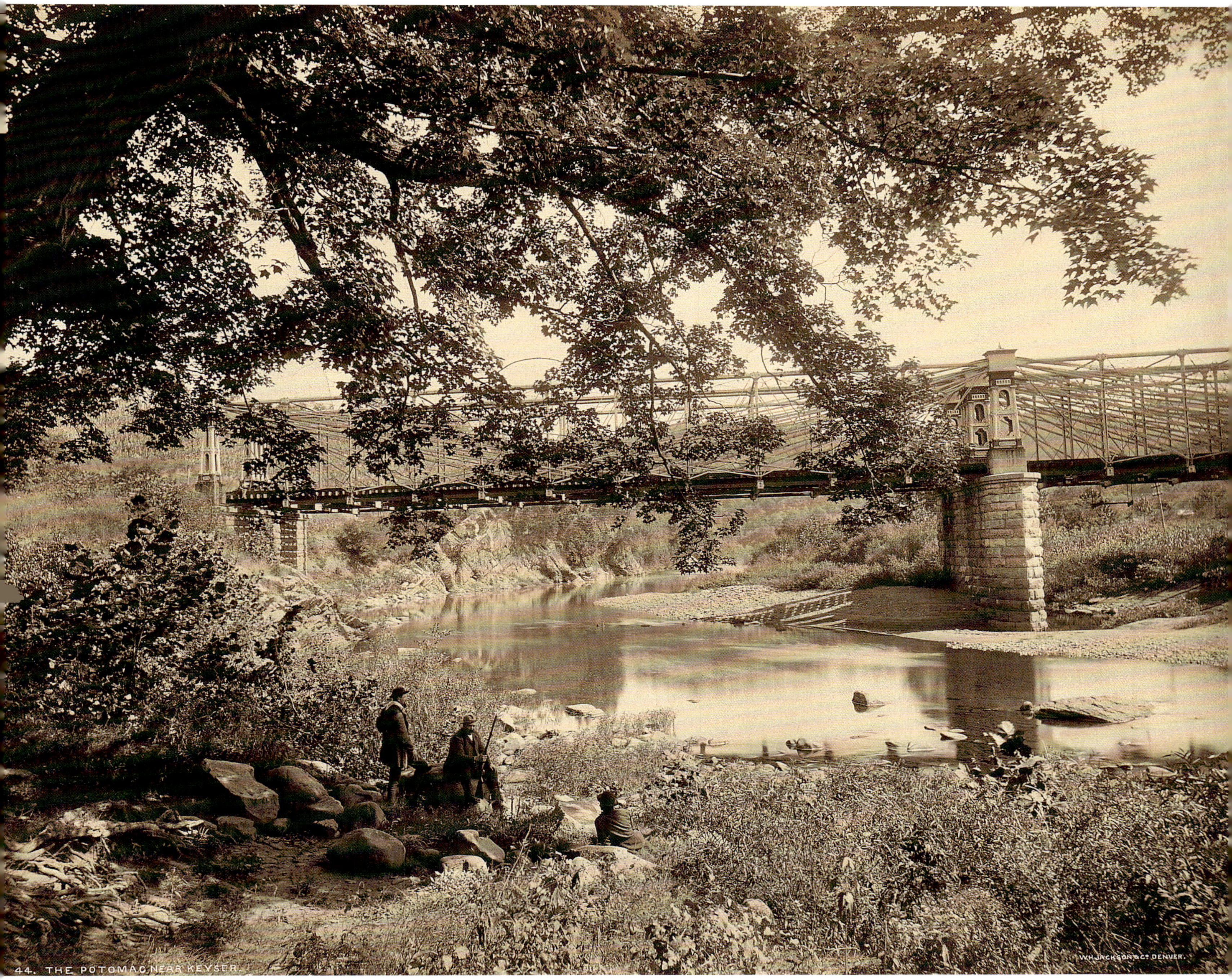

WILLIAM HENRY JACKSON

Der Potomac in der Nähe von Keyser · Um 1885 · Abzug auf Albuminpapier, 42,6 × 54 cm

Das Foto der Eisenbahnbrücke über den Potomac dokumentiert nicht nur das eindrucksvolle Zeugnis moderner Ingenieurskunst, sondern auch die landschaftliche Schönheit entlang der Eisenbahnstrecke. Zielgruppe für solche Bilder sind vor allem Stadtbewohner, die sich mit den Jägern im Baumschatten identifizieren und sich auf diese Weise in die sonnige Landschaft hineinprojizieren, wissend, dass dieses grüne Paradies nur wenige Zugstunden entfernt ist. Die Bildkomposition, ein Highlight der Fotoreportage *The Scenic Line of America,* birgt starke Reminiszenzen an die Werke großer Landschaftsmaler.

DIE HOCHBAHN VON

NEW YORK

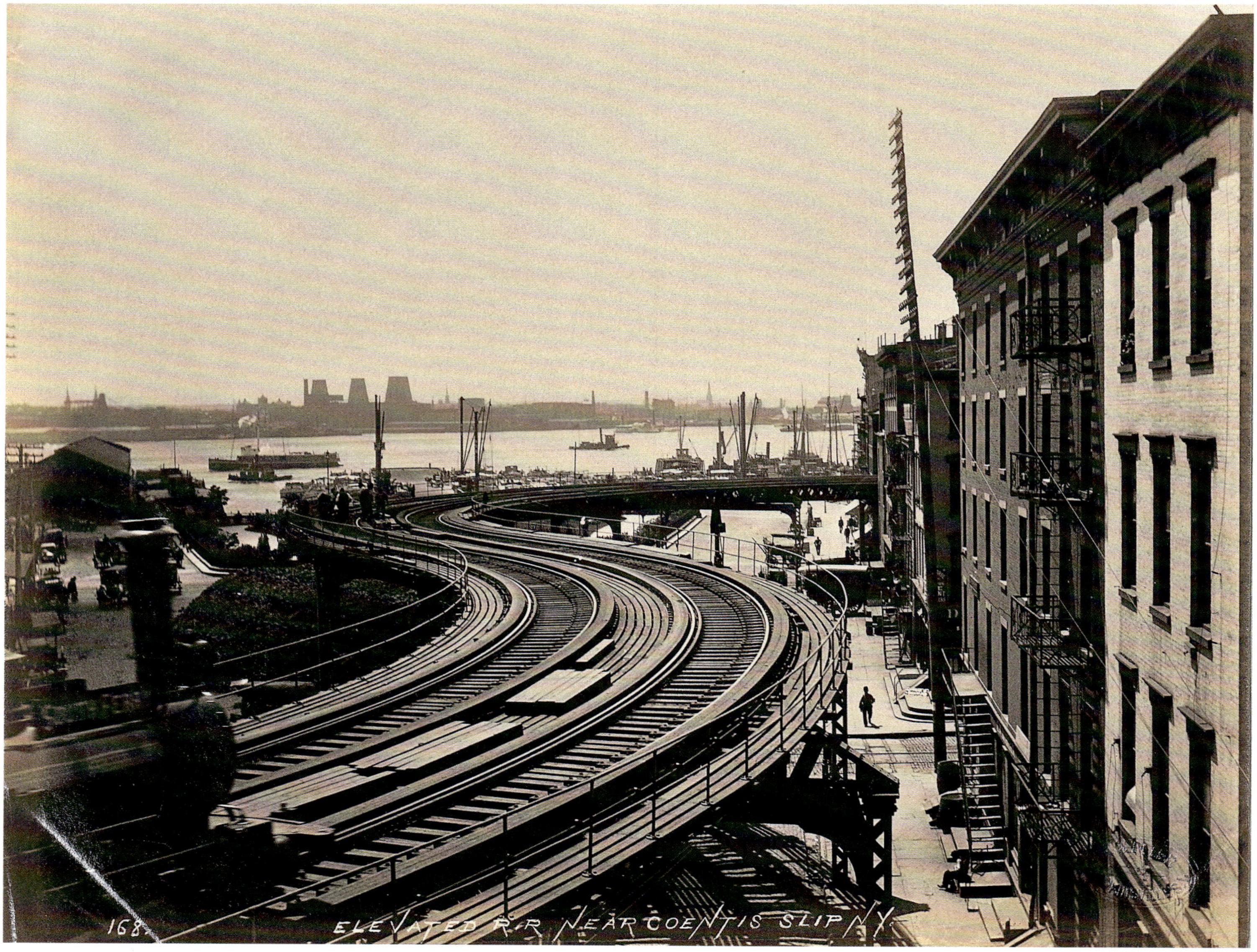

AUGUST LOEFFLER

Hochbahn in der Nähe von Coentis Slip, New York · 1890er-Jahre · Abzug auf Albuminpapier, 16,7 × 21 cm

August Loefflers Thema ist das moderne Gesicht New Yorks um die Jahrhundertwende: die Bucht, der Schiffsverkehr, die Brücken über den East River, die großen Bauwerke, die Parks und Gebäude von Manhattan und der Luna Park von Coney Island. Natürlich richtet der in Tompkinsville auf Staten Island ansässige Fotograf sein Augenmerk dabei unweigerlich auch auf die New Yorker Hochbahn (Elevated Rail Road), eines der am deutlichsten sichtbaren Symbole von Modernität und Fortschritt.

RECHTE SEITE
AUGUST LOEFFLER

Hochbahn, New York · 1890er-Jahre · Abzug auf Albuminpapier, 21 × 16,7 cm

Oberhalb der Hauptstraßen von Manhattan verlaufen die Eisenbahntrassen aufgeständert auf Viadukten. Die Züge verkehren im Abstand von wenigen Minuten, unter ihnen auf den Straßen in gemächlicherem Tempo die Pferde- und Straßenbahnen. Ein ideales Motiv für Loeffler, der hier, fasziniert von der Perspektive und der Geometrie der Metallkonstruktion, sein Lieblingsthema einmal mehr eindrucksvoll in Szene setzt.

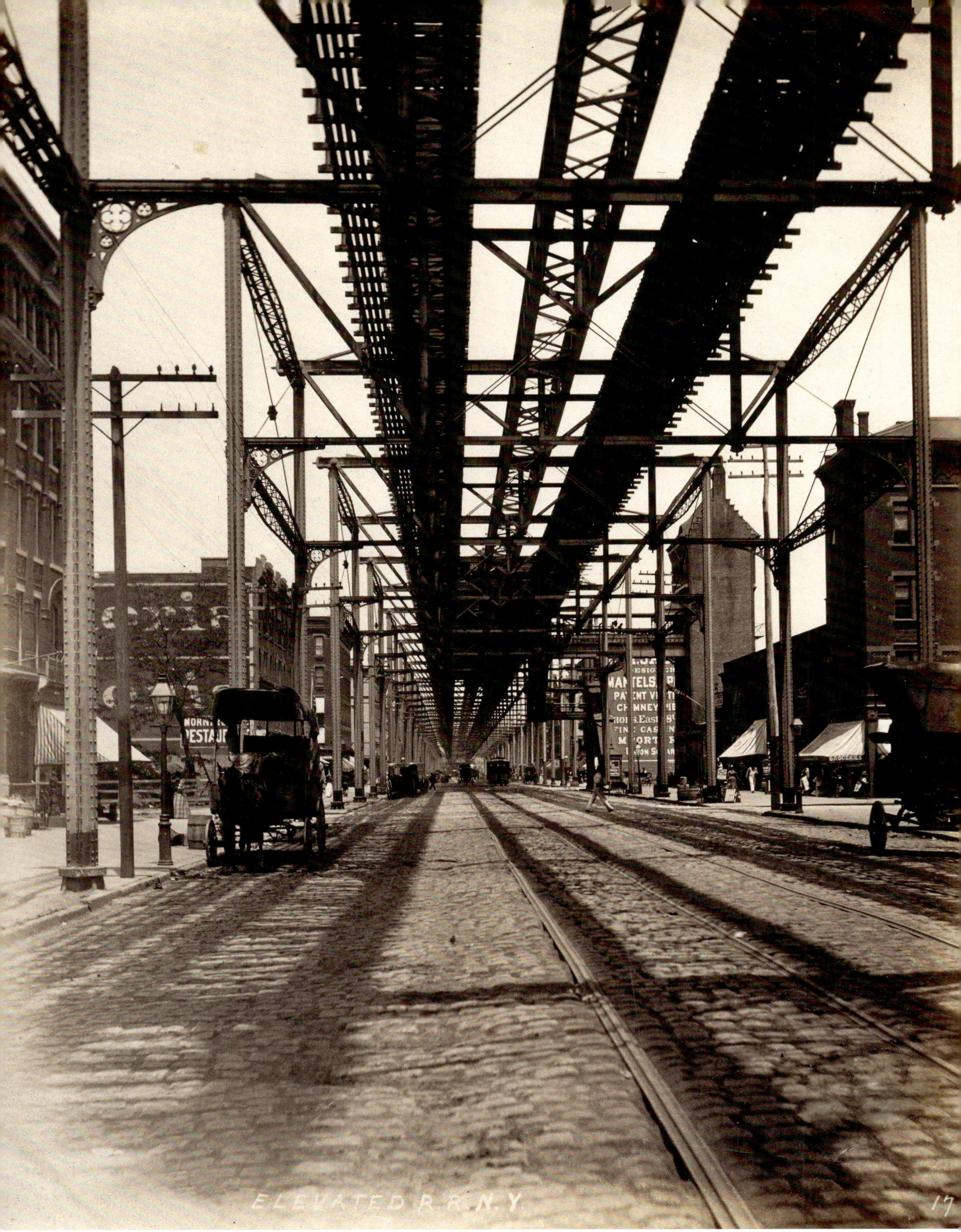
MANTELS
CHIMNEY
GROCERIES
ELEVATED R.R. N.Y.
17

UNBEKANNTER FOTOGRAF

Hochbahn Chatham Square, New York ·
1890-Jahre · Abzug auf Albuminpapier,
16,7 × 21,3 cm

Am Chatham Square kreuzen sich die Eisenbahnlinie nach South Ferry und die nach City Hall. Hier befindet sich eine der größten Weichenanlagen der Stadt. Überhaupt lassen die New Yorker Stadtbahnen niemanden unbeeindruckt. In *Nouvelle Géographie universelle* beschreibt Élisée Reclus, wie viele öffentliche Nahverkehrslinien sich kreuz und quer durch die Stadt ziehen, wie schnell man von einem Ort zum anderen gelangt und wie immens das Verkehrsaufkommen ist. Auch in Paris wird über den Nahverkehr nachgedacht. Jules Garnier, Ingenieur und Mitglied der Société de Géographie, spricht sich nachdrücklich für den Bau einer Hochbau nach New Yorker Vorbild aus.

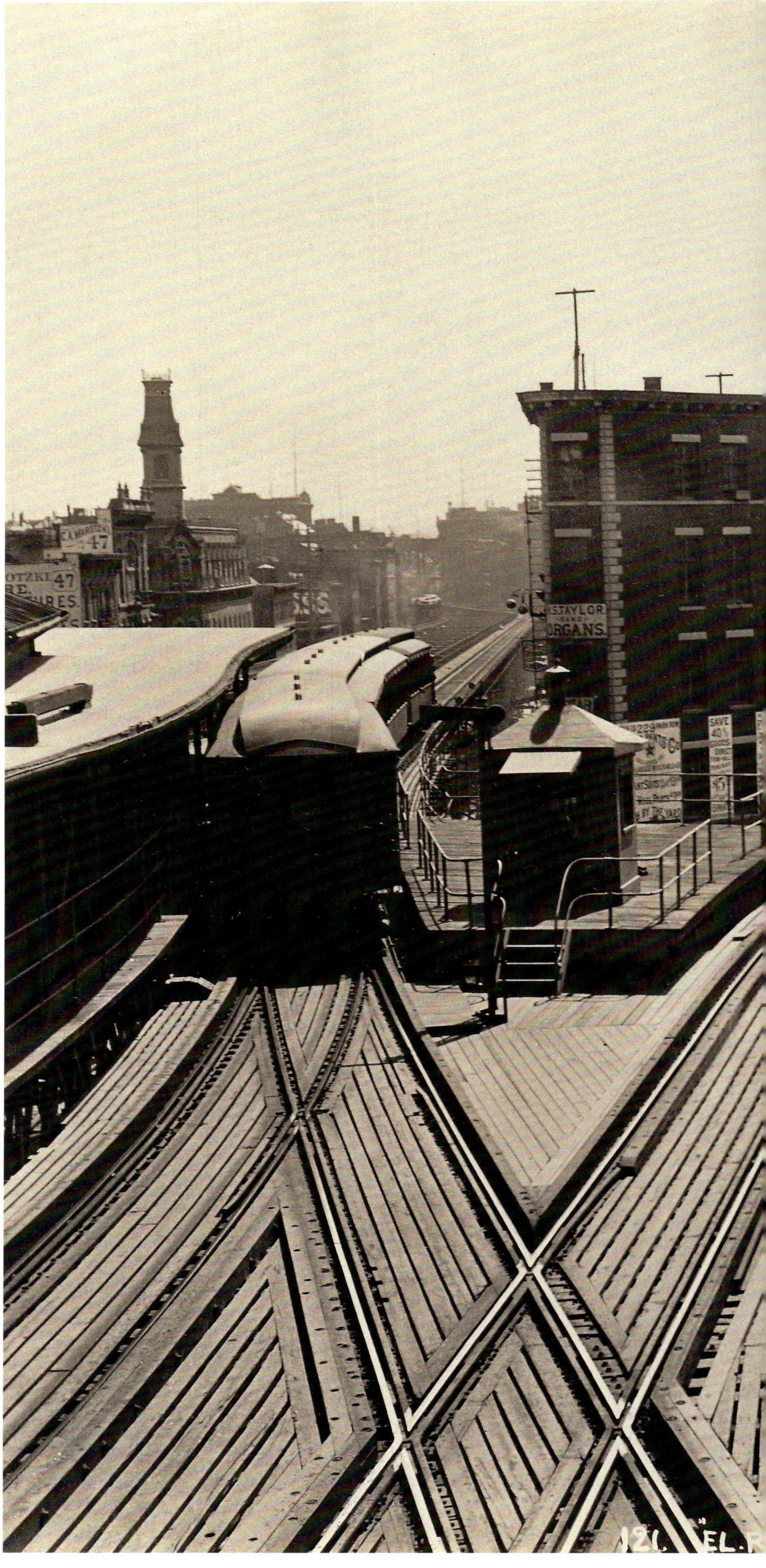

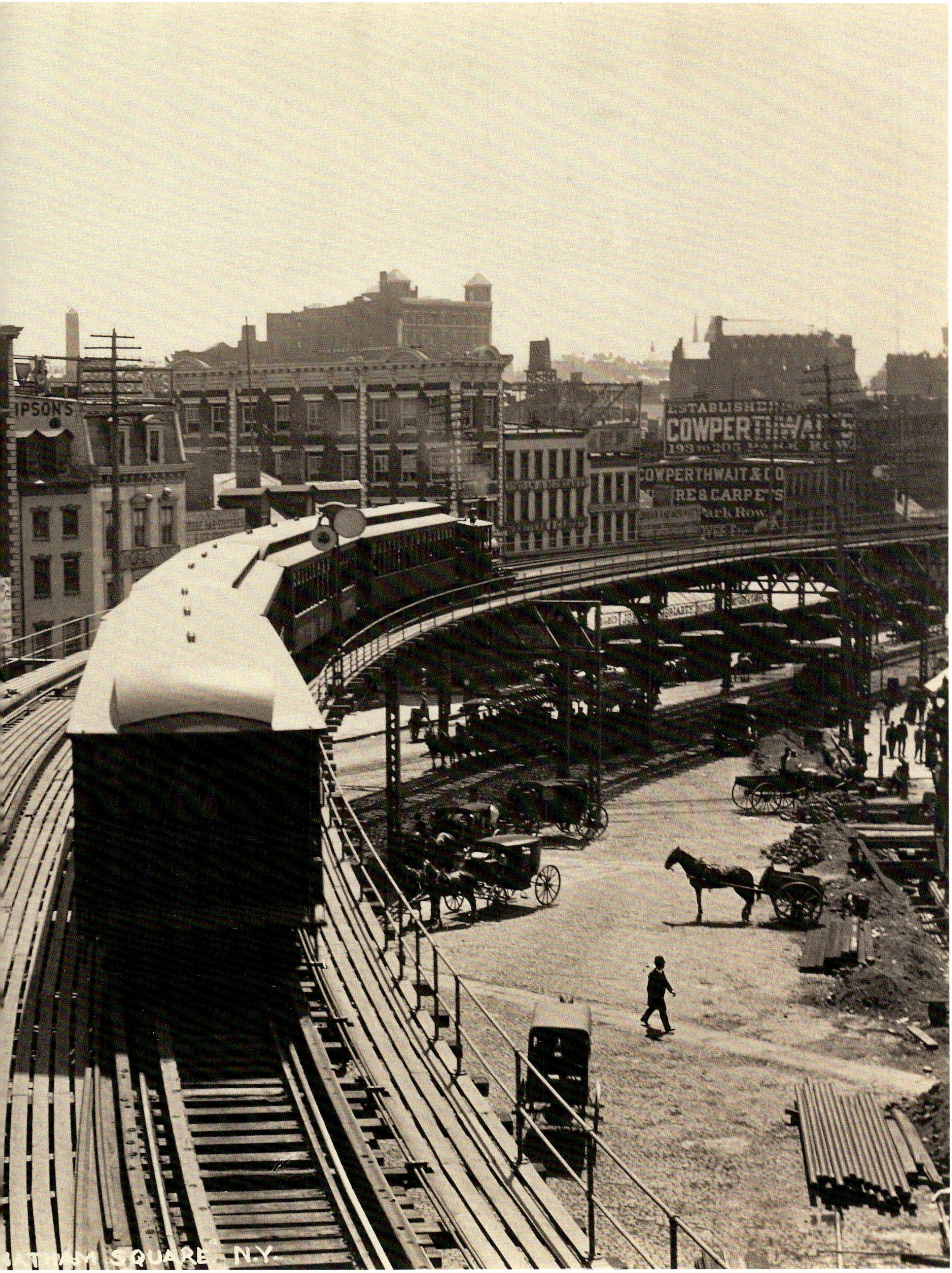
COWPERTHWAIT
COWPERTHWAIT & CO
Park Row
SQUARE. N.Y.

ANSICHTEN VON QUEBEC

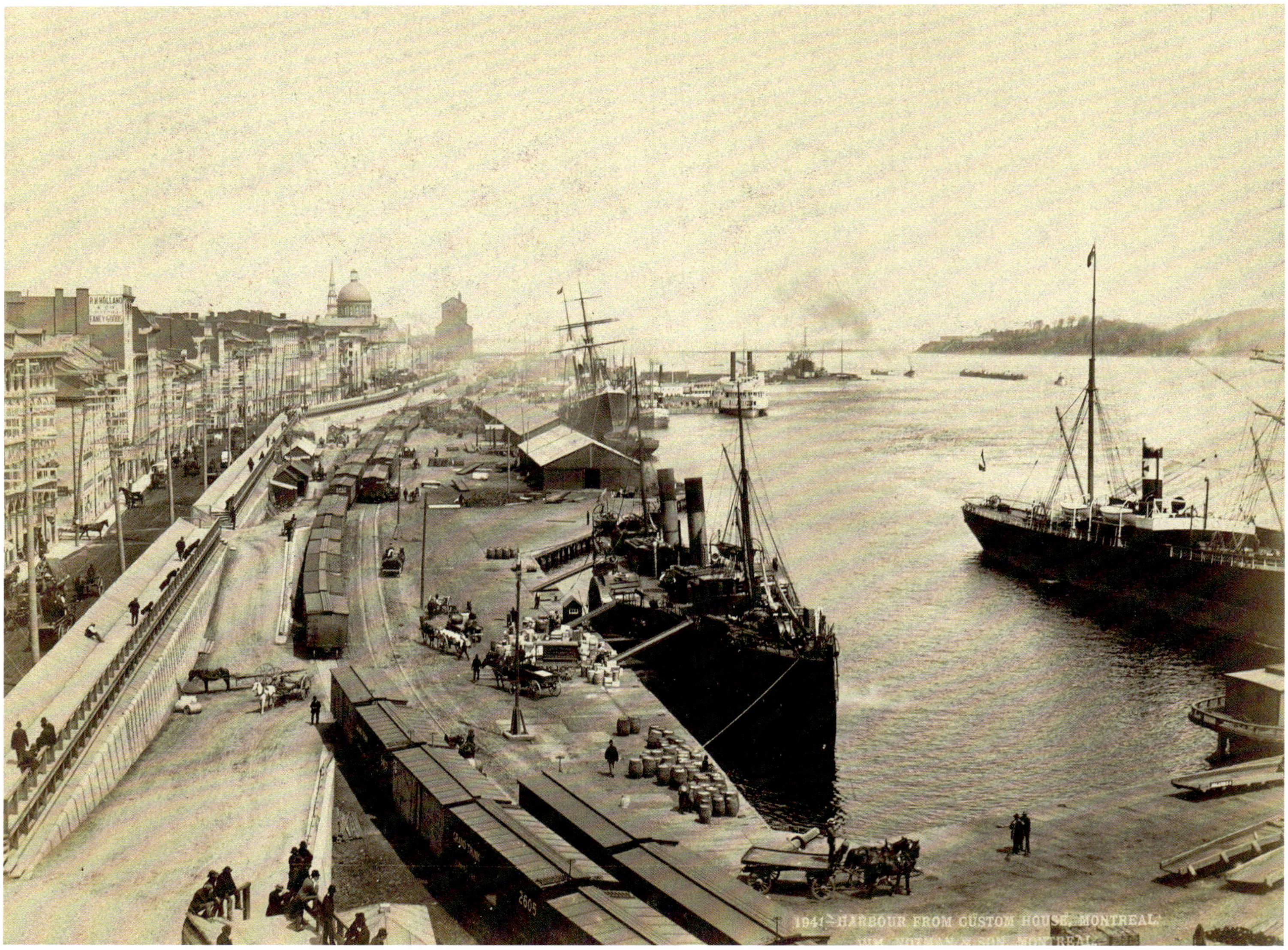

W. NOTMAN & SON

Hafen von Montreal, Blick vom Custom House · 1887/88 · Abzug auf Albuminpapier, 17,7 × 23,2 cm

1856 eröffnet William Notman in Montreal ein eigenes Fotoatelier, das sich im Laufe der Jahre zu einem der berühmtesten Kanadas entwickelt. Bis 1935 produziert W. Notman & Son mehrere Hundert Aufnahmen von Motiven aus Kanada und Nordamerika. Besonders beliebt ist der Hafen von Montreal, der die zentrale Rolle des Sankt-Lorenz-Stroms für die sozioökonomische Entwicklung Quebecs illustriert.

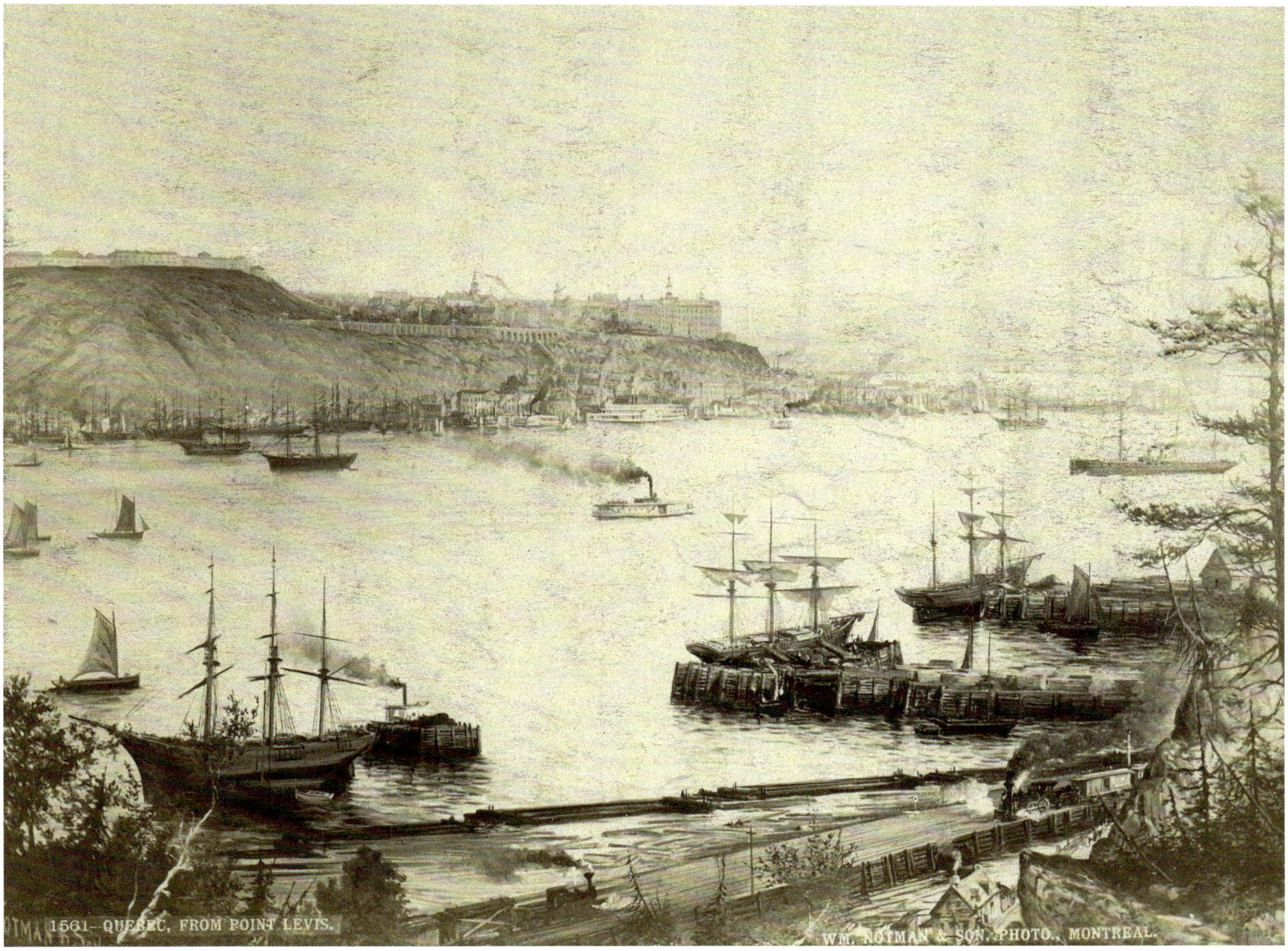

W. NOTMAN & SON /
JAMES L. WESTON

Quebec, gesehen von Point Levis ·
Zwischen 1880 und 1890 (Gemälde aus der Zeit zwischen 1870 und 1882) · Abzug auf Albuminpapier, 18,4 × 23,2 cm

In den ersten Jahren arbeitet William Notman eng mit Malern aus Montreal zusammen. Beide Seiten befruchten sich gegenseitig. Notman fotografiert die Gemälde der Künstler, während diese sich ihrerseits von seinen Fotos inspirieren lassen. Ab 1870 kommt es zu einer besonders engen Kooperation mit James L. Weston, der seine Bilder in Notmans Fotostudio malt. Aus dieser Zeit stammt auch die berühmte Hafenansicht mit den Großseglern.

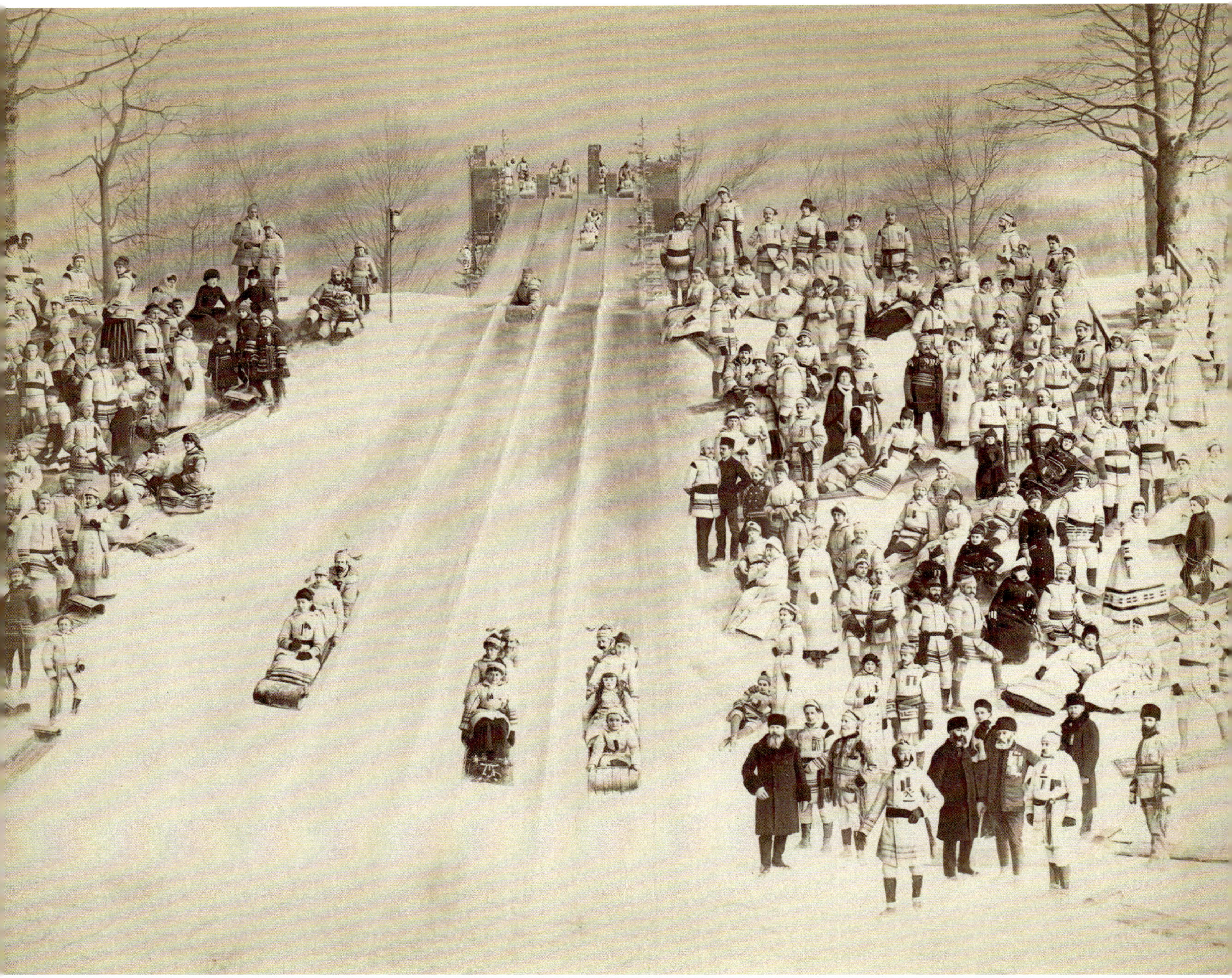

W. NOTMAN & SON

Rodelbahn im Mont Royal Park, Montreal, Quebec · 1885 · Abzug auf Albuminpapier, 18,1 × 24,1 cm

In Notmans Atelier werden bisweilen auch Fotomontagen in Auftrag gegeben. Ihre Herstellung ist extrem aufwendig, zumal im Vorfeld sichergestellt werden muss, dass die Fotografen der einzelnen Personengruppen den richtigen Abstand zum Motiv haben und die richtige Negativgröße verwenden. Der gesamte Prozess wird von William Notman genau überwacht. Diese Fotomontage zeigt die Mitglieder des Club de la Tuque Bleue auf dem Mont Royal beim Rodeln, dem Lieblingssport der Montrealer Elite.

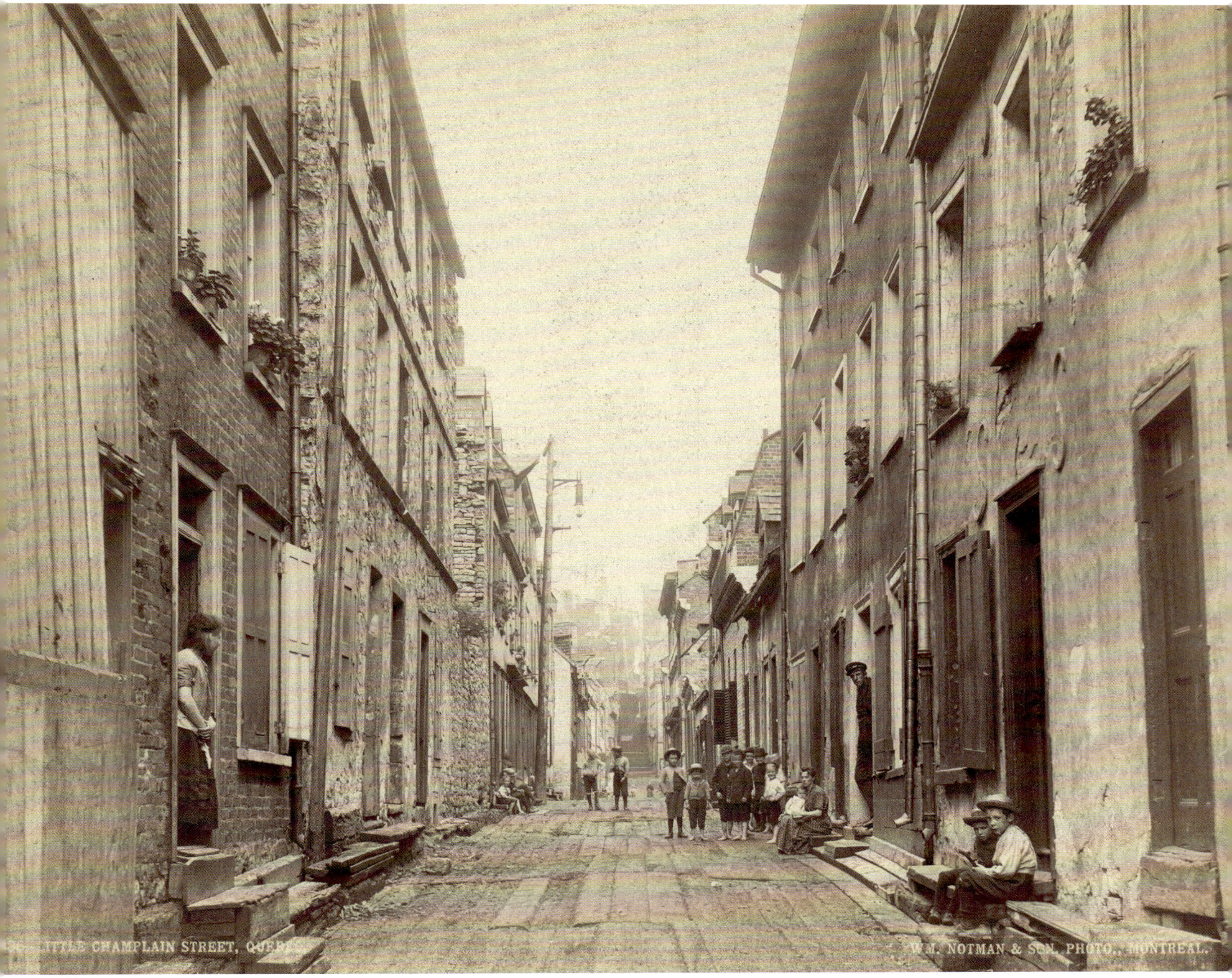

W. NOTMAN & SON

Rue du Petit Champlain, Quebec · Um 1890 · Abzug auf Albuminpapier, 18,4 × 23,1 cm

Bilder von sozial schwachen Vierteln in Montreal und Quebec sind bei W. Notman & Son eher die Ausnahme, vermutlich, weil es für Aufnahmen dieser Art keine Nachfrage gibt. Die Rue du Petit Champlain in Quebec ist jedoch etwas Besonderes, denn sie liegt am Fuß der berühmten Escalier Casse-cou, einer zu den schicken Vierteln hinaufführenden Treppe. Die Nähe des Armenviertels mit den holzgepflasterten Straßen und den barfüßigen Kindern zur wohlhabenden Oberstadt macht den Ort zu einem beliebten Motiv für Liebhaber des Pittoresken. Auch auf diesem Foto wird Armut als Objekt touristischer Neugier malerisch in Szene gesetzt.

EINE SAISON IN
NEUFUNDLAND

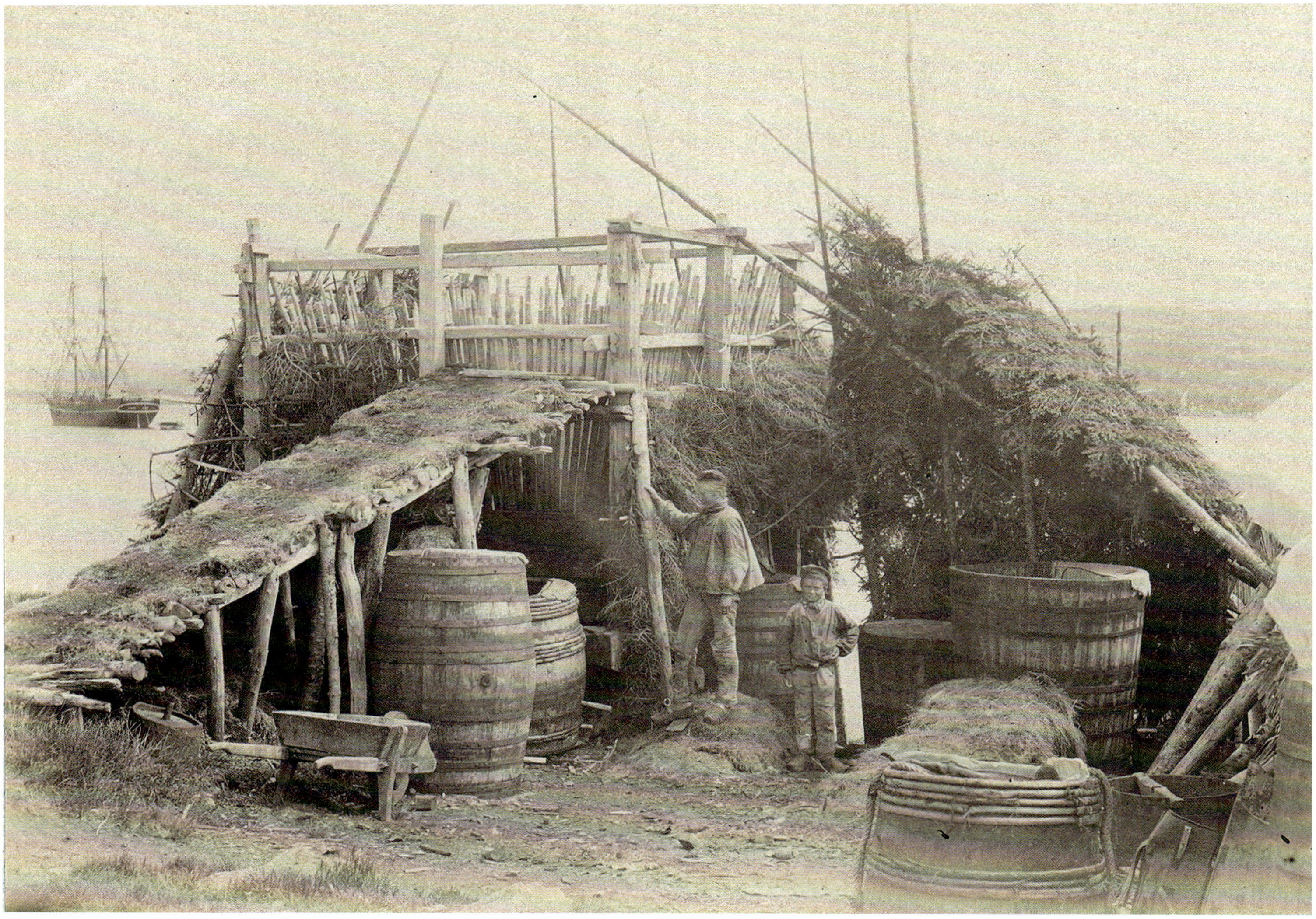

JULIEN THOULET

Neufundland, Nordküste, Cageot auf der Île Jacques Cartier · 1886 · Abzug auf Albuminpapier, 11,8 × 16,5 cm

Der Mineraloge und Ozeanograf Julien Thoulet fährt im April 1886 im Auftrag des Marineministeriums an Bord der Clorinde nach Neufundland. Sechs Monate lang sammelt er Daten, auf deren Grundlage er bathymetrische und geologische Karten zeichnet. Gleichzeitig erhält er Einblick in den Alltag der Kabeljaufischer und in die Herstellung von Lebertran in großen Holzfässern, sogenannten Cageots.

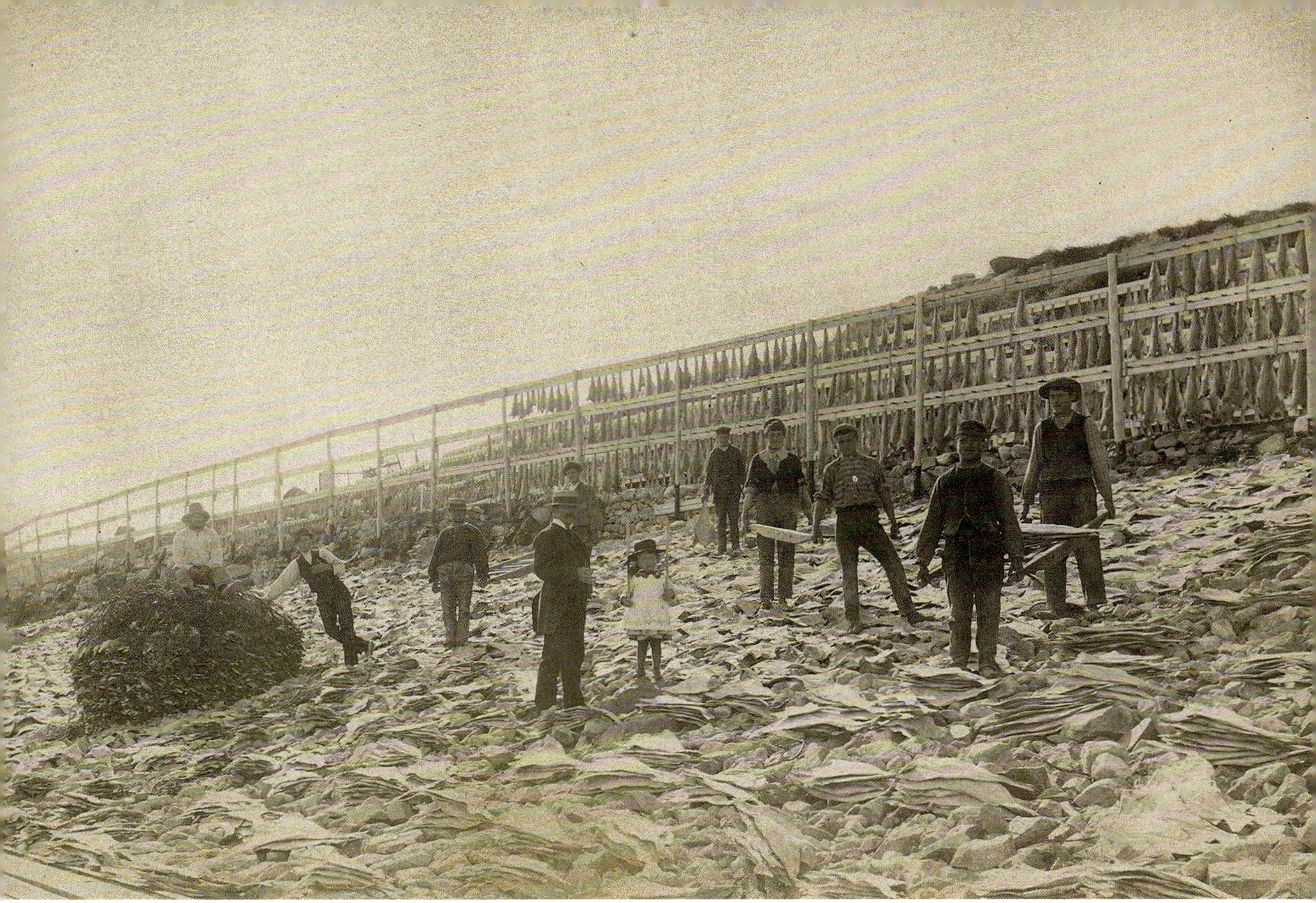

JULIEN THOULET

Saint-Pierre, Kabeljau zum Trocknen auf Steinen und an Gestellen · 1886 · Abzug auf Albuminpapier, 12 × 16,7 cm

Thoulet beschreibt die verschiedenen Techniken des Kabeljaufangs und die aufwendige Arbeit danach. Zunächst werden Eingeweide, Rogen und Rückengräten entfernt. Danach wird der Fisch gepökelt. Überall stinkt es nach Tran und Eingeweiden. Die frisch gefangenen Fische werden zum Trocknen auf Steine gelegt oder an Gestelle gehängt. Nicht ohne Grund wird Saint-Pierre in einem berühmten französischen Seemannslied als »Land der Hölle« bezeichnet.

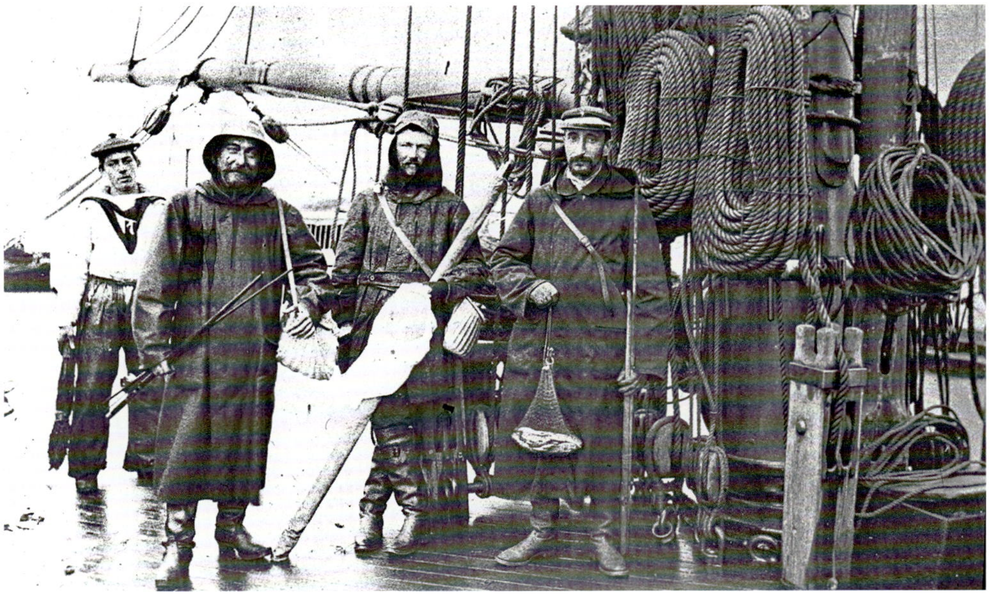

JULIEN THOULET
(DUPLIKATNEGATIV MOLTENI)

Neufundland, Westküste, Heimkehr der Fischer in Port Saunders · 1886 · Diapositiv auf Glas, 8,5 × 10 cm

Nach seiner Rückkehr berichtet Thoulet am 18. Februar 1887 im Rahmen einer Diavorführung im Vortragssaal der Société de Géographie über seine wissenschaftlichen Erkenntnisse und seine Begegnungen in Neufundland. Er spricht über die harten Lebensbedingungen der Kabeljaufischer und über die Nordostküste Neufundlands, die Heimat der Hummer. Täglich ziehen die Fischer von Port Saunders über 5000 Hummer aus dem Meer, die nach der Konservierung in die ganze Welt exportiert werden.

AUF ZUM POLARKREIS

DER HOHE NORDEN

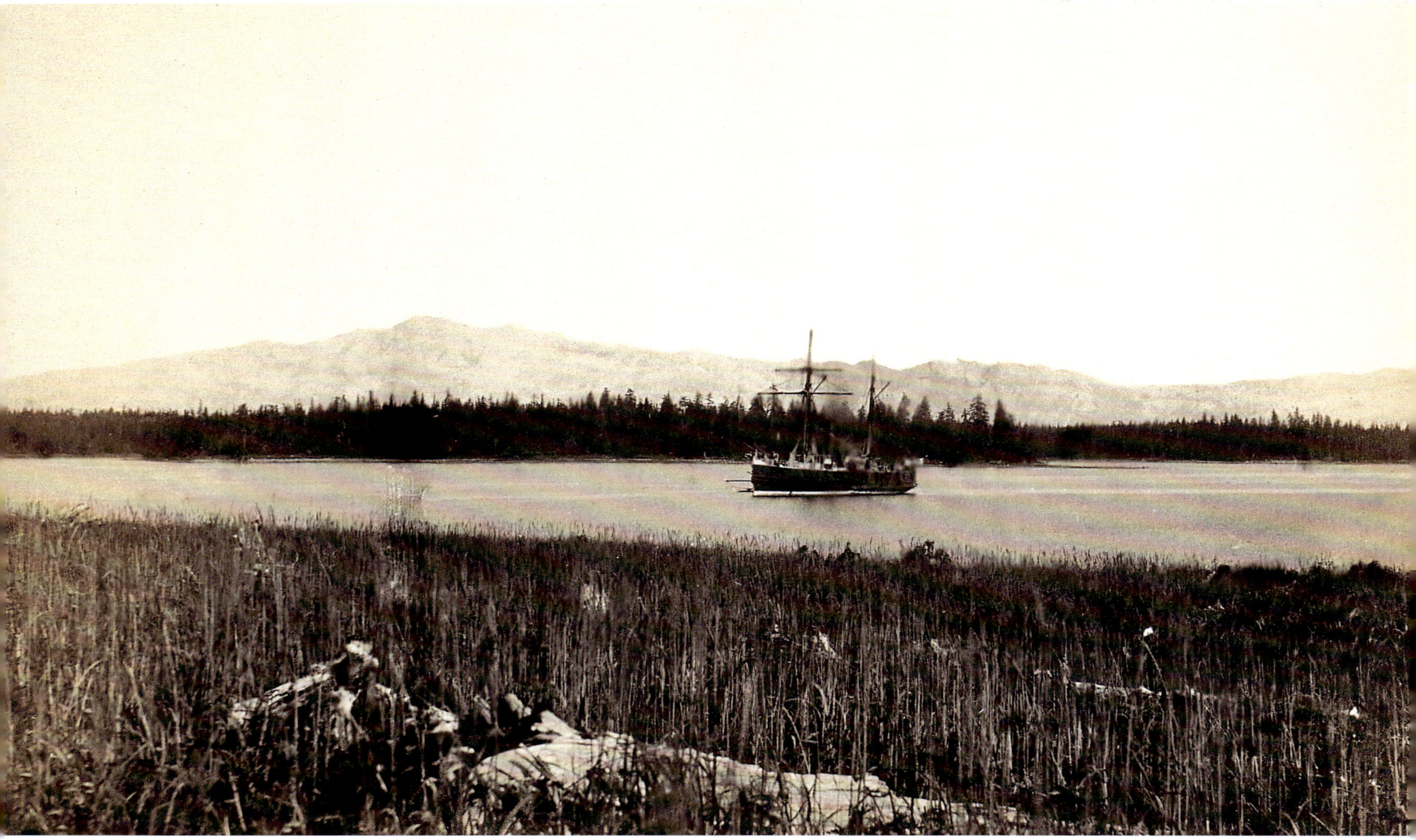

WILLIAM LIBBEY

USS Pinta in Yakutat Bay · 1886 ·
Abzug auf Albuminpapier, 12,8 × 22,8 cm

William Libbey ist Professor für Geophysik am New Jersey College in Princeton. Seine Forschungsreisen führen ihn nach Alaska, Kuba, Hawaii und Grönland. 1886 begleitet er Frederick Schwatka auf einer seiner letzten Polarreisen nach Alaska. Finanziert wird die Expedition von der *New York Times.* Die dabei gemachten Fotos schickt Libbey an die Société de Géographie, der er seit 1880 angehört.

WILLIAM LIBBEY

Yakutat-Familie, Alaska · 1886 · Abzug auf Albuminpapier, 10,4 × 14,4 cm

Ein Ziel der Expedition ist die Besteigung des Mount St. Elias, des zweithöchsten Berges Nordamerikas. William Libbey nutzt die Gelegenheit für eine detaillierte Beschreibung der umliegenden Gletscher. Auch wenn ethnografische Studien eigentlich nicht im Fokus seines Interesses stehen, nimmt er Kontakt zu den Eyak und Tlingit auf und macht eine der ersten Fotoreportagen über die indianischen Ureinwohner am Golf von Alaska.

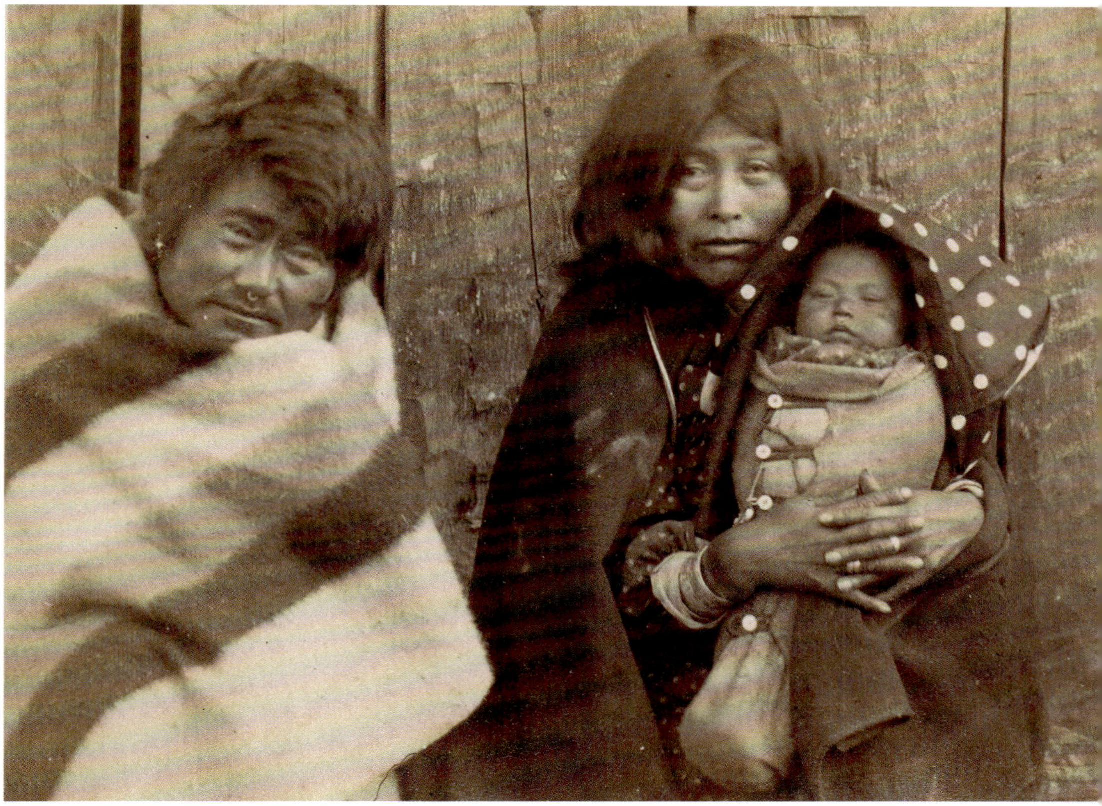

WILLIAM LIBBEY

Yakutat-Häuptling, Alaska · 1886 · Abzüge auf Albuminpapier, jeweils 10,7 × 8,1 cm

Die in Dorfgemeinschaften organisierten Tlingit leben von der Flussfischerei, machen aber auch Jagd auf Meeressäuger. Die Kontakte zu den Ureinwohnern sind herzlich, unterliegen aber streng hierarchischen Regeln, das heißt, sie laufen zunächst über den Häuptling der jeweiligen Gemeinschaft. Der Tausch der Kopfbedeckungen ist vermutlich Teil des ›potlatch‹, des traditionellen Festes der Geschenke.

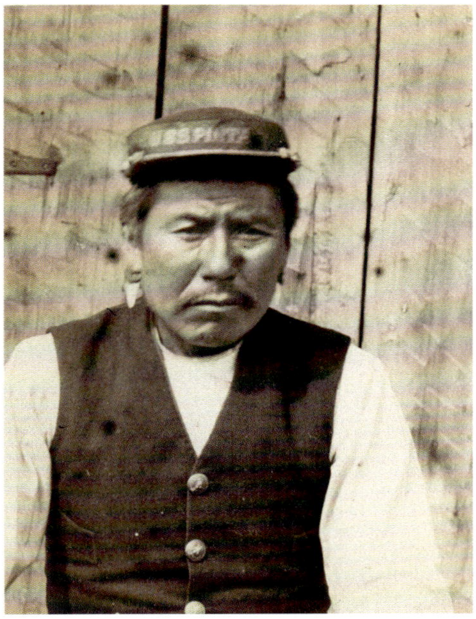

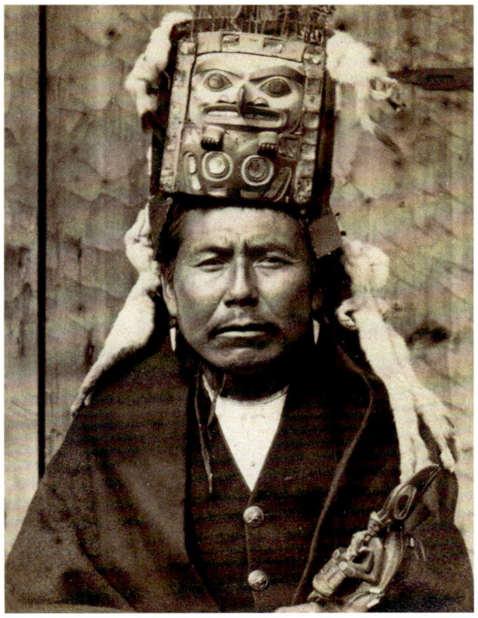

NACHFOLGENDE DOPPELSEITE

WILLIAM LIBBEY

Tugto-Gletscher, Grönland · 1894/95 · Silbergelatine-Druck, 11,1 × 16,3 cm

1894 reist William Libbey noch einmal in den hohen Norden. In Grönland schließt er sich Robert Peary an, der eine weitere Nordpol-Expedition plant und gerade bei den Reisevorbereitungen ist. Libbey begleitet ihn als Steuermann und Expeditionsgeograf. An Bord der Falcon geht es Richtung Nordpol. Am Inglefield-Fjord (auf der grönländischen Seite der Nares-Straße) widmet sich Libbey dem Studium der Gletscher und der Geschwindigkeit ihrer Bewegung.

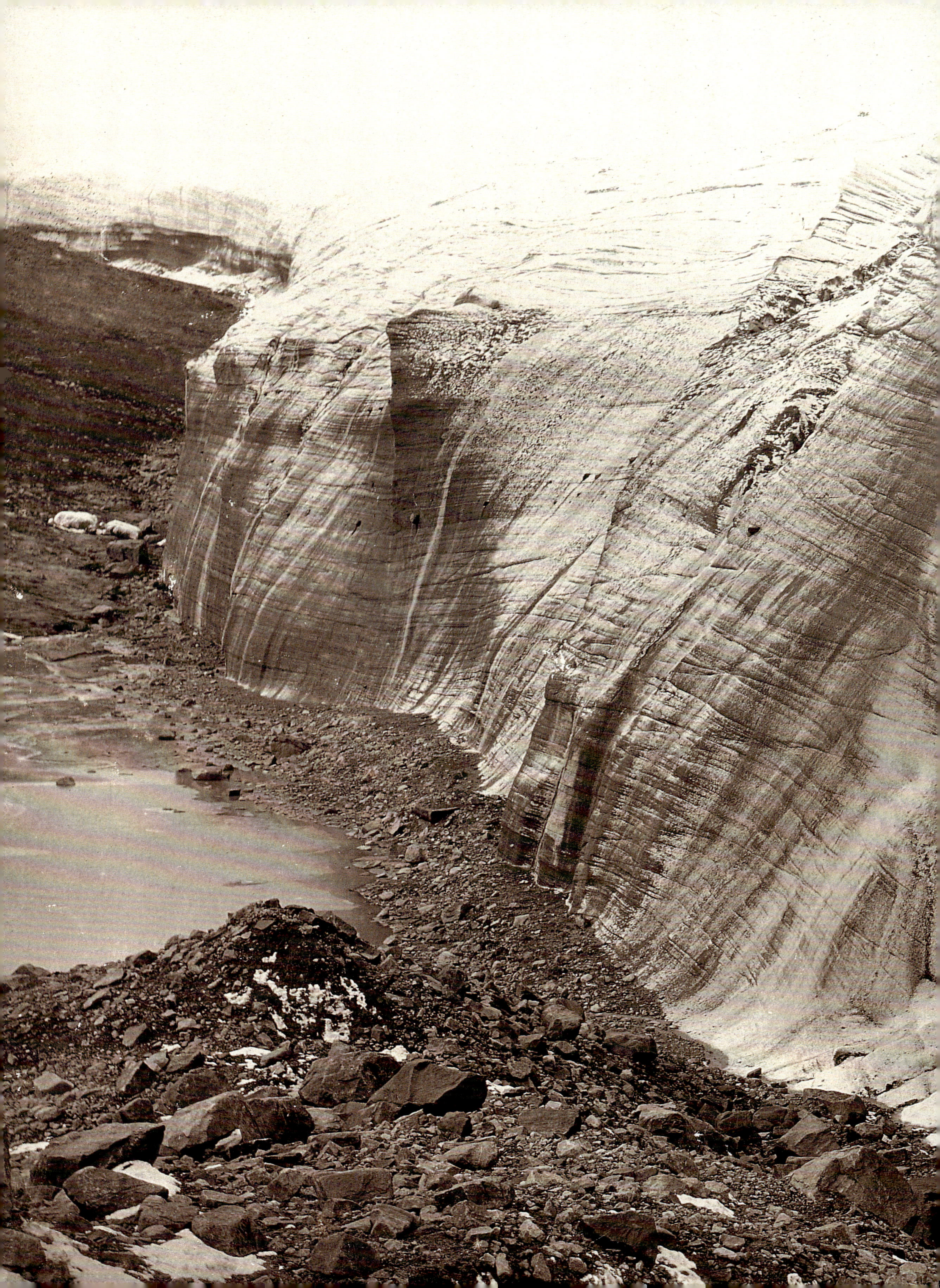

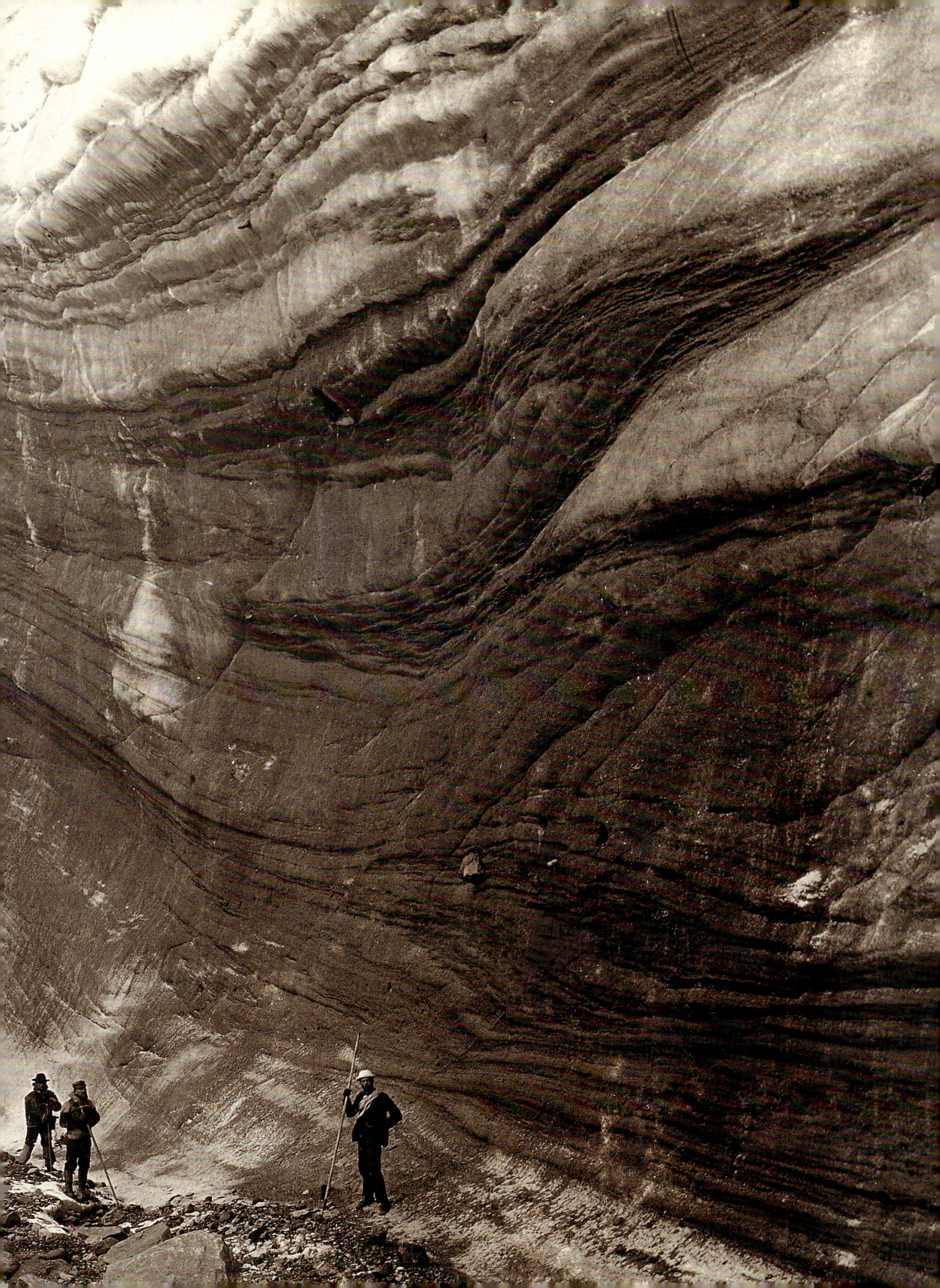

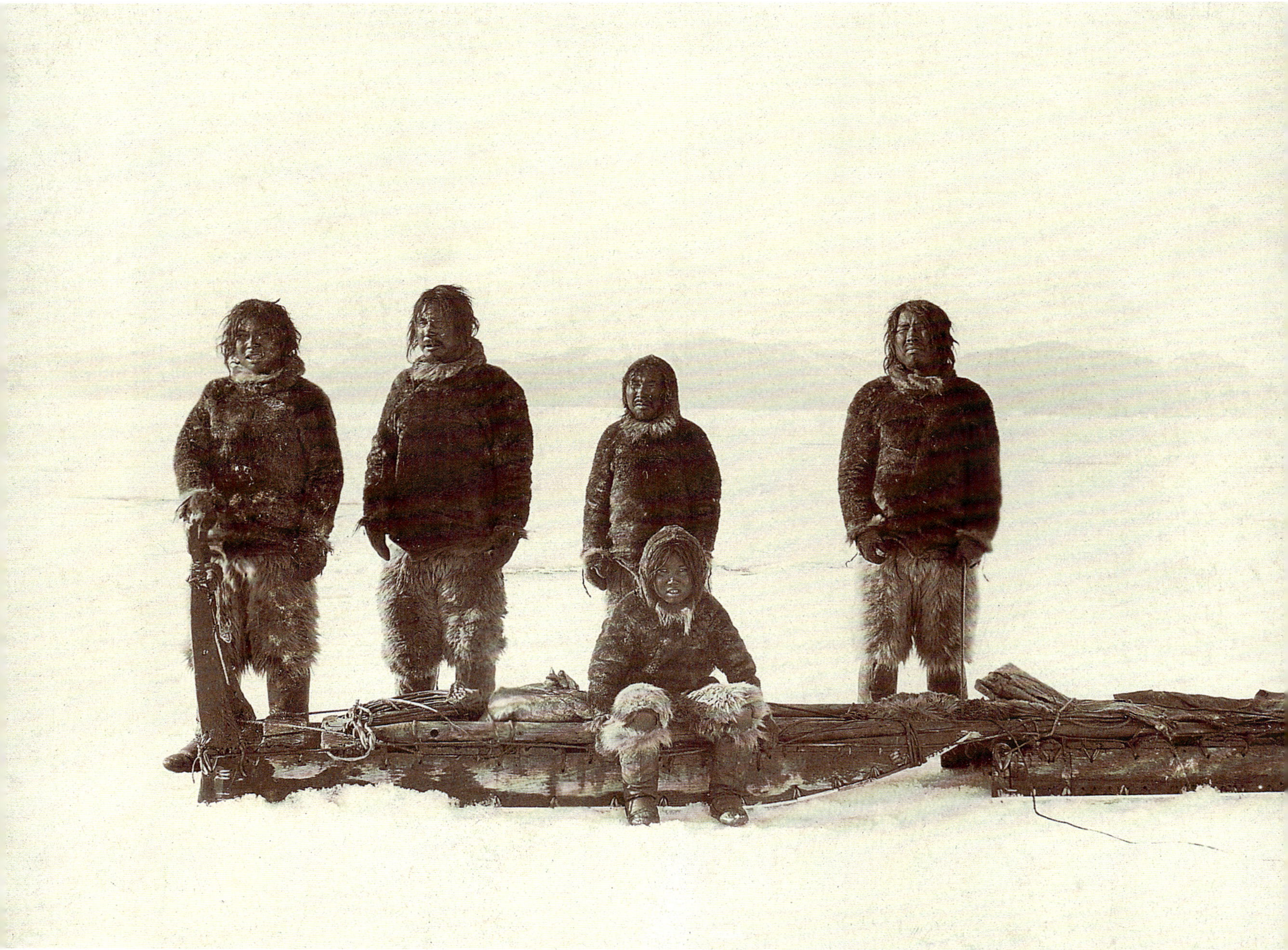

WILLIAM LIBBEY

Ureinwohner mit Schlitten, Inglefield-Fjord, Grönland · 1894/95 · Silbergelatine-Druck, 11,3 × 15,8 cm

Das Winter-Basislager wird am Inglefield-Fjord aufgeschlagen. Nach mehrmonatiger Polarnacht startet Peary am 6. März 1894 zur Durchquerung des Inlandeises. Starke Stürme und extreme Temperaturen zwingen ihn jedoch zur Umkehr. Dafür gelingt es dank mehrerer Schlittenexpeditionen entlang der Nordwestküste, Hunderte Kilometer Küstenlinie zu kartografieren.

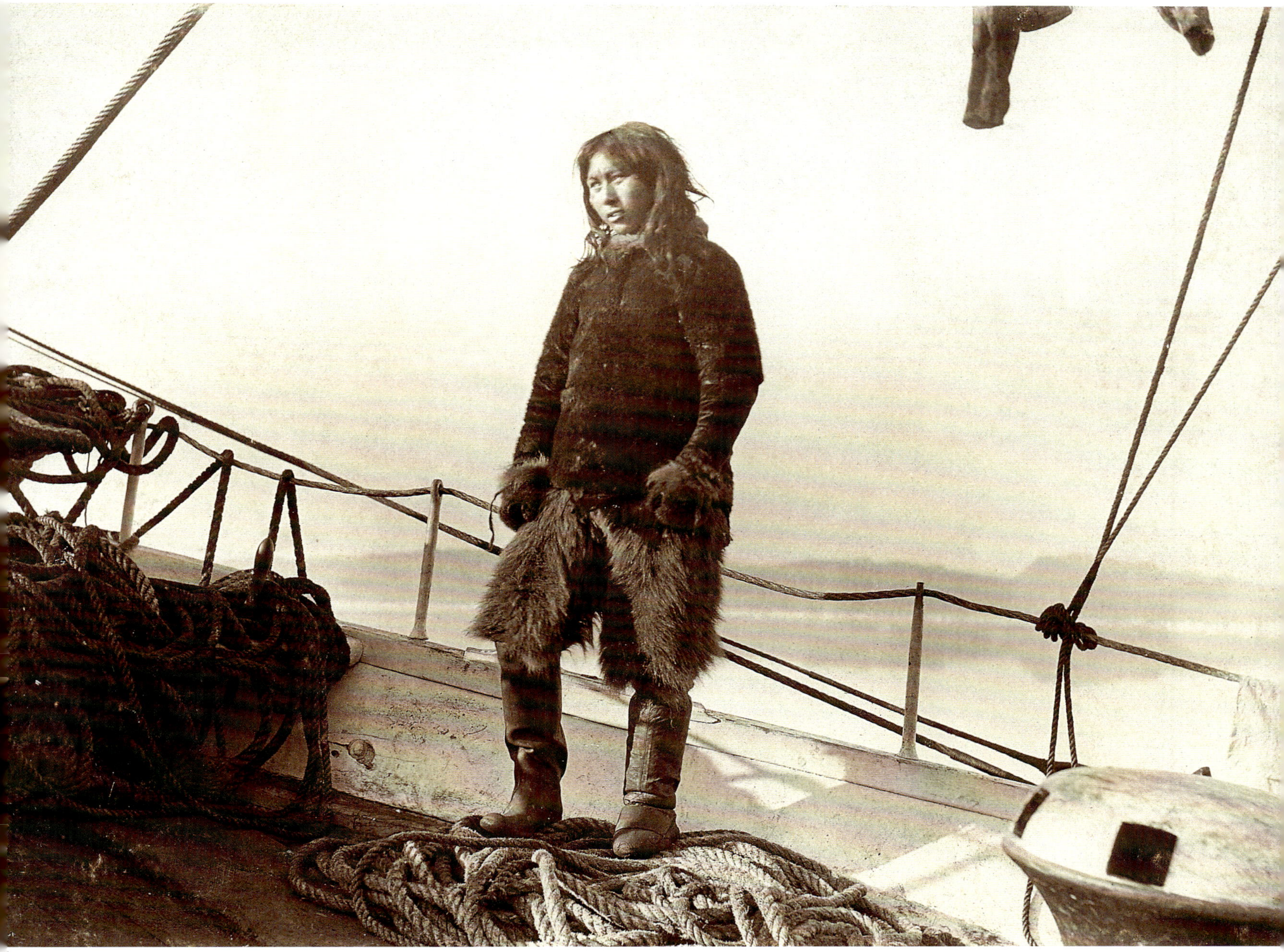

WILLIAM LIBBEY

Ureinwohner, Inglefield-Fjord, Grönland · 1894/95 · Silbergelatine-Druck, 11,4 × 16,2 cm

Bei der Peary-Expedition 1894 übernimmt William Libbey auch die Aufgabe des Expeditionsfotografen. Bereitwillig posieren die Inuit, die großen Anteil am Erfolg der Mission haben, für die Kamera. So entstehen insgesamt über 100 Aufnahmen, die Libbey der Société de Géographie zur Verfügung stellt.

EUROPA

Europa ist geografisch sehr viel besser erschlossen als der Rest der Welt. Folglich geht es den Fotografen hier weniger um die Entdeckung neuer Welten als um Kontemplation des Bekannten und darum, ein anderes Europabild zu zeichnen als Reisende, Historiker, Schriftsteller und Maler. Europa mag zwar bekannt sein, dafür bietet es aber eine immense Vielfalt an Regionen und Völkern mit eigenen Sitten und Ritualen, die denen außereuropäischer Völker an Exotik in nichts nachstehen. Kein Gebiet, kein Volk gleicht dem anderen in diesem westlichsten Teil Eurasiens, dessen facettenreiches Gesicht schon lange vor dem 19. Jahrhundert von Millionen von Menschen geprägt wurde.

Europa erlebt mehrere Entwicklungsschübe auf einmal. Erstens die Industrialisierung, deren zarte Anfänge im 18. Jahrhundert nun in weiter Ferne zu liegen scheinen, betrachtet man die rasante Entwicklung seit dem Bau der ersten Eisenbahnverbindungen zwischen den Kohlebergwerken und den großen Städten. Zweitens die demografische Entwicklung: Ein exponentieller Anstieg der Geburtenrate sorgt für eine nie gekannte Bevölkerungsdichte. Drittens die zunehmende Verstädterung und die damit einhergehende Verlagerung von Werkstätten und Fabriken an den Stadtrand sowie die Entstehung von Armenvierteln. In der sich ausbreitenden Armut sehen Philosophen und Physiokraten eine große Gefahr für die wohlhabenden Schichten in den immer prächtiger werdenden Städten. Mehrfach kommt es zu Proletarieraufständen gegen die Monarchie, die aus diesen Konflikten vielerorts geschwächt hervorgeht. In Frankreich und Russland regiert der Terror. Die Armut zwingt Millionen von Europäern, vor allem die von Kartoffelfäule und Hungersnot bedrohten Iren, Schweden und Deutschen, aber auch Italiener aus dem Mezzogiorno, in die neuen, ein besseres Leben versprechenden Kolonien in Nordamerika auszuwandern, nach Chile, Argentinien, Afrika, Südostasien und Ozeanien. Radikalreformatorische Niederländer, Schweizer und Elsässer gehen nach Pennsylvania. Die Fotografien von der neuen Heimat zeichnen ein Bild, das die romantisch-nostalgischen Sehnsüchte all derer bedient, die sich nach dem vergangenen Jahrhundert zurücksehnen oder vom Paradies träumen.

Doch es gibt noch einige wenige weiße Flecken auf der europäischen Landkarte. Die höchsten Gipfel der Alpen und der Pyrenäen, Korsika, Sardinien sowie die kleineren Mittelmeerinseln locken Abenteuerlustige an, die in heimischen Gefilden bleiben möchten. Nach und nach werden neue Bergregionen entdeckt. Bisher unbekannte Nutztiere von Bergbauern lassen sich anhand von Kupferstichen klassifizieren, die Genfer Werkstätten nach naturwissenschaftlichen Zeichnungen aus dem 18. Jahrhundert angefertigt haben. Der steigende Bedarf an Erzen veranlasst die Regierungen dazu, nach neuen Vorkommen zu suchen. Der russische Zar schickt Alexander von Humboldt auf Forschungsmission an die Wolga, in den Ural und in den Altai. Auch die großflächigen Waldgebiete sind kartografisch noch nicht erfasst. Die Forstwirtschaft wird an die neuen Bedürfnisse angepasst, denn Holz ist ein wichtiger Rohstoff für Baugewerbe, Bergbau, Eisenbahnbau und die entstehende Papierindustrie. Die Trockenlegung von Sümpfen unter Napoleon III., etwa in der Sologne und in den Landes de Gascogne, macht Schule, sodass bald auch die malariaverseuchten Sümpfe am Tyrrhenischen Meer der Geschichte angehören.

Der hohe Norden ist Schauplatz eines internationalen Wettlaufs. Unter unendlichen Strapazen dringen die Expeditionen immer weiter zum Pol vor. Geografen und Seeleute erkunden die Meerengen, die im Norden den Atlantik mit dem Pazifik verbinden, und entdecken dabei die Nordwestpassage. Dem Finnen Nordenskjöld gelingt es, in schwedischem Auftrag vom norwegischen Tromsø durch das Nordpolarmeer bis nach Yokohama zu fahren.

Der Rückweg führt ihn an China und Indien vorbei und durch den Suezkanal. 1878 werden in der Barentssee die Samojeden und andere Völker entdeckt, die Stoßzähne von Mammuts und Rentierknochen als Opfergaben auf ihre Altäre legen. In Neusibirien finden Forscher Knochen von Mammuts und prähistorischen Nashörnern. Ihre Funde liefern völlig neue Erkenntnisse über Vorkommen und Aussterben dieser Arten. Den 1879 vor Ort überwinternden Forschern bieten die Tschuktschen Wal- und Robbenfett im Tausch gegen Schnaps und Tabak an.

Die wie der deutsch-russische Admiral Krusenstern im Dienst Alexanders I. stehenden Russen erkunden die Küsten des amerikanischen und eurasischen Kontinents. In Begleitung von Gelehrten, Astronomen und Naturkundlern reist der russische Gesandte Resanow nach Japan, um als Botschafter beim japanischen Kaiser vorzusprechen. Die Reise beginnt 1803 in Kronstadt, führt über den Pazifik um Kap Hoorn, vorbei an den Marquesas und an Kamtschatka bis nach Nagasaki. Sie bekommen zwar keine Audienz beim japanischen Herrscher, können dafür aber die noch aus der Zeit des französischen Seefahrers La Pérouse stammende Karte der Küste von Korea und Sachalin vervollständigen. Auf dem Rückweg über Kanton und Macao treffen sie auf eine weitere russische Erkundungsexpedition. Ihre im Laufe von drei Jahren gesammelten Informationen bilden die Grundlage für die Entscheidung des russischen Zaren, die Inseln im Nordpazifik zu annektieren.

Weit entfernt von spektakulären Missionen dieser Art, aber dennoch angestachelt durch die zunehmende Anzahl von Fotos aus allen Winkeln der Welt, sehen sich die Fotografen in Europa eher im Dienst der Ethnografie. Vor allem in ländlichen Gebieten mangelt es nicht an Traditionen und an Motiven: die neuen Kachelöfen und die darum entstehenden Stuben, regionale Trachten, Freizeitbeschäftigungen wie Pelota, Rugby oder Kartenspiel, kirchliches Brauchtum wie Wallfahrten oder Prozessionen … Die Fotografen suchen sich ihr Europa, wobei sie sich in der Motivwahl an die der Maler anlehnen: Jahreszeiten, Feste, Alltagsszenen und Porträts. Letztere sind im Gegensatz zu den gemalten künftig auch für weniger Betuchte erschwinglich und insgesamt vielfältiger. Was für ein Kontrast: Während ringsherum die Industrialisierung auf dem Vormarsch ist, entstehen Fotos von ländlichen Regionen und im Landleben tief verwurzelten Menschen. Es ist die Zeit, in der sich in Europa bereits die Geburtswehen eines weltumspannenden Krieges ankündigen, den in der Unbeschwertheit der wilden Jahre niemand kommen sieht.

GILLES FUMEY

IMPRESSIONEN AUS

LAPPLAND

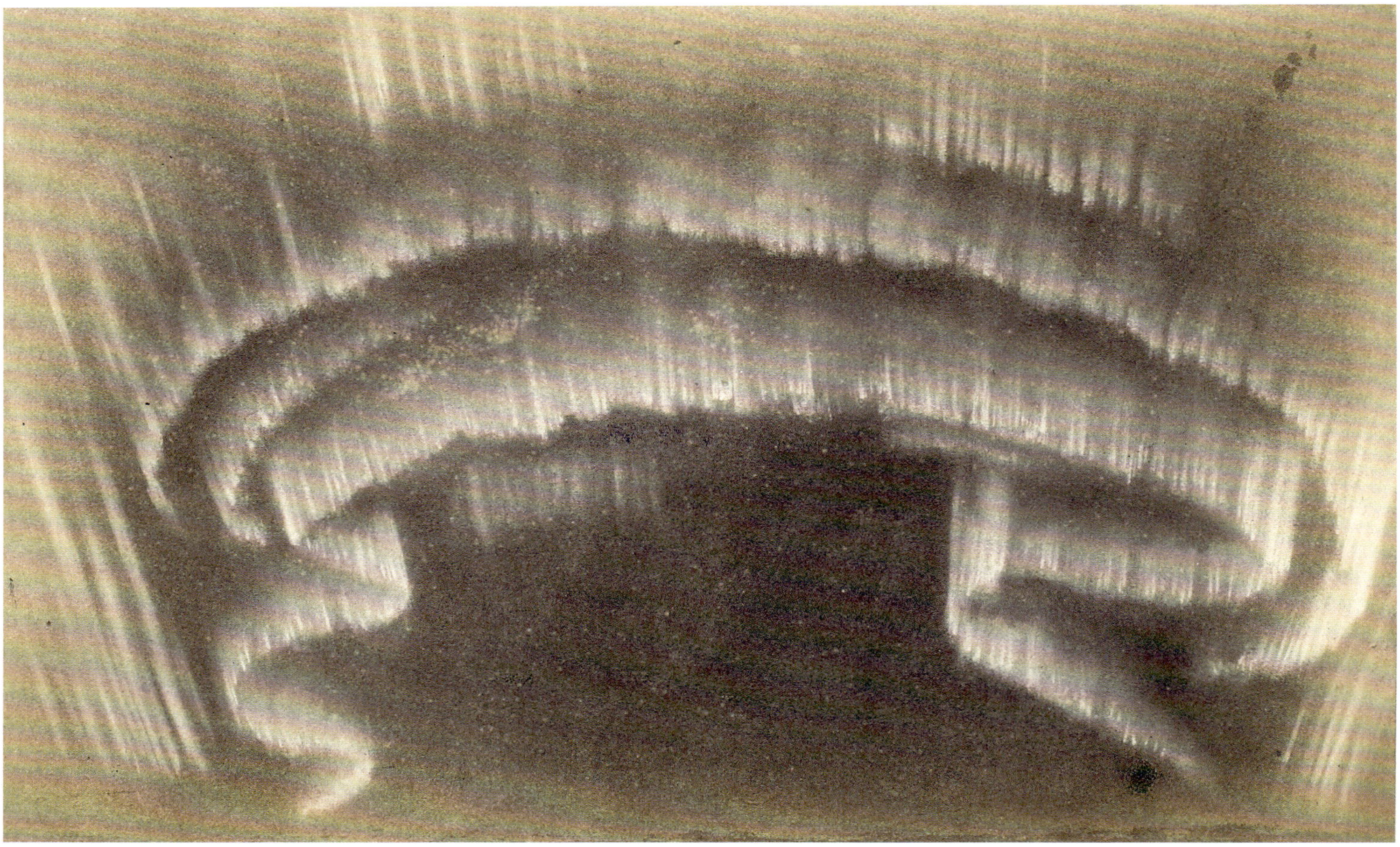

SOPHUS TROMHOLT

Polarlicht bei Kautokeino, 6. Oktober 1882, 7.57 Uhr · 1882 · Abzug auf Albuminpapier, 12,2 × 16,8 cm

Der dänische Lehrer, Hobbyfotograf und Astronomie-Autodidakt Sophus Tromholt erhält im Rahmen des internationalen Polarjahrs 1882/83 von der dänischen und der norwegischen Regierung finanzielle Mittel zur Erforschung des Polarlichts. Sein Lager schlägt er in Kautokeino in der Provinz Finnmark auf. Trotz zahlreicher Versuche gelingt es ihm jedoch nicht, das Naturschauspiel auf Fotoplatte zu bannen, und er muss sich damit begnügen, seine Zeichnungen zu fotografieren.

SOPHUS TROMHOLT

Lappenfamilie in Kautokeino · 1882/83 · Abzug auf Albuminpapier, 12,2 × 16,8 cm

Neben seinem eigentlichen Forschungsgebiet studiert Tromholt auch die Lebensgewohnheiten der Lappen. Von ihnen macht er fast 200 Aufnahmen, die über ihren ästhetischen und dokumentarischen Wert hinaus ein ethnografisches Zeugnis von unschätzbarem Wert darstellen. Nach seiner Rückkehr schickt Tromholt vier Alben und damit fast sämtliche während seines Aufenthalts in Lappland gemachten Aufnahmen noch vor ihrer Veröffentlichung an die Société de Géographie. Zweisprachiger Titel des Werkes: *Billeder fra Lappernes Land / Tableaux du pays des Lapons.*

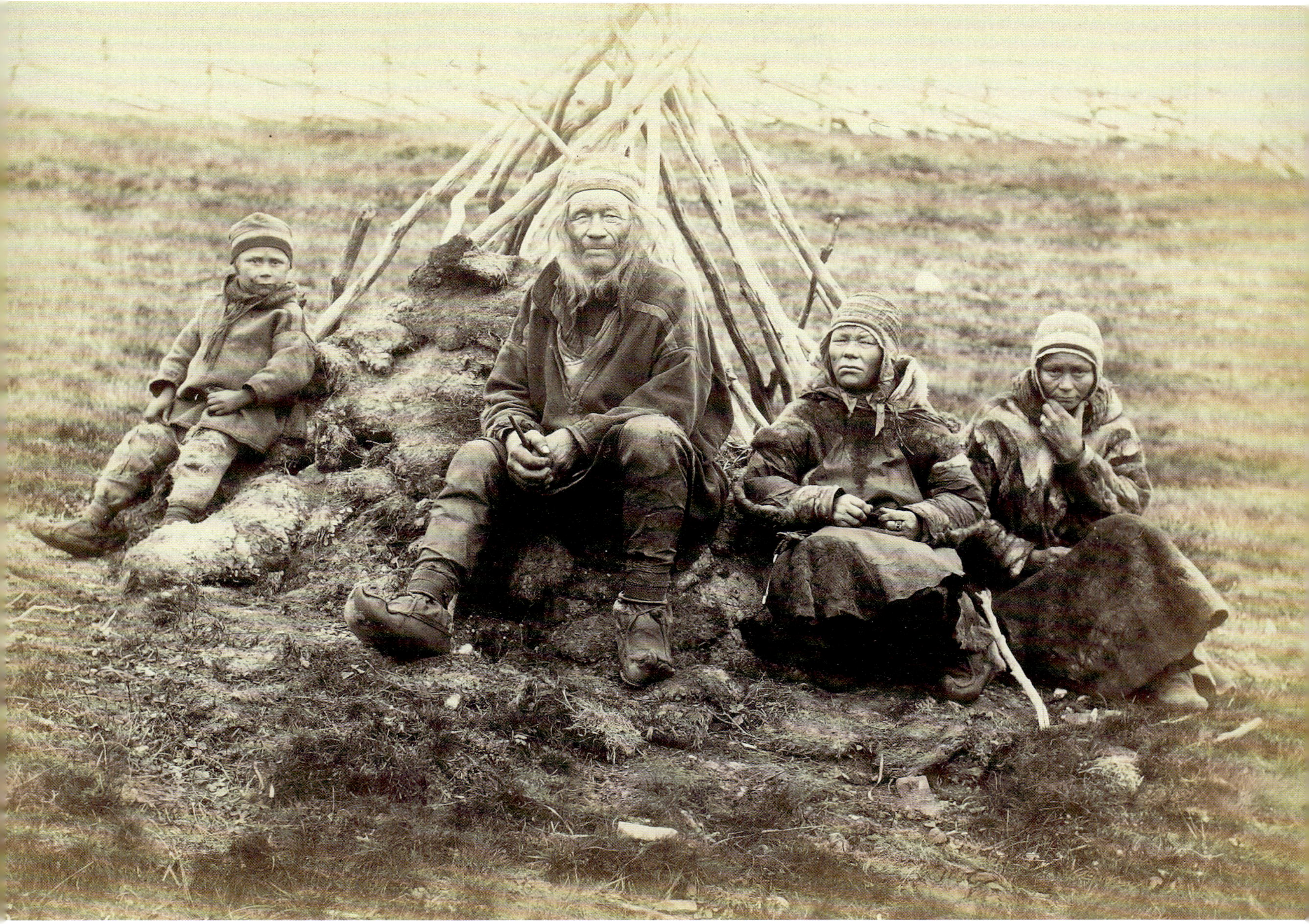

SOPHUS TROMHOLT

Junge Lappen auf Skiern · 1882/83 ·
Abzug auf Albuminpapier, 12 × 16,8 cm

Innerhalb weniger Monate bereist Tromholt einen großen Teil Lapplands: die Küste zwischen Hammerfest und Vadsø sowie das Landesinnere bei Karesuando und Sodankylä. An den entlegensten Winkeln Norwegens, Schwedens und Finnlands fotografiert er das Land, seine Menschen und ihre traditionellen Hütten. Oft sucht er auch den Kontakt zu Fischern und Rentierzüchtern. Sein 1885 erscheinender Reisebericht *Under Nordlysets Straaler* wird noch im selben Jahr in London unter dem Titel *Under the Rays of the Aurora Borealis* veröffentlicht.

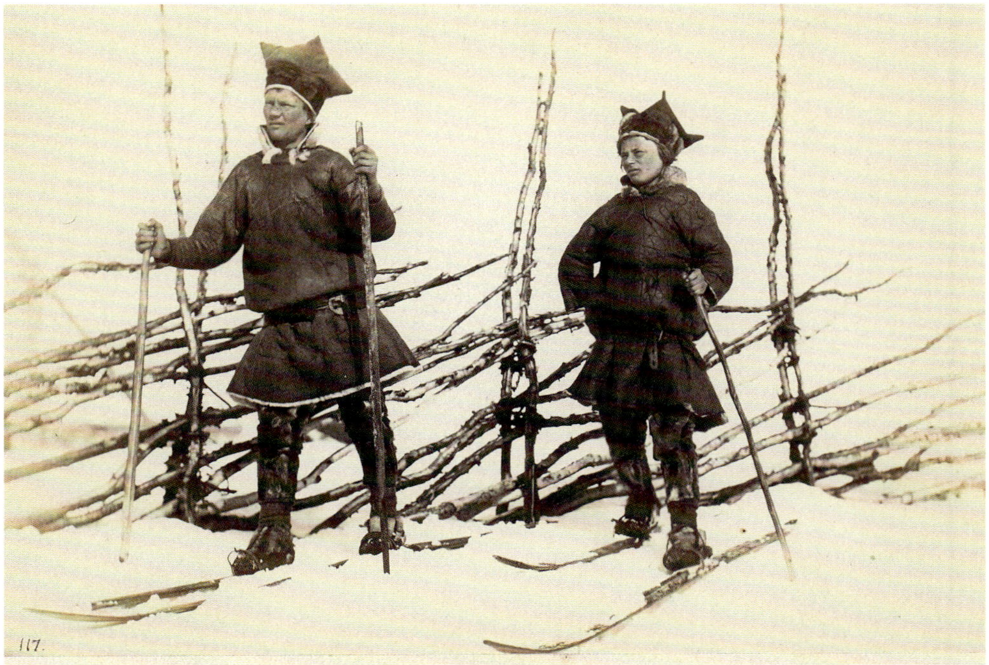

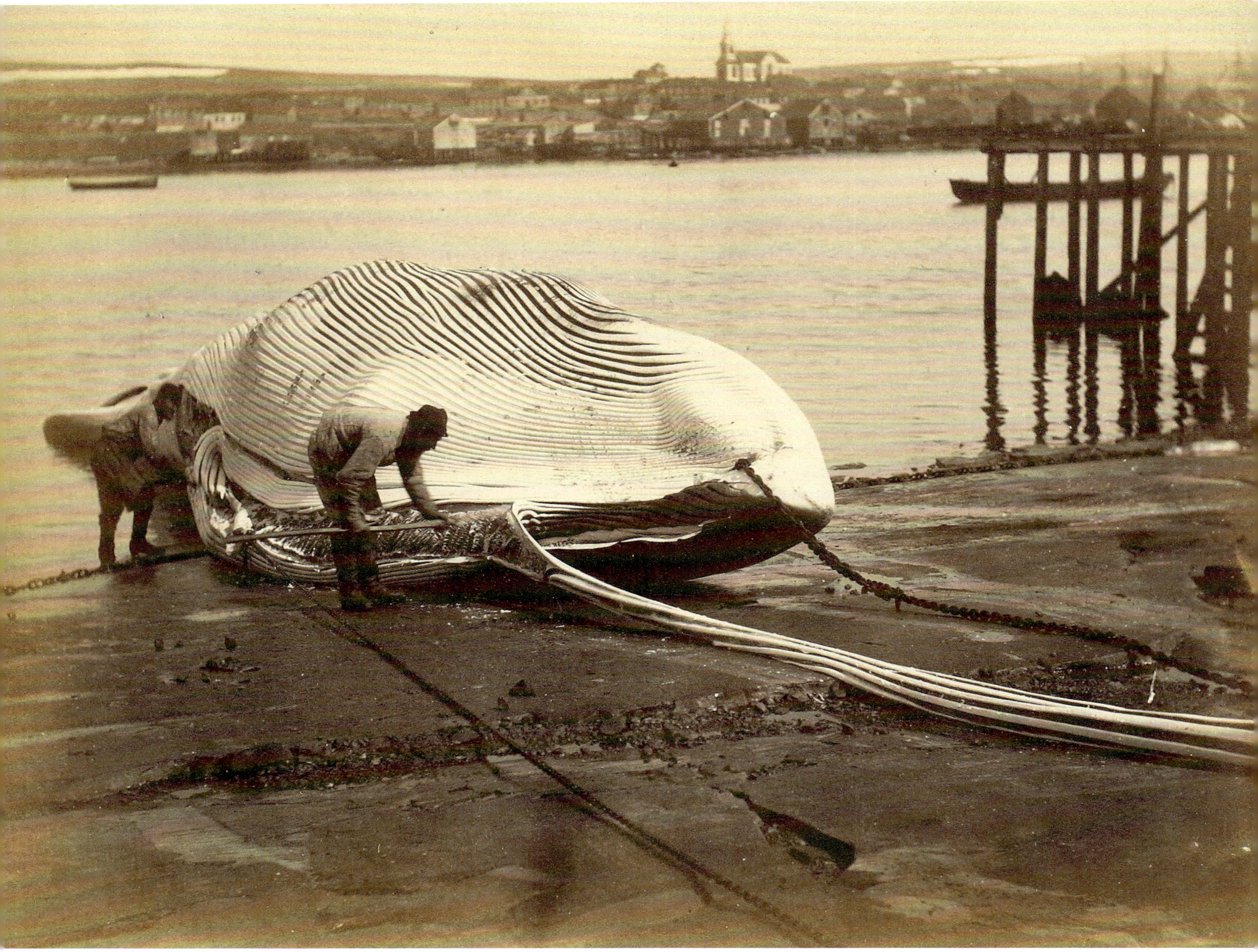

SOPHUS TROMHOLT

Walfänger beim Aufschneiden eines Wals, Vadsø · 1882/83 · Abzug auf Albuminpapier, 9,8 × 16,8 cm

Während seines Aufenthalts in Vadsø beschäftigt sich Tromholt auch mit der technischen Weiterentwicklung des Walfangs. An die Stelle der kleinen Fangboote und der traditionellen Harpunen – grausam für die Tiere und gefährlich für die Männer – treten jetzt dampfbetriebene Schiffe und Harpunenkanonen, die einen mit Sprengkopf ausgestatteten Speer in den Körper des Wals feuern. Sobald der Wal an der Leine zieht, wird der Sprengkopf gezündet, was zum sofortigen Tod des Tieres führt.

SOPHUS TROMHOLT

Johannes Mathisen Haetta, Kautokeino · 1882/83 · Abzug auf Albuminpapier, 16,5 × 11,6 cm

Tromholt macht auch eine Reihe äußerst realistischer Porträts. So lichtet er unter anderem den bereits betagten Johannes Mathisen Haetta ab, einen erbitterten Gegner des Laestadianismus. In seinem in die Ferne gerichteten Blick scheinen noch die Erinnerungen an die blutigen Ausschreitungen zu liegen, mit denen Kautokeino im November 1852 in die Geschichte einging. Auch Tromholt schreibt in seinen Reiseschilderungen über diesen Teil der lappländischen Geschichte und bezeichnet ihn als »Herrschaft des Terrors«.

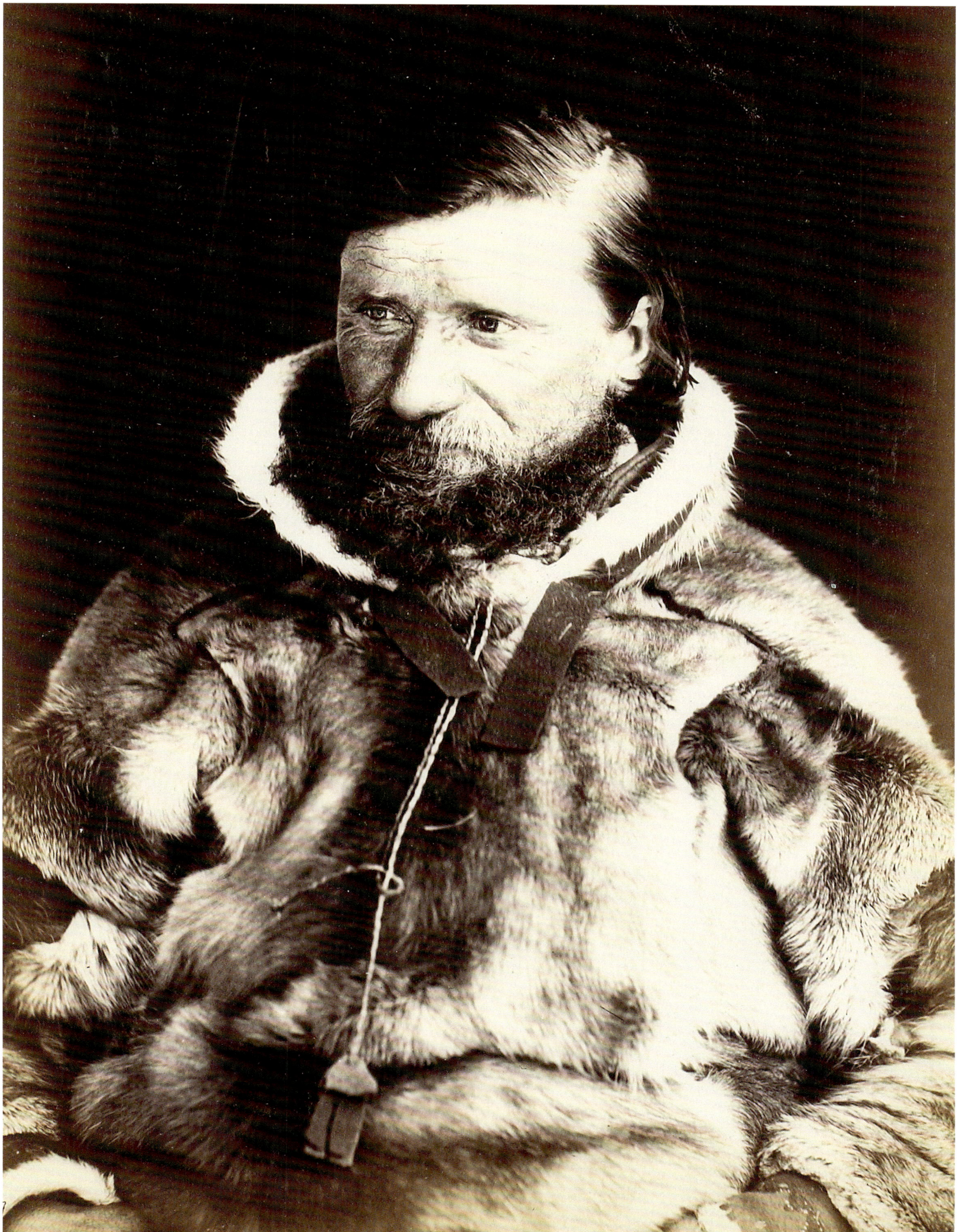

WIRTSCHAFTSMACHT

GROSSBRITANNIEN

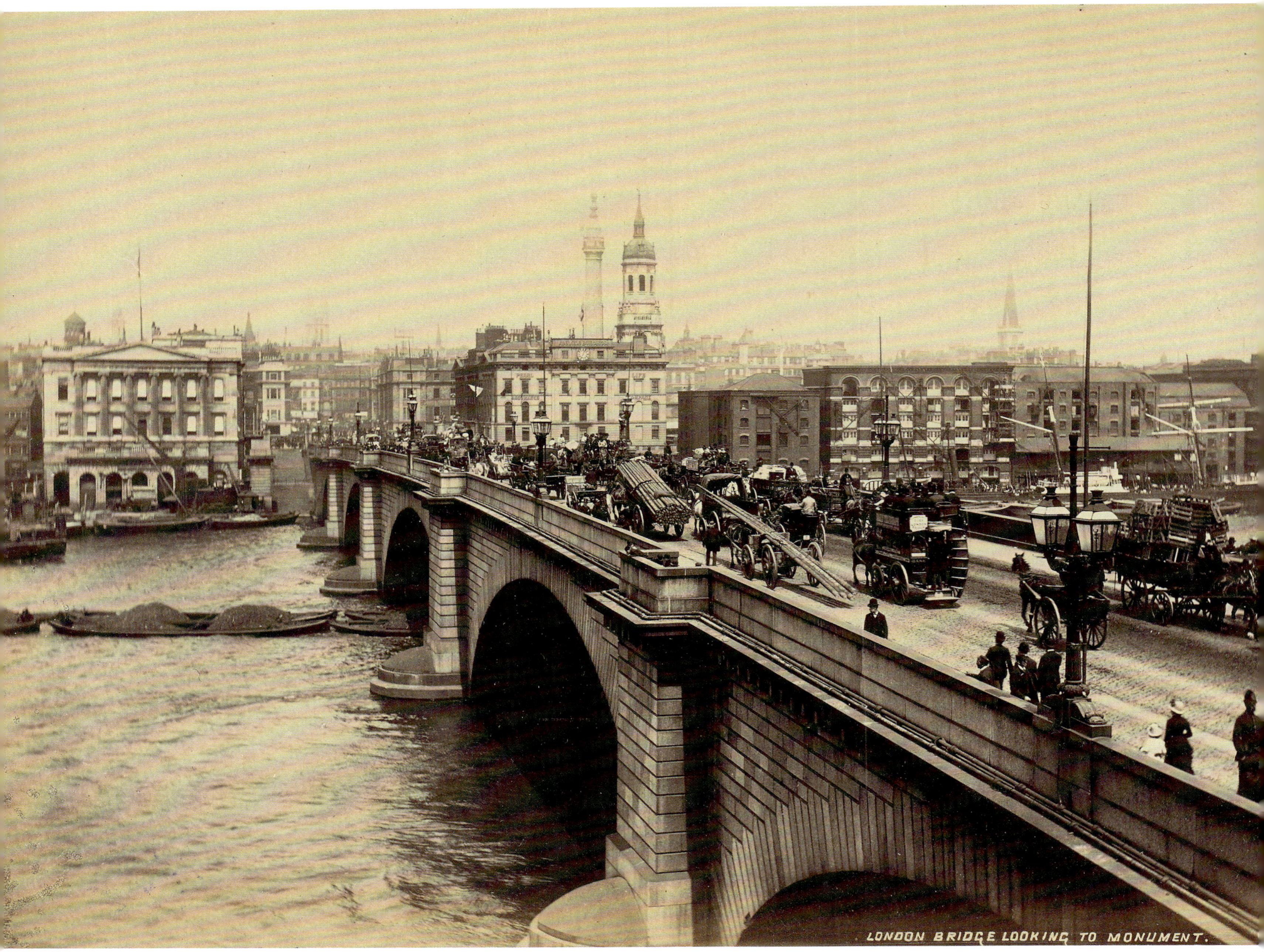

VALENTINE & SONS

London Bridge mit Blick auf The Monument ·
1885 · Abzug auf Albuminpapier, 19 × 29,4 cm

Valentine & Sons im schottischen Dundee, benannt nach dem Firmengründer James Valentine, zählt bis Ende der 1960er-Jahre zu den größten Fotoateliers Großbritanniens. 1878 wird es von Valentines Söhnen William Dobson und George übernommen. Es folgt ein Jahrzehnt stetigen Wachstums, was sich unter anderem in einem 20 000 Aufnahmen umfassenden Katalog widerspiegelt. Sie alle dokumentieren Großbritanniens tiefgreifenden Wandel im Zuge der Industrialisierung und der Entwicklung neuer Transportmittel.

VALENTINE & SONS

Saint Paul's, von der Themse aus gesehen · Um 1885 · Abzug auf Albuminpapier, 18,8 × 30 cm

Valentines Fotoatelier konzentriert sich anfangs nur auf Schottland, weitet seine Tätigkeit aber schon bald auf ganz Großbritannien aus. Seither findet man im Katalog eine breite Palette an topografischen Ansichten, Fotos von bekannten Orten und Bauwerken sowie Szenen aus dem Alltagsleben. Das Angebot richtet sich an eine wohlhabende und reiselustige Klientel. Auf den Londoner Stadtansichten sind oft die Wahrzeichen der Hauptstadt oder die Zentren politischer, wirtschaftlicher und kirchlicher Macht zu sehen. Die Themse wird gern als Symbol der See- und Handelsmacht des viktorianischen Englands inszeniert.

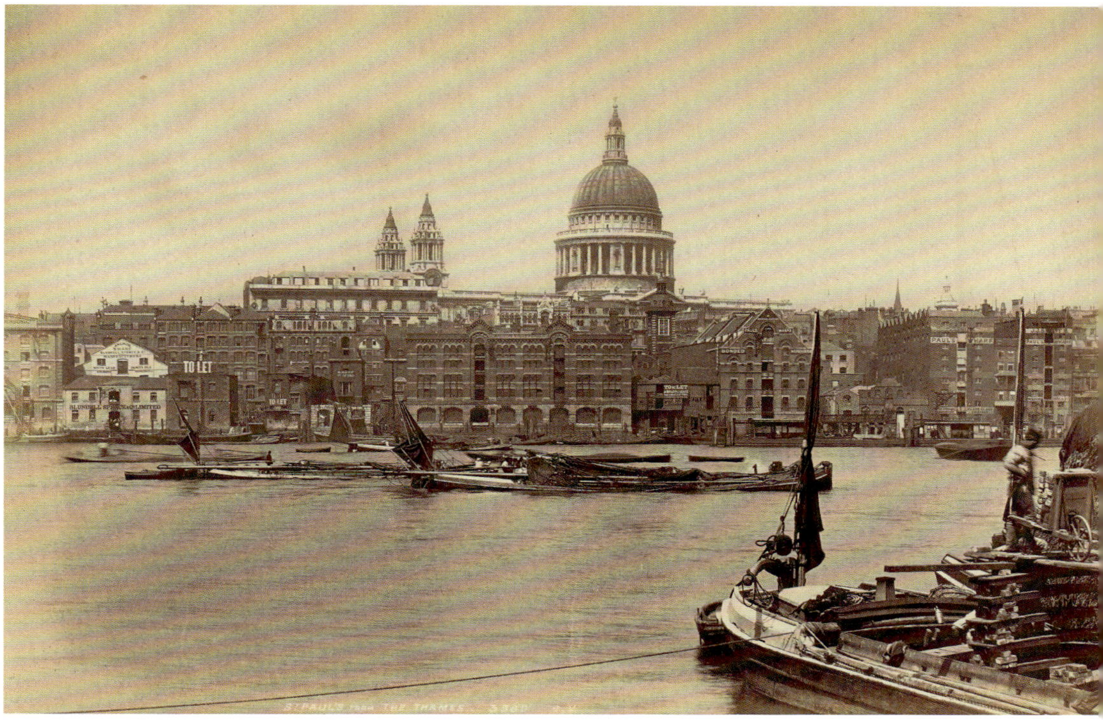

VALENTINE & SONS

George's Landing Stage, Liverpool · Um 1883 · Abzug auf Albuminpapier, 19,2 × 29,4 cm

Der Hafen von Liverpool erlebt im 19. Jahrhundert dank der Entwicklung der internationalen Handelsbeziehungen und der geografischen Nähe der Steinkohleregion eine stetige Expansion. 1847 kommt ein neuer Schwimmkai hinzu, wodurch sich die Anzahl der Liegeplätze erhöht und damit zusätzliche Be- und Entladekapazitäten sowie Lagerflächen geschaffen werden. Hier eine eindrucksvolle Illustration des regen Schiffsverkehrs in der Mersey-Mündung.

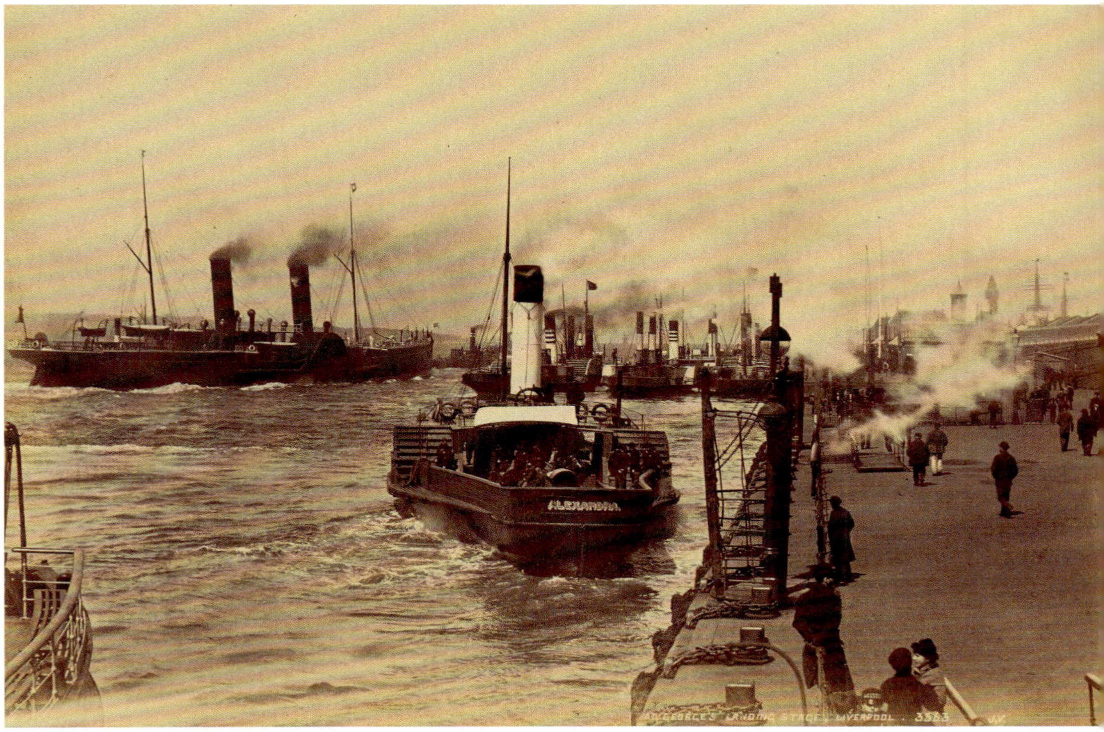

NACHFOLGENDE DOPPELSEITE
VALENTINE & SONS

Forth-Brücke, Länge 8296 Fuß, Höhe 354 Fuß, Stützweite 1700 Fuß · 1890 · Abzug auf Albuminpapier, 19,3 × 29,4 cm

Die Eisenbahnbrücke über den Firth of Forth 14 Kilometer westlich von Edinburgh wird nach siebenjähriger Bauzeit am 4. März 1890 eingeweiht. Das zweigleisig befahrbare Meisterwerk moderner Ingenieurskunst besteht aus drei massiven Trägerelementen von jeweils 104 Metern Länge und 46 Metern lichter Höhe. Forth-Brücke und Eiffelturm sind die beiden größten Stahlbauten der damaligen Zeit.

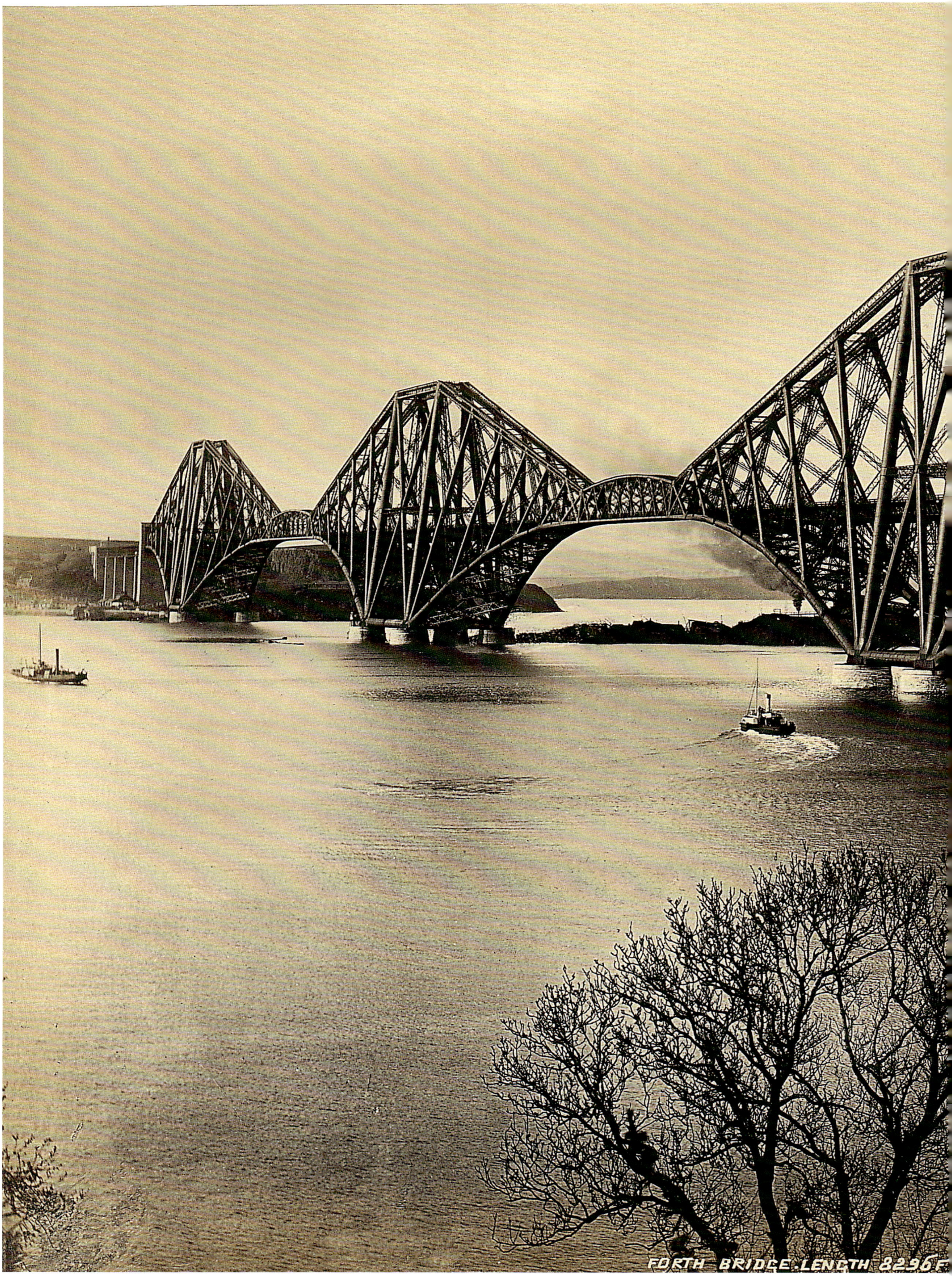
FORTH BRIDGE. LENGTH 8296 F

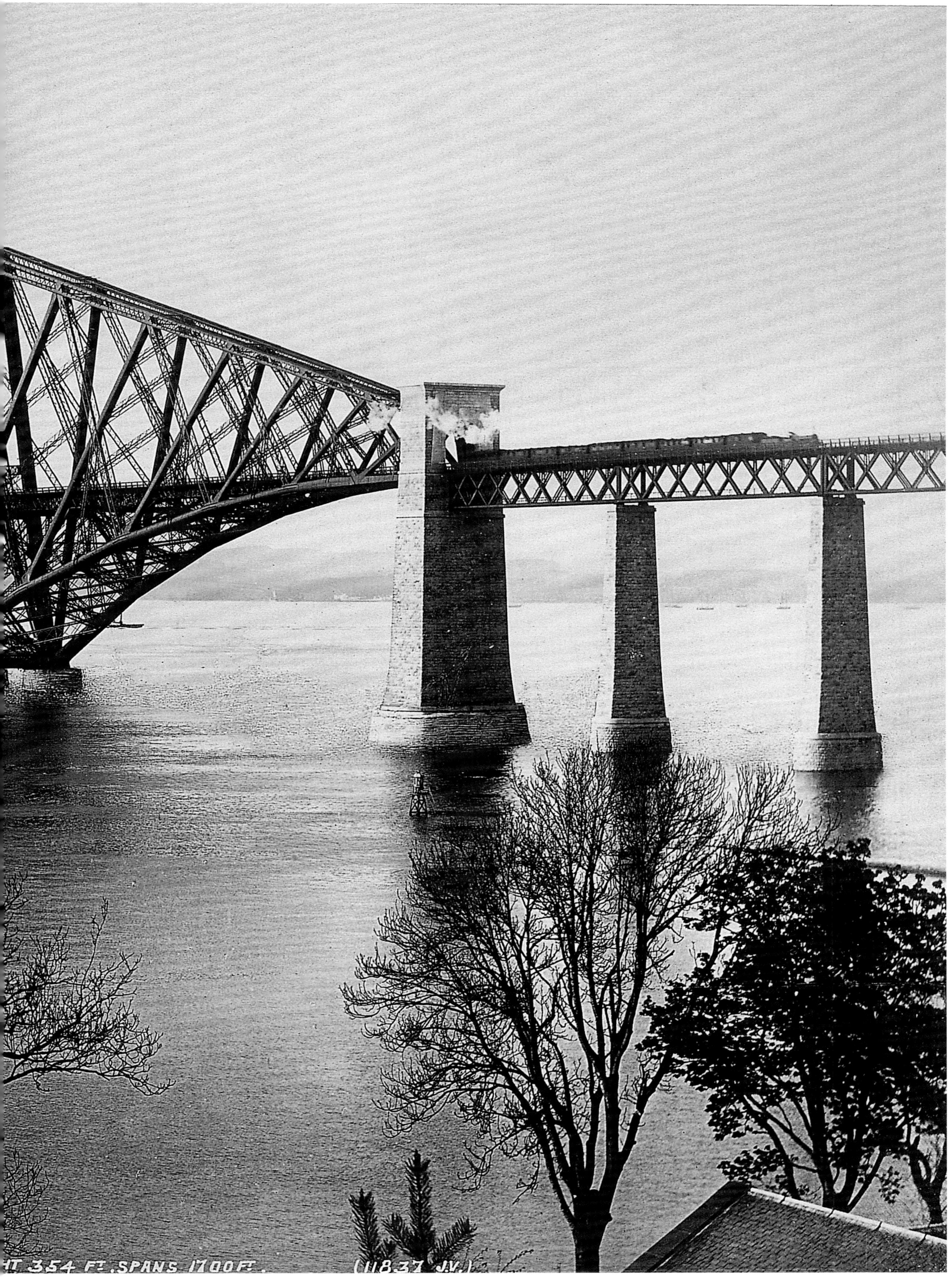
HT 354 FT. SPANS 1700 FT.
(11837 J.V.)

ZWEITE BAUPERIODE UND VOLLENDUNG

DER KÖLNER DOM

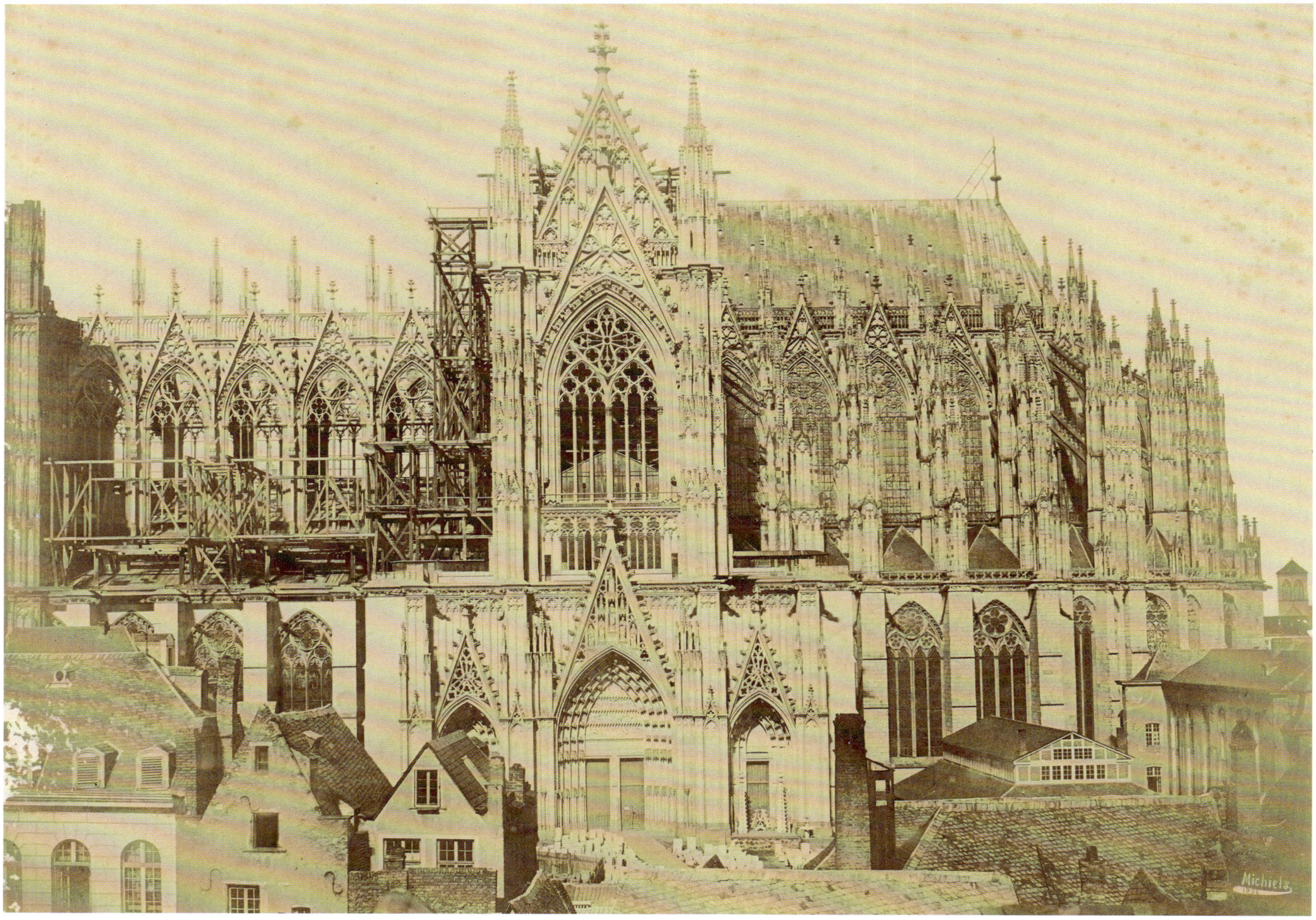

JOHANN FRANZ MICHIELS

Der Kölner Dom · 1856 · Salzpapierabzug, 39,5 × 51,5 cm

Der aus Brügge stammende Johann Franz Michiels arbeitet anfangs als Holzbildhauer und Kupferstecher, interessiert aber sehr früh auch für die Fotografie. Berühmt wird er mit seinen Stadtansichten und seinen Reproduktionen altniederländischer Malerei. 1855 zieht er nach Köln und macht sich dort einen Ruf als Architekturfotograf. Besonders erfolgreich verkaufen sich seine von Franz Carl Eisen verlegten Ansichten des Kölner Doms.

JOHANN FRANZ MICHIELS

Der Kölner Dom · 1856 · Salzpapierabzug, 53 × 42 cm

Friedrich Wilhelm IV. zeigt bereits unmittelbar nach seiner Besteigung des preußischen Throns großes Interesse an Architektur und den Künsten im Allgemeinen. 1842 legt er persönlich den Grundstein für den Weiterbau des Kölner Doms, an dem mit Unterbrechungen seit Mitte des 13. Jahrhunderts gebaut wird. Friedrich Wilhelm, der ein großes Faible für das Mittelalter hat, unterstützt Dombaumeister Ernst Friedrich Zwirner bei der Vollendung des Doms im neugotischen Stil. Michiels dokumentiert mit seinen Fotos von den Bauarbeiten die Wiederauferstehung eines Wahrzeichens.

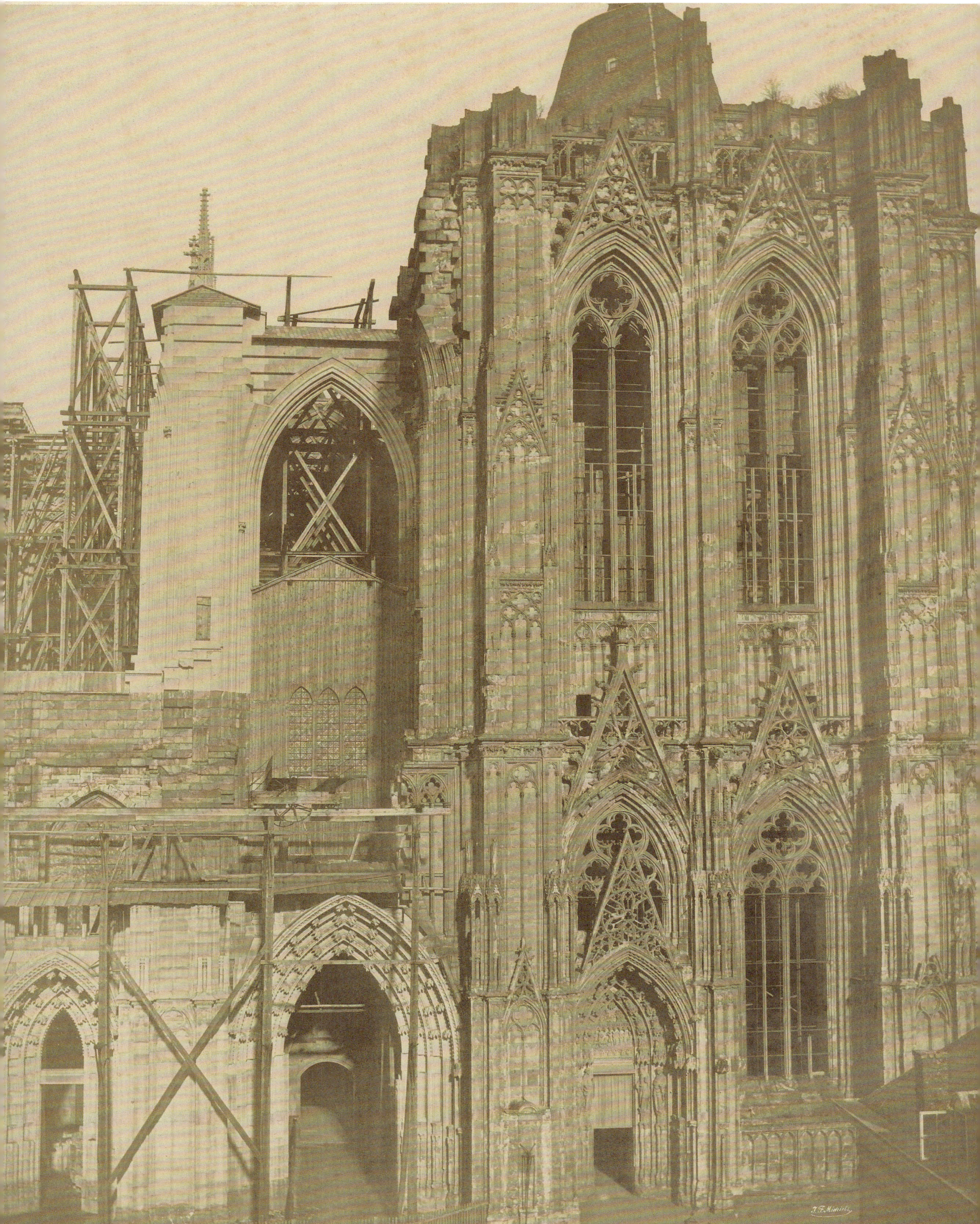
J. F. Michiels

SYSTEMATISCHE BESTANDSAUFNAHME

DIE ALPEN

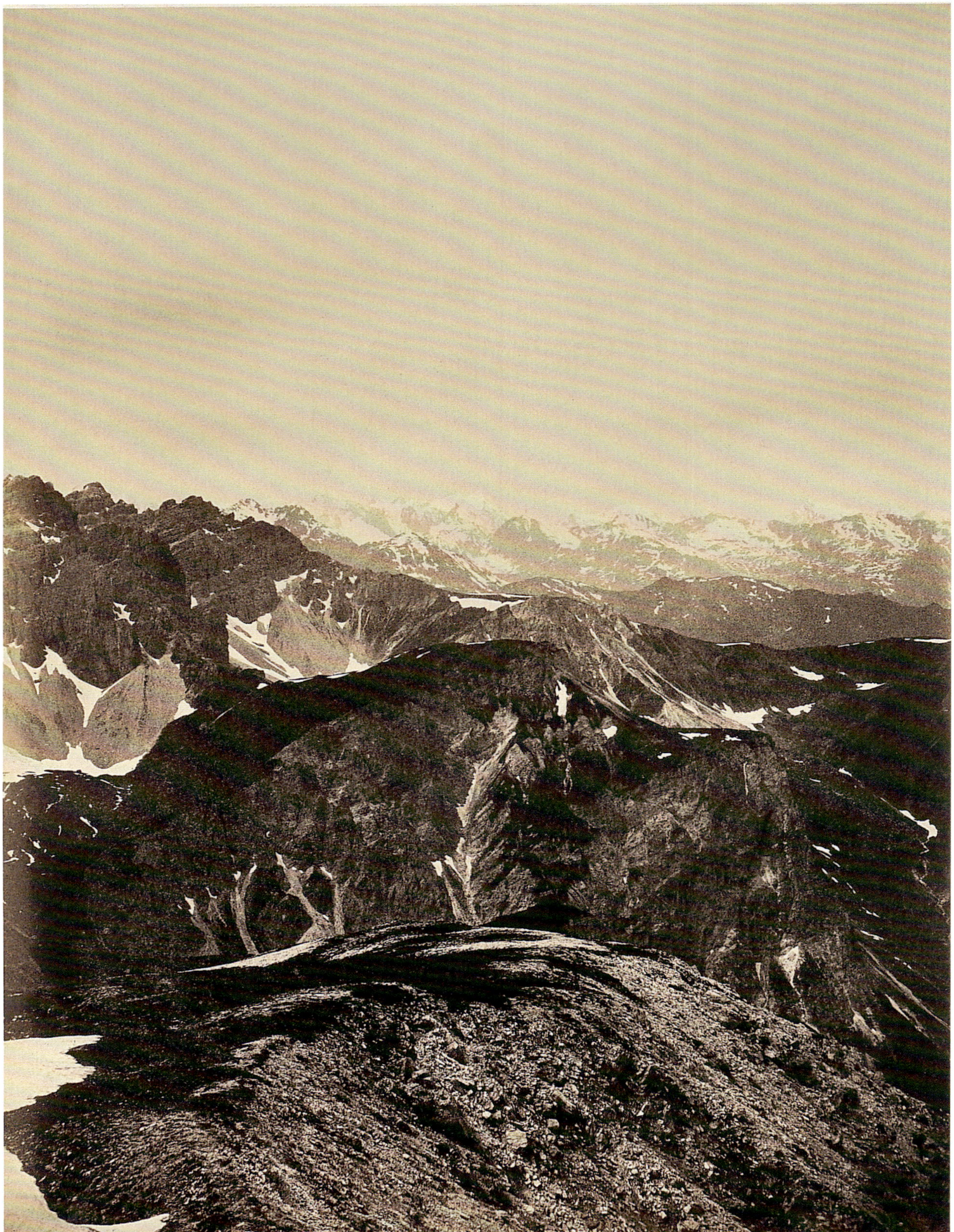

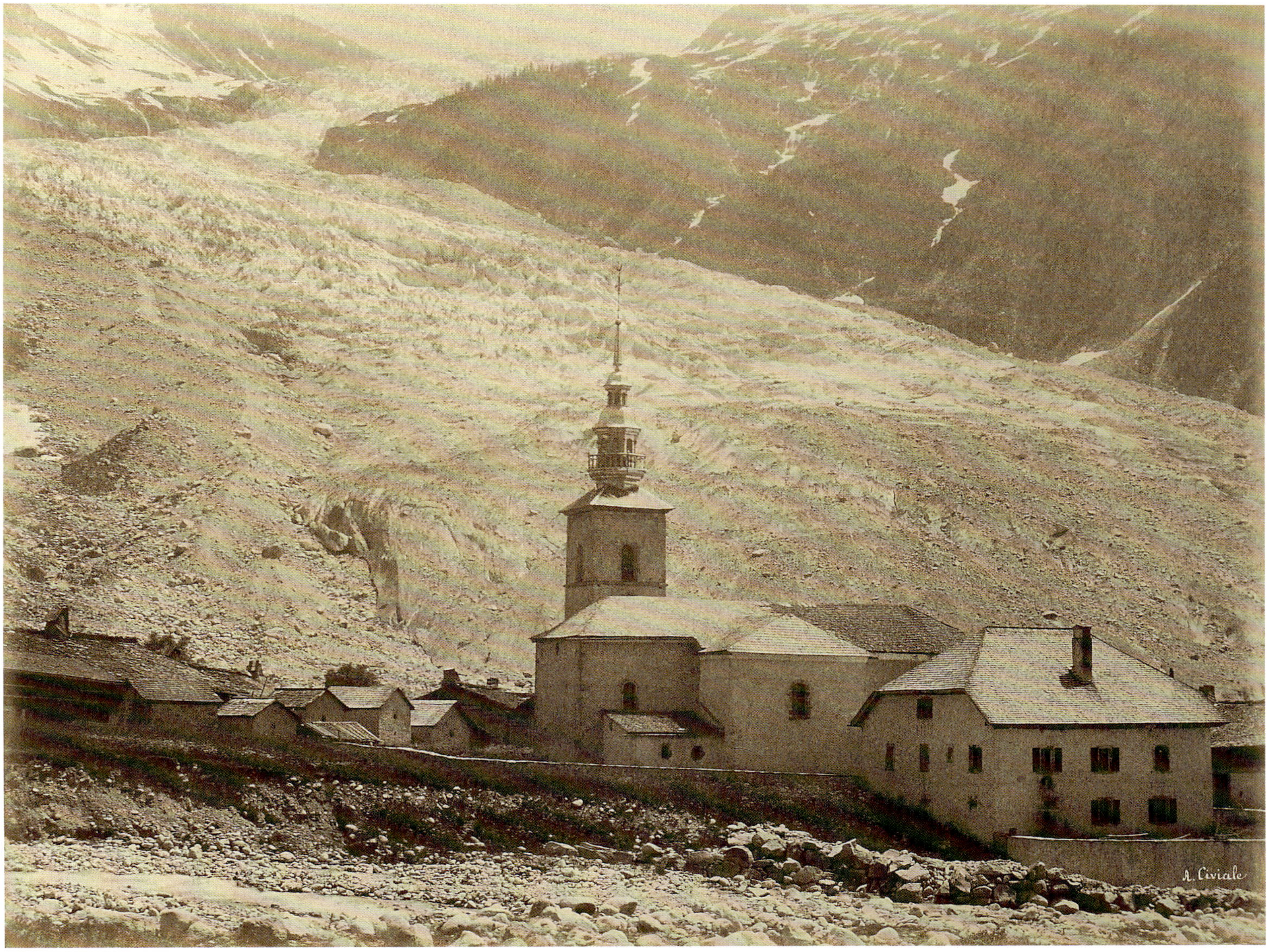

AIMÉ CIVIALE

Die Ötztaler und Stubaier Gletscher, von der Saile aus gesehen · 1863 · Abzug auf Albuminpapier, 36 × 26,8 cm

Pierre Joseph, genannt Aimé Civiale, Ingenieur und Offizier der Pioniertruppe, beschließt bei seiner Rückkehr ins zivile Leben, sich künftig seinen beiden großen Leidenschaften zu widmen und »die Fotografie in den Dienst der Geophysik und der Geologie zu stellen«. Von 1859 bis 1869 fährt er jedes Jahr auf Fotoreise in die Alpen. 1882 veröffentlicht er *Les Alpes au point de vue de la géographie physique et de la géologie*. Dem Buch liegen zwei Landkarten der Alpen bei, die unter seiner Leitung nach den Unterlagen der französischen, italienischen, österreichischen und Schweizer Armeeführung angefertigt wurden.

AIMÉ CIVIALE

Argentière mit Blick auf den Gletscher · 1860–1863 · Abzug auf Albuminpapier, 26,8 × 34,5 cm

Civiales Fotoreisen führen ihn unter anderem in die Dauphiné, nach Savoyen, in die Schweizer Alpen, nach Norditalien, Tirol, Kärnten und ins Salzburger Land. Bei Detailansichten legt er besonders großen Wert auf »die sorgfältige Auswahl des Fotopapiers, damit Felsstruktur, Anordnung der Gesteinsschichten sowie Form und Hänge der Gletscher möglichst detailreich wiedergegeben werden«. Diesen Anforderungen werden die in der Umgebung von Chamonix gemachten Aufnahmen durchaus gerecht. Zudem illustrieren sie auf sehr anschauliche Weise das Leben in den Bergdörfern.

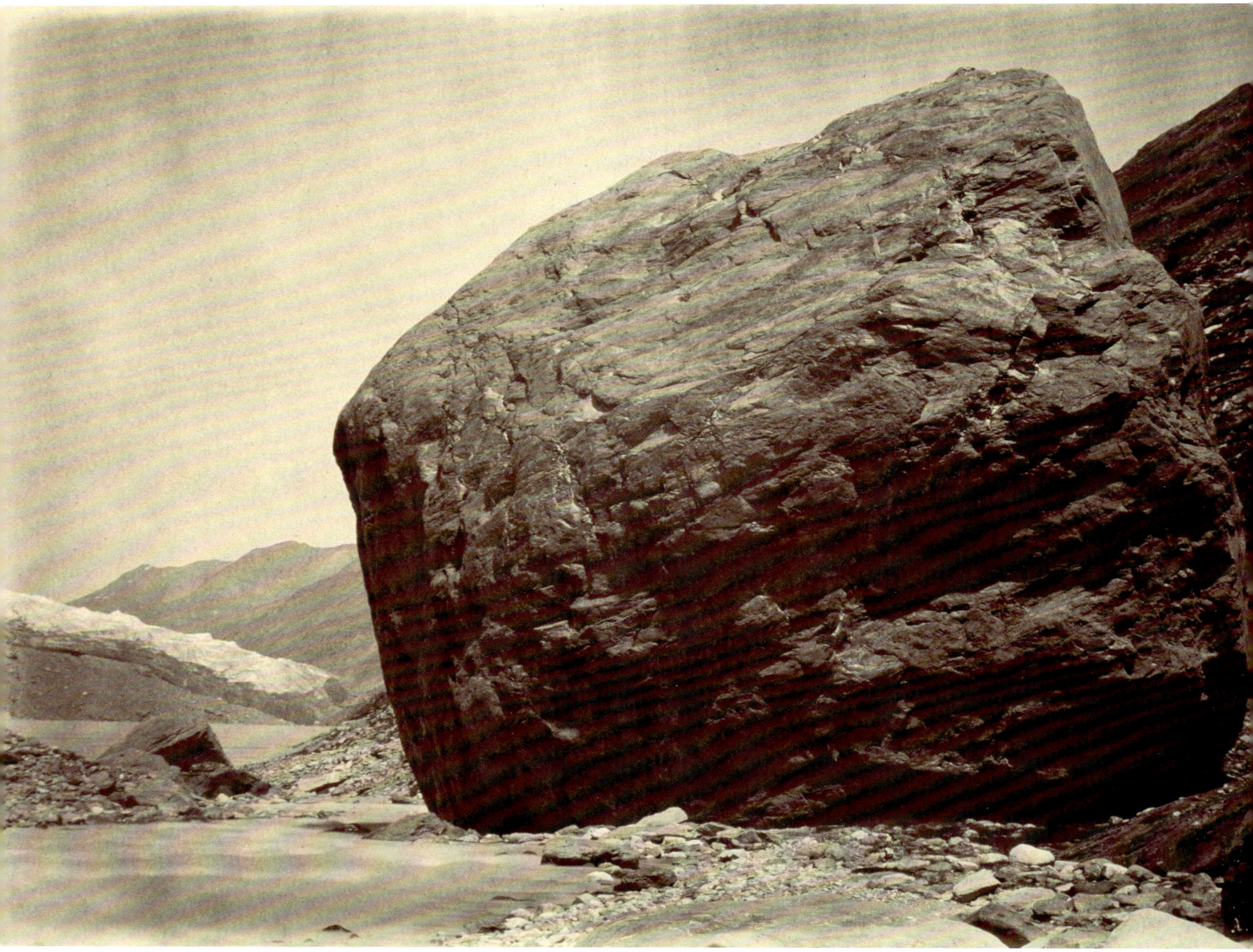

AIMÉ CIVIALE

Erratischer Felsblock aus Serpentingestein am Mattmarksee · 1860–1863 · Abzug auf Albuminpapier, 26,8 × 35,3 cm

In der Umgebung seines Hotels am Mattmarksee in den Walliser Alpen fotografiert Civiale einen erratischen Serpentinblock, ein Gestein, das sonst nirgendwo in den umliegenden Bergregionen vorkommt. Der hier abgebildete Block stammt vom weiter entfernten Strahlhorn. Mit seinen Fotos möchte Civiale nicht zuletzt auch die geologische Entstehungsgeschichte der Alpen sichtbar und verständlich machen. Den gleichen Ansatz verfolgt der deutsche Maler und Naturphilosoph Carl Gustav Carus mit seinen *Gedanken zu einer Physiognomik der Gebirge.*

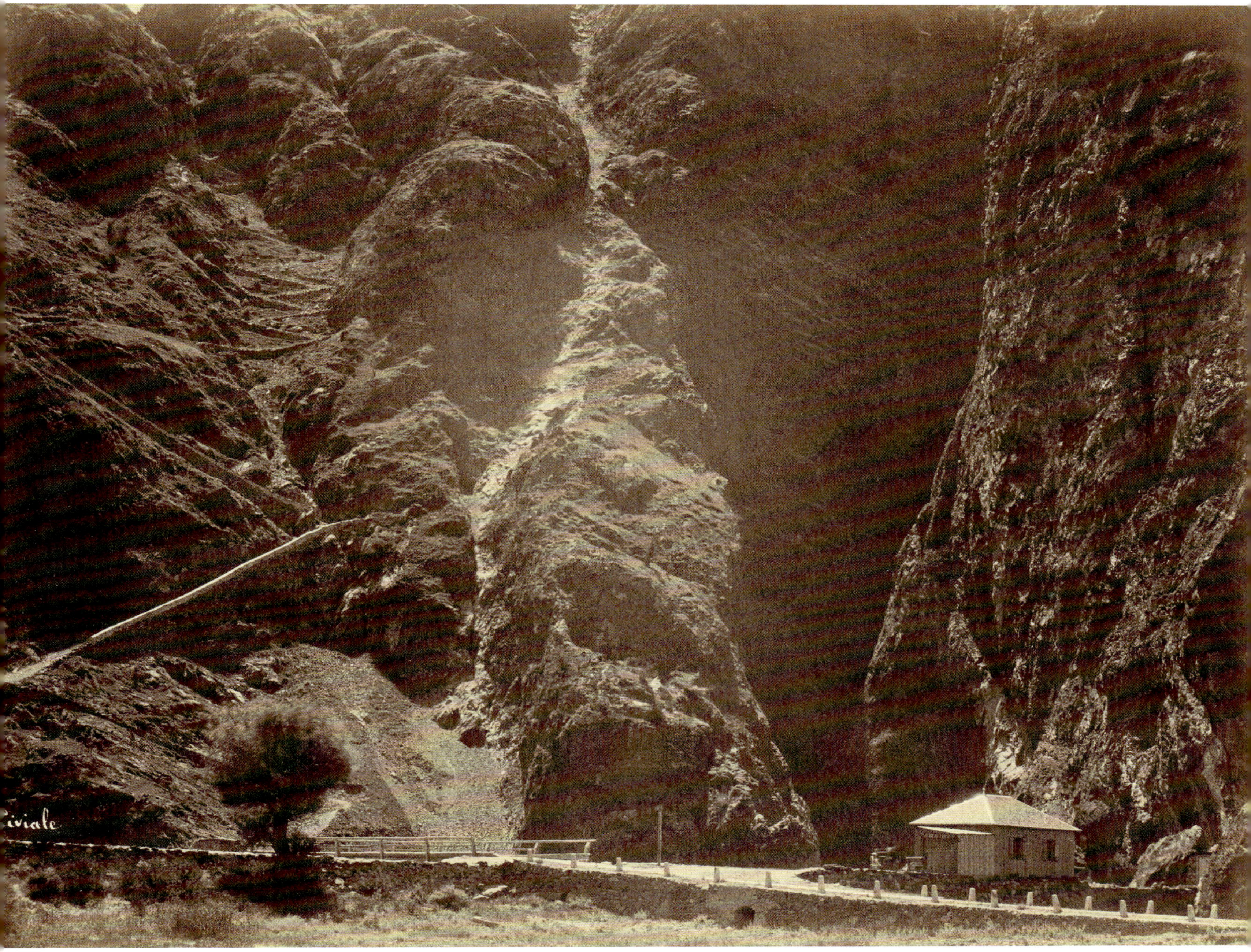

AIMÉ CIVIALE

Eingang zur Trient-Schlucht · Um 1859/60 · Abzug auf Albuminpapier, 27 × 35,5 cm

Den Beobachter beschleicht unwillkürlich ein etwas mulmiges Gefühl beim Anblick des Eingangs zur Trient-Schlucht, die abseits der großen Straßen in den dunklen Fels hineinführt. Civiales Fotos haben nicht nur unter geologischen Gesichtspunkten einen großen dokumentarischen Wert, sondern bestechen durch die Vielfalt der Motive, der Bildkompositionen und der Blickwinkel. Im Grunde ist Civiale auch ein Landschaftsmaler. Seine heute im Besitz der Société de Géographie befindlichen Alben stammen vermutlich aus der Bibliothek des Prinzen Roland Bonaparte, der Zeit seines Lebens eine große Leidenschaft für die Berge hegte.

ZEITLOSE LANDSCHAFT

KORSIKA

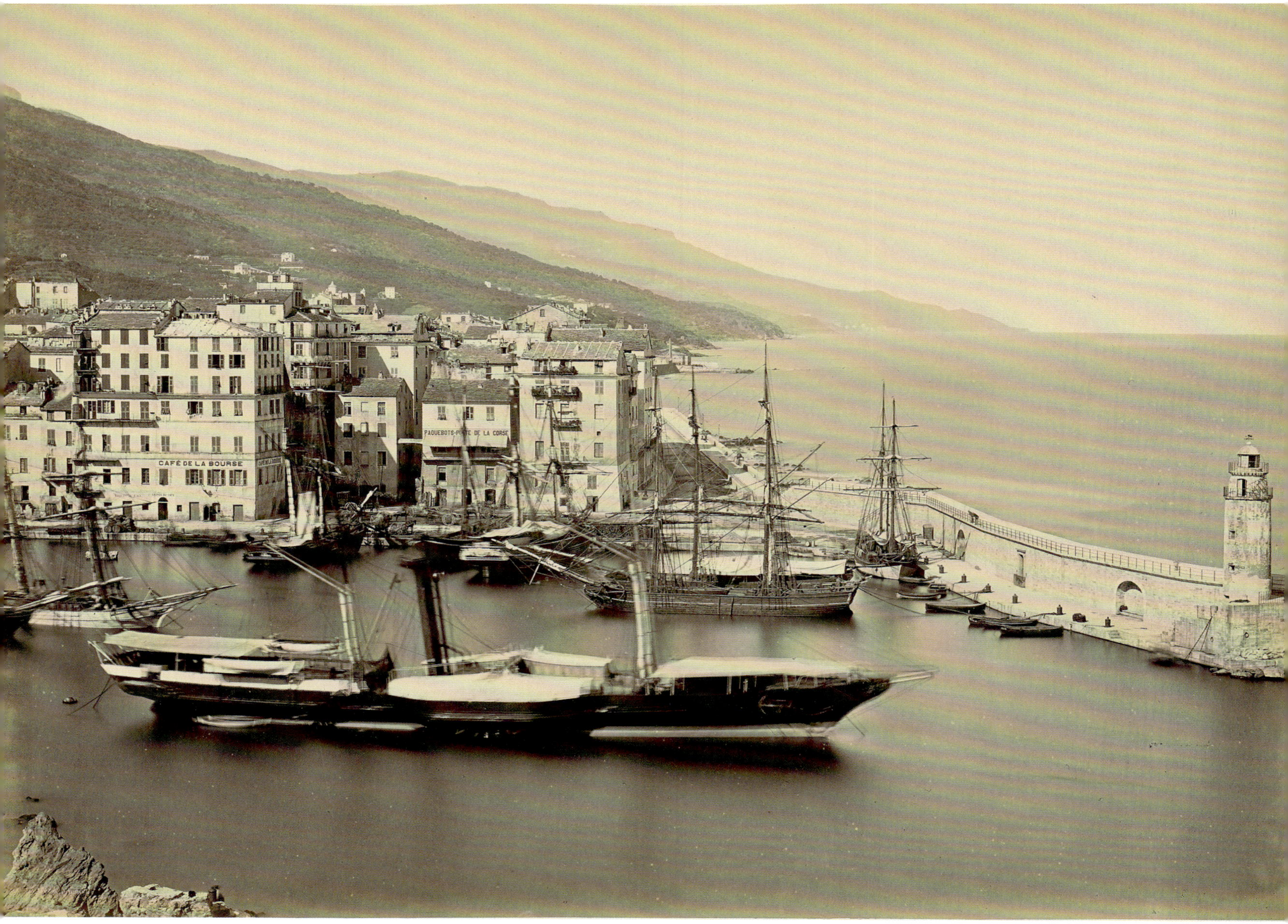

MIGUEL ALEO

Bastia · 1865 · Abzug auf Albuminpapier, 26,6 × 38 cm

Miguel Aleo stammt ursprünglich aus Havanna, lässt sich aber in der ersten Hälfte der 1860er-Jahre als Fotograf in Nizza nieder. Bekannt für seine außerordentlichen Landschaftsaufnahmen, die auf der Weltausstellung 1862 in London mit einer Medaille prämiert werden, nimmt er sich 1865 die korsische Landschaft vor. 1868 zieht er nach Bellevue (bei Meudon) und freundet sich mit Alphonse Davanne an, der ihn in die Société française de photographie einführt. Davanne ist es auch, der 1887 der Société de Géographie 64 Aufnahmen von Aleo stiftet.

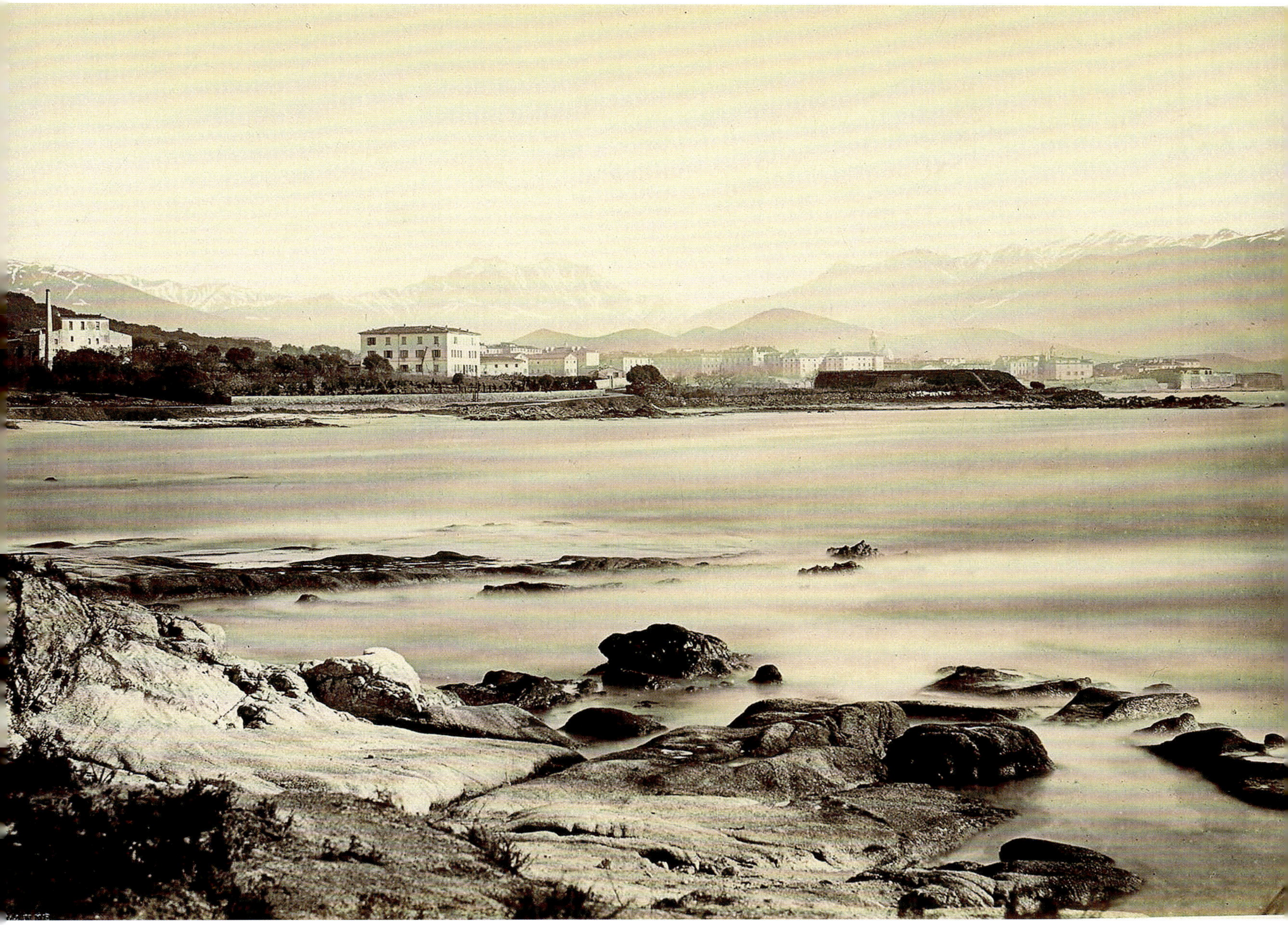

MIGUEL ALEO

Ajaccio · 1865 · Abzug auf Albuminpapier, 25,6 × 38 cm

Dieses Foto entsteht auf Geheiß Kaiser Napoleons III. anlässlich der Einweihung der Statue Napoleons I. am 15. Mai 1865 in Ajaccio. Mehrere Wochen lang dokumentiert Aleo die Geschichte der Familie Bonaparte sowie die Orte, an denen sie gelebt hat: das Haus der Milelli, die Kapelle im Palais Fesch und die Napoleon-Grotte. Darüber hinaus macht Aleo auch von der malerischen korsischen Landschaft Fotos, von denen die Verlagsbuchhandlung Rocca-Tartarini in Ajaccio ab 1866 einige veröffentlicht.

AUSBAU UND MODERNISIERUNG

DER HAFEN VON NEAPEL

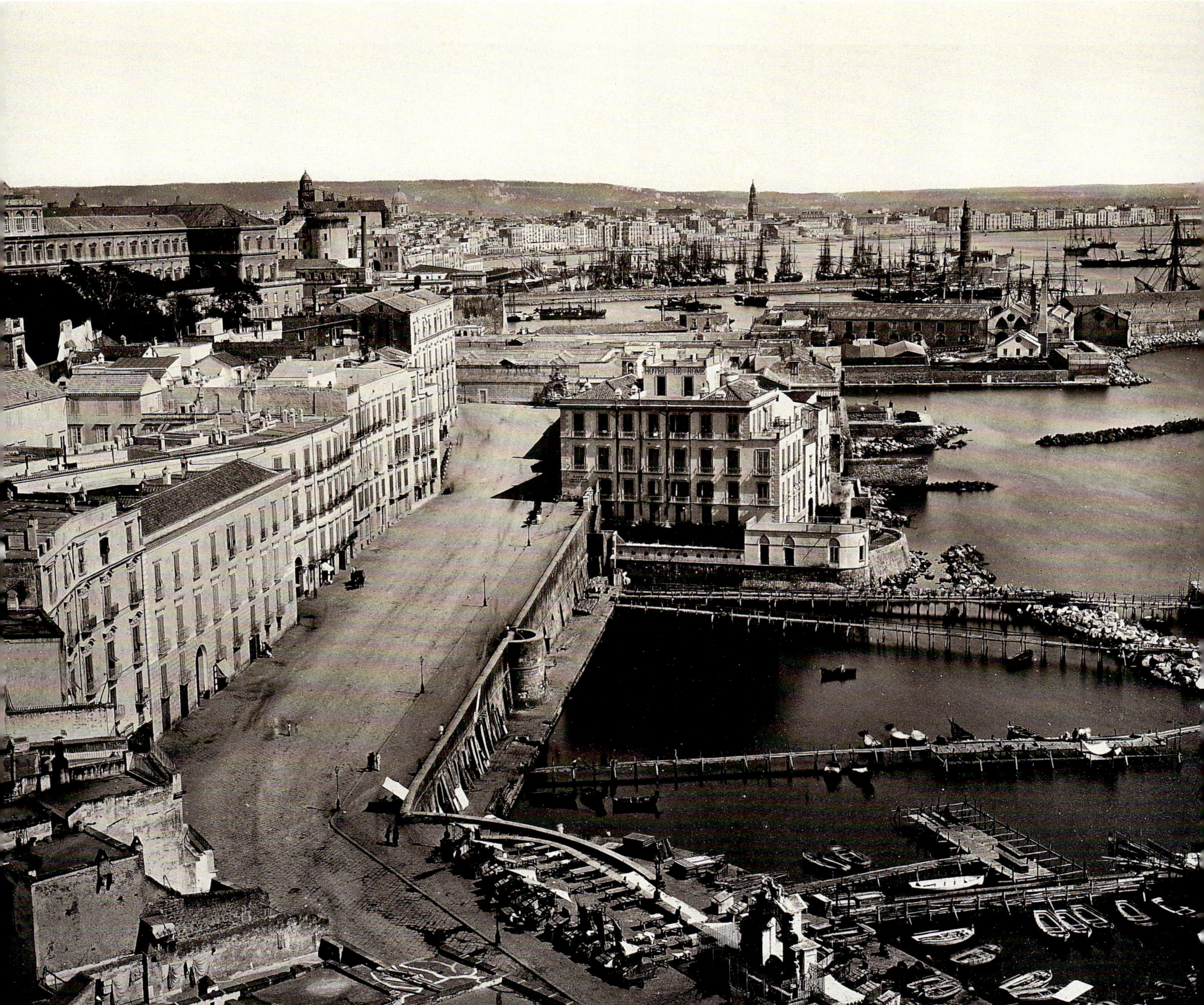

LINKE SEITE
GIORGIO SOMMER

Arsenal und St. Elmo, Neapel · Zwischen 1860 und 1865 · Abzug auf Albuminpapier, 17,9 × 23,8 cm

1857 zieht Giorgio Sommer aus seiner Heimatstadt Frankfurt am Main nach Italien, wo er zeitgleich ein Fotoatelier in Rom und eines in Neapel eröffnet. Seine Spezialität sind Souvenirfotos für wohlhabende Touristen, wobei er hauptsächlich die architektonischen und musealen Schätze italienischer Städte ablichtet. Seine Fotos von Neapel haben jedoch mehr als nur Souvenircharakter. Sie dokumentieren den tiefgreifenden Wandel der Stadt im Zuge der Vereinigung Italiens.

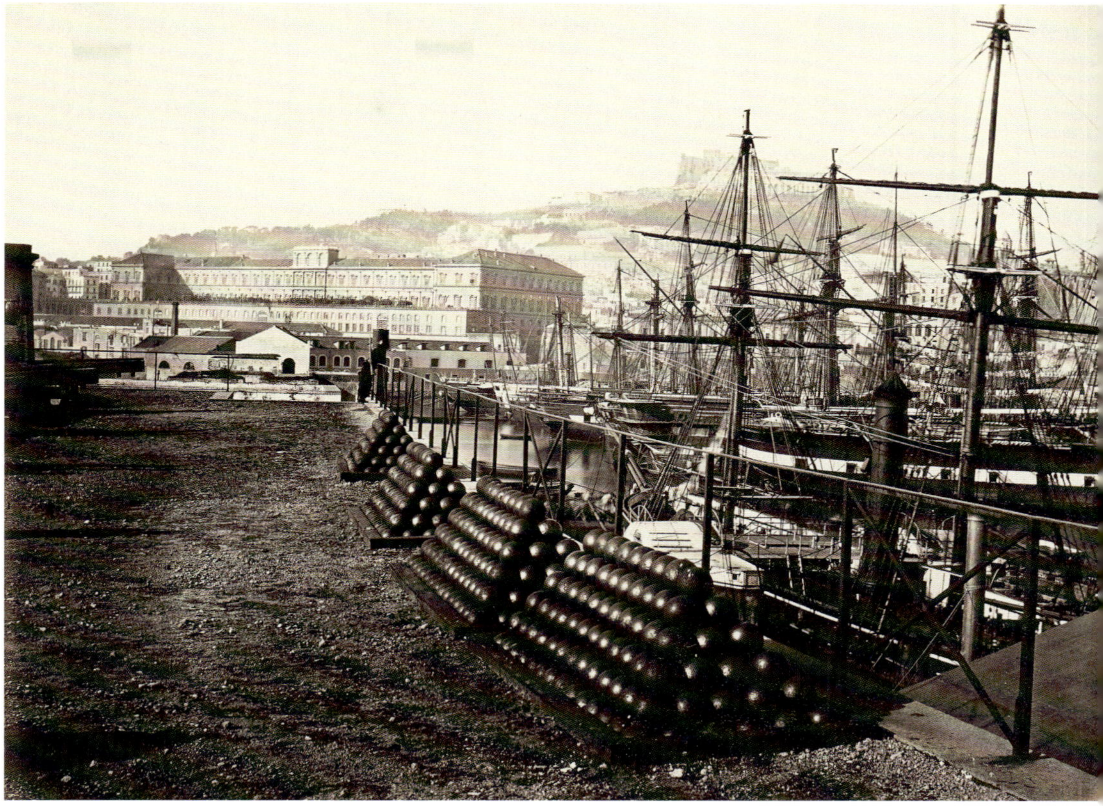

OBEN
GIORGIO SOMMER

Hôtel de Rome, Santa Lucia, Neapel · Zwischen 1860 und 1865 · Abzug auf Albuminpapier, 20 × 24,6 cm

Seine ersten Aufnahmen von Hafen und Anlegeplätzen im Stadtteil Santa Lucia macht Giorgio Sommer in den 1860er-Jahren, noch vor den Stadterneuerungsarbeiten. Die großangelegten Sanierungs- und Umbaumaßnahmen im historischen Stadtkern, das sogenannte Risanamento, beginnen 1885. Ziel sind Ausbau und bessere Anbindung des Hafens. Das in der Mitte des Fotos zu sehende Hôtel de Rome wird im Verlauf der Bauarbeiten abgerissen. Es muss breiteren, mit Patrizierhäusern gesäumten Straßen weichen, die auf neuem, dem Meer abgetrotzten Baugrund entstehen.

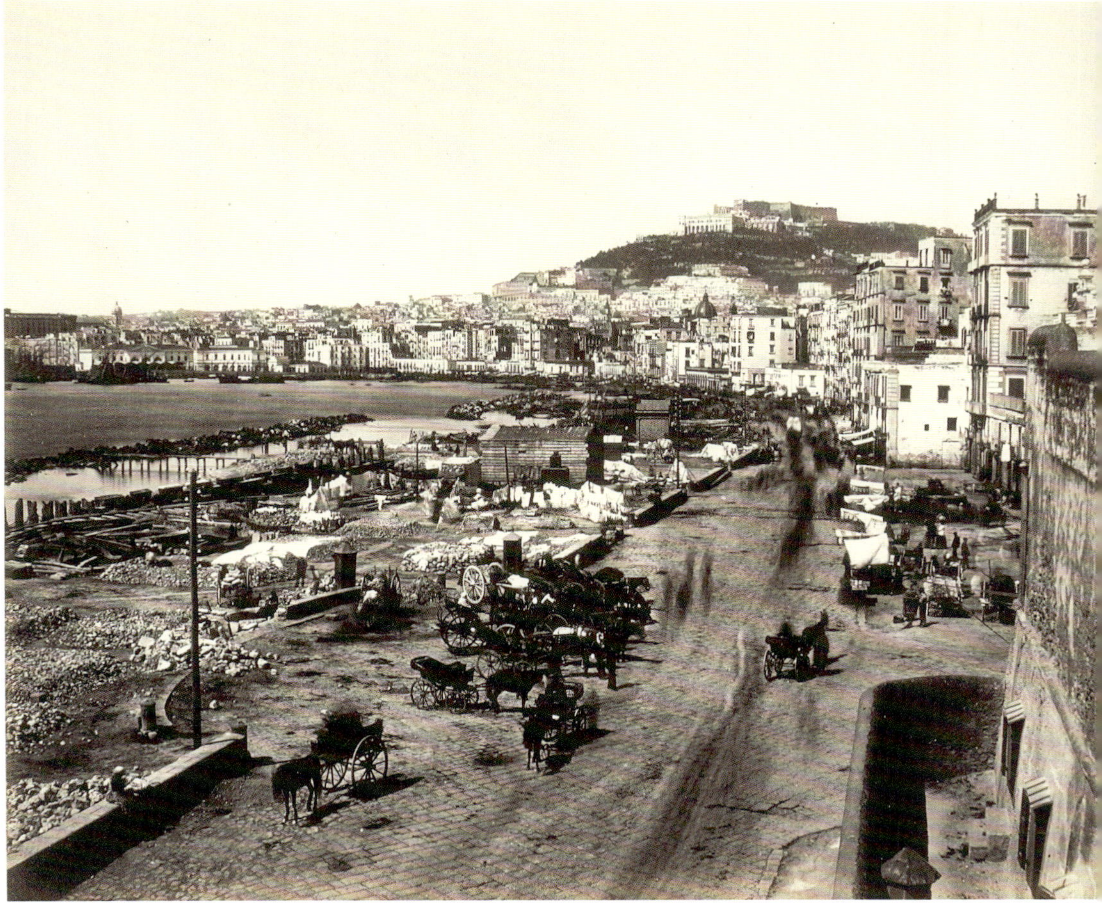

UNTEN
GIORGIO SOMMER

Marina und St. Elmo, Neapel · Zwischen 1873 und 1876 · Abzug auf Albuminpapier, 19,9 × 24,2 cm

Der Ausbau des Hafens macht die ufernahen Straßen Neapels zur Großbaustelle. In der Via della Marina laden Pferdefuhrwerke Auffüllmaterial ab. Tag für Tag werden Unmengen an Sand, Kies und Schotter in den Hafen gekippt, um mittels Aufschüttung zusätzlichen Baugrund zu gewinnen. Im neuen Viertel Chiaia kauft auch Sommer ein Baugrundstück. Seine Fotos dokumentieren nicht nur den Ausbau des Hafens, sondern auch die privaten Bauprojekte einer wohlhabenden Mittelschicht, der auch er angehört.

DAS ARCHITEKTURERBE AUF DEM

BALKAN

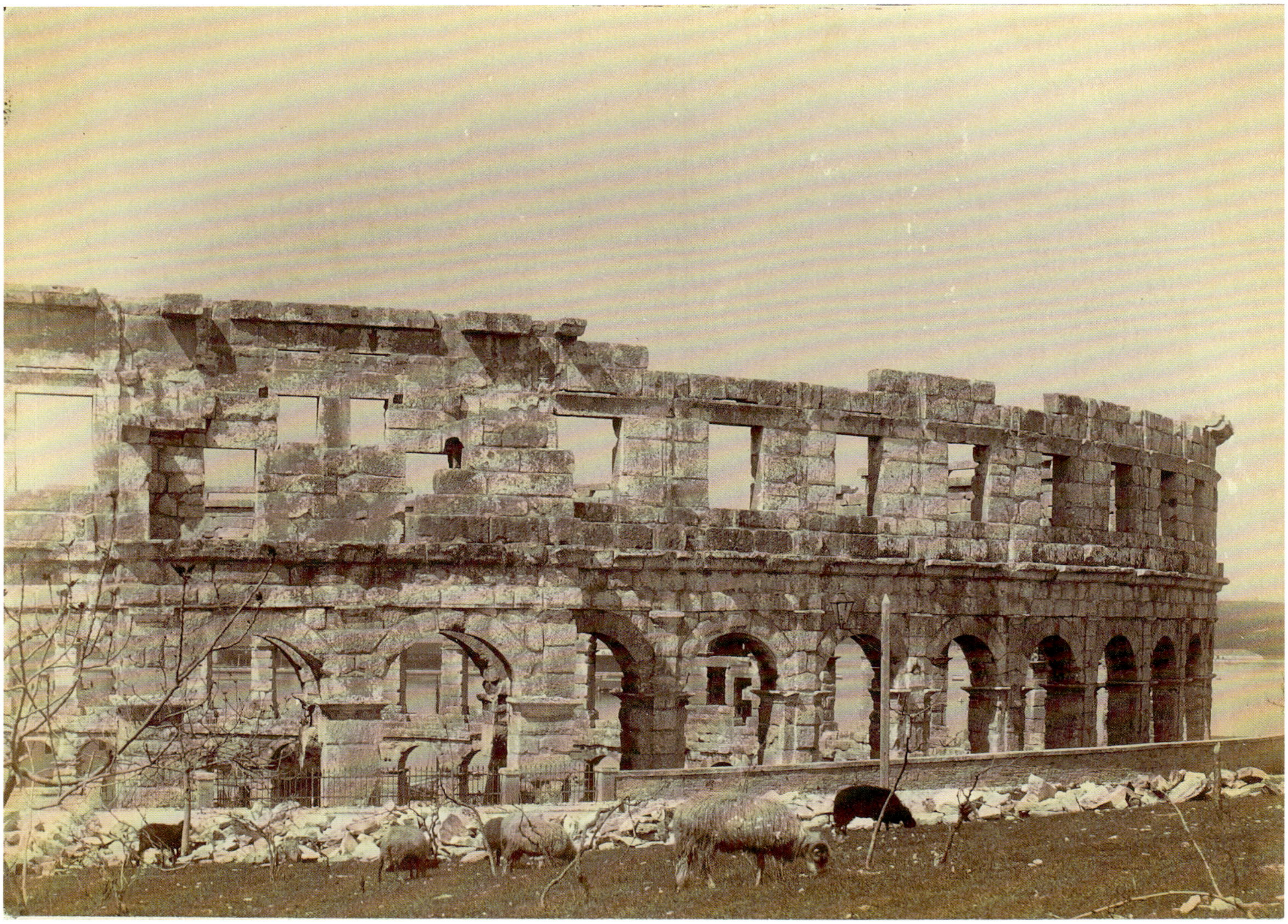

HUBERT VAFFIER

Arena in Pola, Westansicht · 1892 ·
Abzug auf Albuminpapier, 12,2 × 16,9 cm

Hubert Vaffier, Kaufmann und Industrieller aus dem Departement Saône-et-Loire, ist nicht nur ein Freund der Berge und Mitglied des Club alpin français, sondern zudem auch Hobbyfotograf und Mitglied der Société de Géographie. Nachdem er zwischen 1885 und 1891 mehrmals Frankreich, Spanien, Portugal, Algerien und Tunesien bereist hat, schickt ihn das französische Bildungsministerium 1892 an die österreich-ungarische und die griechische Adriaküste.

HUBERT VAFFIER

Sarajevo, Fluss und Talkessel · 1892 ·
Abzug auf Albuminpapier, 12,2 × 16,8 cm

Das osmanische Kulturerbe auf dem Balkan, das Vaffier bisher weder von Bildern noch aus Büchern kannte, ist für ihn etwas völlig Neues. Hier eine Stadtansicht von Sarajevo: typisch osmanische Holzhäuser am Ufer der Miljacka, dahinter ein Minarett. Das Foto ist im Übrigen auch ein wertvolles historisches Zeugnis, denn es zeigt die mittlerweile unter österreichisch-ungarischer Herrschaft stehende Stadt einige Jahre vor dem Umbau.

HUBERT VAFFIER

Trau, Blick ins Innere der Loggia · 1892 ·
Abzug auf Albuminpapier, 12,2 x 16,8 cm

Vaffier geht es in erster Linie darum, mit seinen Architekturfotos die verschiedenen Einflüsse aus den einzelnen Epochen der Geschichte zu dokumentieren. In einer Region, die an der Schnittstelle vieler Kulturen liegt, sind diese Einflüsse auch an den Bauwerken zu erkennen, so zum Beispiel der Markuslöwe am Hochrelief der Loggia von Trau (Trogir), ein Überbleibsel aus der Zeit, als die Stadt noch Teil der Republik Venedig war.

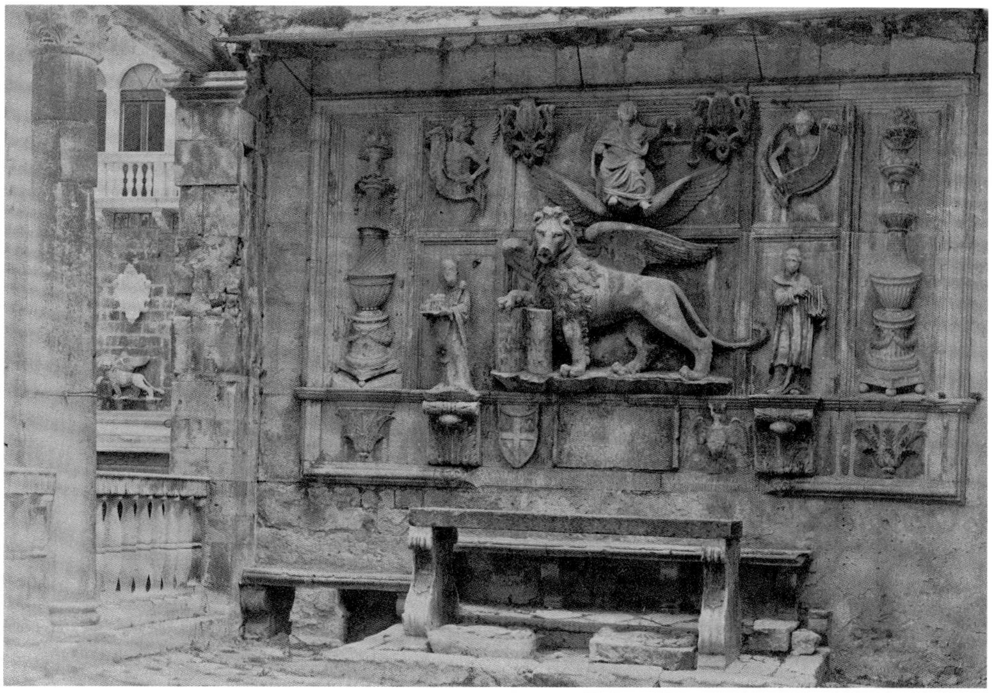

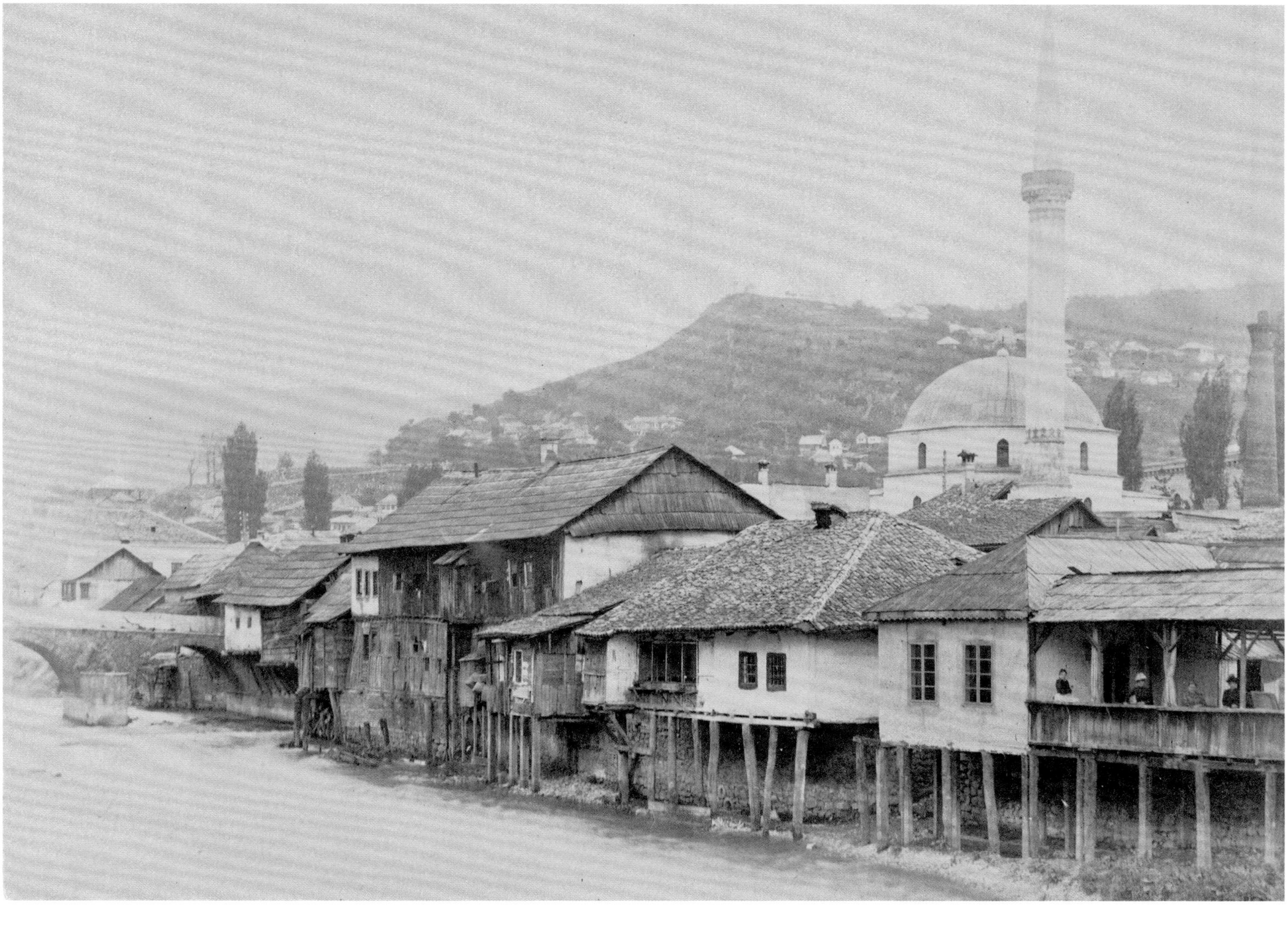

MENSCHEN UND TRACHTEN AUS
RUMÄNIEN

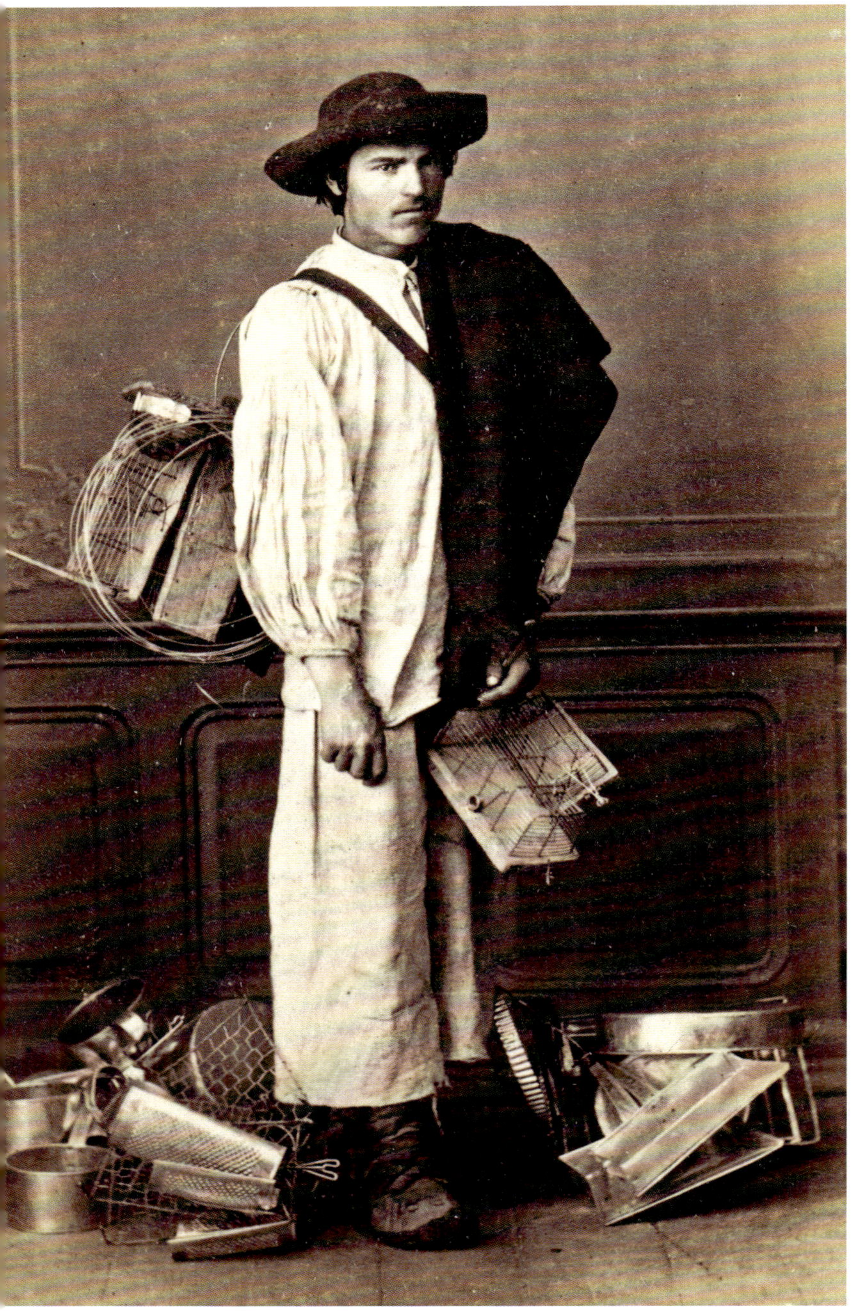

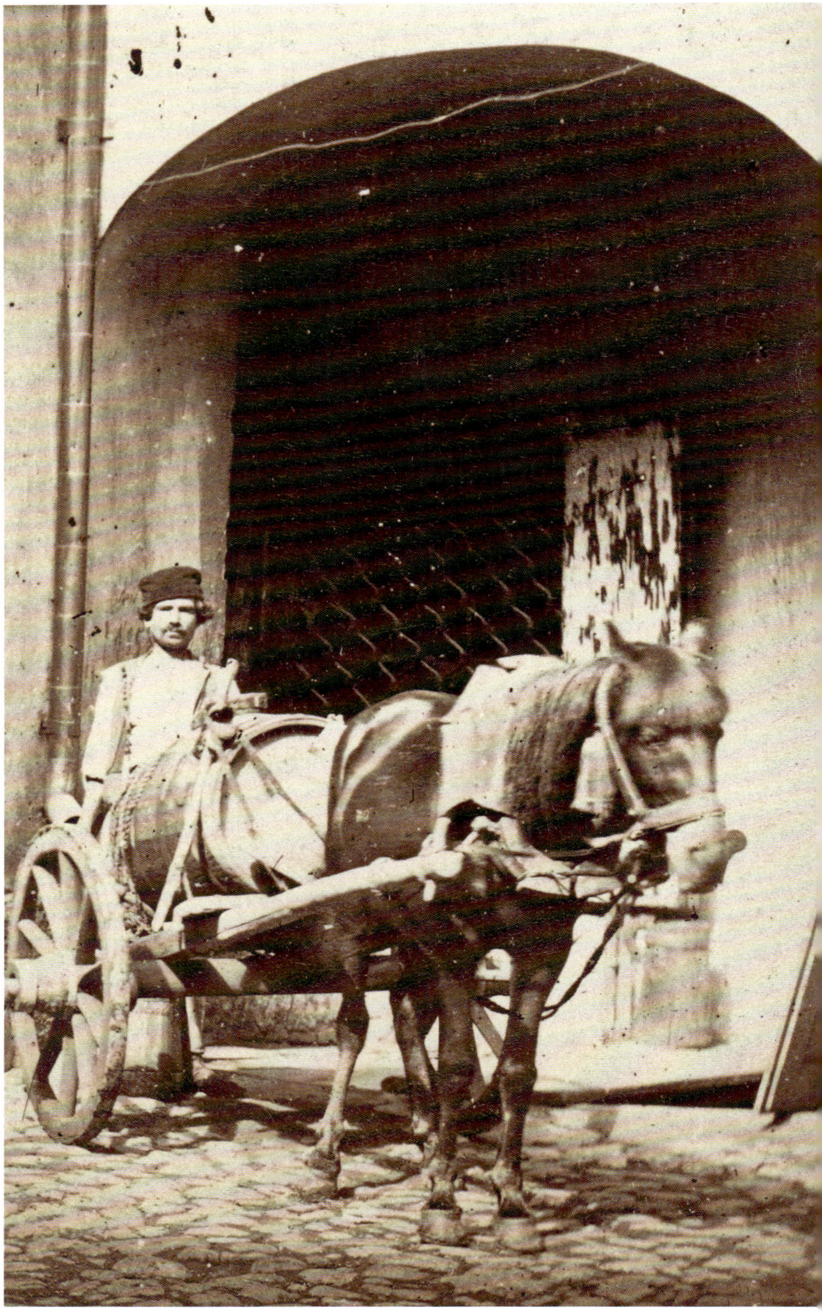

LINKE SEITE
CAROL POPP DE SZATHMARI

Fliegender Eisenwarenhändler in Bukarest · 1860er-Jahre · Abzug auf Albuminpapier, 9,2 × 5,8 cm

CAROL POPP DE SZATHMARI

Wasserverkäufer · 1860er-Jahre · Abzug auf Albuminpapier, 9,2 × 5,7 cm

Nach dem Besuch der Weltausstellung reist Élisée Reclus in Begleitung des Geografen Attila de Gérando im Juli/August 1873 zunächst nach Budapest und dann weiter nach Transsylvanien. Zehn Jahre später durchquert er auf einer Reise nach Konstantinopel erneut Transsylvanien und Südrumänien. Diese Fotos erwirbt Reclus vermutlich bei seinem Bukarest-Aufenthalt 1883. Drei Jahre später schenkt er sie der Société de Géographie. Carol Popp de Szathmari ist zu dieser Zeit der bekannteste und erfahrenste Fotograf Bukarests. Berühmt wurde der österreichisch-ungarische Maler und Fotograf 1854 mit seinen Fotos vom Krimkrieg. Als Hoffotograf Königs Carol I. von Rumänien ist er auf Porträts spezialisiert, lichtet aber keinesfalls nur hochrangige Persönlichkeiten ab, sondern macht unter anderem eine Reihe von Studioaufnahmen mit dem Titel *Menschen und Trachten aus Rumänien.*

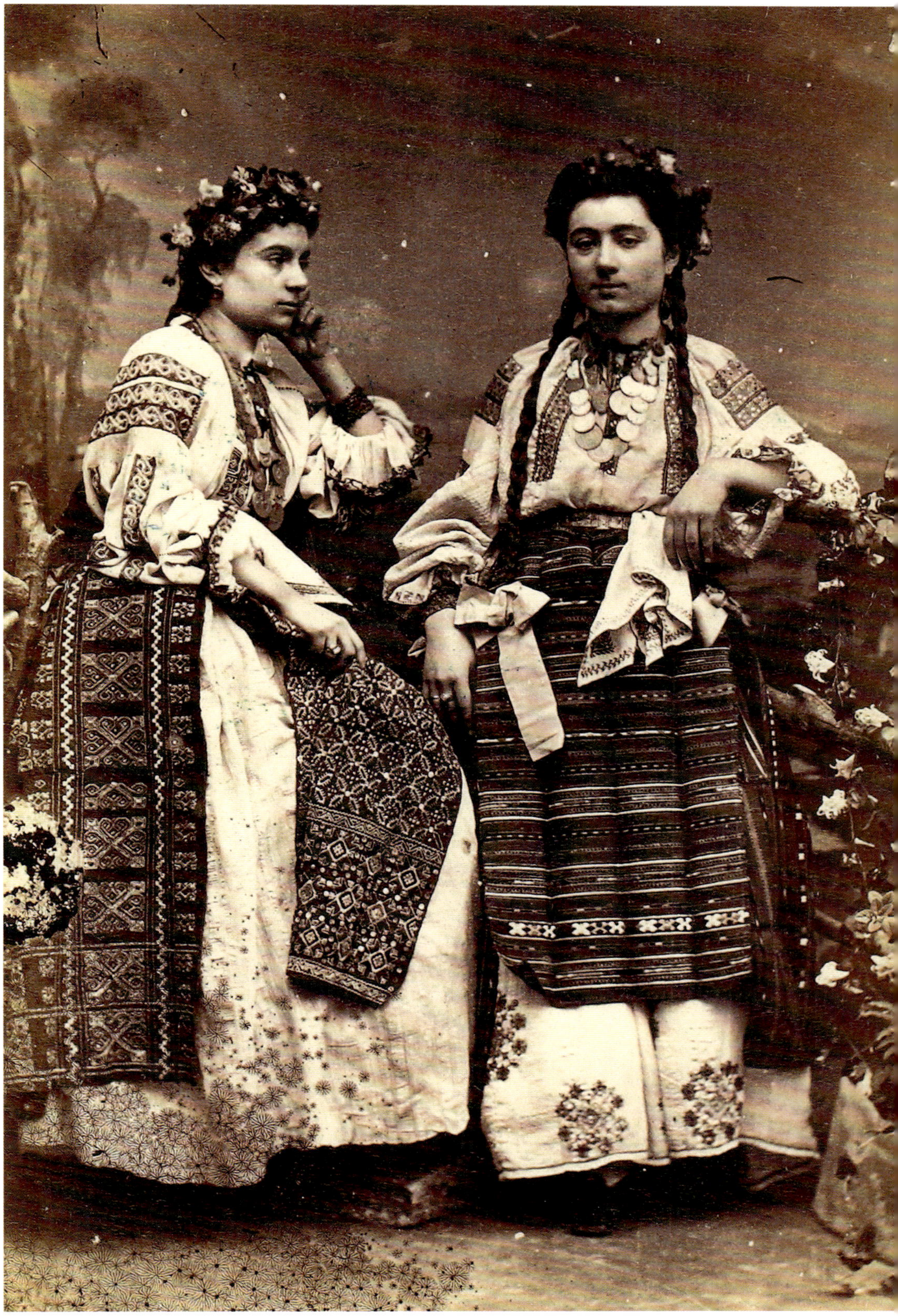

CAROL POPP DE SZATHMARI

Trachten aus Campolongo · 1860er-Jahre · Abzug auf Albuminpapier, 9,1 × 5,7 cm

Die von Élisée Reclus mitgebrachten Fotos tragen eindeutig ethnografische Züge: Vertreter einfacher Berufe, Bauern und Bäuerinnen in den typischen Kostümen der Walachei oder der südlichen Ausläufer der Karpaten. Dieses Genre der Fotografie entwickelt sich ab den 1850er-Jahren im Zuge der Orientbegeisterung, der Verschiebung der Grenzen und der Entdeckung neuer Volksgruppen. Szathmari präsentiert seine Fotos mit großem Erfolg auf den Weltausstellungen in Paris (1867) und in Wien (1873).

DER ZAUBER VON
KONSTANTINOPEL

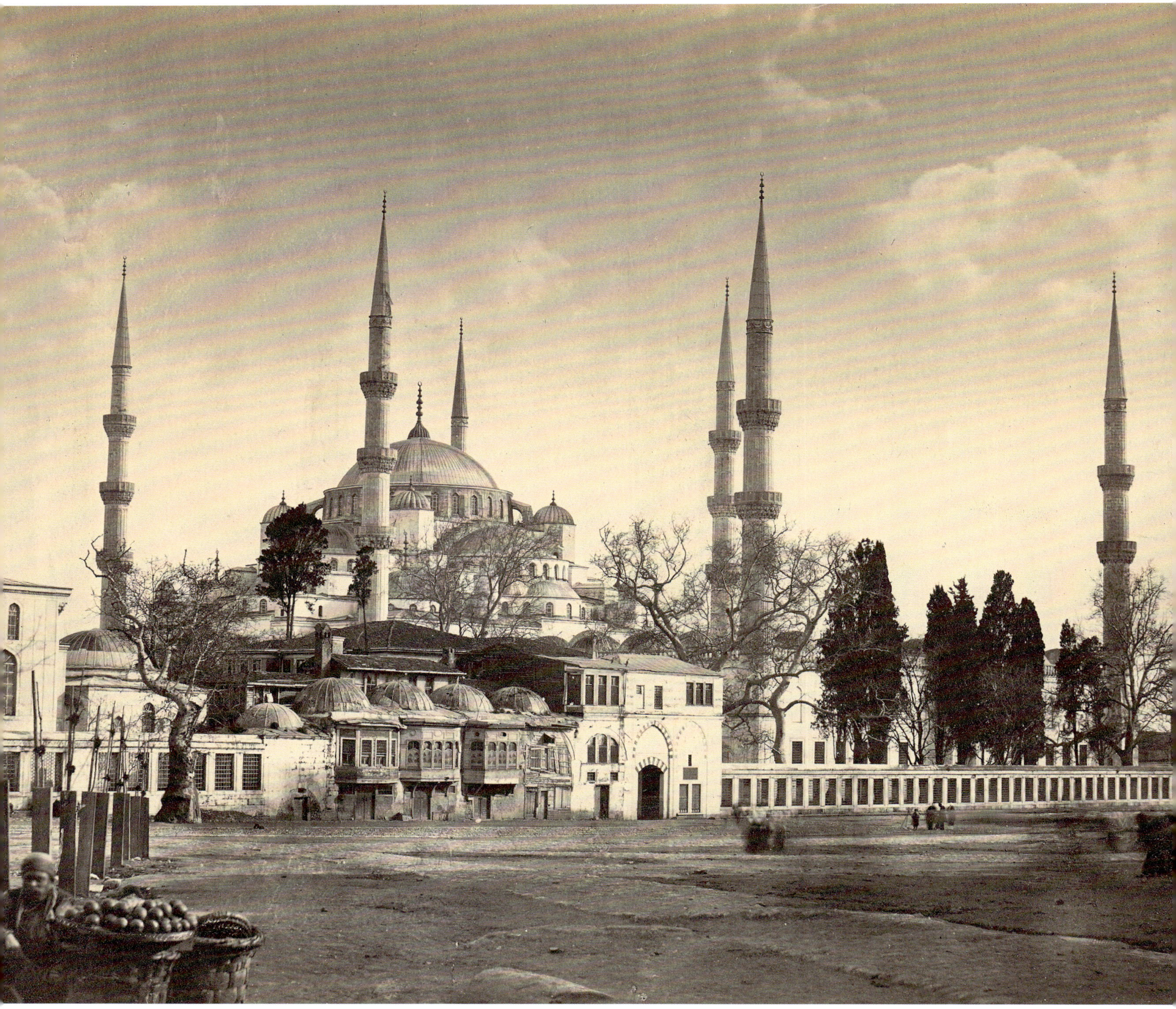

LINKE SEITE
GEBRÜDER ABDULLAH

Die Sultan-Ahmed-Moschee · 1860er-Jahre · Abzug auf Albuminpapier, 22 × 28,1 cm

1858 übernehmen die Brüder Hovsep, Vichen und Kevork Abdullah, Türken mit armenischen Wurzeln, das Atelier des deutschen Fotografen Rabach in Konstantinopel. 1863 werden sie Hoffotografen des Sultans Abdülaziz. Es dauert nur wenige Jahre, bis sie sich auch international einen Namen machen. Während sich ihre Fotos in der Spätphase kaum von denen anderer kommerzieller Orientfotografen unterscheiden, sind die Aufnahmen aus den ersten zehn Jahren ihrer Tätigkeit deutlich individueller, allerdings auch sehr viel seltener.

OBEN
GEBRÜDER ABDULLAH

Straße in Beykoz, Bosporus · 1860er-Jahre · Abzug auf Albuminpapier, 24,1 × 29,5 cm

Die Gebrüder Abdullah werden vom Sultan in sämtliche Winkel des Osmanischen Reichs geschickt. Die im Besitz der Société de Géographie befindlichen 241 Aufnahmen sind auf Konstantinopel und die unmittelbare Umgebung beschränkt, dafür aber motivisch äußerst vielfältig. Ob Osmanische Paläste, Architekturdetails, Bosporus-Ufer, Handwerker, Händler oder Studioporträts, auf allen Bildern scheint die kulturelle und religiöse Vielfalt der Bosporus-Metropole durch. Straßenszenen wie diese in Beykoz, einem kleinen Hafen auf der asiatischen Seite Konstantinopels, sind allerdings eher selten.

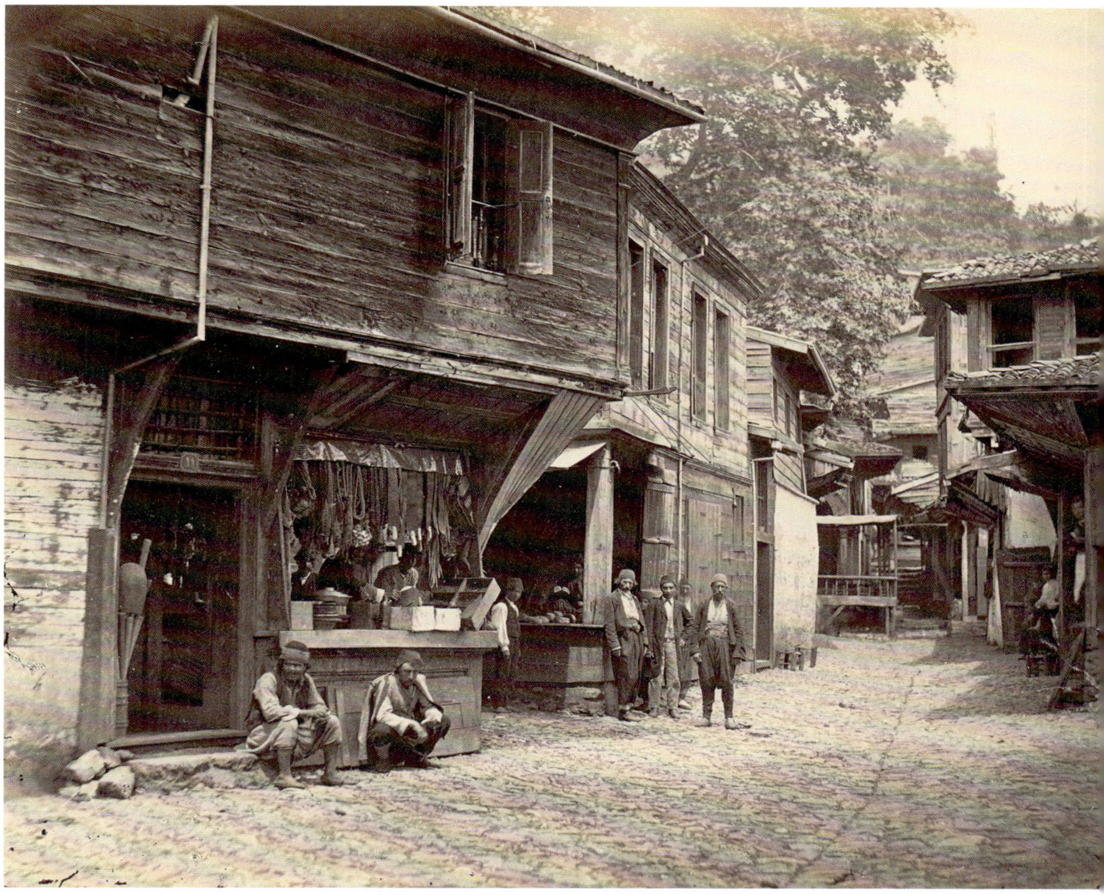

UNTEN
GEBRÜDER ABDULLAH

Blick vom Galataturm auf das Goldene Horn · 1860er-Jahre · Abzug auf Albuminpapier, 22,5 × 30,5 cm

Das Goldene Horn, der natürliche Hafen Konstantinopels, bietet dem Betrachter einen unvergesslichen Blick auf die Bauwerke und Moscheen des historischen Stadtkerns. Drei Jahrzehnte später verfällt auch der französische Schriftsteller Pierre Loti dem Charme des Ortes: »Mitten auf dem Goldenen Horn, wir folgen noch immer dem Flusslauf, dringt von beiden Ufern plötzlich lautes, lediglich durch die Entfernung abgeschwächtes orientalisches Stimmengewirr an unser Ohr, diese für Konstantinopel typische Geräuschkulisse, die ich aus allen anderen Geräuschen heraushören würde.« (aus: *Fantôme d'Orient*)

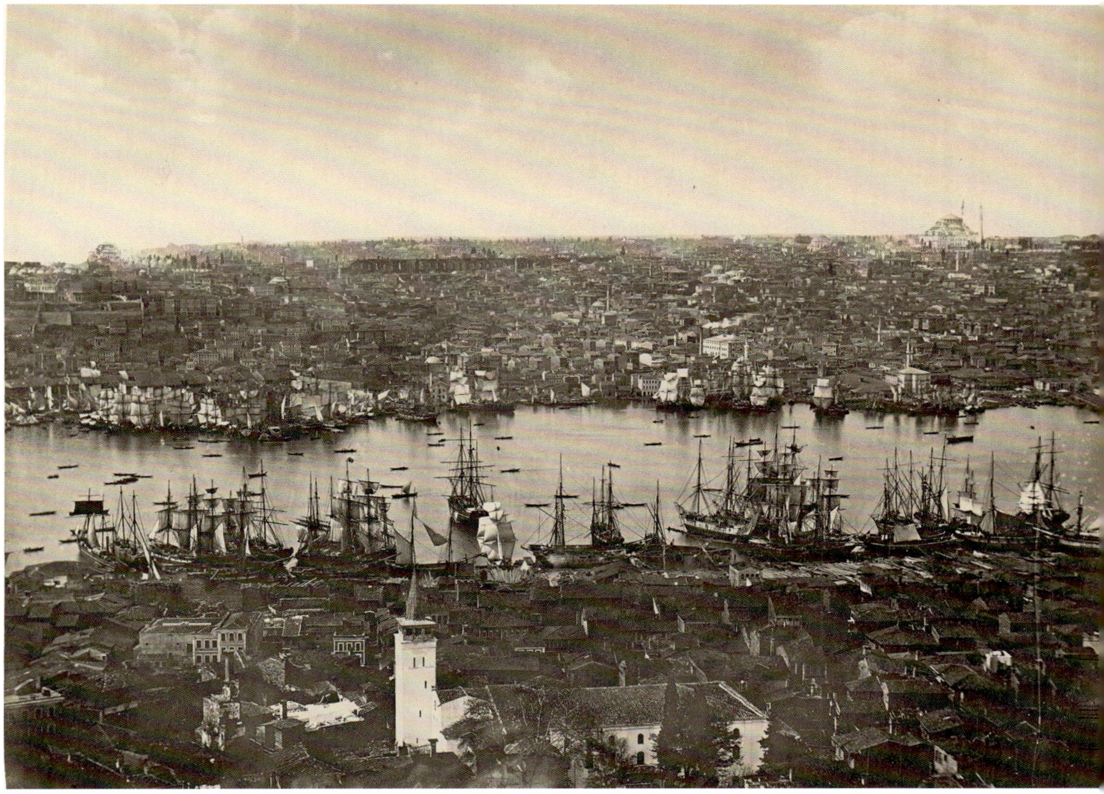

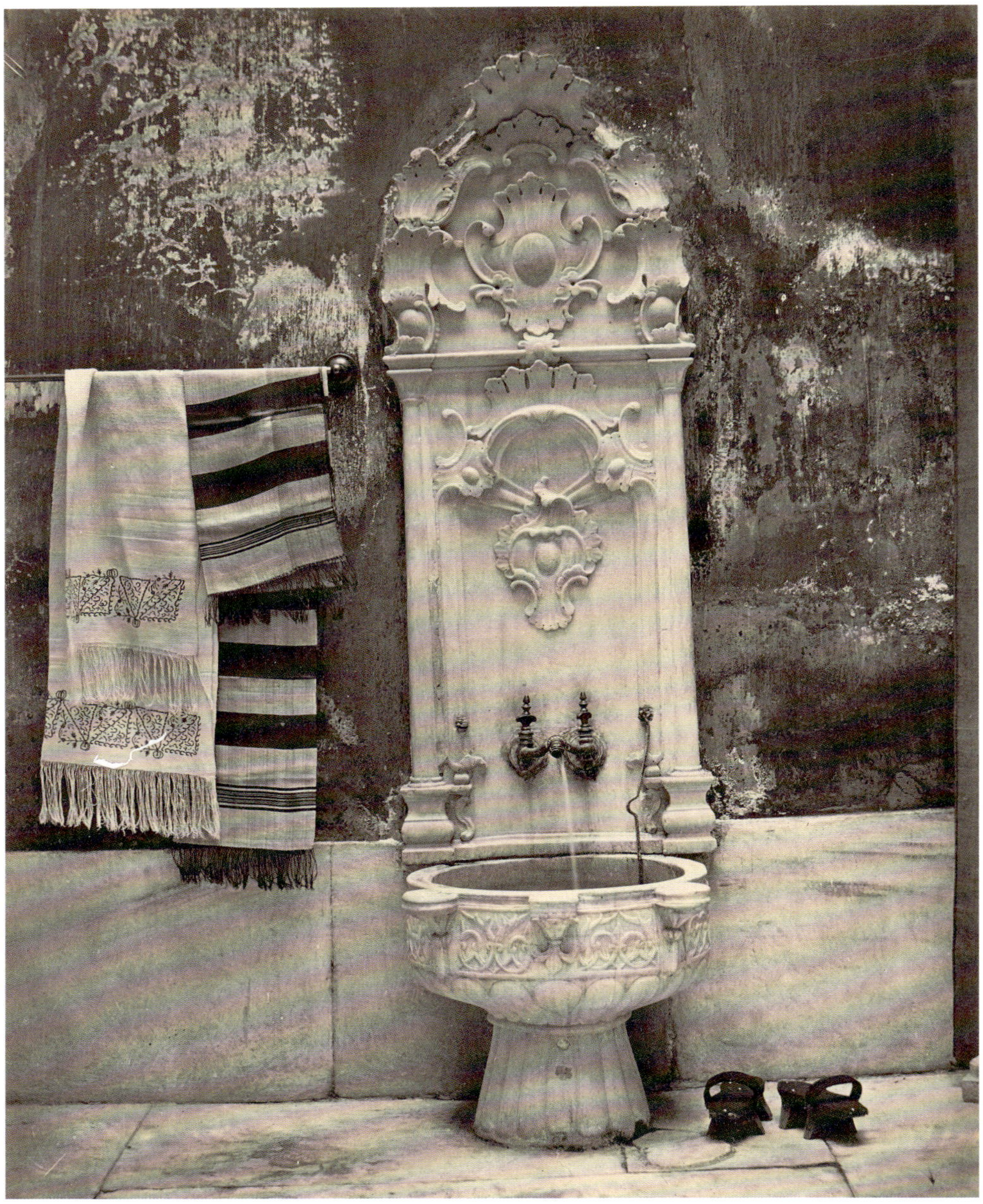

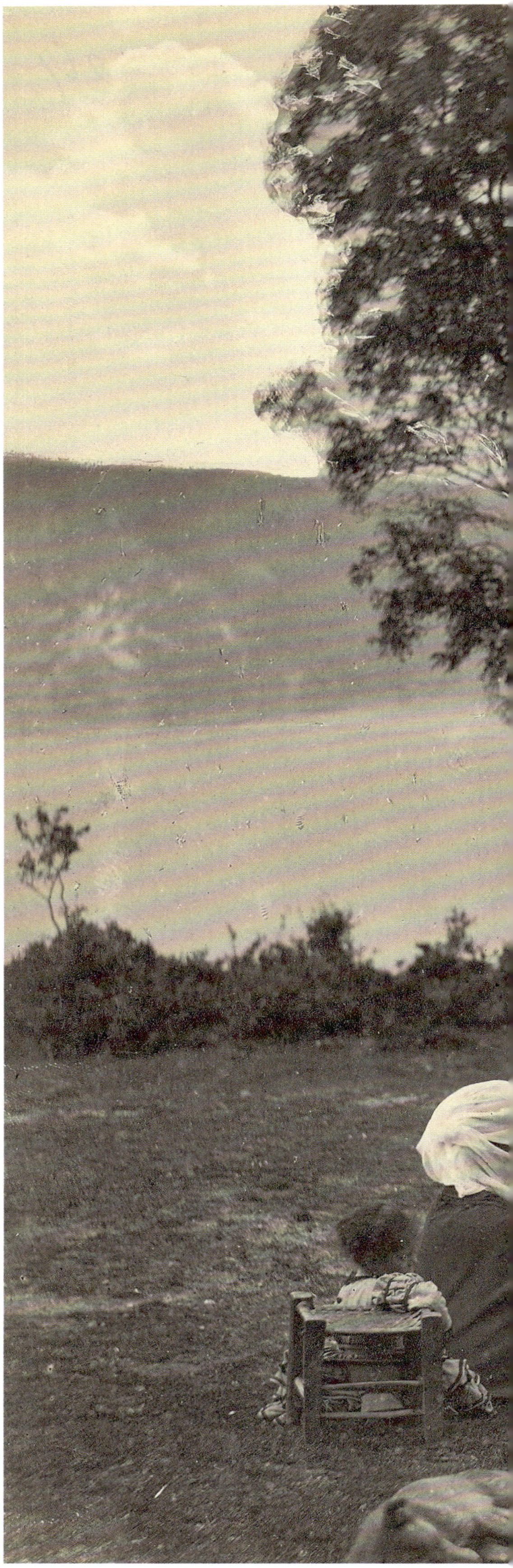

GEBRÜDER ABDULLAH

Türkisches Bad im Harem, Yildiz-Palast · 1860er-Jahre · Abzug auf Albuminpapier, 29,5 × 22,9 cm

Um den geheimnisvollen Harem ranken sich seit jeher zahlreiche Fantasien. Mit diesem Foto beweist der Fotograf, der als Mann solche verbotenen Orte nicht betreten darf, sein herausragendes suggestives Talent. Ein Paar orientalische Holzsandalen neben dem Waschbecken und zwei über die Stange gehängte Tücher genügen, um Bilder von türkischen Bädern und badenden Frauen zu evozieren. Diese Aufnahme stammt aus dem Fotoband *Das alte und das neue Konstantinopel,* den die Gebrüder Abdullah 1869 veröffentlichen.

GEBRÜDER ABDULLAH

Türkische Familie auf dem Riesenberg an der Mündung zum Schwarzen Meer, asiatische Seite · 1860er-Jahre · Abzug auf Albuminpapier, 22,9 × 30,3 cm

Vermutlich war es Admiral Pâris, der erste Besitzer dieser Aufnahmen von den Gebrüdern Abdullah, der dem Foto den irreführenden Titel gab. In Wirklichkeit handelt es sich um drei Haremsfrauen, die ihren begleiteten Ausgang für einen Ausflug auf einen der Berge am Ufer des Bosporus nutzen. Die leere elegante Kutsche, der wie durch Zauber in Tiefschlaf verfallene Hund und der Blick der verschleierten Frauen schaffen eine Atmosphäre wie in den Geschichten aus *Tausendundeine Nacht.*

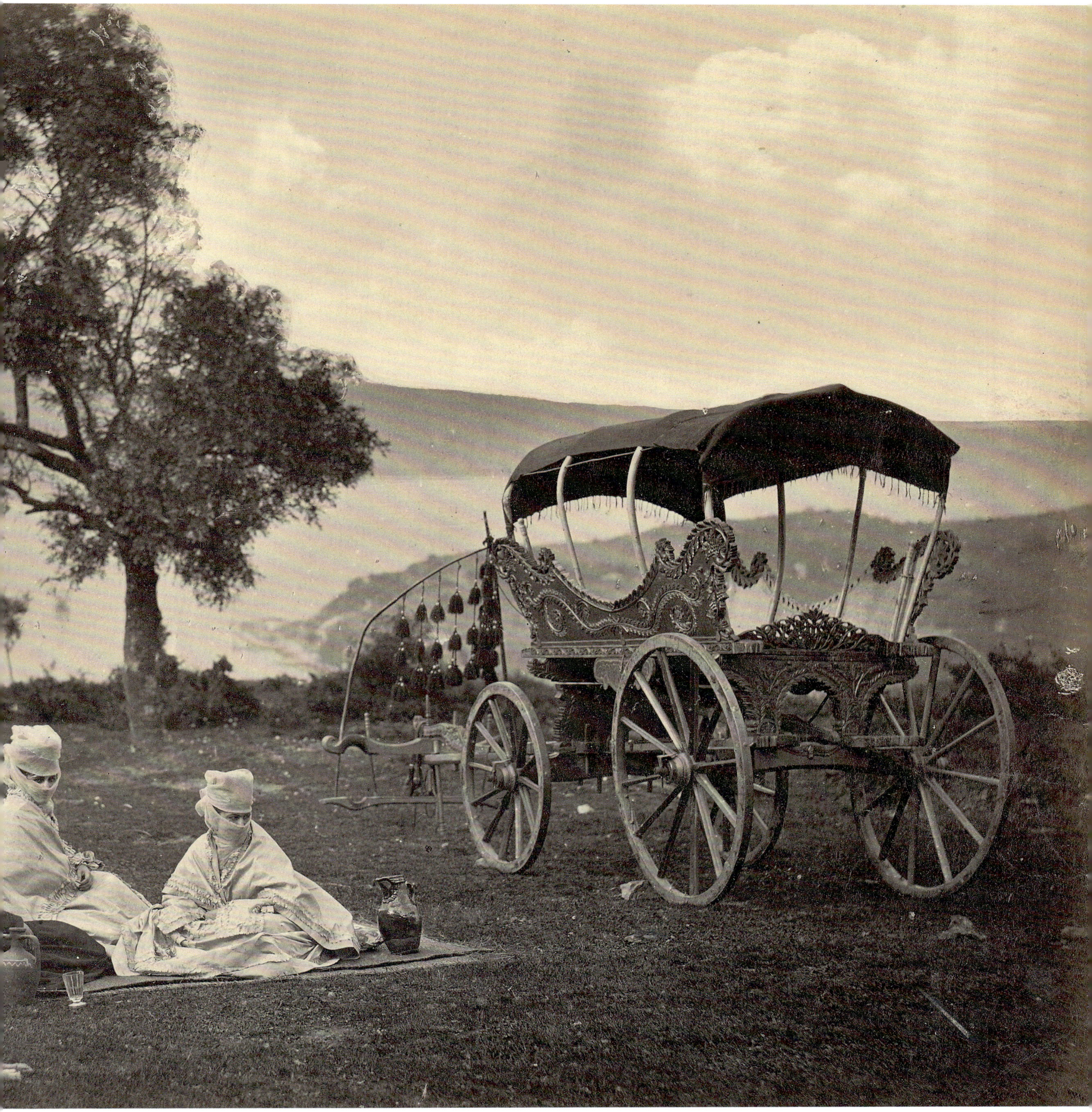

UNTER OSMANISCHER HERRSCHAFT

ARMENIEN

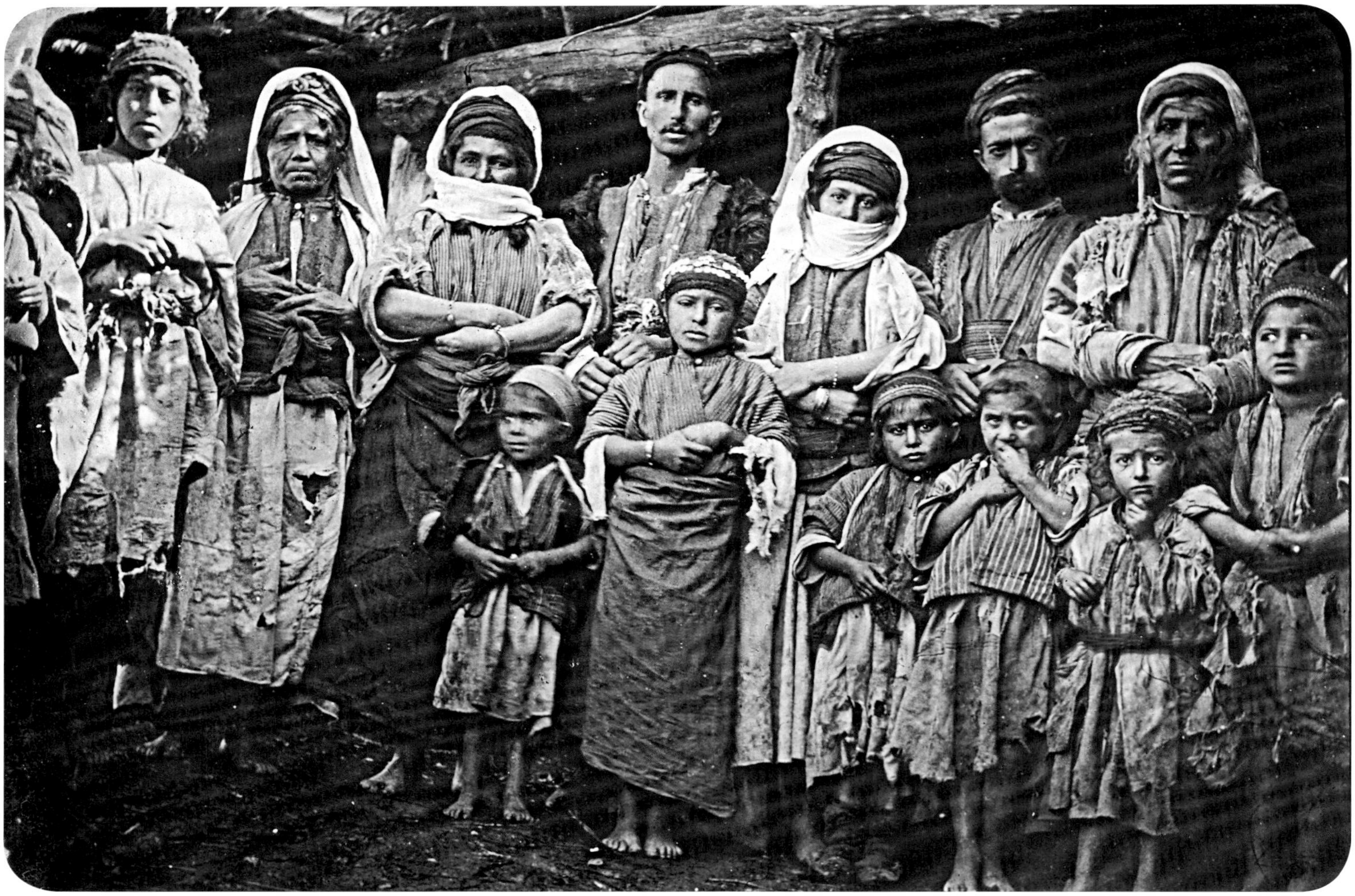

FERNAND GRENARD
(DUPLIKATNEGATIV MOLTENI)

Armenische Familie aus Sasun · 1902/03 · Diapositiv auf Glas, 10 × 8,5 cm

Fernand Grenard, Absolvent der Hochschule für orientalische Sprachen, nimmt unter Leitung von Jules Dutreuil de Rhins von 1892 bis 1894 an einer Expedition nach Hoch-Asien teil. Nach seiner Rückkehr tritt er in den Dienst des Außenministeriums und wird französischer Vizekonsul im Osten des Osmanischen Reiches, zunächst in Sivas, später dann in Erzurum. 1902/03 reist er in die Region westlich des Vansees. Seine Beobachtungen vor Ort sind Gegenstand eines Vortrags über die schwierigen Beziehungen zwischen Kurden und Armeniern, den er am 8. April 1904 vor Mitgliedern und Gästen der Société de Géographie hält.

FERNAND GRENARD
(DUPLIKATNEGATIV MOLTENI)

Das Heilige-Apostel-Kloster bei Muş, Armenien · 1902/03 · Diapositiv auf Glas, 10 × 8,5 cm

Fernand Grenard fotografiert vorzugsweise Bastionen des armenischen Widerstands gegen Sultan Abdülhamid II. und seine Truppen. Die brutale Niederschlagung des Aufstands von Sasun 1894 ist das erste einer ganzen Reihe von Massakern an der armenischen Bevölkerung, die 1915 in einem systematischen Völkermord gipfeln. Auch Kirchen und Klöster werden nicht verschont. Das Heilige-Apostel-Kloster, Hochburg der armenischen Kultur, wird 1895 geplündert und 20 Jahre später praktisch vollständig zerstört.

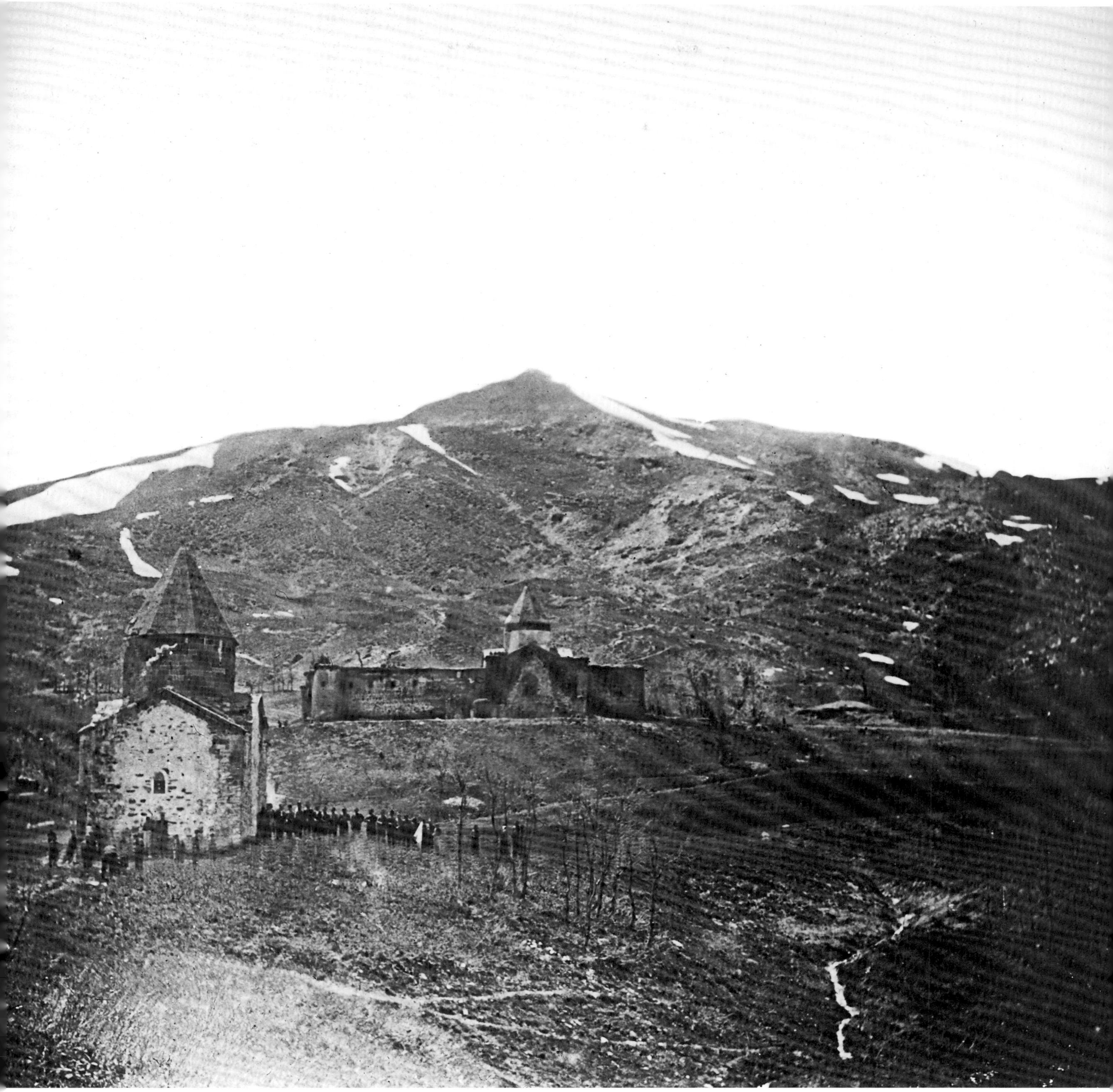

BILDER VOM
KRIEGSSCHAUPLATZ KRIM

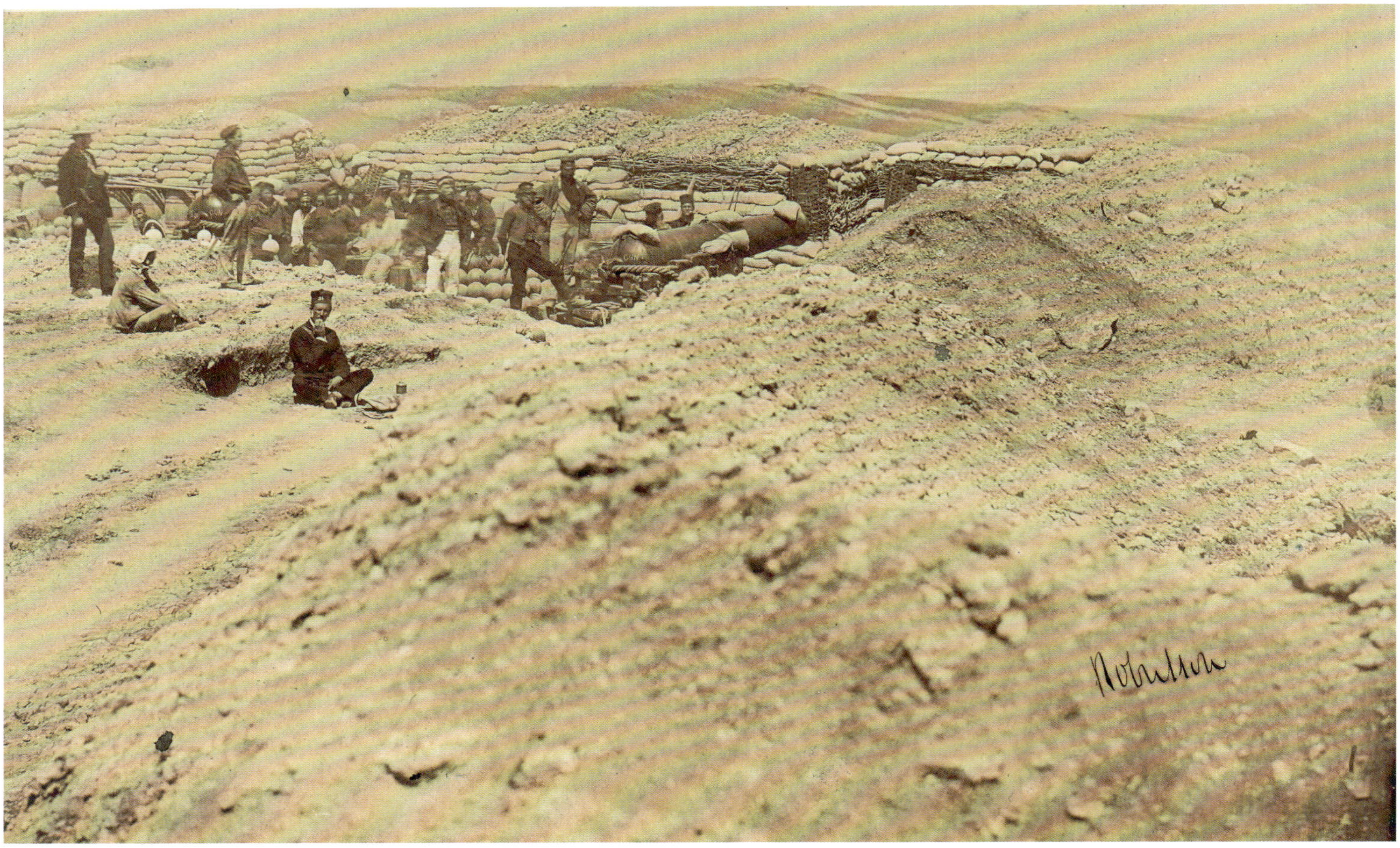

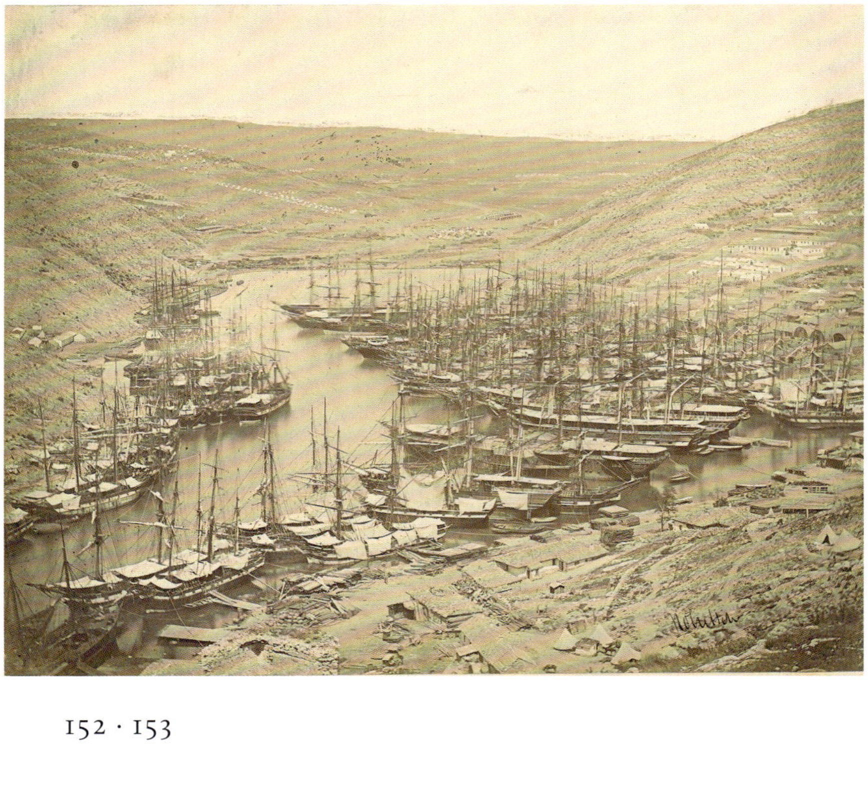

JAMES ROBERTSON

Englische Artilleriestellung · 1855 · Salzpapierabzug, 21,4 × 24,4 cm

Der Krimkrieg, in dem Russland von 1853 bis 1856 auf das Osmanische Reich und seine Verbündeten Frankreich, Großbritannien, später auch Sardinien-Piemont trifft, gilt als Geburtsstunde der modernen Kriegsberichterstattung. 1855 reagiert Königin Victoria auf die in der Presse geäußerte Kritik und schickt Roger Fenton als Fotoreporter auf die Krim. Ab März 1855 verfolgt Fenton das tägliche Truppengeschehen der Alliierten. Da er jedoch nicht ins belagerte Sewastopol hineinkommt, kehrt er bereits im Juni nach England zurück. Zeitgleich trifft James Robertson, ebenfalls britischer Fotograf, vor Ort ein.

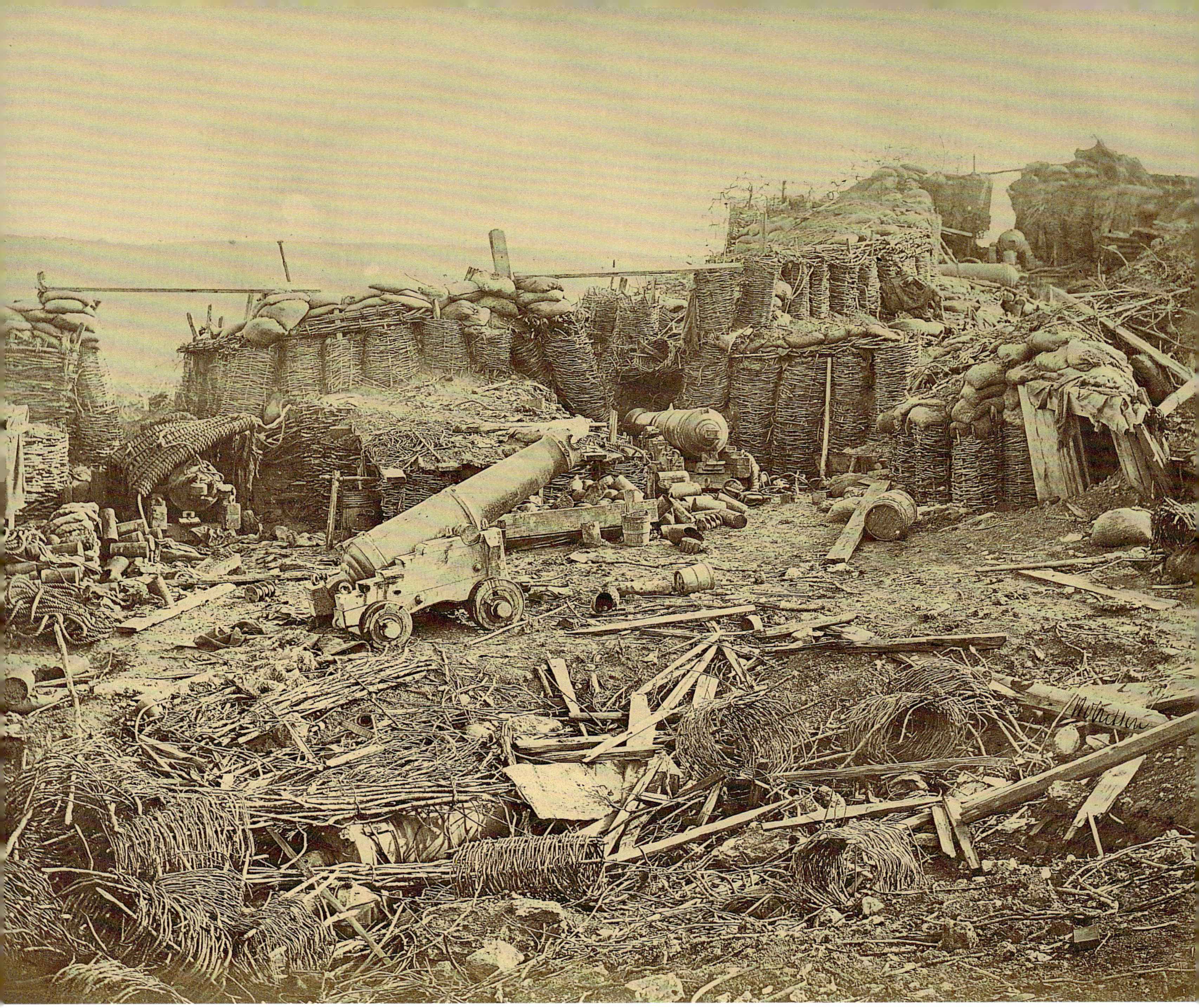

LINKE SEITE UNTEN

JAMES ROBERTSON

Der Hafen von Balaklawa · 1855/56 · Salzpapierabzug, 23,5 × 29,5 cm

Robertson fotografiert auch den Hafen von Balaklawa im Süden der Krim-Halbinsel, der einige Monate zuvor Schauplatz einer russischen Offensive zur Durchbrechung der Belagerung von Sewastopol war. Die drei hier abgedruckten Aufnahmen sind Teil eines Fotobands mit insgesamt 109 Bildern, den Robertson dem Expeditionsarzt Jean-Charles Chenu verkauft. 1886 gelangen die Fotos über Admiral Edmond Pâris, Leiter des Marinemuseums im Louvre, in den Besitz der Société de Géographie.

JAMES ROBERTSON

Blick hinter die Verschanzung · 1855 · Salzpapierabzug, 25 × 29,5 cm

Am 8. September 1855 fällt das von den Russen besetzte Sewastopol nach mehrmonatiger Belagerung in die Hände der Alliierten. Robertson fotografiert die verlassenen russischen Artilleriestellungen und Schanzen. Da es technisch noch nicht möglich ist, Truppenbewegungen oder Soldaten in der Schlacht zu fotografieren, erfolgt die Kriegsberichterstattung über Fotos von zerstörten Gebäuden und verlassenen Stellungen beziehungsweise über nachträgliche Aufnahmen von den Schauplätzen des Geschehens.

NOT UND ELEND IN

PODOLIEN

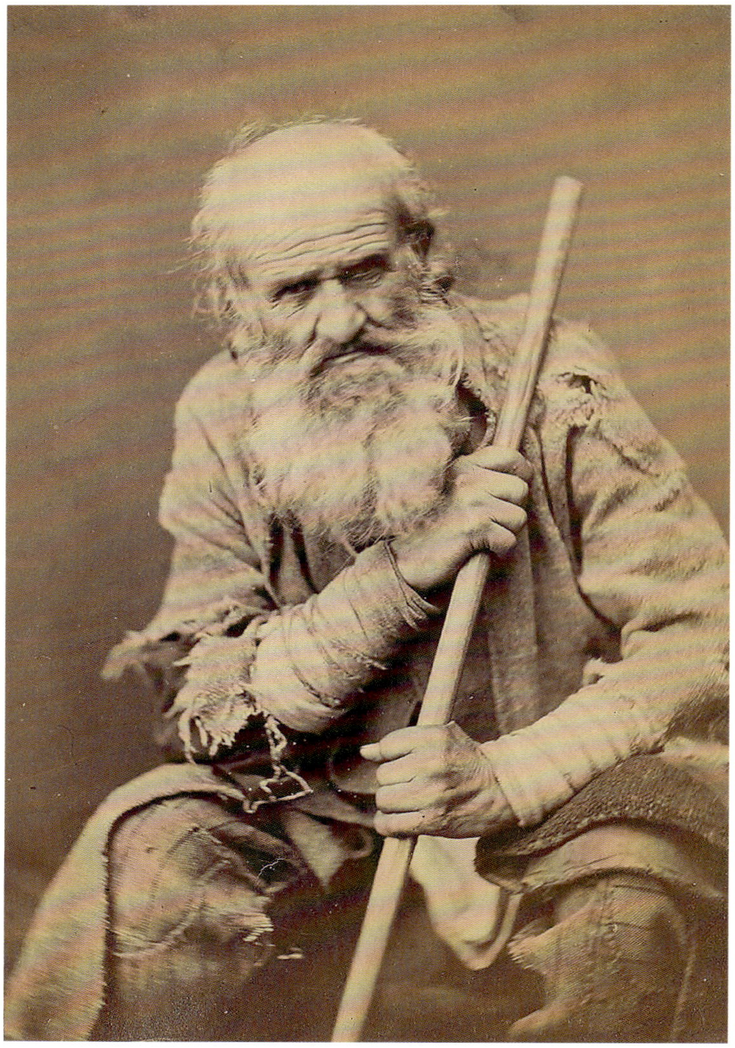

JOSEPH KORDYSCH

Bettler, Podolien · Um 1870 · Abzug auf Albuminpapier, 20,3 × 13,5 cm

Joseph Kordysch (polnisch: Józef Kordysz) ist um 1860 als Fotograf in Kamyanets-Podilskyi und Kiew tätig. Bekannt wurde er mit seinen Aufnahmen aus Podolien, einer kleinen Region im Westen der Ukraine zwischen Bug und Dnister. Seine bestechend realitätsnahen Fotostudien erscheinen 1870 in einem ethnografischen Fotoband über Kleinrussland, der 1875 den Teilnehmern des Internationalen Geographenkongresses vorgestellt wird.

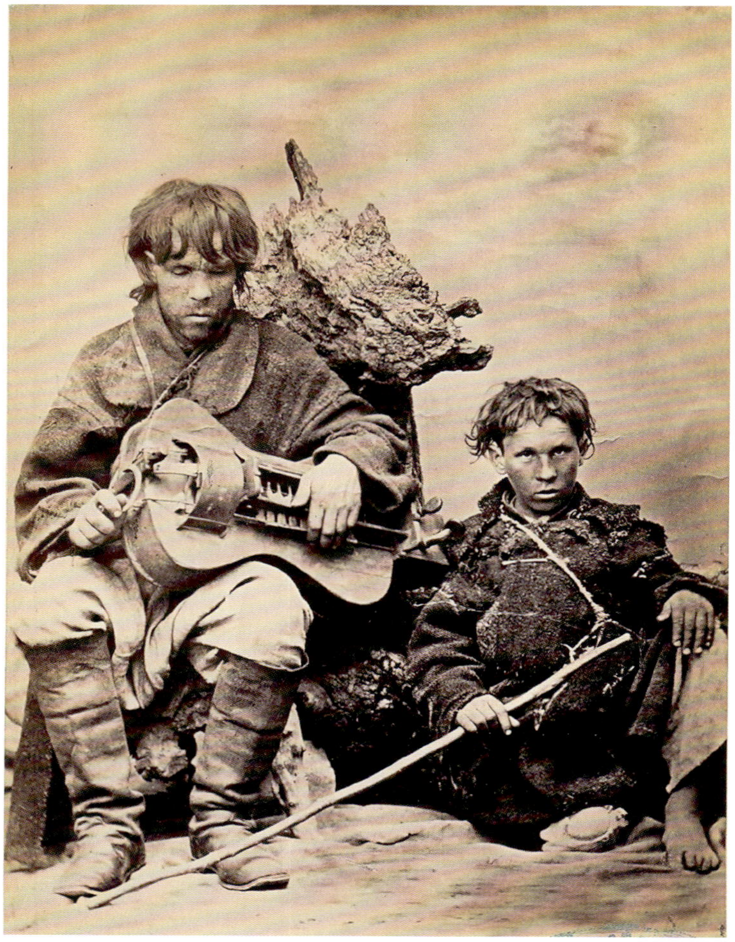

JOSEPH KORDYSCH

Blinder mit Blindenführer, Podolien · Um 1870 · Abzug auf Albuminpapier, 18,2 × 13,7 cm

Während der Arbeit am fünften Band der *Nouvelle Géographie universelle,* der sich mit dem skandinavischen und russischen Teil Europas befasst, tritt Élisée Reclus mit Kordysch in Kontakt und erwirbt mehrere Fotos, nach denen er Kupferstiche zur Illustration seines Werkes anfertigen lässt – Kordysch wird in der Danksagung namentlich genannt – und die er 1886 der Société de Géographie überlässt. Auf dem nach diesem Foto gefertigten Kupferstich ist zwischen dem blinden Drehleierspieler (lirnik) und seinem Führer zusätzlich noch ein Lautenspieler (kobzar) zu sehen.

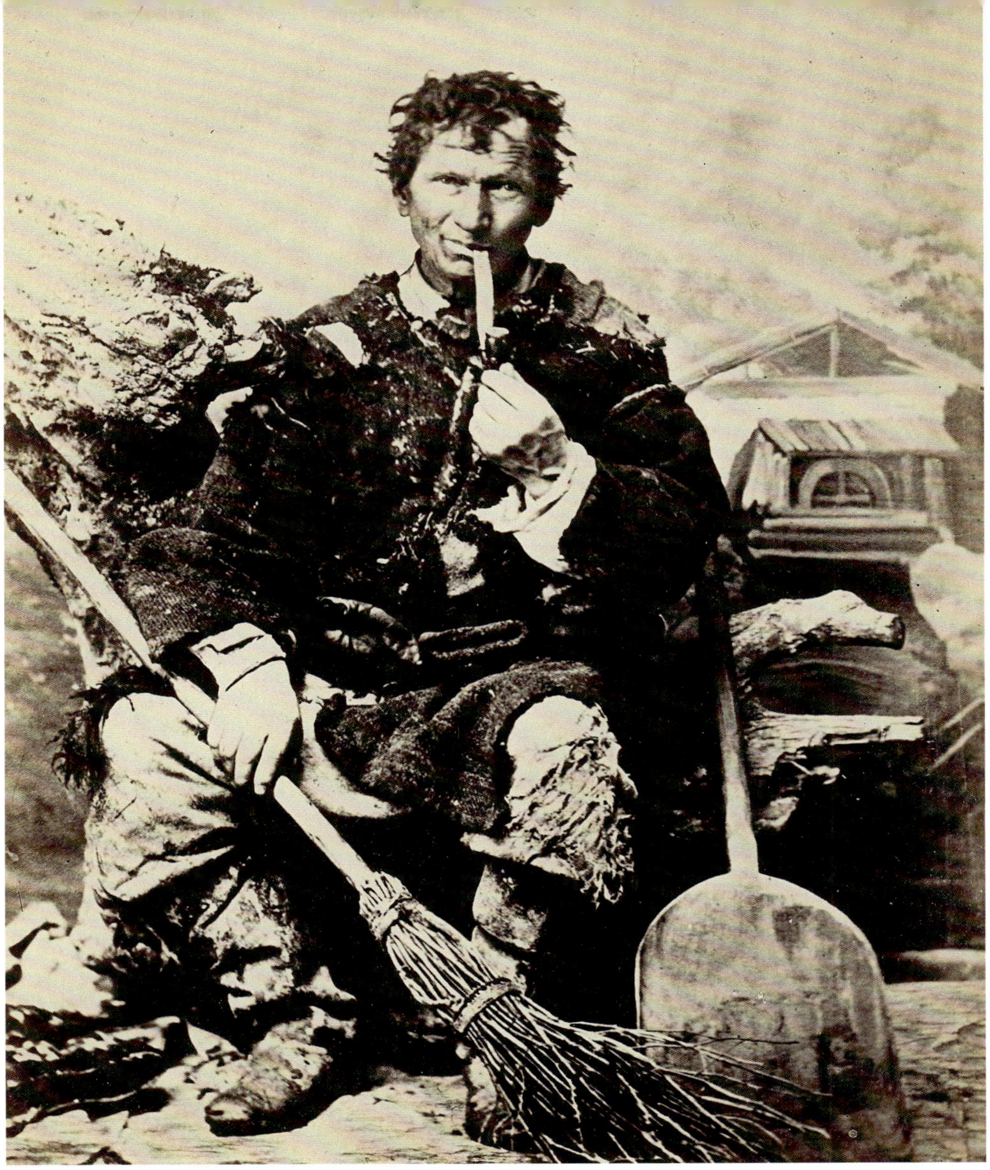

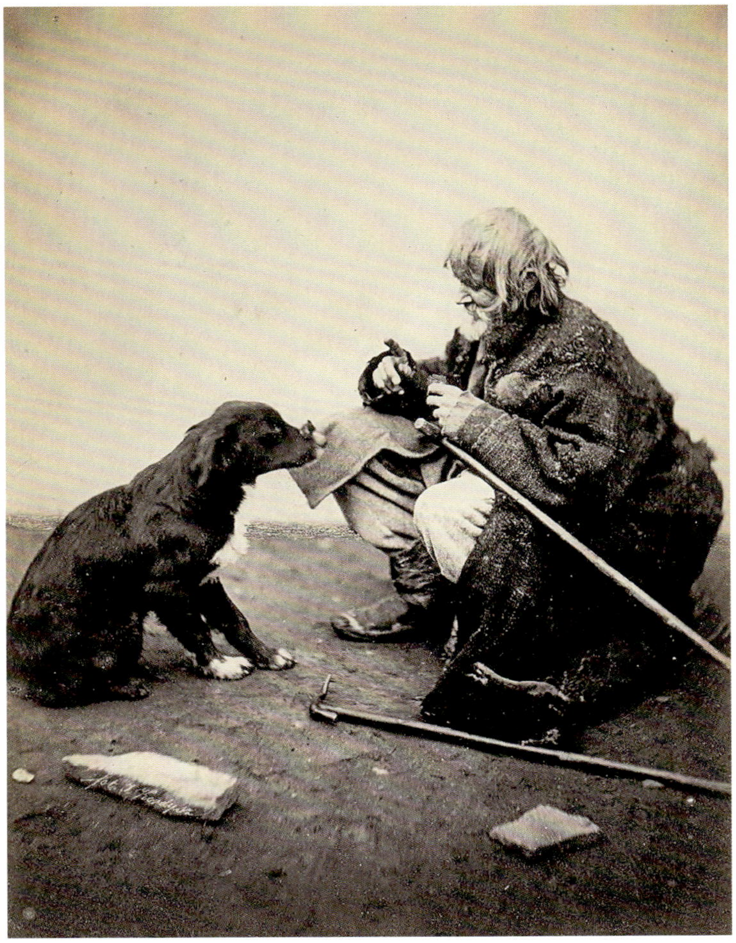

JOSEPH KORDYSCH

Hausmeister in Kamyanets-Podilskyi, Podolien (handschriftlicher Zusatz: Gefallener Edelmann) · Um 1870 · Abzug auf Albuminpapier, 18 × 13,7 cm

JOSEPH KORDYSCH

Alter Bauer, Podolien · Um 1870 · Abzug auf Albuminpapier, 18,3 × 13,8 cm

Die Fotos von Joseph Kordysch lassen große Menschlichkeit und aufrichtiges Mitgefühl mit den Armen und Benachteiligten erkennen: der Blinde, der Bettler, der gefallene Edelmann und alte Menschen, die illusionslos ihrem nahen Ende entgegenblicken. Die schmauchende Pfeife, der stützende Stock, der treue Blick des Hundes scheinen der letzte Trost dieses dem Tod geweihten alten Mannes zu sein.

EINE INDUSTRIEREGION

IM HERZEN DES URAL

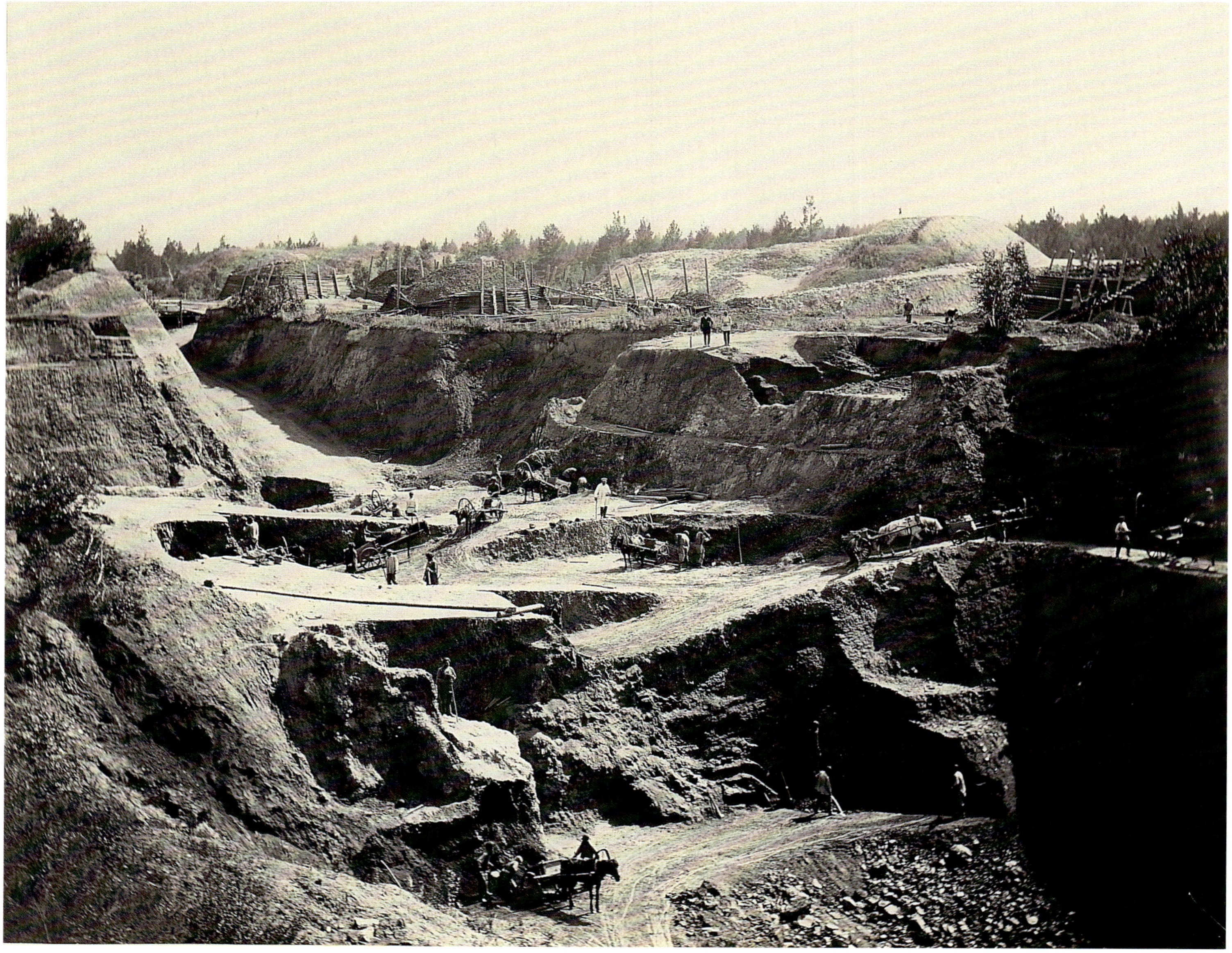

DMITRI SOLOMIRSKI

Eisenerzgrube, Bezirk Syssert, Ural · Um 1896 · Silbergelatine-Druck, 22,3 × 28,2 cm

Dmitri Solomirski, Jurastudent aus Moskau, erbt eines Tages ein weitläufiges Industriegebiet im Herzen des Ural. Der Distrikt Syssert umfasst neben den Erzlagerstätten insgesamt fünf Hüttenwerke, von denen das älteste aus den 1730er-Jahren stammt. Eine Industrieregion mit langer Tradition, die aber erst im 19. Jahrhundert ihre Blütezeit erlebt.

Diese spiegelt sich auch auf Solomirskis Fotos wider, die 1896 in den Besitz des Barons Joseph de Baye übergehen, der sie wiederum der Société de Géographie überlässt.

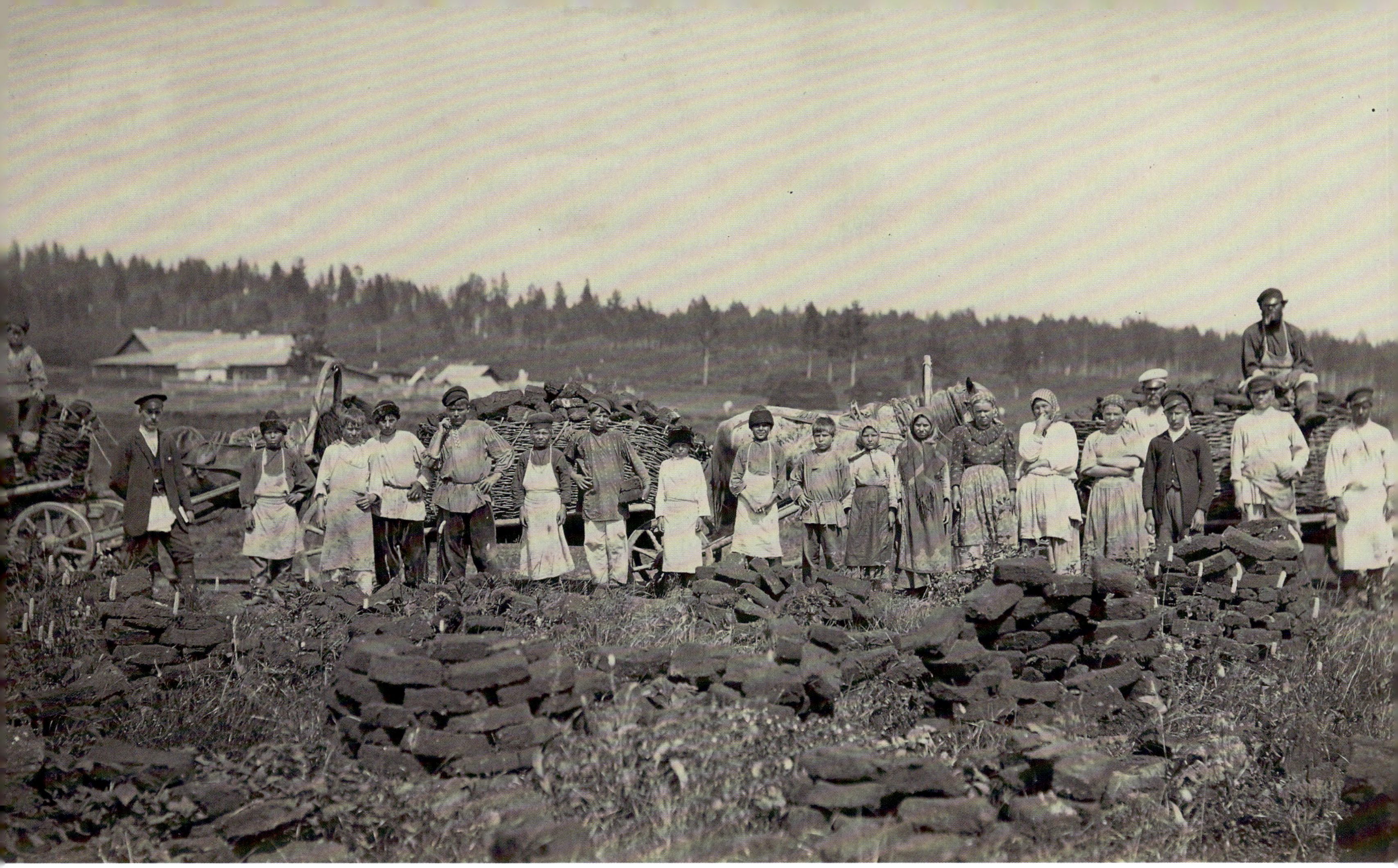

DMITRI SOLOMIRSKI

Torfmoor, 5 Kilometer von Syssert entfernt, Ural · Um 1896 · Silbergelatine-Druck, 22,4 × 28,6 cm

Die Industrieanlagen von Syssert liegen inmitten großer Wälder. Eine strategisch günstige Lage, denn Holz ist unverzichtbar für die Befeuerung der Hochöfen. Es wird von Solomirski aus Kostengründen jedoch bald durch günstigeren Torf ersetzt, was er symbolisch auch auf diesem Foto inszeniert, indem er die rund 20 Arbeiter seines Hüttenwerks zwischen den Torfballen im Vordergrund und dem Waldrand im Hintergrund posieren lässt.

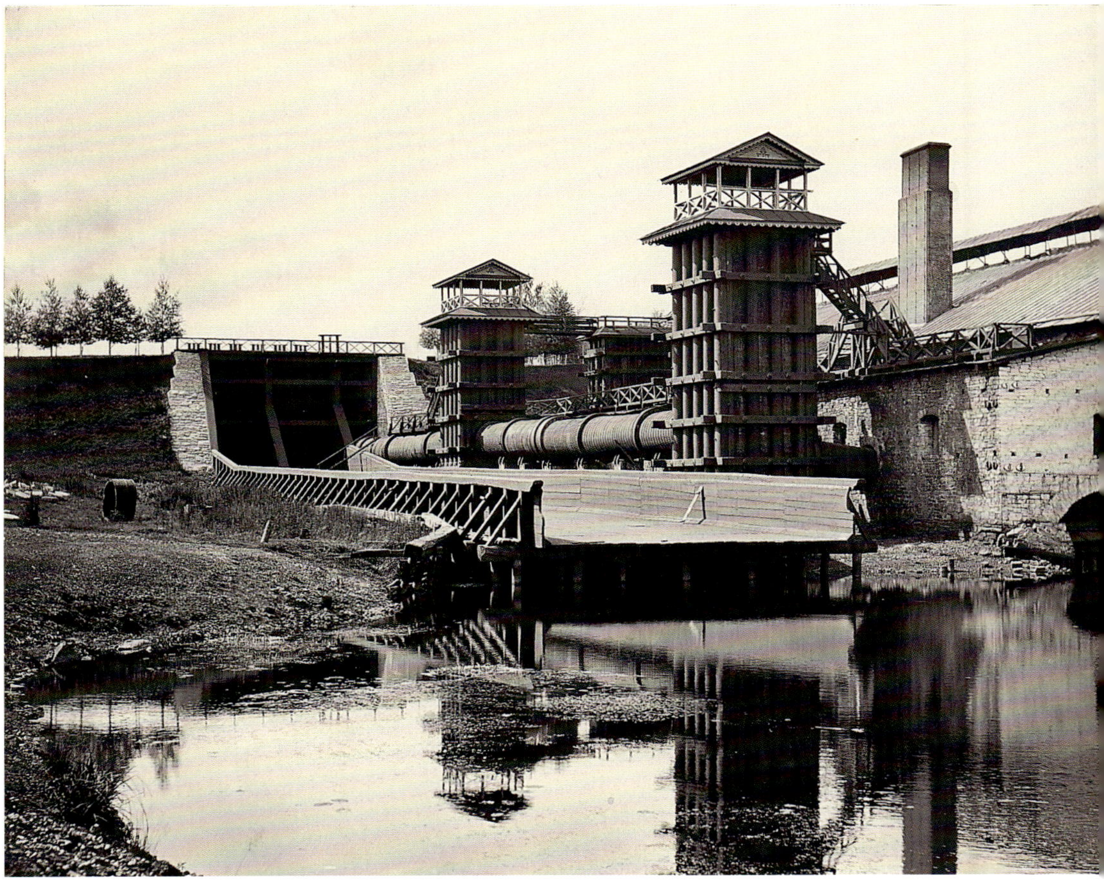

DMITRI SOLOMIRSKI

Rohre, Türme und Schleusen des Wasserwerks Syssert, Ural · Um 1896 · Silbergelatine-Druck, 22,3 × 28,3 cm

Dieses Foto bringt die Ästhetik Solomirskis auf den Punkt. Er setzt die einzelnen Anlagen in Szene, als handele es sich um architektonische Details eines Baudenkmals. Die quadratischen Brunnentürme an der Längsseite des Werkgebäudes spiegeln sich im Wasser wie die Wehrtürme einer Burg. Neben der hervorragenden Qualität der Aufnahmen erkennt man auch den neuen Blick auf die Industrialisierung. Vermutlich wurden die Fotos auf der Allrussischen Industrie- und Handwerksausstellung 1896 in Nischni Nowgorod ausgestellt.

DMITRI SOLOMIRSKI

Hochofen der Sewersko Eisenhütte, Bezirk Syssert, Ural · Um 1896 · Silbergelatine-Druck, 22,2 × 28,6 cm

Nachdem die Roheisengewinnung in Russland eine Zeitlang fast zum Stillstand gekommen ist, geht es gegen Ende des Jahrhunderts mit der russischen Eisenindustrie und damit auch mit den Hüttenwerken in Syssert wieder bergauf. Solomirski beweist mit seiner fotografischen Dokumentation der Umrüstung von Renn- auf Puddelöfen eine erstaunlich moderne Perspektive. Das völlige Fehlen von Arbeitern und die Froschperspektive verstärken den Eindruck der Dominanz der Maschine über den Menschen.

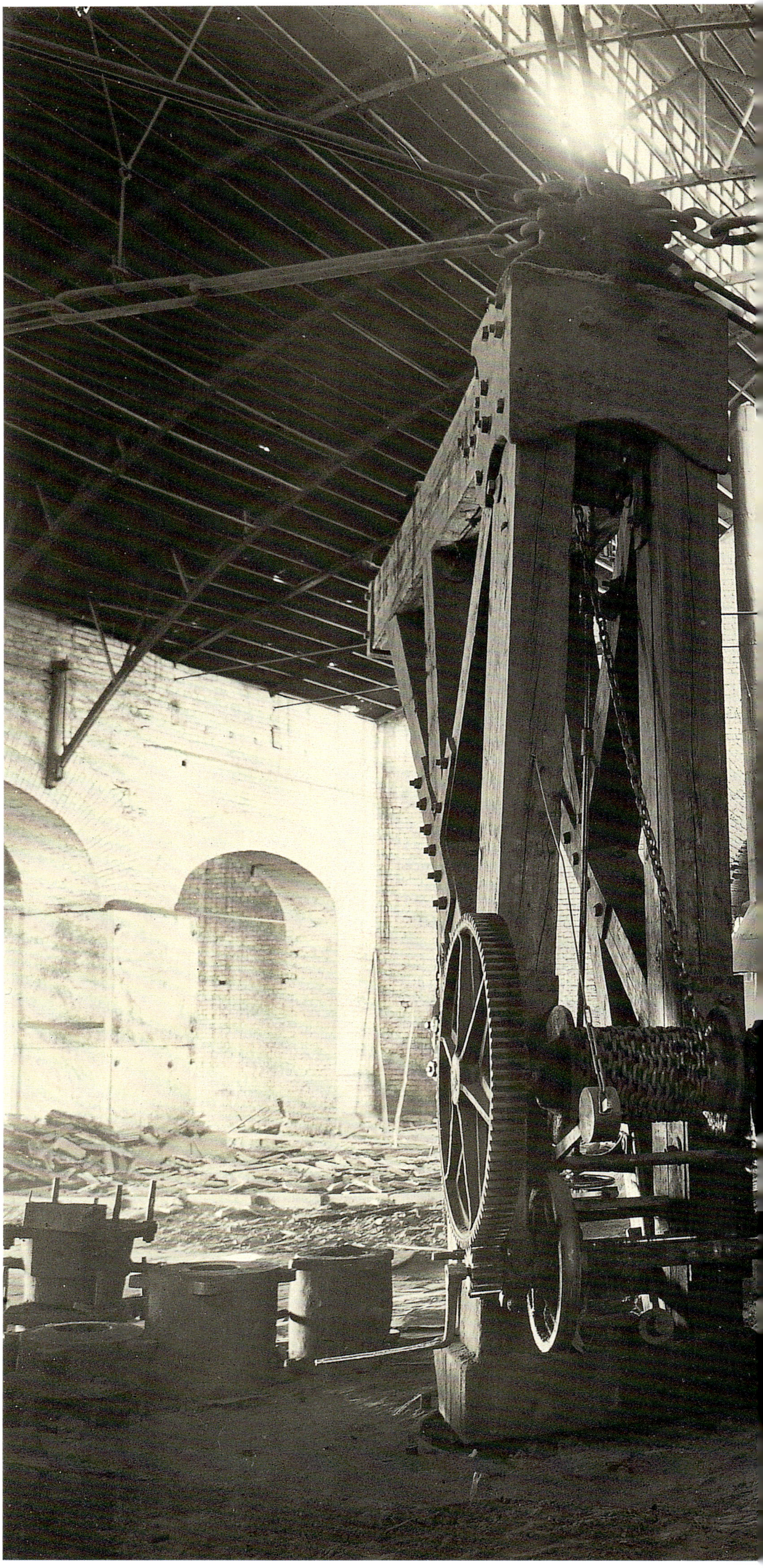

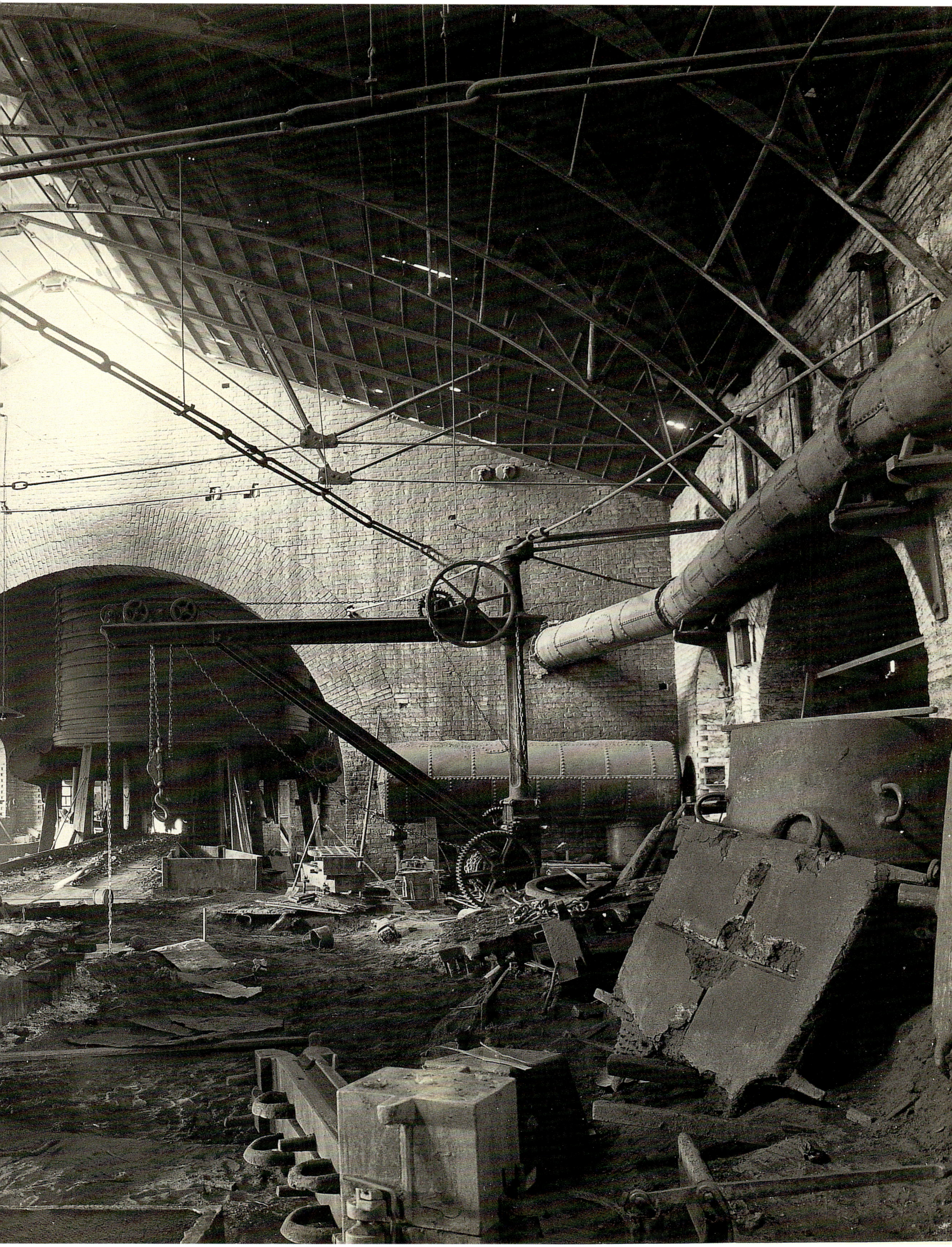

ASIEN UND OZEANIEN

Europa und Asien, auf einer großen zusammenhängenden Landmasse benachbart, verfügen über mindestens zwei große Zivilisationspole: den Nordwesten (Europa) und den Osten (China mit 4000-jähriger Kulturgeschichte), beide durchzogen von großen Flüssen und Binnenmeeren. Mit der Entwicklung der Fluss- und Küstenschifffahrt entstehen Häfen, Städte und Verteidigungsanlagen. Zwischen den beiden Polen liegen riesige Wüsten, Gebirgsmassive und Senken wie das Tarimbecken oder die Aralo-Kaspische Niederung. Es gibt aber auch Verbindungen wie die alten, gefährlichen Karawanenstraßen, gesäumt von Kamelmärkten und Karawansereien wie hohen Befestigungsmauern, denn Ost und West begegnen sich im Laufe der Geschichte immer wieder auch mit Misstrauen und Argwohn.

Für die großen Erkundungsreisen in den Osten nutzt man die Pässe im Himalaya und die großen Flüsse wie Jangtse oder Mekong. Die aus dem Osten mitgebrachten Tiere, Pflanzen oder Gebrauchsgegenstände werden von den westlichen Ethnografen mit großem Interesse studiert. Einer der ersten Europäer, die es bis nach Peking schaffen, ist 1806 der Pole Jan Potocki. 60 Jahre später fährt der russische Offizier Nikolai Przewalski im Auftrag der Société de Géographie den Ussuri hinab Richtung Mongolei und China. Drei Jahre Erkundungsreise und insgesamt 12 000 zurückgelegte Kilometer liefern wertvolle Erkenntnisse über die Steh- und Fließgewässer in Xinjiang, die Topografie der Wüste Gobi sowie den Verlauf der Grenzen Turkestans und der Dsungarei. Mit seinen Begleitern dringt Przewalski auf asiatischen Wildpferden bis zum Gelben Fluss und zum Jangtsekiang vor. Seiner Forschung vor Ort verdanken Zoologen und Mineralogen zahllose neue Erkenntnisse.

Für die Buddhisten sind die Berge des Himalaya der von Drachen und Dämonen bewachte Sitz der Götter. Die europäischen Forscher sehen in ihnen dagegen nur topografische Erhebungen, die alles bisher Bekannte in den Schatten stellen. Der Dhaulagiri, für den 1809 eine Höhe von 8190 Metern ermittelt wird, verdrängt den bis dahin als Dach der Welt bezeichneten Chimborazo in Ecuador vom ersten Platz der Liste der weltweit höchsten Berge. Bei der großen Vermessung Indiens stellt George Everest fest, dass es im Himalaya insgesamt sogar 14 Achttausender gibt (die erst zwischen 1950 und 1964 bezwungen werden). In Zentralasien reist Sven Hedin auf der Seidenstraße 1893 bis zum Hochgebirge des Pamir. Außerdem durchquert er die Taklamakan-Wüste und erforscht Nord-Tibet.

Mitte des Jahrhunderts reisen zwei als Lamas verkleidete Lazaristen von der Chinesischen Tatarei nach Tibet. Sie sind die ersten Europäer, die seit der Vertreibung der Missionare im 17. Jahrhundert die Stadt Lhasa betreten dürfen, wo Fremde normalerweise Beschmutzer des heiligen Bodens sind. Przewalski scheitert 300 Kilometer, Gabriel Bonvalot sogar nur 60 Kilometer vor der tibetischen Hauptstadt. Dennoch sind Bonvalot und Henri d'Orléans die ersten Europäer, die Asien von Nordwesten nach Südosten durchqueren, umfangreiches Wissen über diese unbekannte Region zusammentragen und einzigartige Fotos mit nach Hause bringen. Von Turkestan über Kuldscha, vorbei am Salzsee Lop Nor und über 6000 Meter hohe Pässe erreichen sie in Begleitung ihrer kalmückischen Führer trotz heftiger Stürme und Höhenkrankheit schließlich Tibet. Von dort reisen sie über Sichuan bis nach Hanoi weiter. Nach seiner Rückkehr nach Frankreich wird Bonvalot dafür von der Société de Géographie mit einer Goldmedaille geehrt. Ende des 19. Jahrhunderts ist der Himalaya eine der meistbereisten Regionen der Welt. Überhaupt werden immer mehr Regionen kartografiert, so auch Ladakh und Bhutan.

Auch Doudart de Lagrée und Garnier gehen auf Asienreise, um Frankreich den Weg nach China zu ebnen. Sie fahren den Mekong flussaufwärts, weil er ihnen aufgrund seiner Breite als besonders gut geeignet erscheint, um ins Landesinnere vorzudringen und weitere Brückenköpfe nach China zu errichten. Kambodscha wird französisches Protektorat. Letzten Endes erscheint der Rote Fluss doch als der bessere Weg zum Ausbau der französischen Präsenz Richtung China. Man braucht nur noch einen Stützpunkt am Unterlauf. Aus diesem Grund erobern die Franzosen 1873 Hanoi.

Ab 1800 liefert sich Frankreich, dessen Verhältnis zu England unter Napoleon ohnehin angespannt ist, einen Wettlauf um die Eroberung Neuhollands, wie Australien vor der Inbesitznahme durch die Briten genannt wurde. Napoleon schickt Baudin mit zwei Korvetten – eine davon mit Namen Le Géographe – Richtung Neuholland, angeblich für ozeanografische, ethnografische und naturgeschichtliche Studien, in Wirklichkeit jedoch in imperialistischer Absicht. In Sydney entdecken die Franzosen eine britische Militärbasis und verlegen sich daher tatsächlich auf das Sammeln von Pflanzen, Samen und Mineralien. Auch Tiere wie Kasuare und Kängurus bringen sie mit nach Frankreich. Um 1860 dringt der Schotte John McDouall Stuart ins Innere des Kontinents vor und räumt dadurch mit dem Irrglauben an ein australisches Binnenmeer auf. Auf seiner gefährlichen Reise von Adelaide nach Darwin trotzt er den lebensfeindlichen Spinifex-Steppen ebenso wie Angriffen der Aborigines. Um 1875 ist die neue Kolonie quasi flächendeckend kartografiert, wofür die Briten extra 25 Kamele als hitzeresistente Lastentiere von Afghanistan nach Australien hatten bringen lassen.

Thomas Mitchell bezeichnet den Kontinent Anfang des 19. Jahrhunderts als »glückliches Australien« (Australia Felix). Ob die hierher verbrachten britischen Sträflinge das auch so empfinden, ist fraglich. Wer aber in Kohlebergbau oder Merinoschafzucht investiert, blickt garantiert einer goldenen Zukunft entgegen. Von den 300 000 Aborigines, die vermutlich 40 000 Jahre zuvor aus Südostasien kamen, setzen sich einige gegen die weißen Invasoren zur Wehr. Doch was kann man mit primitiven Jagdwaffen wie Bumerangs gegen Gewehre ausrichten? Die Spiritualität der Ureinwohner wird erst später ernstgenommen, als Geschichtsforscher die wissenschaftliche Bedeutung ihrer Totems, Tabus, Höhlenzeichnungen und Körperbemalung erkennen.

Tahiti, bereits entdeckt in der zweiten Hälfte des 18. Jahrhunderts von Wallis und Bougainville, deren Schilderungen von den »freundlichen Wilden« seither das Bild von der Südseeinsel prägen, wird 1842 zusammen mit den Marquesas im Auftrag von König Louis-Philippe von Dupetit-Thouars zum französischen Protektorat erklärt. Die britisch-französische Rivalität im Pazifik wird beigelegt, als die Briten die Inseln mit ihren walreichen Gewässern 1880 offiziell den Franzosen ›überlassen‹. Mit Unterstützung von Maristenpatres siedeln sich Deserteure und ehemalige Sträflinge im Südseeparadies an. Später locken Tahiti und die Marquesas auch Maler wie Gauguin an, die mit ihren Bildern den Mythos vom verlorenen ursprünglichen Leben kultivieren.

Bereist man, wie die Forscher und Fotografen des 19. Jahrhunderts, die Welt bis in die entlegensten Winkel, löscht man unweigerlich einen Teil ihrer Vergangenheit aus. Gleichzeitig schlägt man aber auch eine neue Seite auf, die jede Generation mit ihren eigenen Erlebnissen und Wahrnehmungen füllt.

GILLES FUMEY

ABENTEUER

TRANSSIBIRISCHE EISENBAHN

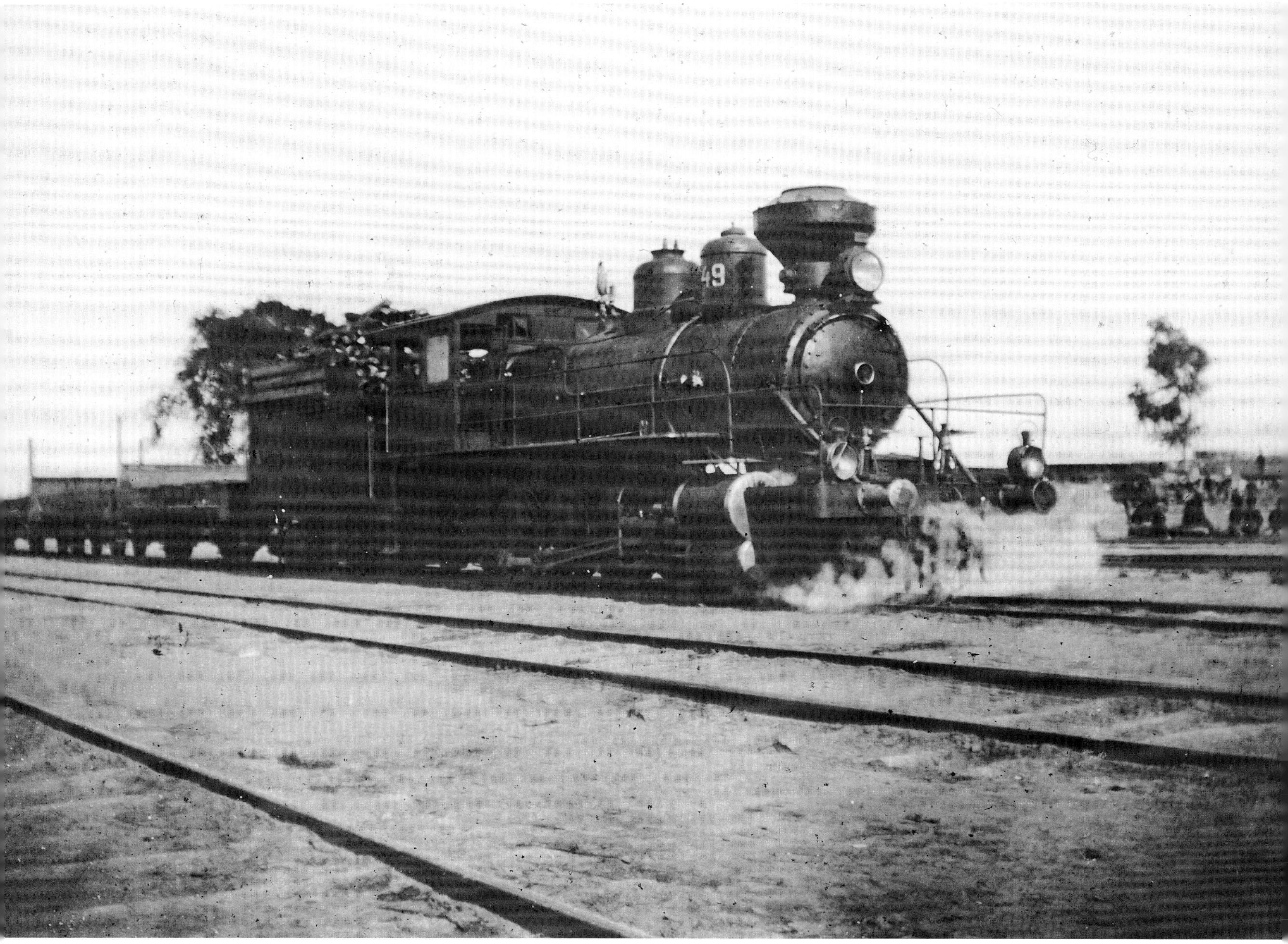

HENRI VARCOLLIER (DUPLIKAT-NEGATIV RADIGUET ET MASSIOT)

Lokomotive der Transsibirischen Eisenbahn · 1902 · Diapositiv auf Glas, 8,5 × 10 cm

Nach jahrzehntelanger Planung und der Einweihung einzelner Streckenabschnitte 1885 ordnet Zar Alexander III. in seinem Ukas vom 17. März 1891 offiziell den Bau der Transsibirischen Eisenbahn an. Auf insgesamt 6500 Kilometern soll die einzigartige Strecke das im Ural gelegene Tscheljabinsk verbinden mit Wladiwostok, Russlands wichtigster Hafenstadt am Pazifik. Die Arbeiten beginnen gleichzeitig an mehreren Stellen der in sechs Teilstücke untergliederten Strecke.

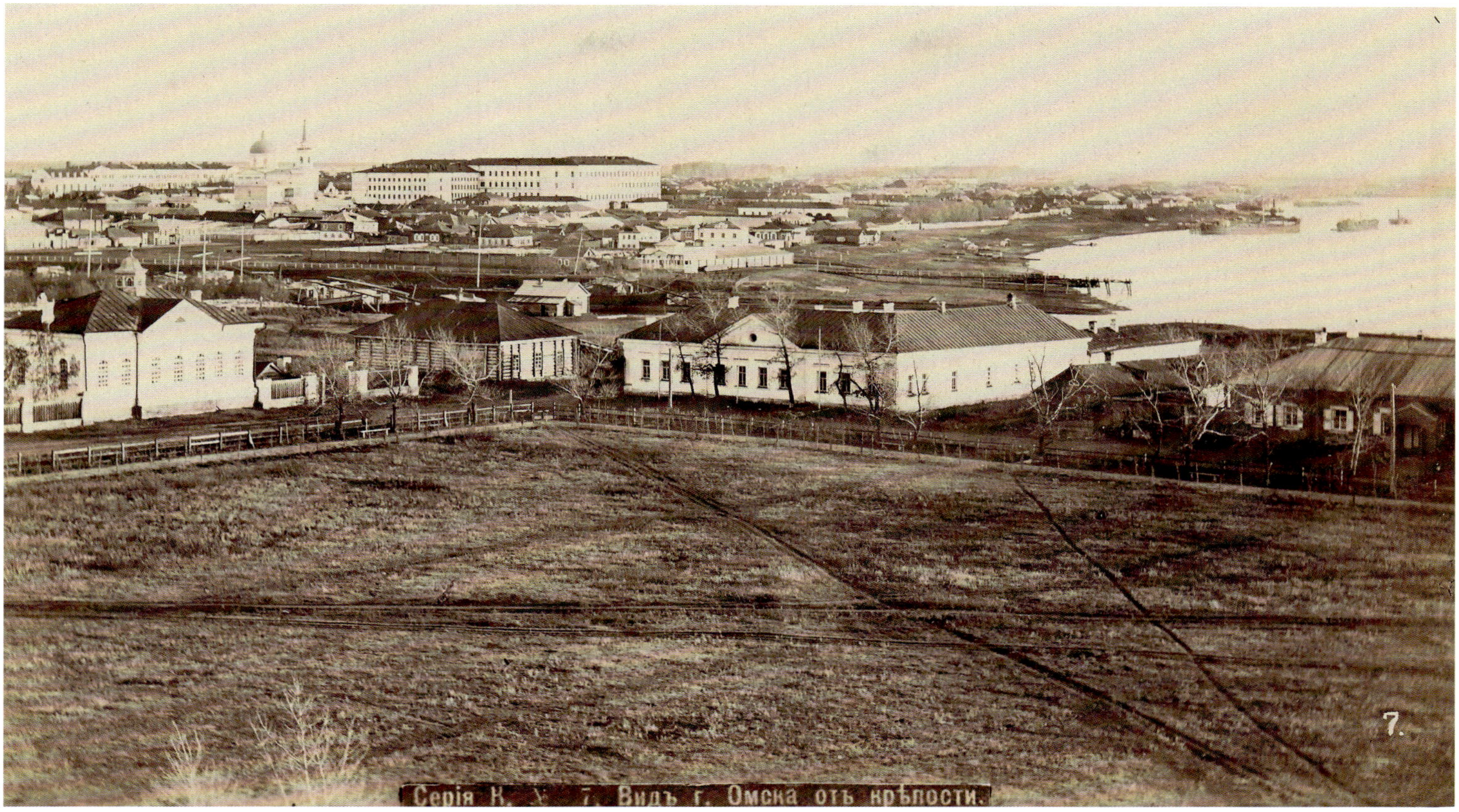

ALEXEJ IWANOWITSCH KOTSCHESCHEW

Ansicht von Omsk · 1895 oder 1896 · Silbergelatine-Druck, 16,5 × 22,5 cm

Im letzten Viertel des 19. Jahrhunderts zieht Russland viele Reisende aus Frankreich an. Grund dafür ist die Annäherung beider Nationen, die 1894 mit der Unterzeichnung der französisch-russischen Allianz besiegelt wird. Baron Joseph de Baye fährt im Auftrag des französischen Bildungsministeriums drei Mal, 1895, 1896 und 1897, auf Erkundungsreise nach Sibirien. Die zahllosen Fotos, die er von dort mitbringt, stammen zum Teil von ihm, zum Teil von russischen Fotografen. Welche Auswirkung die Transsibirische Eisenbahn auf die Entwicklung der Städte hat, ist unübersehbar, so auch auf diesem Foto von Omsk, wo die Eisenbahnstrecke den Irtysch quert.

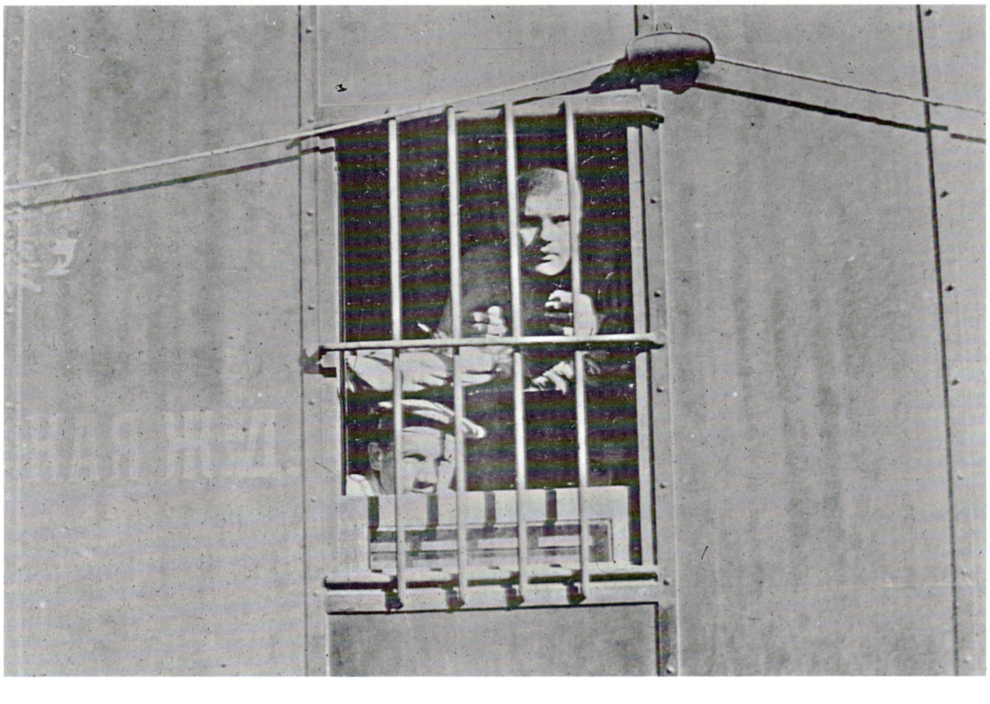

JOSEPH DE BAYE (DUPLIKATNEGATIV MOLTENI)

Zwangsarbeiter-Transport in der Transsibirische Eisenbahn · 1897 · Diapositiv auf Glas, 8,5 × 10 cm

Der Bau der Transsibirischen Eisenbahn zieht systematische Menschentransporte nach sich, denn es gilt, die Weiten Sibiriens zu bevölkern. Und so reisen Bauern, Arbeiter und Händler unter Aufsicht der Kosaken freiwillig oder unfreiwillig als Speerspitze russischer Siedlungspolitik Richtung Osten. Gewaltsam umgesiedelt werden auch zahllose Zwangsarbeiter, Ausbrecher und von der Gesellschaft Ausgeschlossene, die als Bergarbeiter in die Arbeitslager Transbaikaliens und in den Fernen Osten geschickt werden.

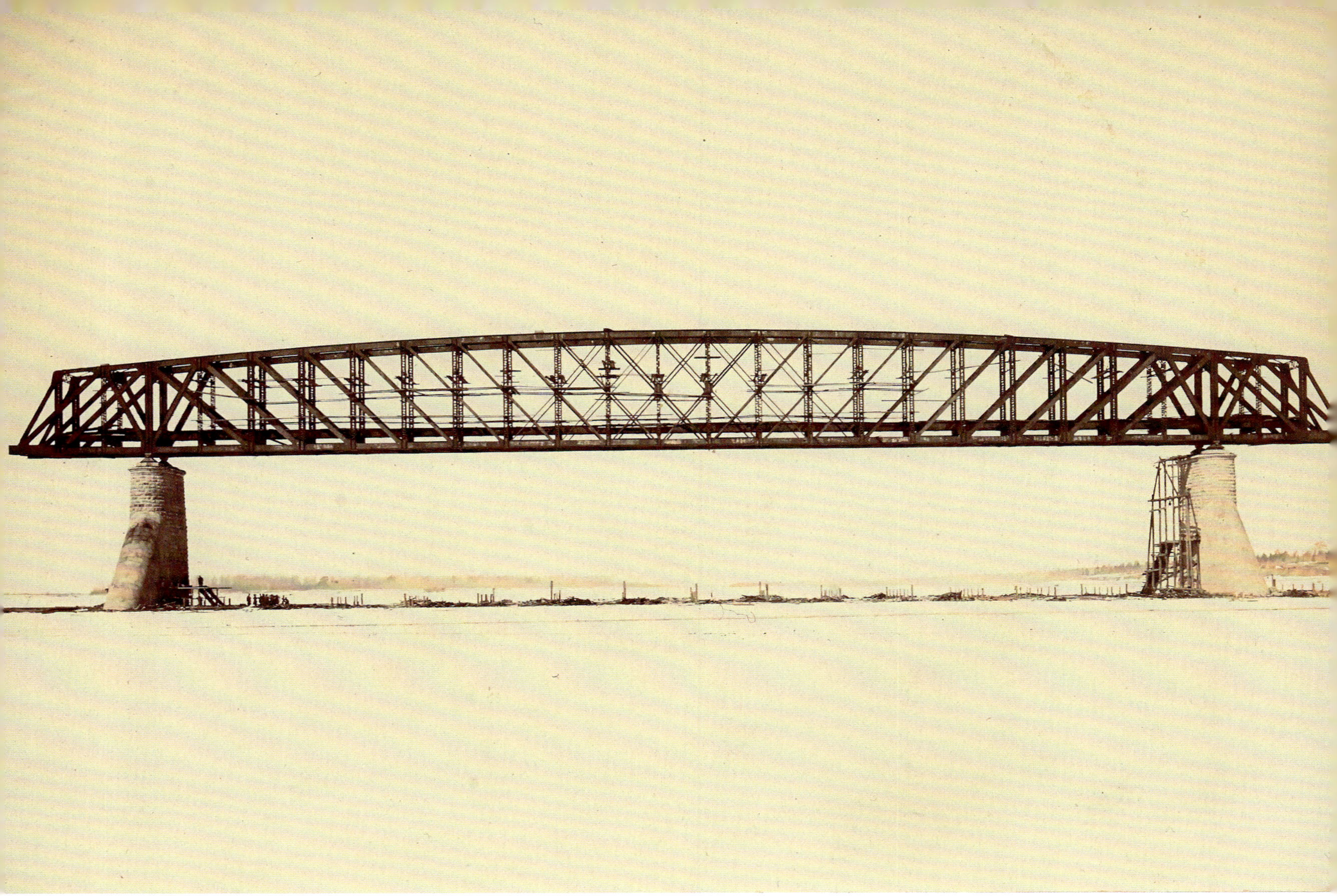

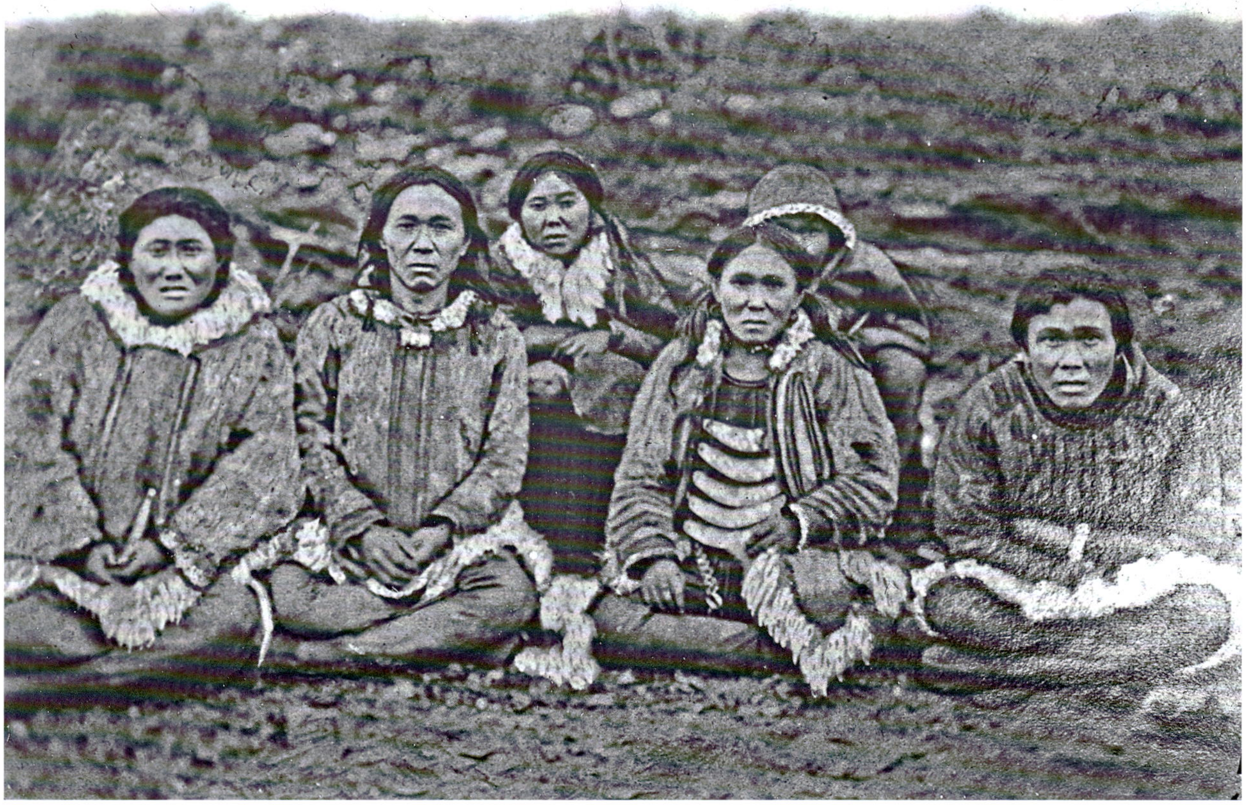

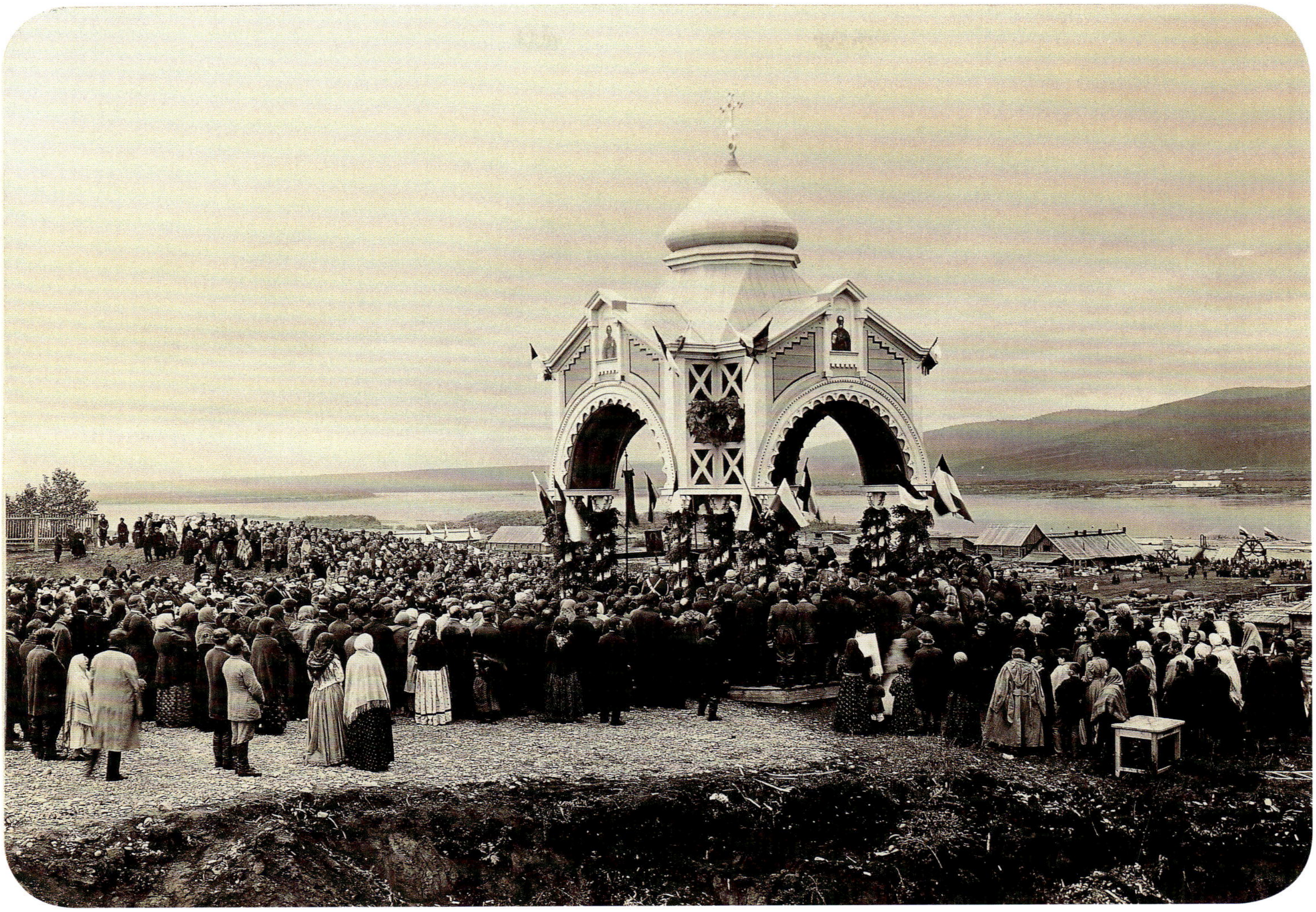

ALEXANDER STANISLAWOWITSCH KONOPTSCHINSKI ZUGESCHRIEBEN

Träger der Brücke über den Ob, Transsibirische Eisenbahn, Frühjahr 1896 · 1896 · Silbergelatine-Druck, 16,1 × 22 cm

An den Flüssen, die von der Eisenbahn gequert werden sollen, entstehen riesige Baustellen. Die Ingenieure wählen die Niedrigwasserperioden im Sommer für die Errichtung der Stützpfeiler. Die Träger werden im Winter, als der Fluss vereist ist, auf die Pfeiler gesetzt. Die 794 Meter lange Brücke über den Ob besteht aus sieben Trägern. Dieses von Baron de Baye gestiftete Foto stammt eventuell vom Brückenbauingenieur Konoptschinski. Vermutlich wurde es auf der Allrussischen Industrie- und Handwerksausstellung 1896 in Nischni Nowgorod ausgestellt.

JOSEPH DE BAYE (DUPLIKATNEGATIV MOLTENI)

Tungusen, Gouvernement Jenissei · 1896 · Diapositiv auf Glas, 10 × 8,5 cm

Die Ankunft der Transsibirischen Eisenbahn in den entlegensten Winkeln Sibiriens und die anschließende Kolonisierung durch die Russen lenken den Blick auf neue außereuropäische Völker und führen zu einer Renaissance ethnografischer Studien. Der diplomierte Archäologe Joseph de Baye ist überzeugt, dass die asiatischen Völker Hüter eines tradierten Wissens sind, das es zu erhalten gilt. Angesichts der voranschreitenden Modernisierung und Industrialisierung ist es seiner Meinung nach höchste Zeit, möglichst viel Wissen über die vom Aussterben bedrohten Völker zusammenzutragen.

MICHAIL BORISOWITSCH AKSELROD

Krasnojarsk, feierliche Baustellenweihe zu Beginn der Bauarbeiten an der Brücke über den Jenissei, 30. August 1896 · 1896 · Silbergelatine-Druck, 19,1 x 27 cm

Bei seiner zweiten Sibirien-Reise wohnt Joseph de Baye am 30. August 1896 bei Krasnojarsk dem Beginn der Bauarbeiten an der großen Brücke über den Jenissei bei. Das 434 Saschen (926 Meter) lange Bauwerk, die längste Brücke Sibiriens, wird 1898 fertiggestellt. Die feierliche Weihe wird von dem berühmten Krasnojarsker Fotografen Akselrod für die Nachwelt festgehalten.

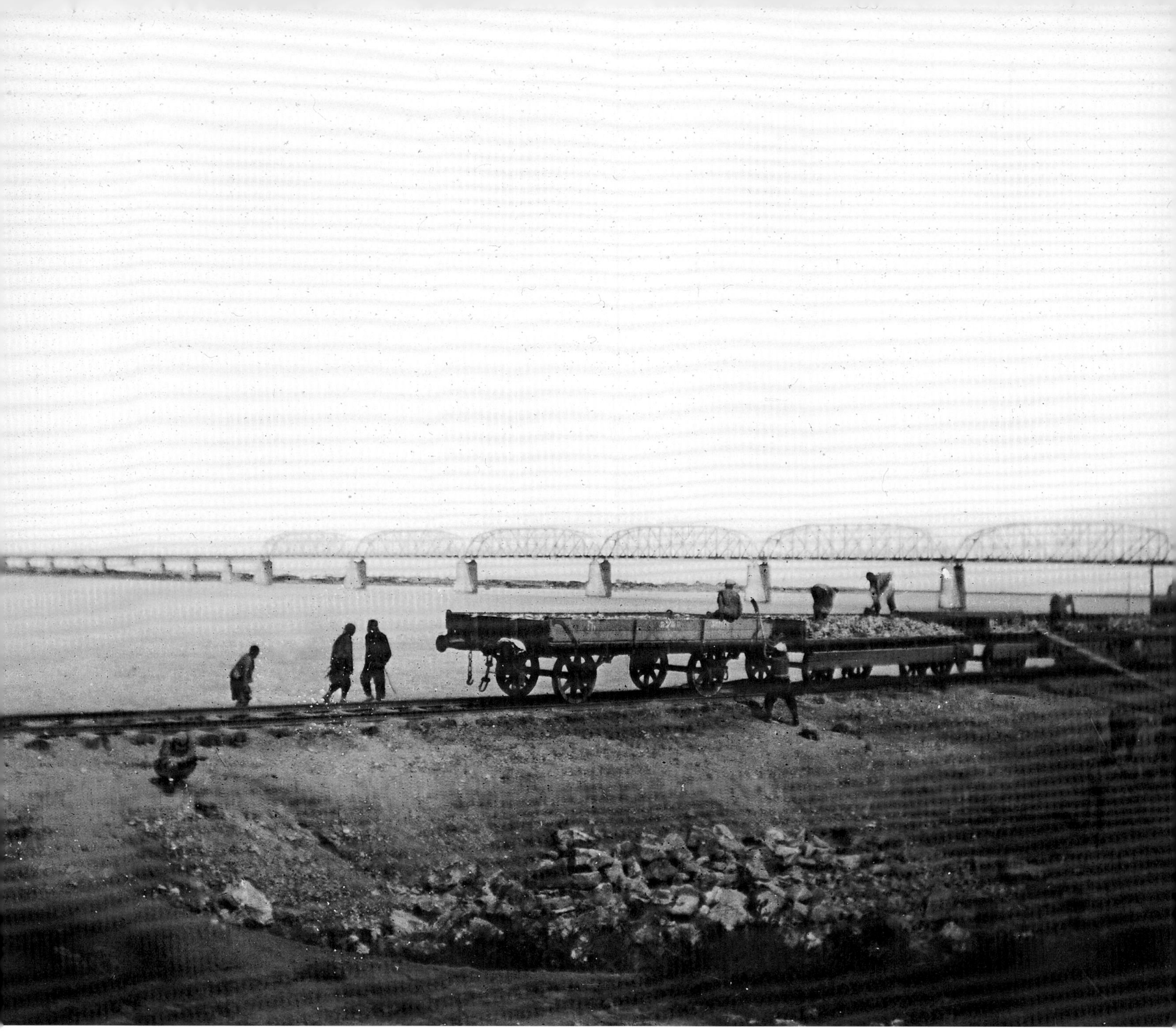

HENRI VARCOLLIER (DUPLIKAT-NEGATIV RADIGUET ET MASSIOT)

Sungari-Brücke in Harbin · 1902 ·
Diapositiv auf Glas, 10 × 8,5 cm

Das vorletzte Teilstück der Transsibirischen Eisenbahn soll ursprünglich Strietensk mit Chabarowsk verbinden und entlang des Amur verlaufen, doch 1896 gibt man die geplante Streckenführung zugunsten einer neuen Route quer durch die Mandschurei auf. Neue Endstation ist Wladiwostok. Die Arbeiten an der Transmandschurischen Eisenbahn beginnen 1897 und dauern bis 1903. Die gewaltige Brücke, die bei Harbin über den Sungari führt, ist ein Wunderwerk moderner Bautechnik.

HENRI VARCOLLIER (DUPLIKAT-NEGATIV RADIGUET ET MASSIOT)

Straßenszene in Taku · 1902 · Diapositiv auf Glas, 10 × 8,5 cm

Vom Eisenbahnknotenpunkt Harbin aus führt eine Strecke nach Süden Richtung Zentralchina. Aus Europa kommend, kann man jetzt in etwas mehr als 20 Tagen bis nach Peking oder Shanghai reisen. Fähnrich zur See Henri Varcollier macht die Reise 1902 nach Beendigung eines Forschungsauftrags in umgekehrter Richtung. Er startet in der Hafenstadt Dagu unweit von Tientsin, reist zunächst nach Peking und steigt dort in den Zug nach Paris. Ein Jahr später schildert er seine Reiseerfahrungen der Société de Géographie.

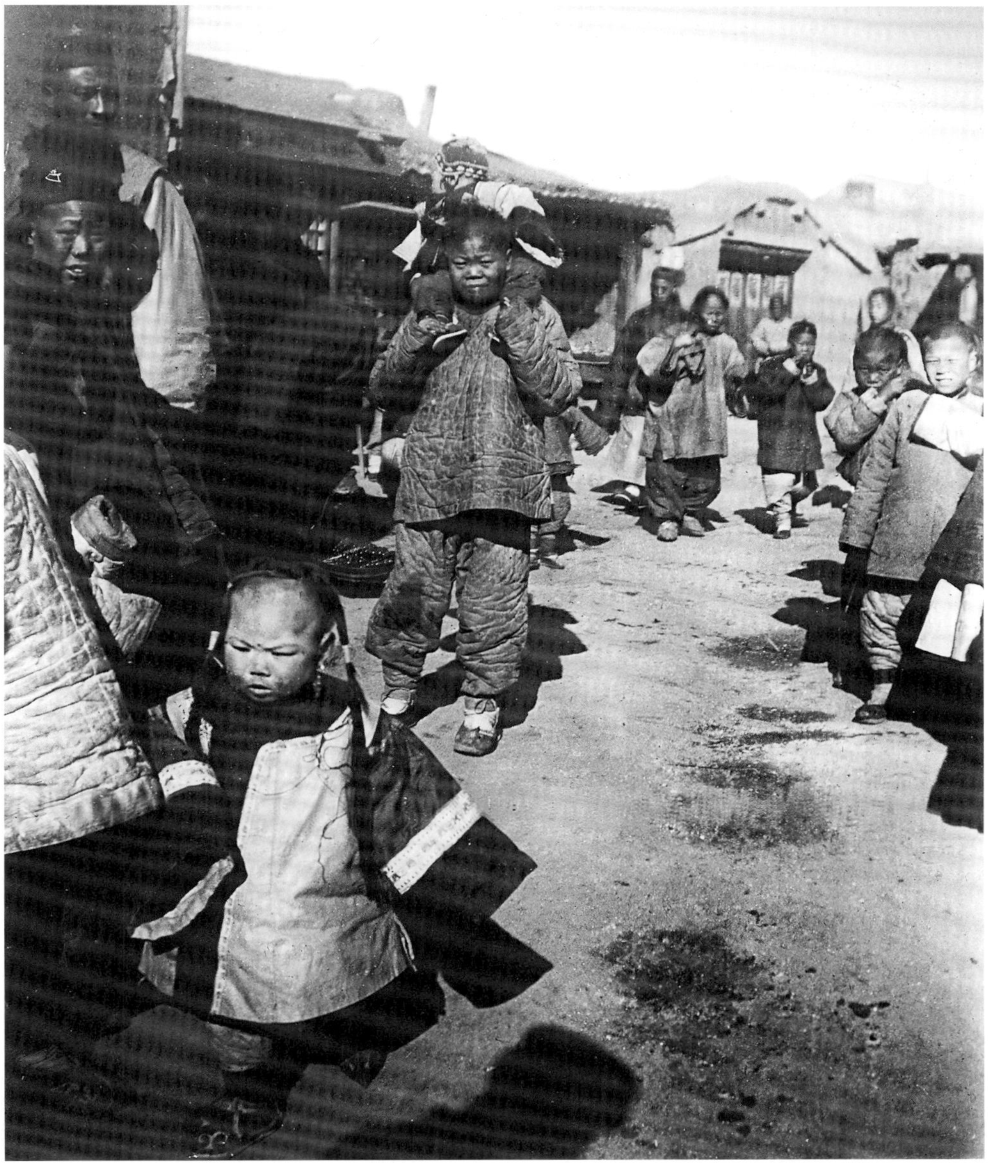

HENRI VARCOLLIER (DUPLIKAT-NEGATIV RADIGUET ET MASSIOT)

Salonwagen, Transsibirische Eisenbahn · 1902 · Diapositiv auf Glas, 10 × 8,5 cm

Die russischen Zaren sehen in der Transsibirischen Eisenbahn ein ideales Mittel, Sibirien zu erobern, den Osten zu kolonisieren und die wirtschaftliche Entwicklung zu fördern. Für die Reisenden aus dem Westen verbindet sie dagegen als eine der ersten Eisenbahnen exotische Reiseziele, Abenteuer und unendliche Weiten mit luxuriöser Innenausstattung, komfortablen Abteilen und Polstersitzen – ein Mythos, der die Fantasie beflügelt und nicht umsonst Schauplatz zahlreicher Romane ist.

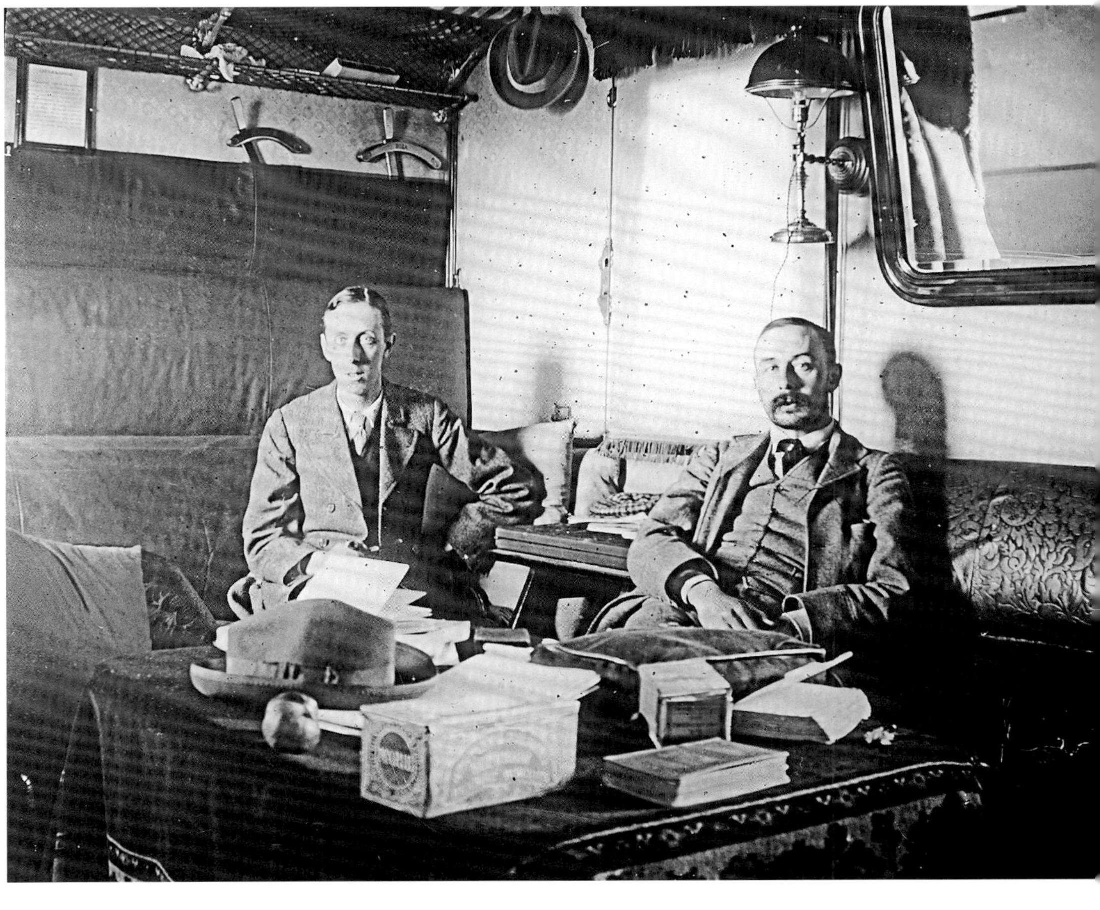

IN DEN STEPPEN DER
MONGOLEI

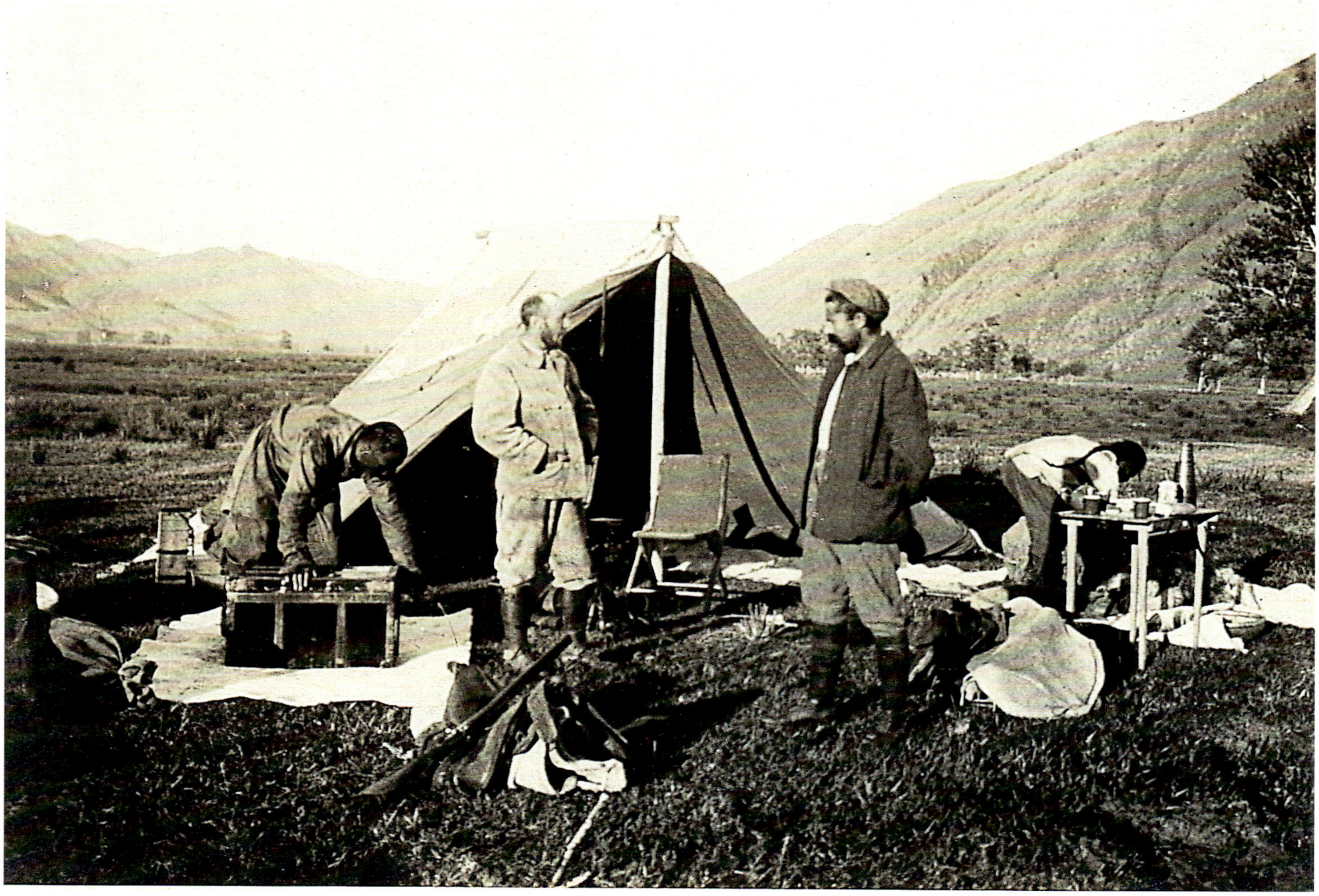

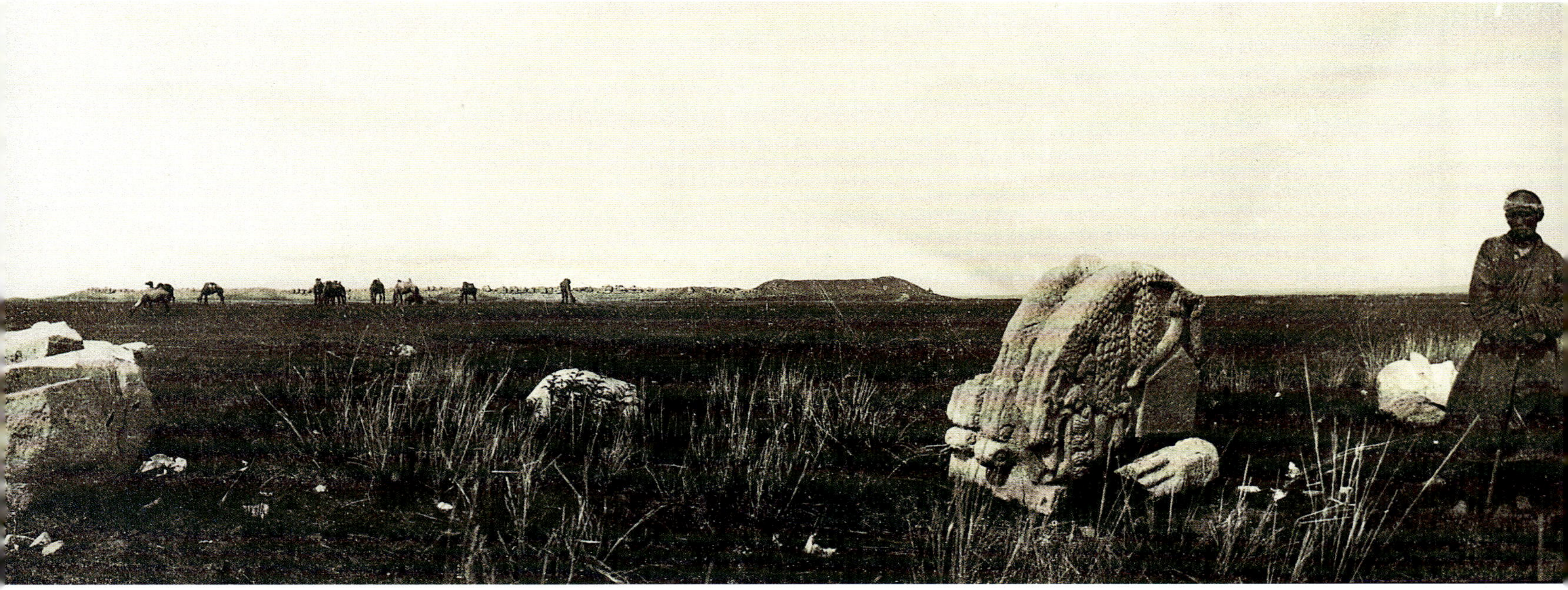

HENRI DE BOUILLANE
DE LACOSTE

Zabieha und der Arzt vor dem Zelt an der Einmündung des Bügsiin in den Delger mörön · 1909 · Silbergelatine-Druck, 11,9 × 17,3 cm

Kommandant Bouillane de Lacoste wird 1909 von der französischen Regierung auf Erkundungsreise in die nördliche Mongolei geschickt. Begleitet wird er von dem Marinearzt und Naturwissenschaftler Dr. Du Chazaud und einem Dolmetscher namens Zabieha. Ziel ihrer Reise ist die geografische und geologische Erforschung der Region, das Studium der lokalen Flora und Fauna, die Suche nach archäologischen Überresten vergangener Zivilisationen und die Sondierung der politischen Lage des russischen und chinesischen Einflüssen unterliegenden Gebiets.

HENRI DE BOUILLANE
DE LACOSTE

Kapitell der dreisprachigen Stele und Festung von Kara Balgassun · 1909 · Silbergelatine-Druck, 11 × 30 cm

Die Expedition bricht am 13. Juni 1909 in Urga auf und kommt am 6. Juli in Kara Balgassun an, der zweiten der drei Hauptstädte entlang des Orchon. Bouillane de Lacoste lässt die noch immer eindrucksvolle Festungsruine quasi links liegen, denn ihn interessiert vor allem die von russischen Forschern entdeckte Stele mit ihrer sogdischen, uigurischen und chinesischen Beschriftung. Vier Tage lang fotografiert er jedes Detail der in 25 Fragmente zerfallenen Stele. Zusätzlich macht er von den Inschriften Pappmaché-Abdrücke.

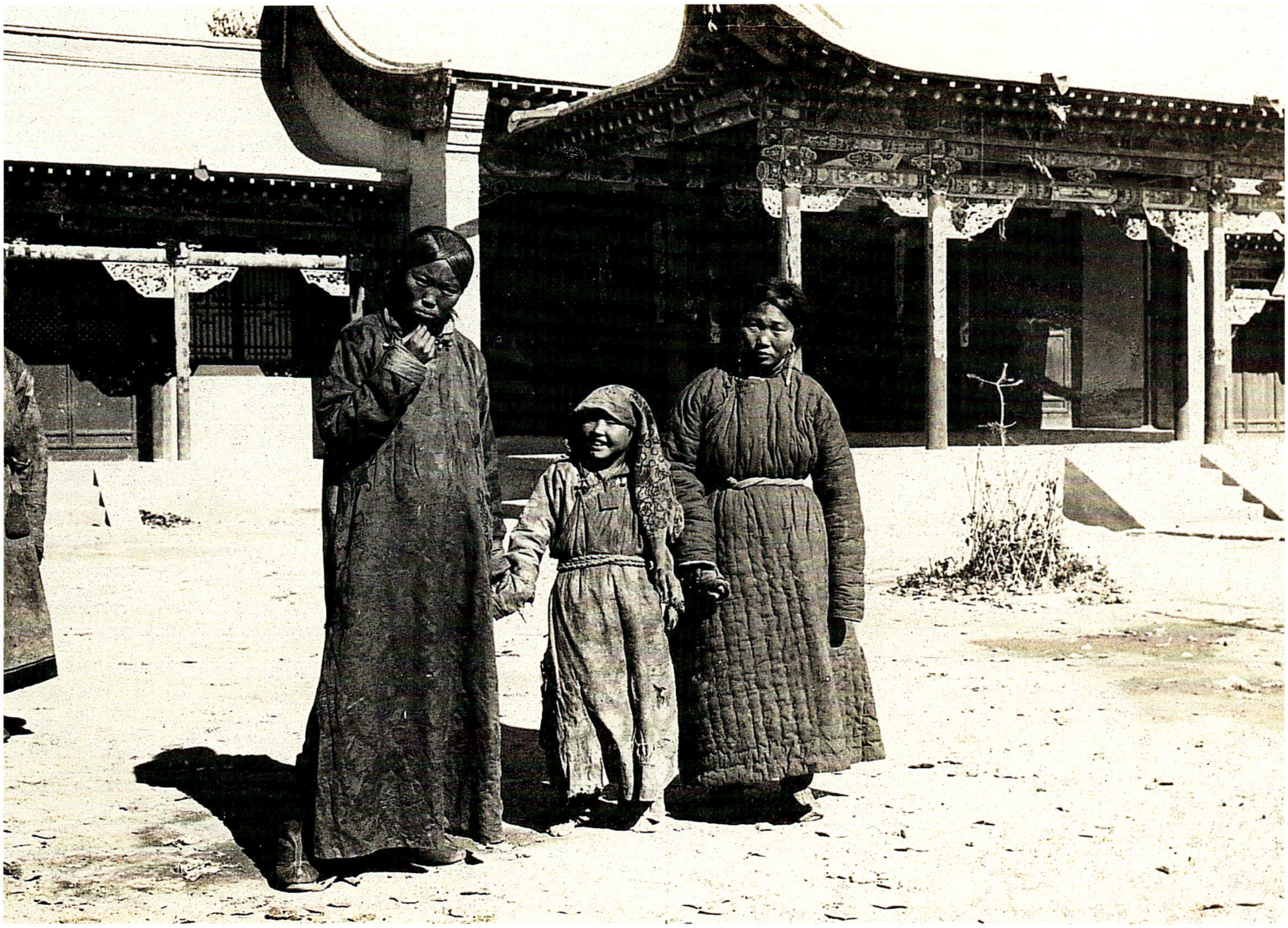

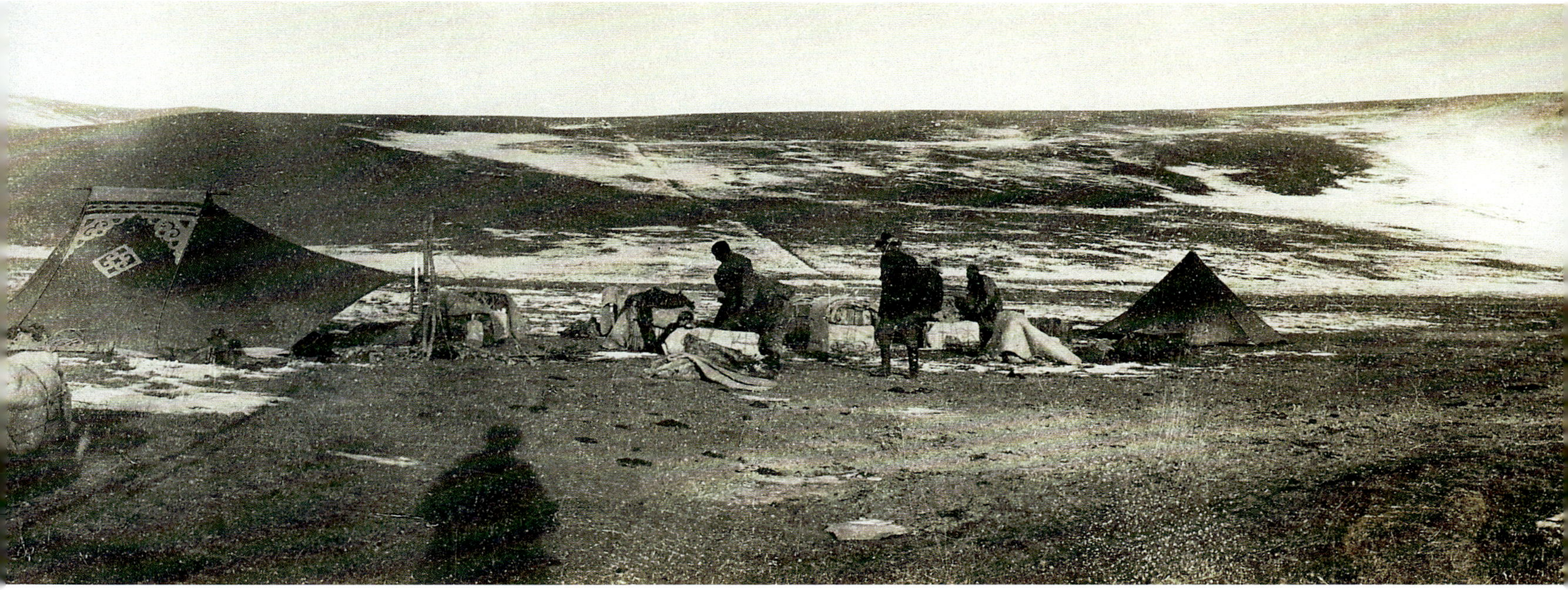

HENRI DE BOUILLANE
DE LACOSTE

Kobdo, junge Mongolinnen · 1909 · Silbergelatine-Druck, 12 × 17,9 cm

Am 23. September kommen die Reisenden in Kobdo an, dem letzten Ort vor der russischen Grenze, und beziehen in einer chinesischen Pagode am Dorfrand Quartier. Mehr noch als sonst strömen die Dorfbewohner zu Dr. Du Chazaud. Jeden Tag füllt sich der Hof der Pagode mit Wartenden. Zehn Tage dauert die Erledigung der Formalitäten. Auch neue Kameltreiber müssen gefunden werden, denn die mongolischen Karawanenführer, die das Team auf der Hinreise von Urga an begleitet haben, machen hier kehrt.

HENRI DE BOUILLANE
DE LACOSTE

Zeltlager am Taschanta-Pass in 2085 Meter Höhe · 1909 · Silbergelatine-Druck, 11 × 26,6 cm

Eine blasse Sonne lässt im Vordergrund den Schatten des Fotografen ins Bild fallen, der hier eine der lebensfeindlichsten Zwischenetappen der Reise festhält. Bevor es über den Altai geht, müssen die Männer ihre Zelte ungeschützt auf einer Hochebene aufstellen. »Die ganze Nacht über hat der Wind an den Zelten gerüttelt, ein beißend kalter Wind, der die Temperaturen bis auf −29°, unseren bisherigen Tiefstwert, hat sinken lassen. Wir haben in unseren Zelten entsetzlich gefroren.«

AM RAND DES RUSSISCHEN REICHS

ZENTRALASIEN

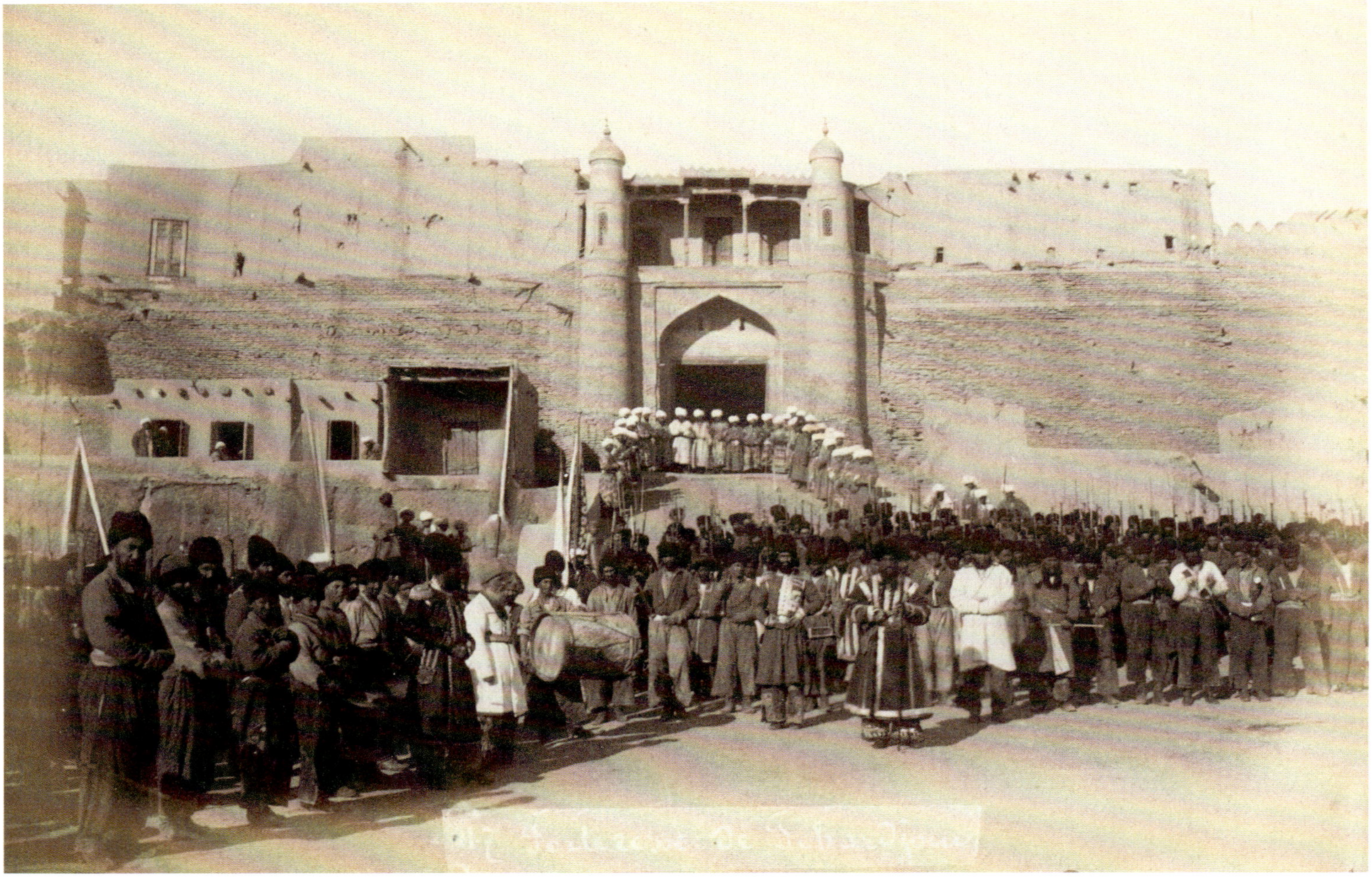

HENRI MOSER

Festung von Tschardjui · 1882 ·
Abzug auf Albuminpapier, 10,9 × 16,5 cm

Henri Moser, in Sankt Petersburg geborener Sohn eines Schweizer Uhrmachers, kehrt 1862 im Alter von 18 Jahren aus beruflichen Gründen in sein Geburtsland zurück. Doch schon bald füllt ihn das vom Vater übernommene Uhrhandwerk nicht mehr aus. Adlige Bekannte bieten ihm an, mit ihnen auf Reisen zu gehen. Ab 1868 reist er mehrmals nach Zentralasien, wo er sich mit den verschiedenen Kulturen und ihren Sprachen vertraut macht. Aufgrund dieser Kenntnisse wird er 1882 von General Tschernjajew, dem damaligen Generalgouverneur von Taschkent, auf eine Expedition mitgenommen.

HENRI MOSER

Mirza und sein Bacha · 1882 ·
Abzug auf Albuminpapier, 10,9 × 16,5 cm

Als Begleiter des Generalgouverneurs reist Moser von Taschkent zunächst nach Samarkand, dann nach Buchara. Da er als einflussreicher Fremdling in engem Kontakt zur russischen Obrigkeit steht, lässt ihn der Emir von Buchara heimlich von Mirza Ischan-Hakim observieren, lädt ihn aber auch ein zu einem Unterhaltungsspektakel für ausländische Gäste mit Orchestermusik, Clown-Darbietungen sowie Gesangs- und Tanzimprovisationen eines ›bacha‹. Bachas sind junge Knaben, die von Männern gehobener Stellung als Zeitvertreib gehalten werden.

HENRI MOSER

Turkmenischer Reiter · 1882/83 ·
Abzug auf Albuminpapier, 11 × 16,6 cm

Nach Auswahl der besten Führer und Pferde bricht Moser von Xiva aus zur Durchquerung der schwarzen Karakum-Wüste auf. Seine Eskorte besteht aus turkmenischen Reitern, die grundsätzlich nur in gestrecktem Galopp dahinjagen, sodass ihre Pferde »über alle Hindernisse hinwegfliegen«, wie sie sagen. Die während der Reise gemachten Notizen dienen als Grundlage für seine später erscheinenden Reiseschilderungen *Durch Zentralasien.* Mit einer Auswahl der mitgebrachten Gegenstände fährt er nach Paris, um sie der Société de Géographie zu präsentieren.

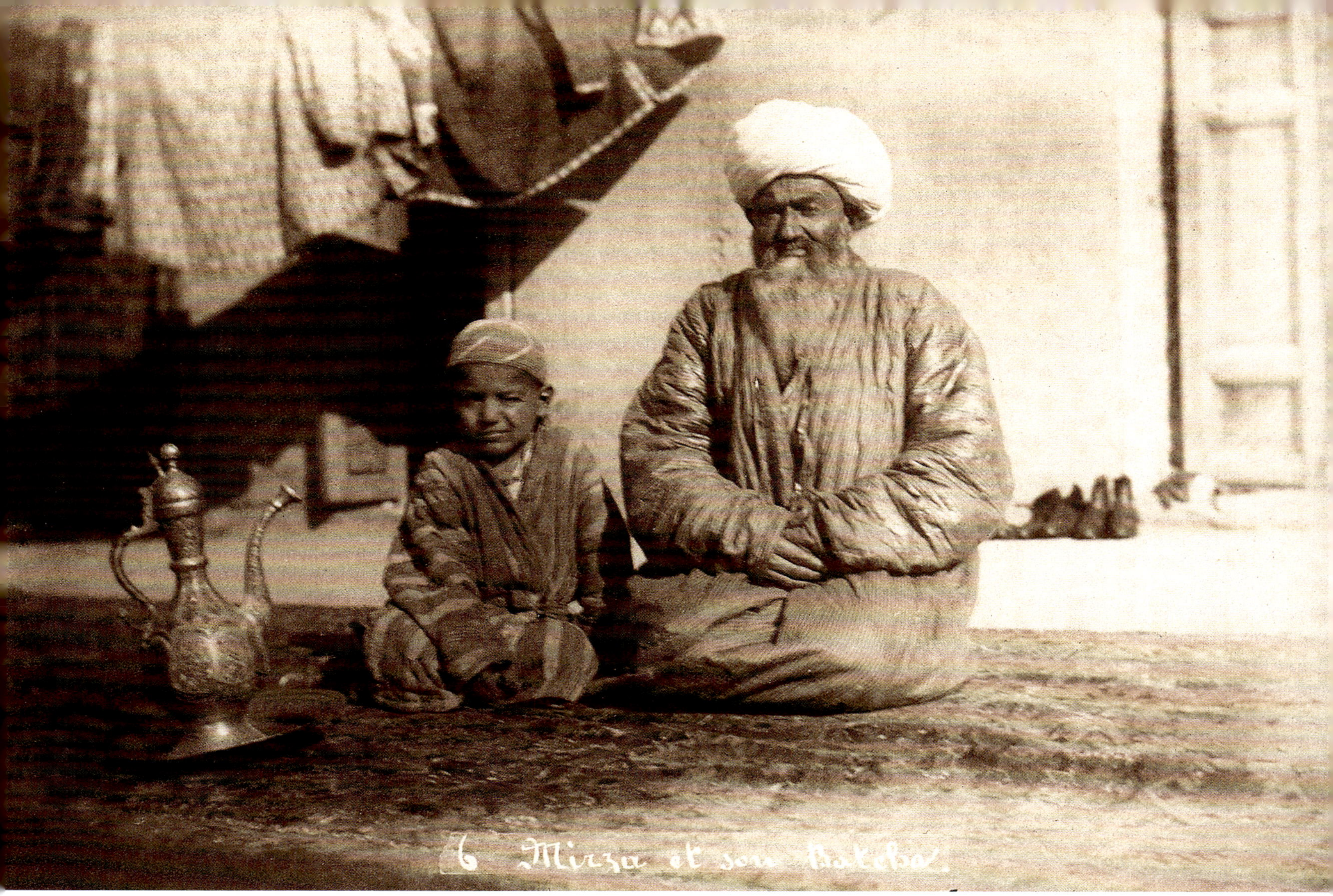
6 Mirza et son Batcha.

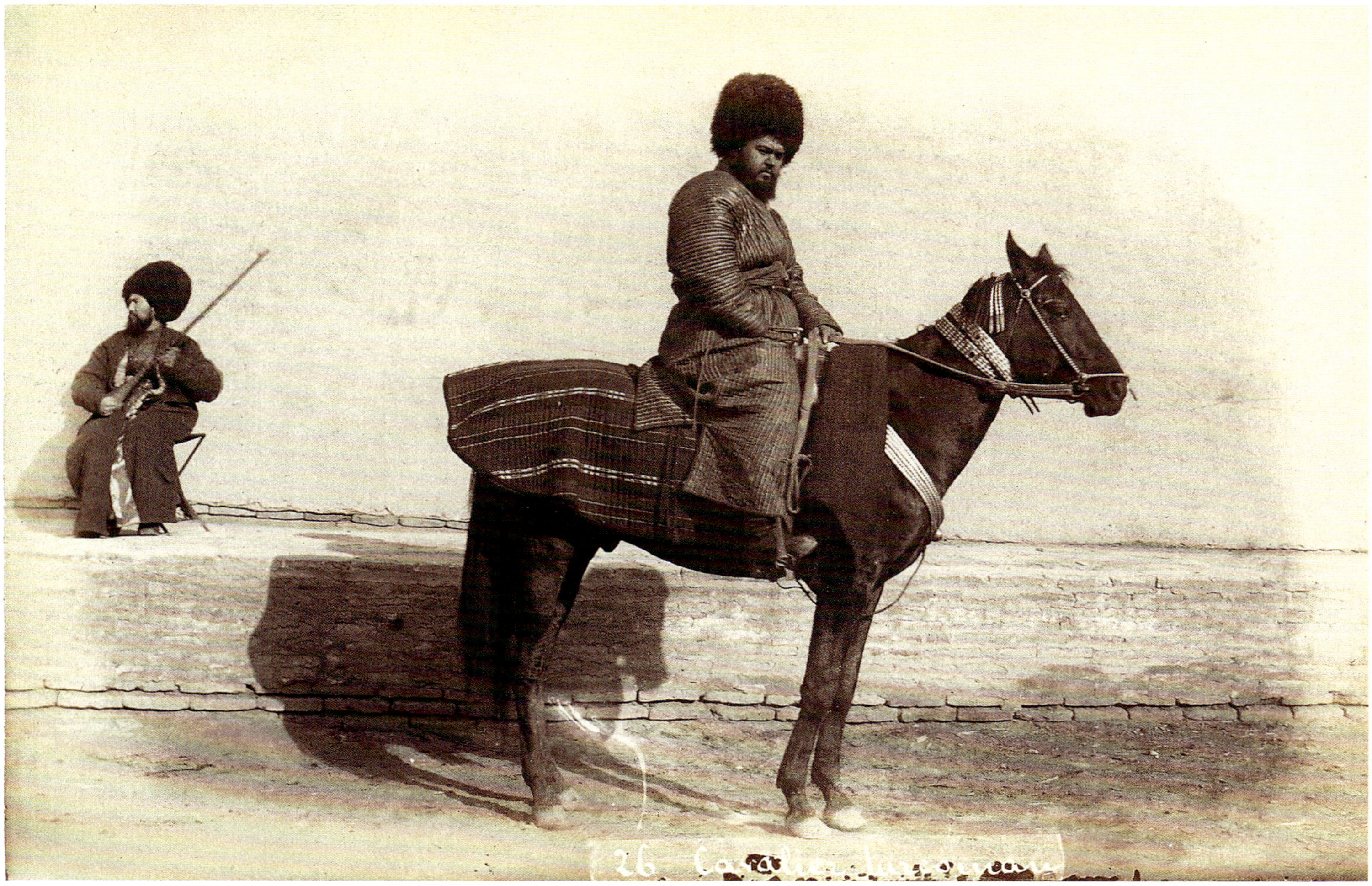
26 Cavalier turcoman

DREI JAHRE AM HOF VON

PERSIEN

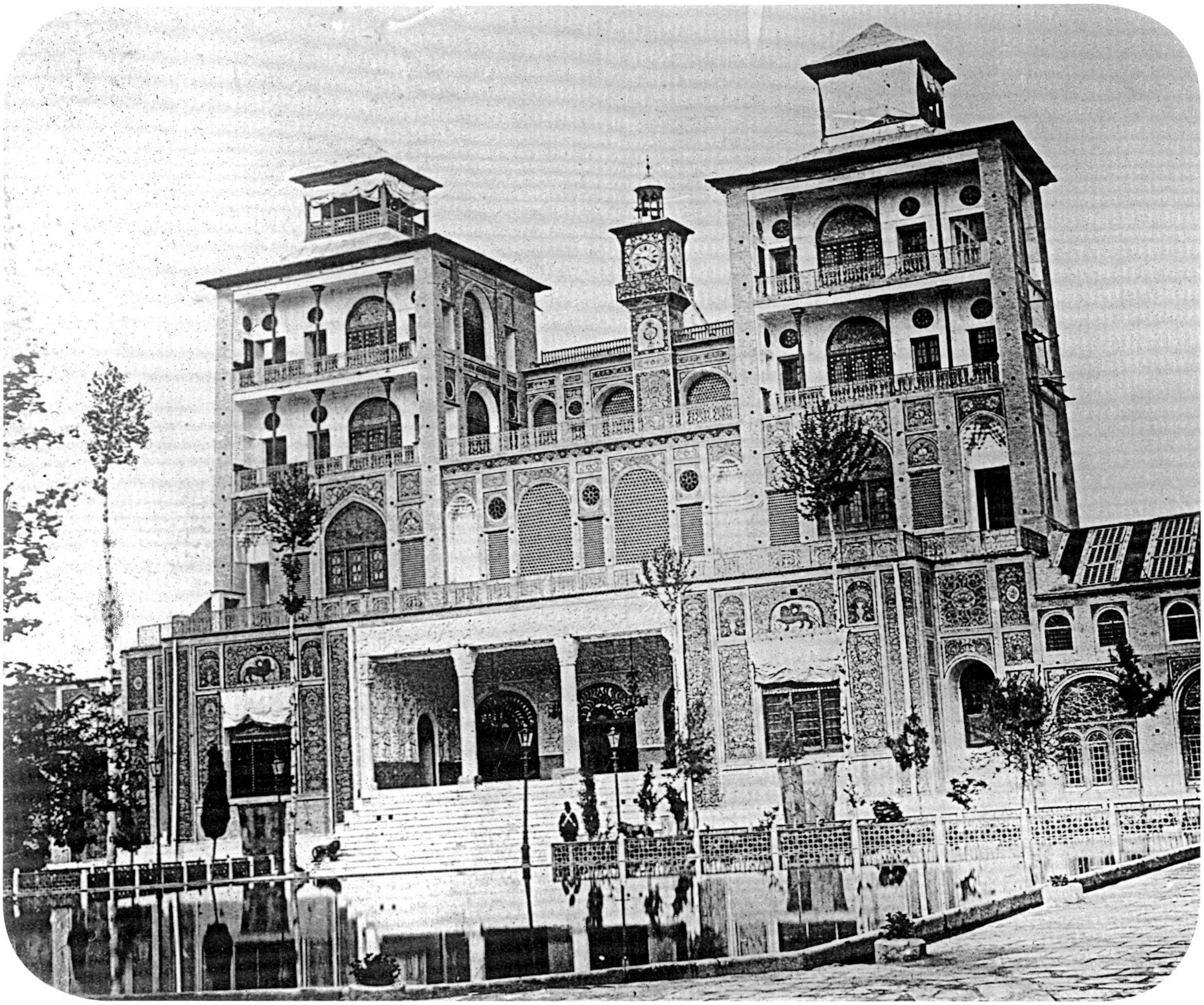

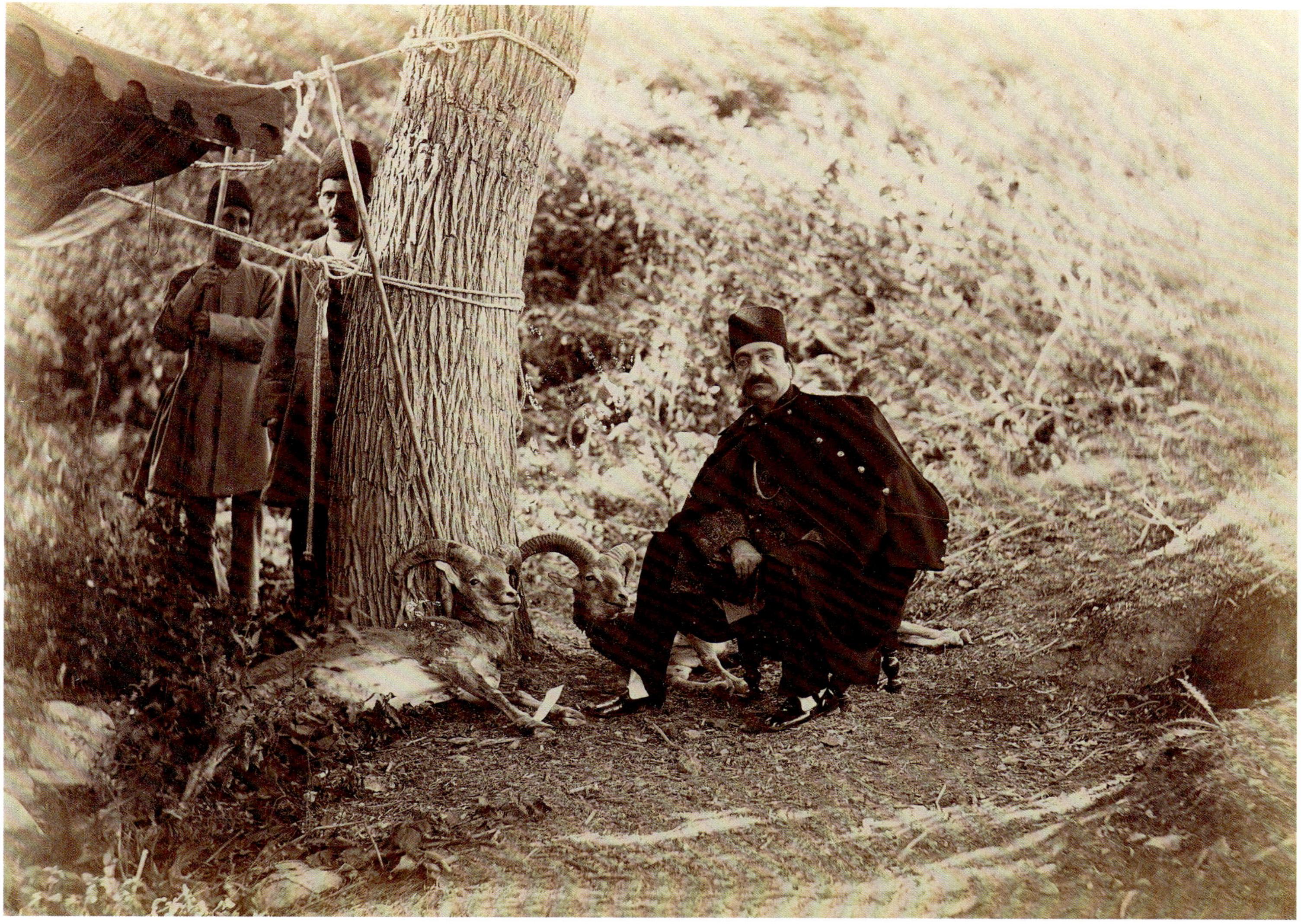

JEAN-BAPTISTE FEUVRIER ZUGESCHRIEBEN (DUPLIKATNEGATIV MAZO)

Schams-ol-Emareh (Sonnenpalast), Teheran · Um 1889 · Diapositiv auf Glas, 8,5 × 10 cm

Auf seiner Europa-Reise 1889 wird dem persischen Nasreddin Schah vom Außenministerium der französische Militärarzt Jean-Baptiste Feuvrier als Leibarzt zur Seite gestellt. Feuvrier begleitet den persischen Herrscher auch auf der Rückreise und wohnt am 20. Oktober 1889 dessen feierlichem Einzug in Teheran bei. Untergebracht wird der Arzt in der alten Zitadelle der Herrscherfamilie (Arg) unweit der Gärten des Golestanpalastes und des Sonnenpalastes, des höchsten Bauwerks der Stadt.

ENTOURAGE DES SCHAHS VON PERSIEN

Der Schah mit seiner Beute · 1889 · Papierabzug, 12,8 × 17,4 cm

Drei Jahre lang verfolgt Feuvrier das Leben am persischen Hof und begleitet den Schah auf Reisen. Nasreddin verbringt die Sommermonate in seinen Palästen außerhalb der Stadt und die heißeste Zeit des Jahres im Elburs-Gebirge. Auch bei herrschaftlichen Freizeitvergnügen ist Feuvrier dabei, etwa bei der Gazellen-, Panther- und Mufflonjagd.

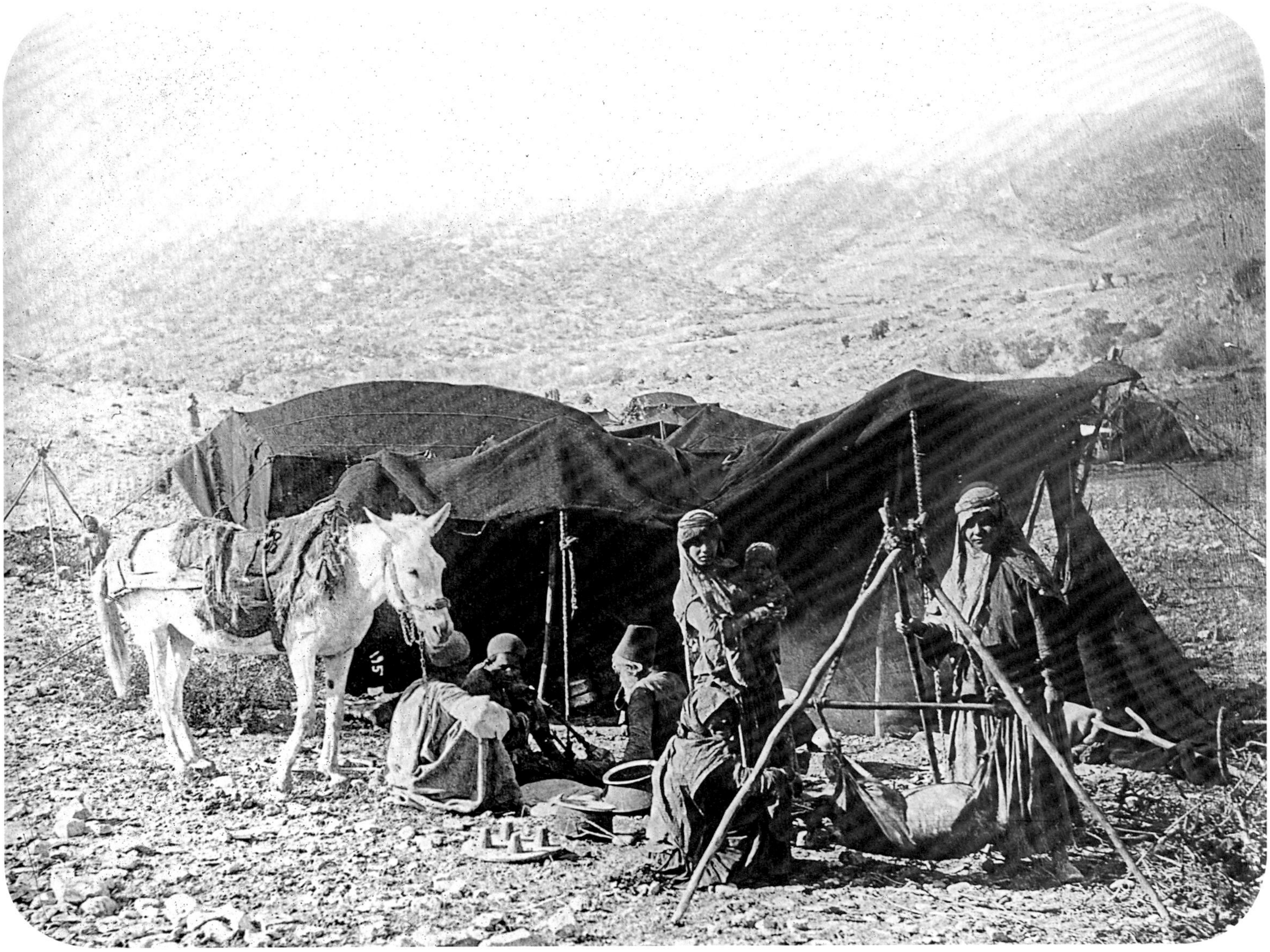

JEAN-BAPTISTE FEUVRIER ZUGESCHRIEBEN (DUPLIKATNEGATIV MAZO)

Zeltlager der Iliat (persische Nomaden) im Lar-Gebirge · 1890 · Diapositiv auf Glas, 8,5 × 10 cm

Nasreddin Schah schlägt seine Zelte mit Vorliebe im Hochtal des Lar-Gebirges nördlich von Teheran auf. Im Sommer 1890 trifft Feuvrier hier auf nomadische Viehhirten (Iliat). Von ihnen lässt er sich zeigen, wie in Schläuchen aus Tierhaut Milch zu Sauermilch vergoren wird, die zusammen mit Reis die Hauptnahrung der Iliat bildet. Am 14. Juli begegnet er dem Schweden Sven Hedin, der gerade von seiner Besteigung des Damawand zurückkehrt.

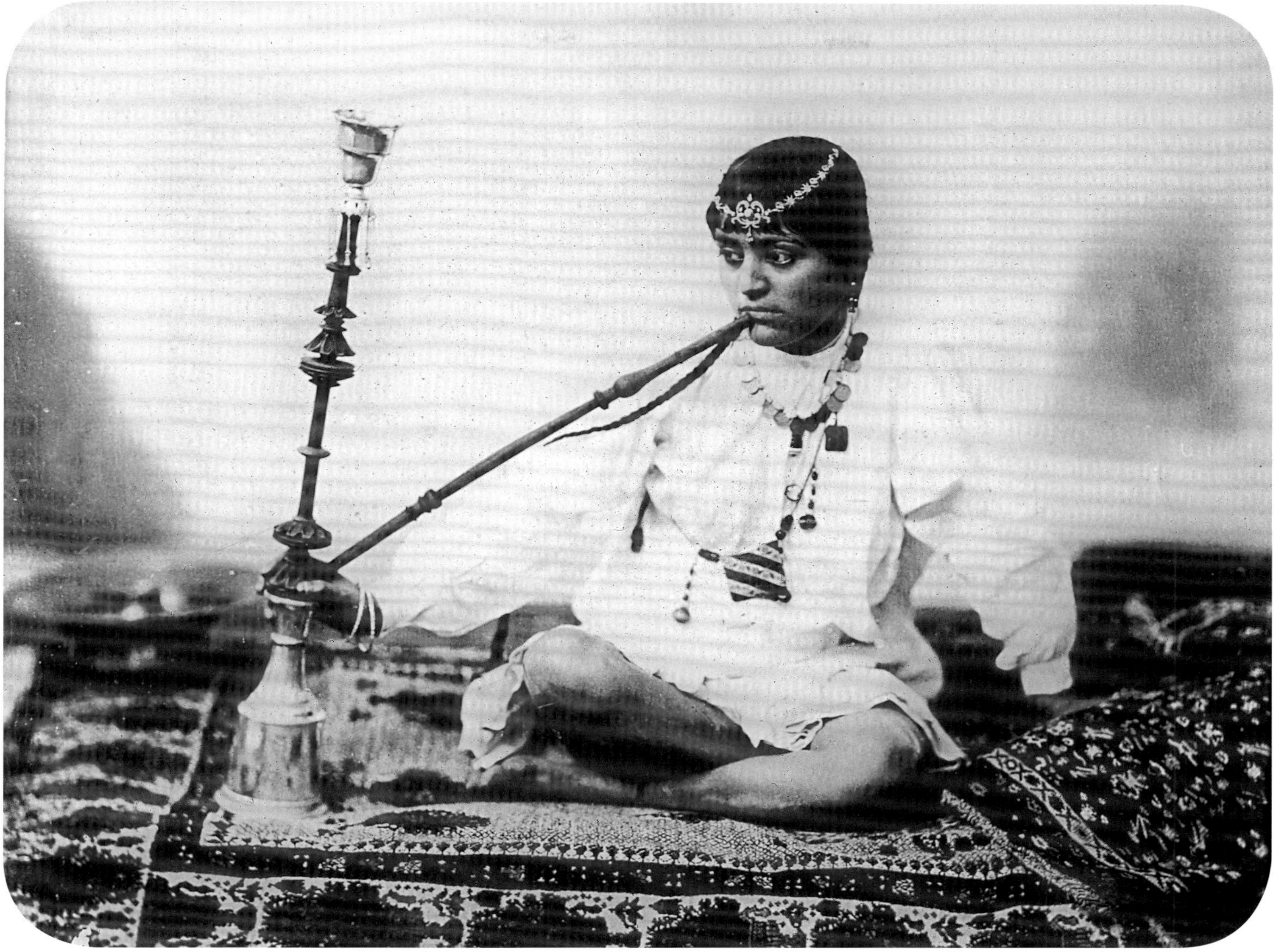

JEAN-BAPTISTE FEUVRIER ZUGESCHRIEBEN (DUPLIKATNEGATIV MAZO)

Perserin in Hauskleidung mit Shisha · Zwischen 1889 und 1892 · Diapositiv auf Glas, 8,5 × 10 cm

Die traditionelle Wasserpfeife der Perser, die Shisha, wird sowohl von Männern als auch von Frauen geraucht. Dieses Foto muss vor dem Hintergrund der sogenannten Tabak-Revolte gesehen werden. 1890 erteilt Nasreddin Schah den Briten die Monopolkonzession für Herstellung, Kauf und Verkauf von Tabak im Land, was große Empörung beim persischen Volk und eine Fatwa des höchsten schiitischen Geistlichen nach sich zieht, der den Konsum und Anbau von Tabak verbietet. Der Schah sieht sich gezwungen, die Konzession zurückzunehmen. In der Folge wird auch die Tabak-Fatwa wieder aufgehoben. Die persische Frau verzichtet hier vermutlich bewusst auf das Anzünden der Wasserpfeife, entweder aus Protest gegen die Monopolkonzession oder aus Angst vor der Fatwa.

IM HOCHLAND VON

MESOPOTAMIEN

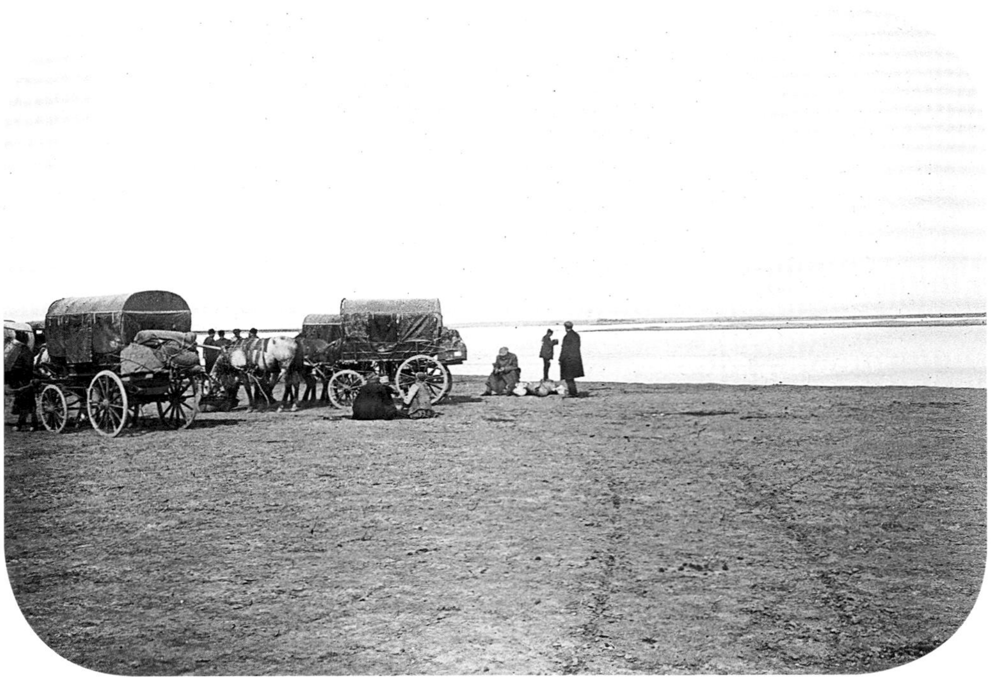

EUGÈNE GALLOIS

Rast am Ufer des Euphrat · 1913/14 · Diapositiv auf Glas, 8,5 × 10 cm

Mehrmals wird der Zeichner und Fotograf Eugène Gallois in staatlichem Auftrag auf Forschungsmissionen in die Welt geschickt. Nach seinem ersten Syrien-Aufenthalt 1906 begleitet er General Gabriel Dolot 1913 auf eine Expedition in den asiatischen Teil des Osmanischen Reichs. Die Männer reisen abwechselnd mit Zug, Schiff oder einfachem Pferdewagen von Beirut über Aleppo und Diyarbakir bis Bagdad, bevor sie über Damaskus die Heimreise antreten.

EUGÈNE GALLOIS

Mossul, Pontonbrücke über den Tigris · 1913 · Diapositiv auf Glas, 8,5 × 10 cm

Die im Auftrag des französischen Bildungsministeriums reisenden Männer sollen auf ihrer Expedition sondieren, wie groß Frankreichs Rückhalt in der strategisch wichtigen Region ist, in der sowohl Briten als auch Deutsche bemüht sind, ihre Interessen geltend zu machen. Außerdem sollen sie den Fortschritt der Bauarbeiten an der Bagdadbahn zwischen Konya und Bagdad begutachten und die Arbeiten der Briten am Euphrat-Staudamm beobachten. Nach zehntägiger Fahrt auf dem Tigris kommen die Männer in Mossul an, wo eine große Pontonbrücke beide Ufer verbindet.

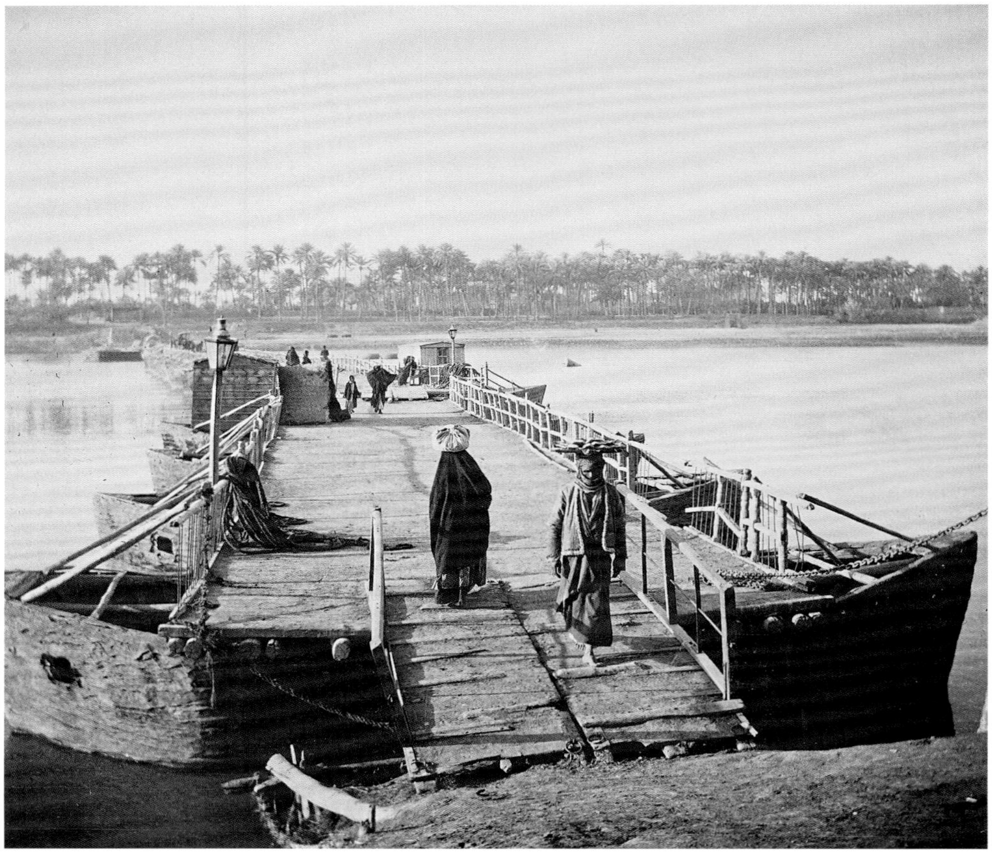

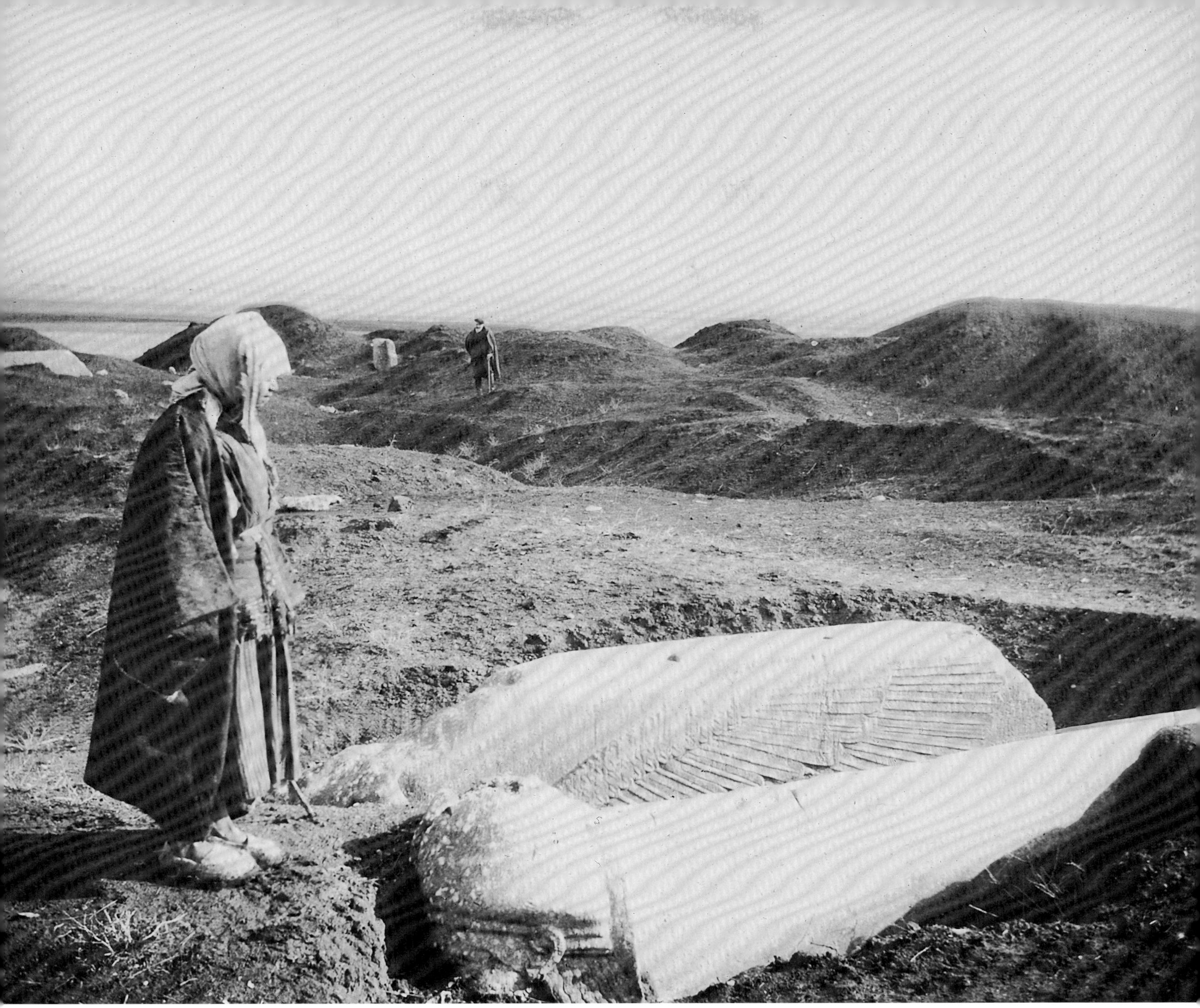

EUGÈNE GALLOIS

Ninive, zwei geflügelte Stiere mit Menschenköpfen · 1913 · Diapositiv auf Glas, 8,5 × 10 cm

Auch die Besichtigung berühmter Ruinen mesopotamischer Städte steht auf dem Programm. Von Mossul aus fahren Dolot und Gallois nach Ninive zu den bedeutenden britischen Ausgrabungsstätten. Weiter geht es von Bagdad nach Babylon, wo sie auf den deutschen Archäologen Robert Koldewey treffen. Auch auf wissenschaftlichem Gebiet ist der Wettstreit zwischen den westlichen Großmächten unübersehbar. Der Rückweg durch die syrische Wüste führt die Männer über Palmyra und Damaskus bis nach Petra.

NACHFOLGENDE DOPPELSEITE

EUGÈNE GALLOIS

Palmyra · 1914 · Diapositiv auf Glas, 8,5 × 10 cm

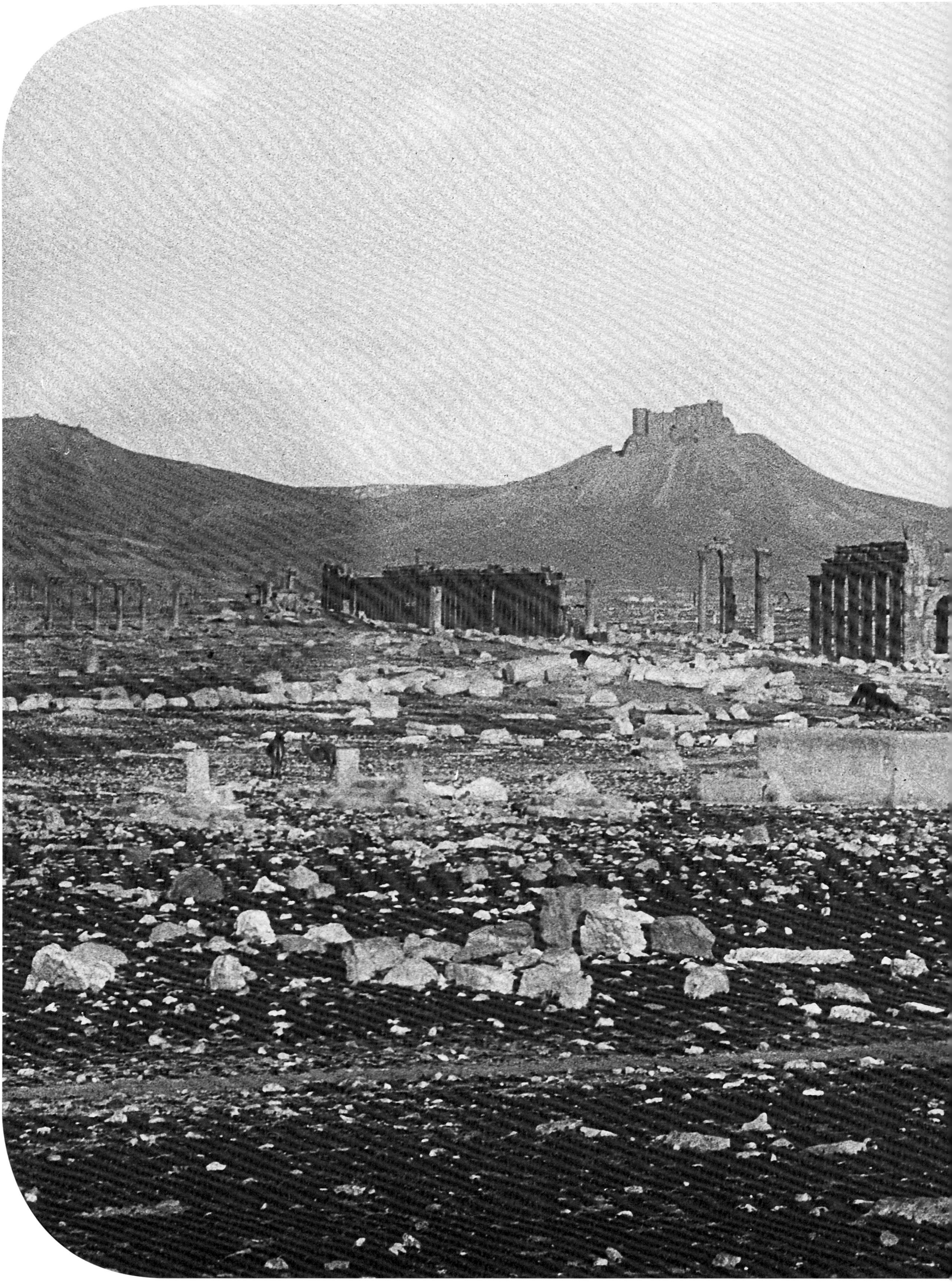

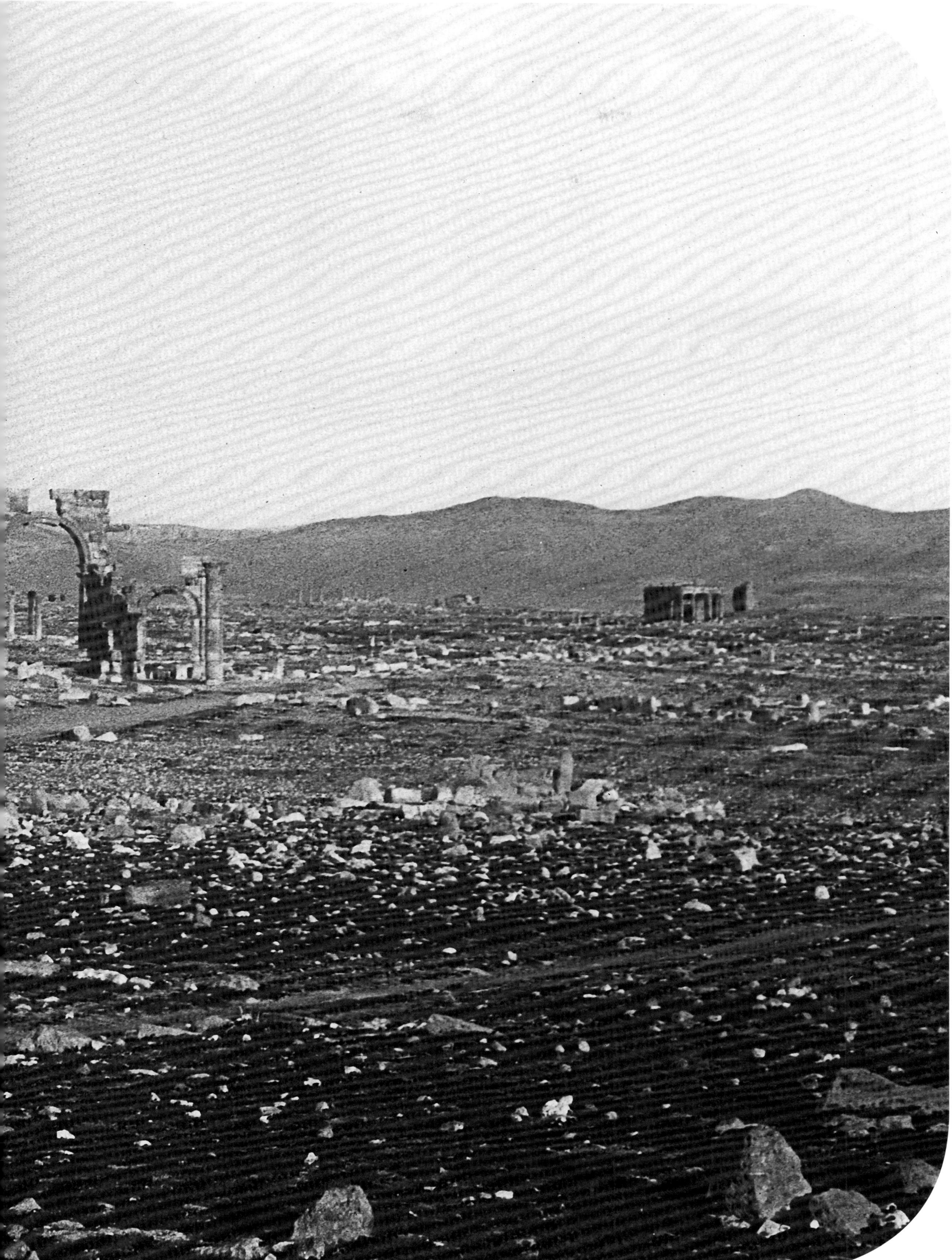

UNDURCHDRINGLICHER
JEMEN

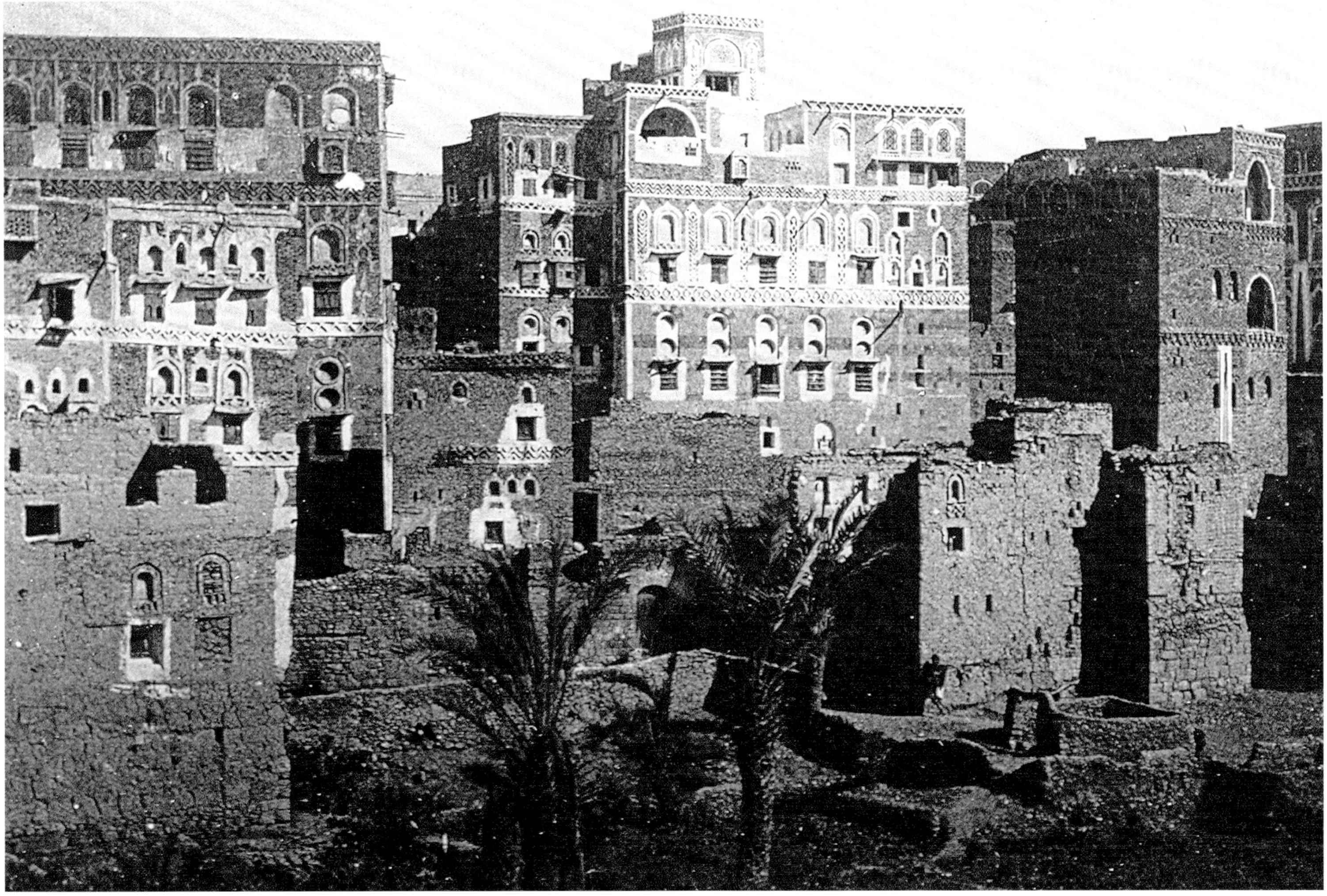

DÉSIRÉ CHARNAY
(DUPLIKATNEGATIV MOLTENI)

Häuser an der Stadtmauer, Sanaa · 1896 · Diapositiv auf Glas, 8,5 × 10 cm

1896 fährt Désiré Charnay im Auftrag des französischen Bildungsministeriums auf Erkundungsreise in den Jemen. Begleitet wird er von dem Botaniker Albert Deflers, der bereits 1887 dort war. Von Al-Hudaida aus geht er auf Rundreise, besichtigt Sanaa und Taizz, muss jedoch zu seinem großen Bedauern die antike Stadt Ma'rib auslassen. An Sanaa faszinieren ihn vor allem die dicken Stadtmauern aus Lehm und die Turmhäuser in ihrer einheitlichen Bauweise bei gleichzeitig individuellem Fassadenschmuck.

DÉSIRÉ CHARNAY
(DUPLIKATNEGATIV MOLTENI)

Kameltreiber · 1896 · Diapositiv auf Glas, 10 × 8,5 cm

Der Weg von Al-Hudaida nach Sanaa führt durch endlose Wüstengebiete im Tehama und über den Dschebel Shibam. Für den Transport des Gepäcks braucht man auf einer solchen Reise Maultiere und Kamele. Dank seiner Arabischkenntnisse hat Charnay gute Kontakte zu den beduinischen Kameltreibern. Im Blick des Beduinen zeigt sich das große Vertrauen, das er der Kamera und dem Fotografem entgegenbringt. Gleichzeitig spürt man die Faszination, die der Beduine auf Charnay ausgeübt haben muss.

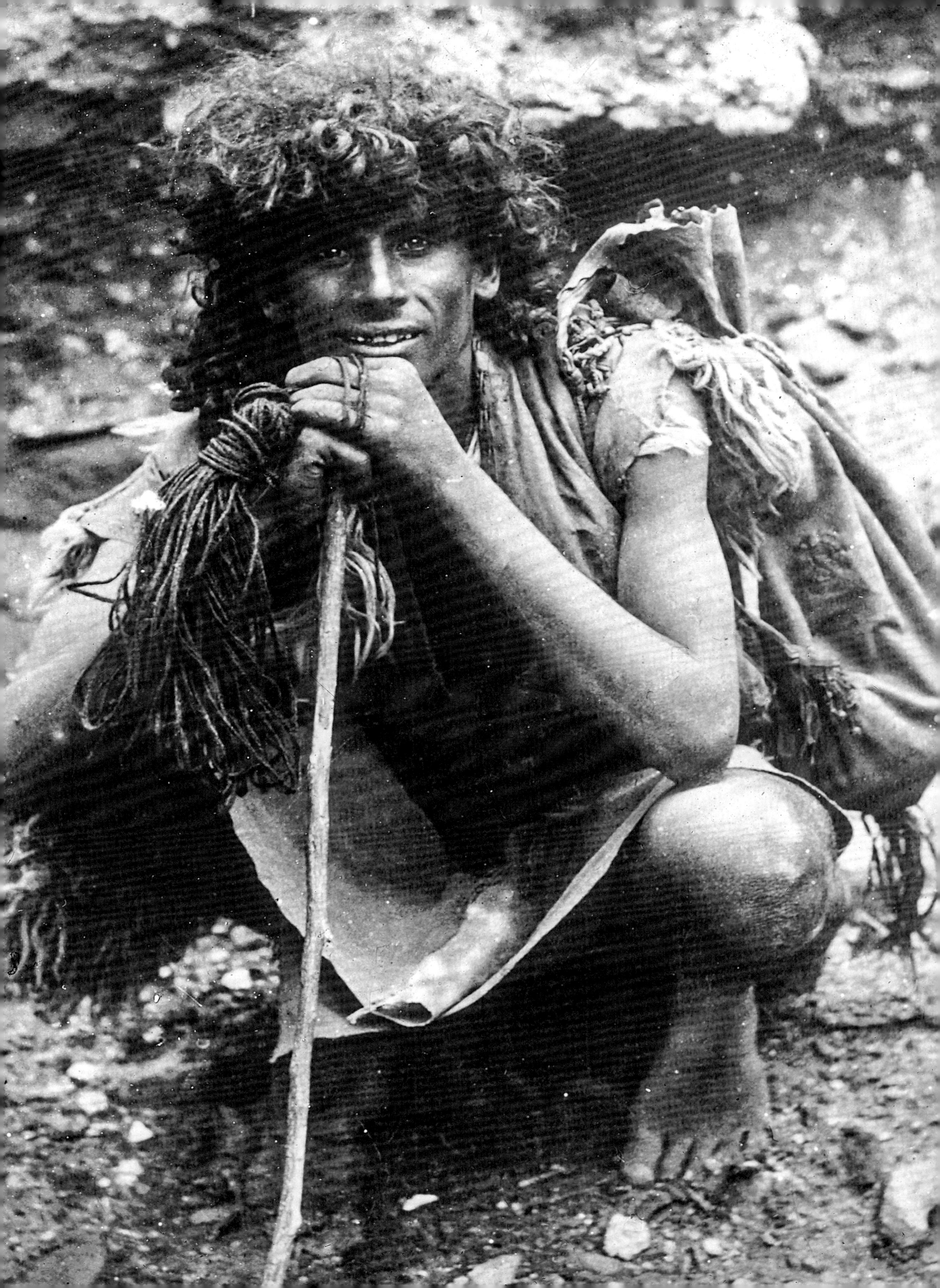

DAS TOR ZUM HIMALAYA
KASCHMIR

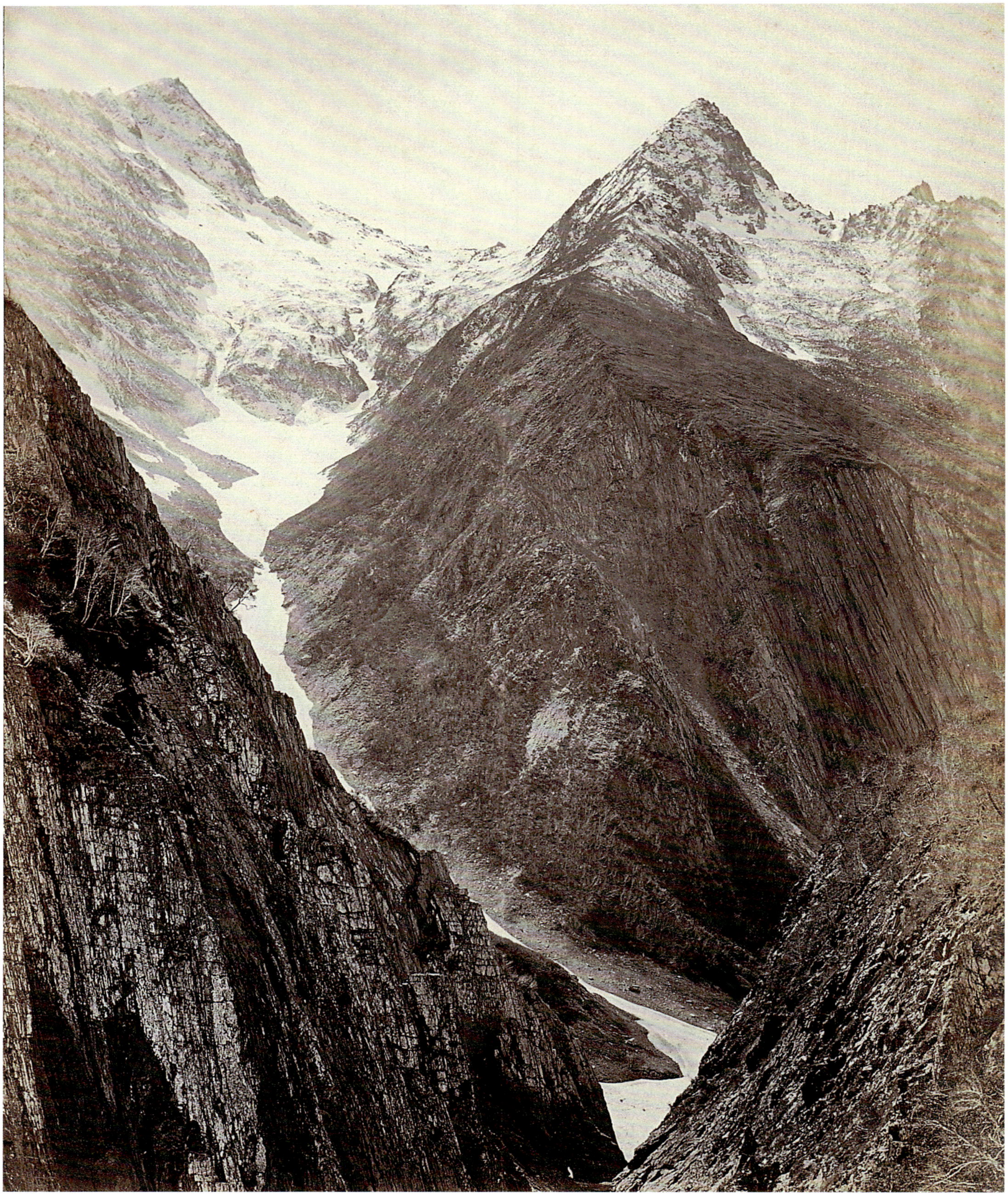

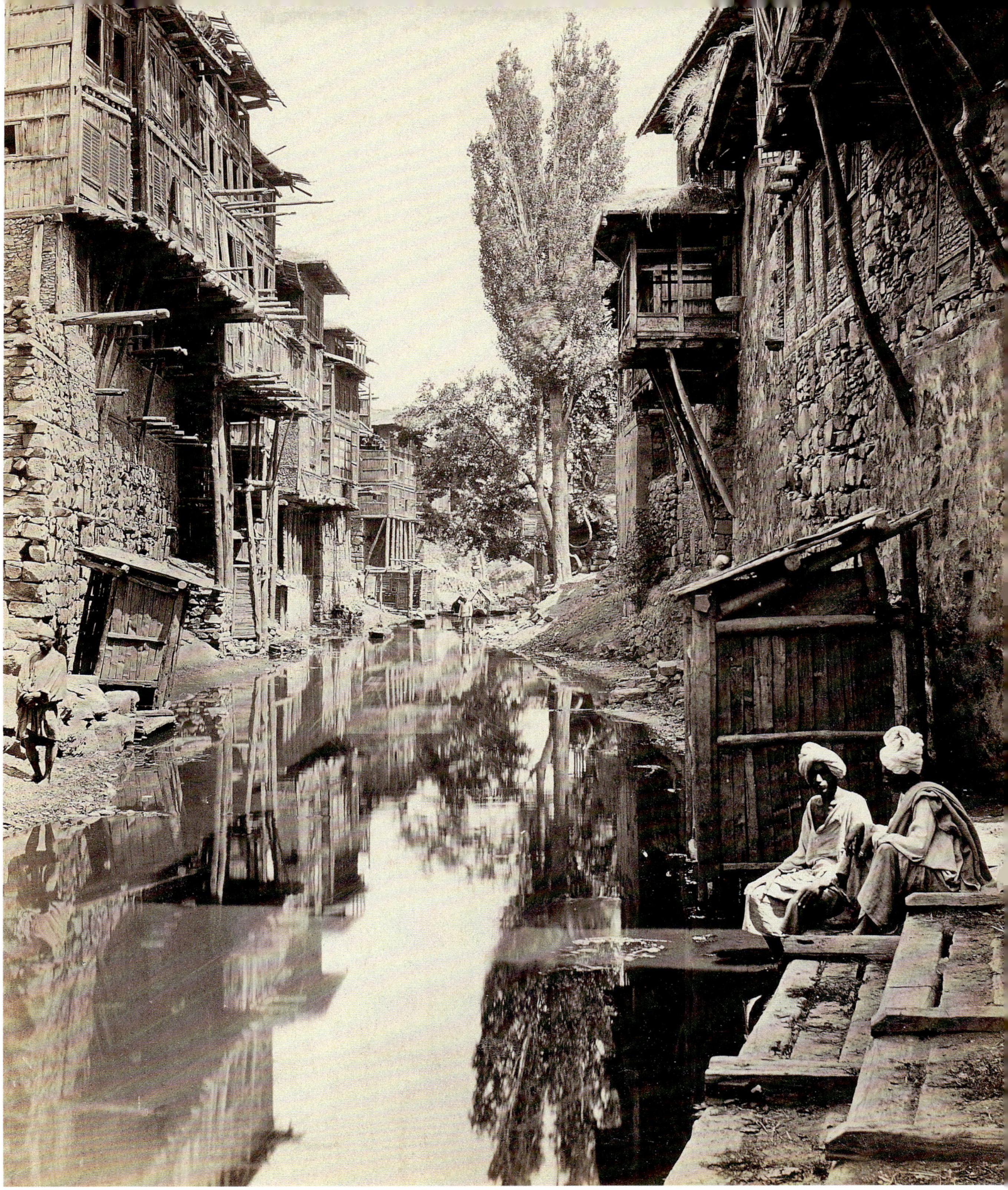

SAMUEL BOURNE

Zoji La, Passhöhe · 1864 · Abzug auf Albuminpapier, 28,4 × 23,6 cm

1863 wandert der britische Bankangestellte und Hobbyfotograf Samuel Bourne nach Indien aus. Zusammen mit dem Verleger Charles Shepherd eröffnet er ein Fotoatelier und unternimmt mehrere Fotoreisen in den Himalaya. Er fotografiert sogar in über 5500 Metern Höhe – für die damalige Zeit einzigartig. Bourne empfindet sich jedoch als unzulänglichen Fotografen, dem es nur bedingt gelingt, die majestätische Berglandschaft einzufangen. Laut eigener Aussage wird er der atemberaubenden Schönheit des Himalaya nur annähernd gerecht.

BAKER & BURKE

Srinagar · 1867–1872 · Abzug auf Albuminpapier, 28,1 × 21,4 cm

Samuel Bourne ist nicht der einzige britische Fotograf in Indien. Einige Jahre nach ihm reisen auch John Burke und William Baker in das an einer Schleife des Jhelam gelegene »Venedig Kaschmirs«. Wie Bourne, der 1864 hier fotografierte, sind auch sie fasziniert von den vielen pittoresken Wasserläufen und Brücken. Ihr Lieblingsmotiv sind die sich im ruhigen Wasser spiegelnden hölzernen Pfahlbauten.

BAKER & BURKE

Blick auf die Akbar-Brücke in Srinagar · 1868 · Abzug auf Albuminpapier, 21,5 × 28,3 cm

Die Schönheit Srinagars, Sommersitz der indischen Großmoguln, wird auch in der hinduistischen Dichtkunst immer wieder gerühmt. Im 16. Jahrhundert lässt Großmogul Akbar in der Sonnenstadt traumhafte Landschaftsgärten anlegen, die über ein Kanalnetz mit Wasser des Dal-Sees bewässert werden. Aus dieser Zeit stammt auch die Akbar-Brücke, eine Steinbrücke über den Nasim-Bagh-Kanal. Über sie gelangt man zu den berühmten Nishat- und Shalimar-Gärten.

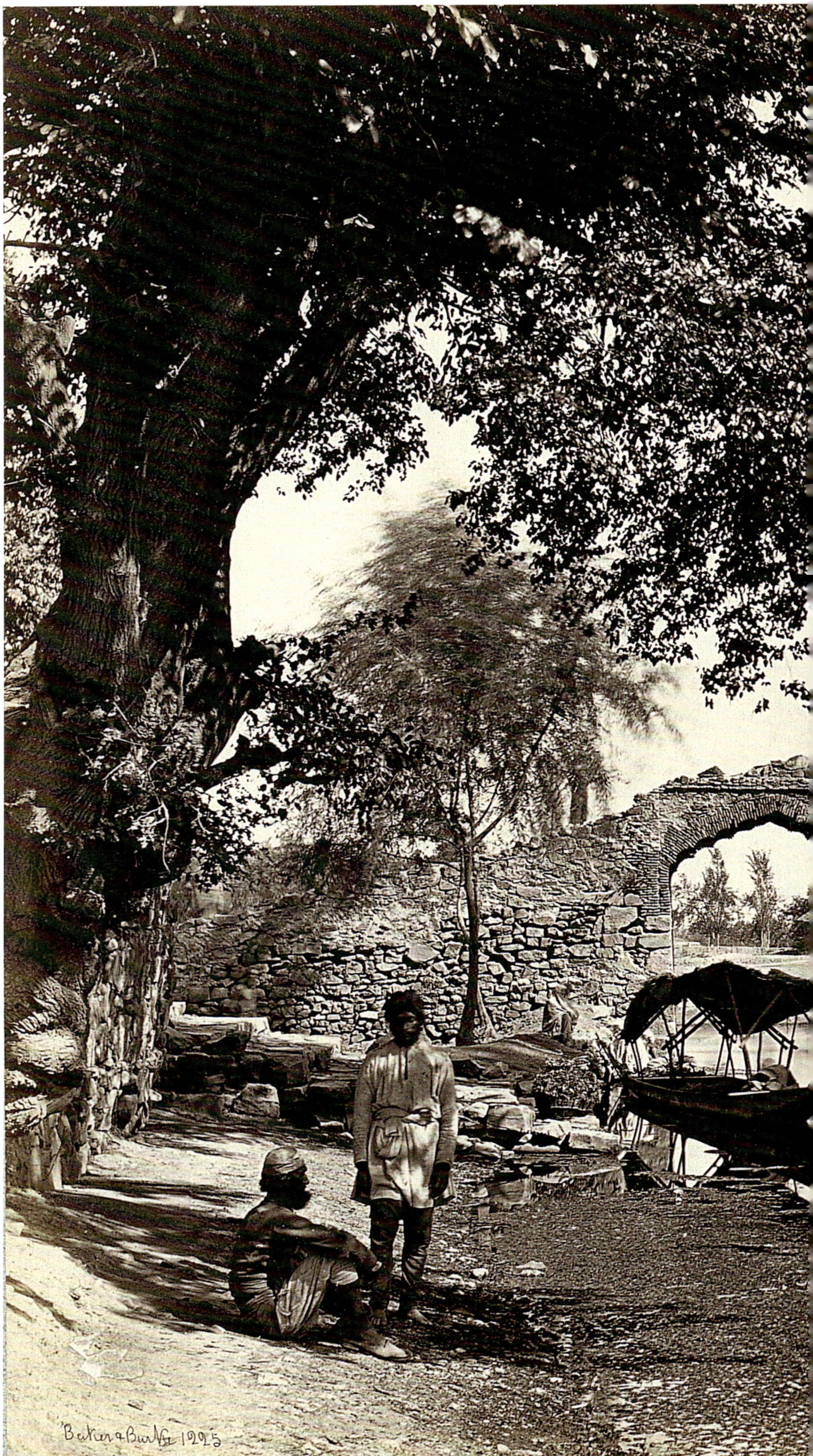

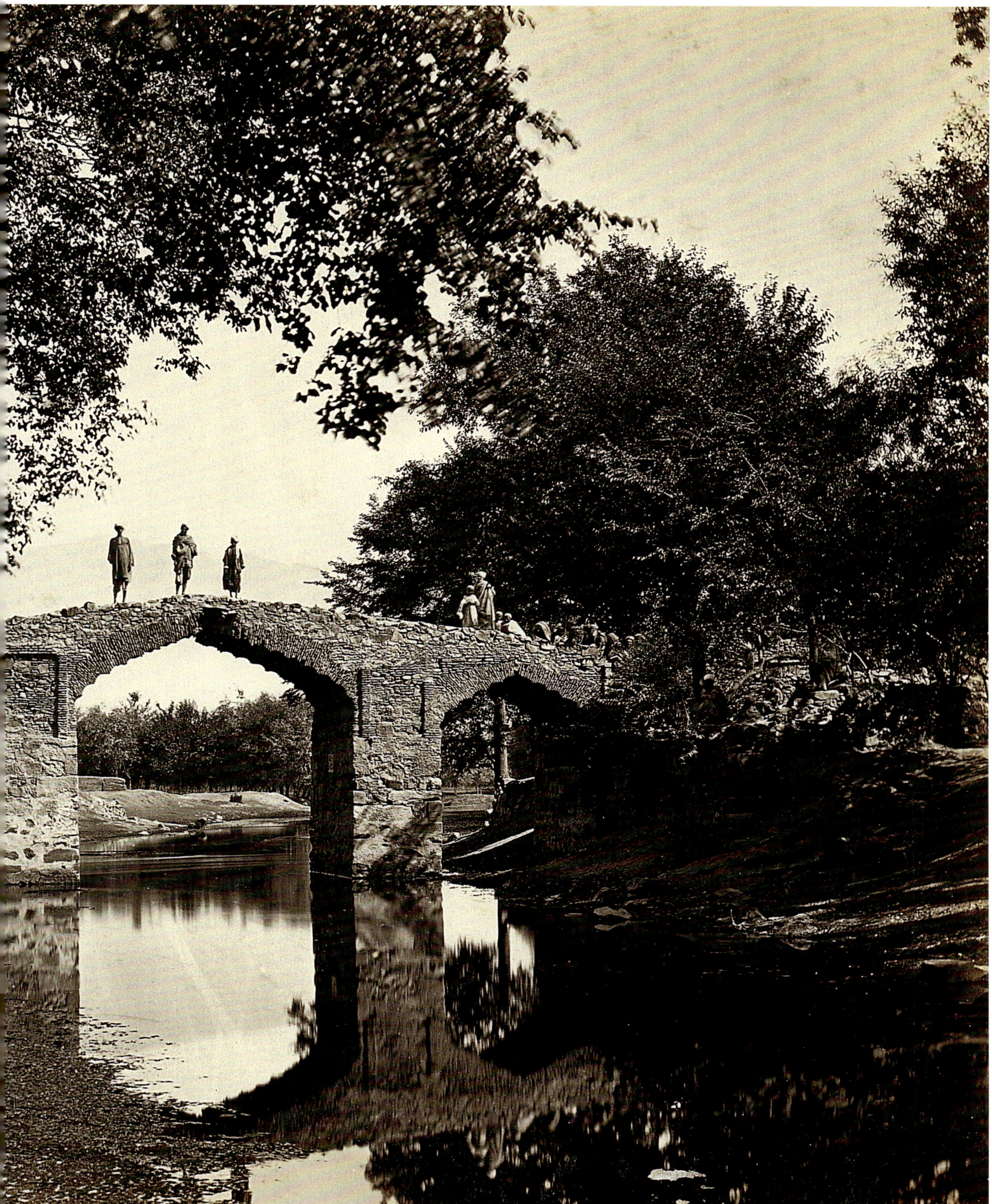

ARCHITEKTONISCHE BESTANDSAUFNAHME IN

SÜDINDIEN

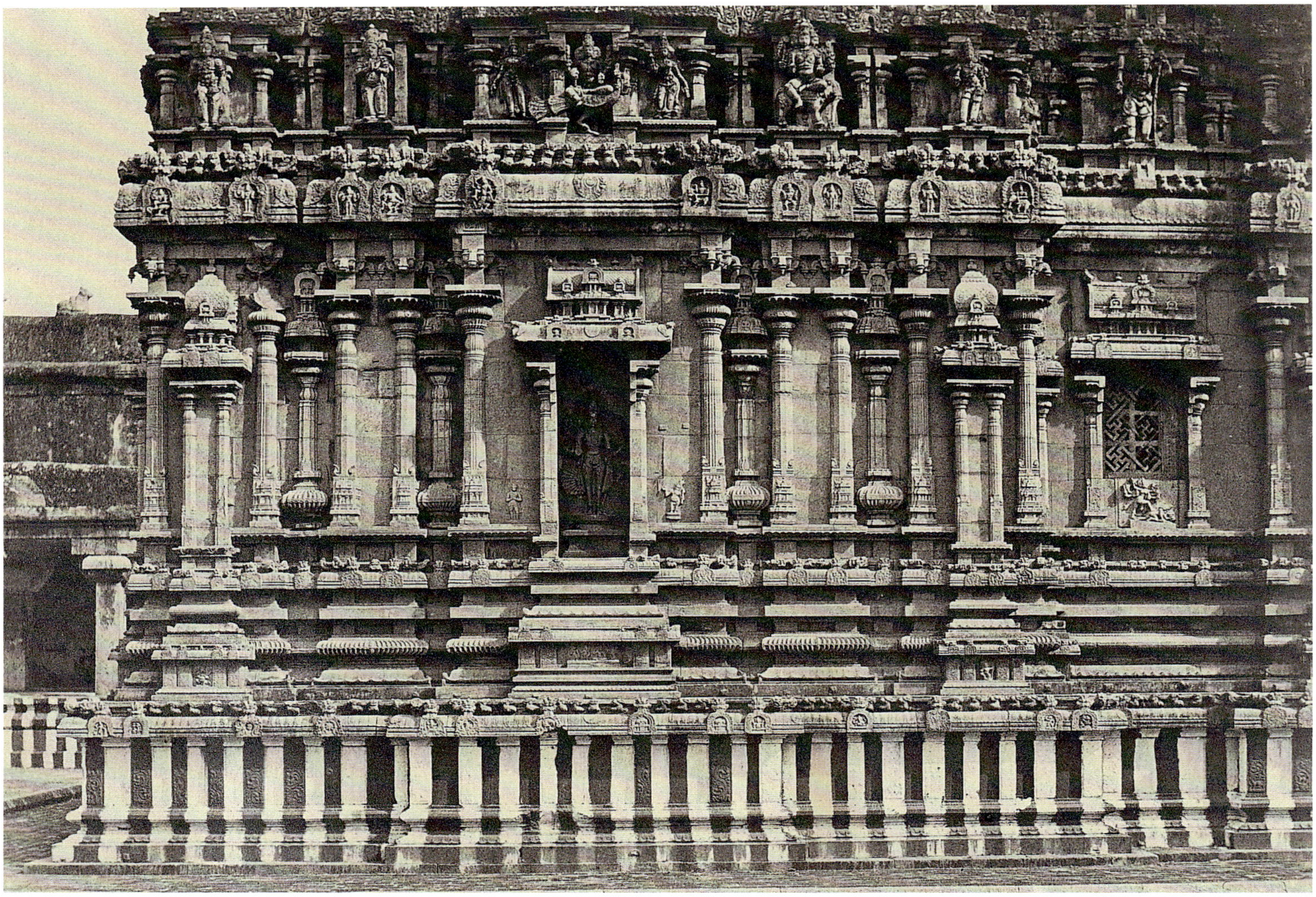

LINNAEUS TRIPE

Südfassade des Subrahmanya Swami Tempel, Tanjore · 1858 · Abzug auf leicht albuminiertem Salzpapier, 29,5 × 37 cm

Linnaeus Tripe kommt 1839 als junger Soldat nach Indien. 1850 wird er zum Hauptmann befördert, kehrt ein Jahr später nach England zurück und beginnt, sich für Fotografie zu interessieren. Seine ersten Sporen als Fotograf verdient er sich 1855 in Burma. Im Oktober 1856 wird er zum offiziellen Fotografen der britischen Präsidentschaft Madras ernannt und ein Jahr später mit einer fotografischen Bestandsaufnahme sämtlicher historisch relevanten Bauwerke und Skulpturen in den südlichen Distrikten der Verwaltungseinheit beauftragt.

LINNAEUS TRIPE

Säulengang auf der Südseite des Puthu Mandapam Tempels, gesehen vom westlichen Portal, Madurai · 1858 · Abzug auf leicht albuminiertem Salzpapier, 34,1 × 29 cm

Von Mitte Dezember 1857 bis Ende April 1858 macht Tripe, der seine Fotoausrüstung auf vier Ochsenkarren transportieren lässt, insgesamt 450 Aufnahmen von den wichtigsten Bauwerken in Srirangam, Tiruchirapally, Madurai, Pudukkottai, Thanjavur und Tiruvaiyaru. Die Aufnahme vom Säulengang an der Südfassade des Puthu Mandapam Tempels besticht vor allem durch die geometrischen Linien und die optisch reizvolle Wirkung des Spiels von Licht und Schatten.

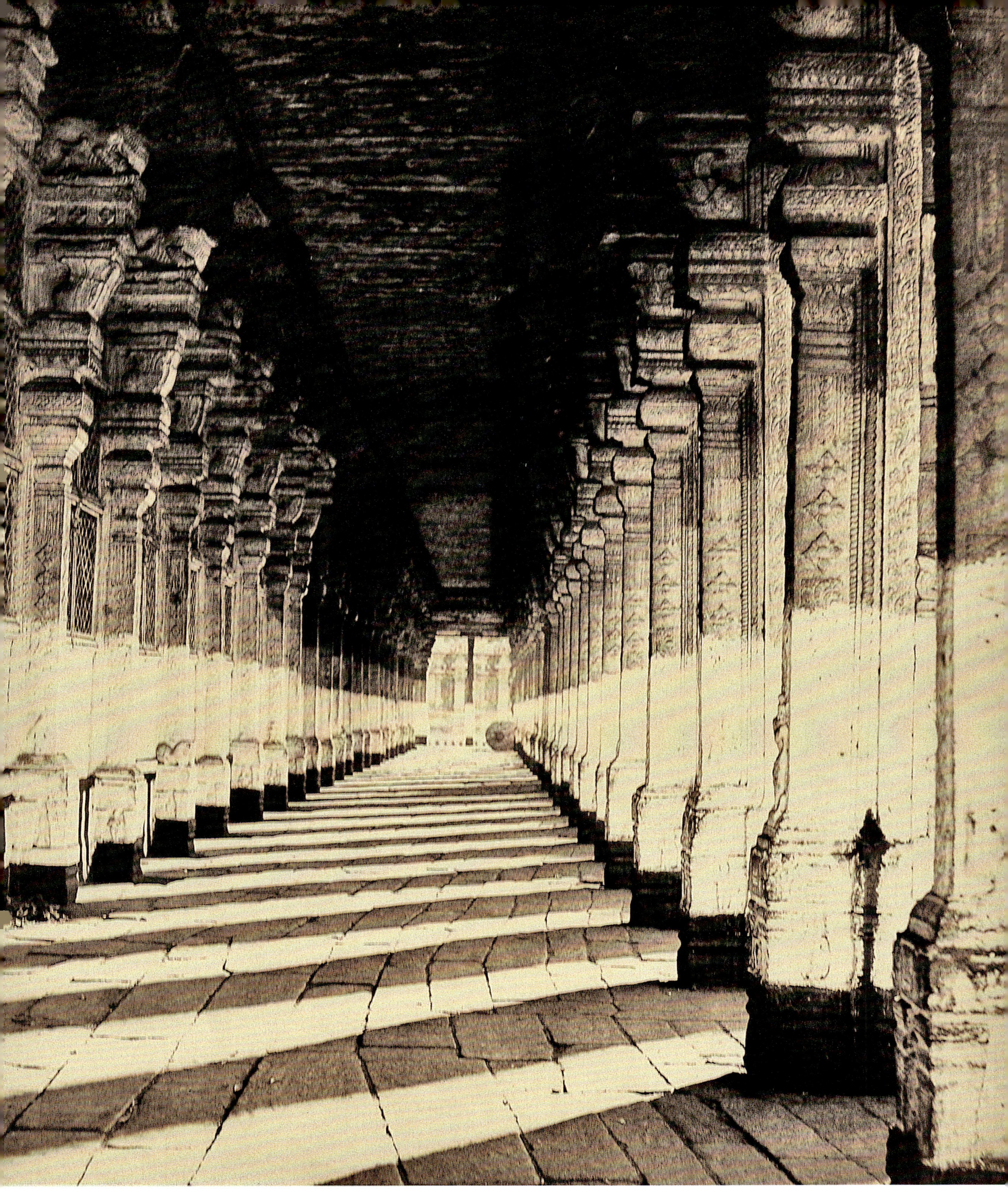

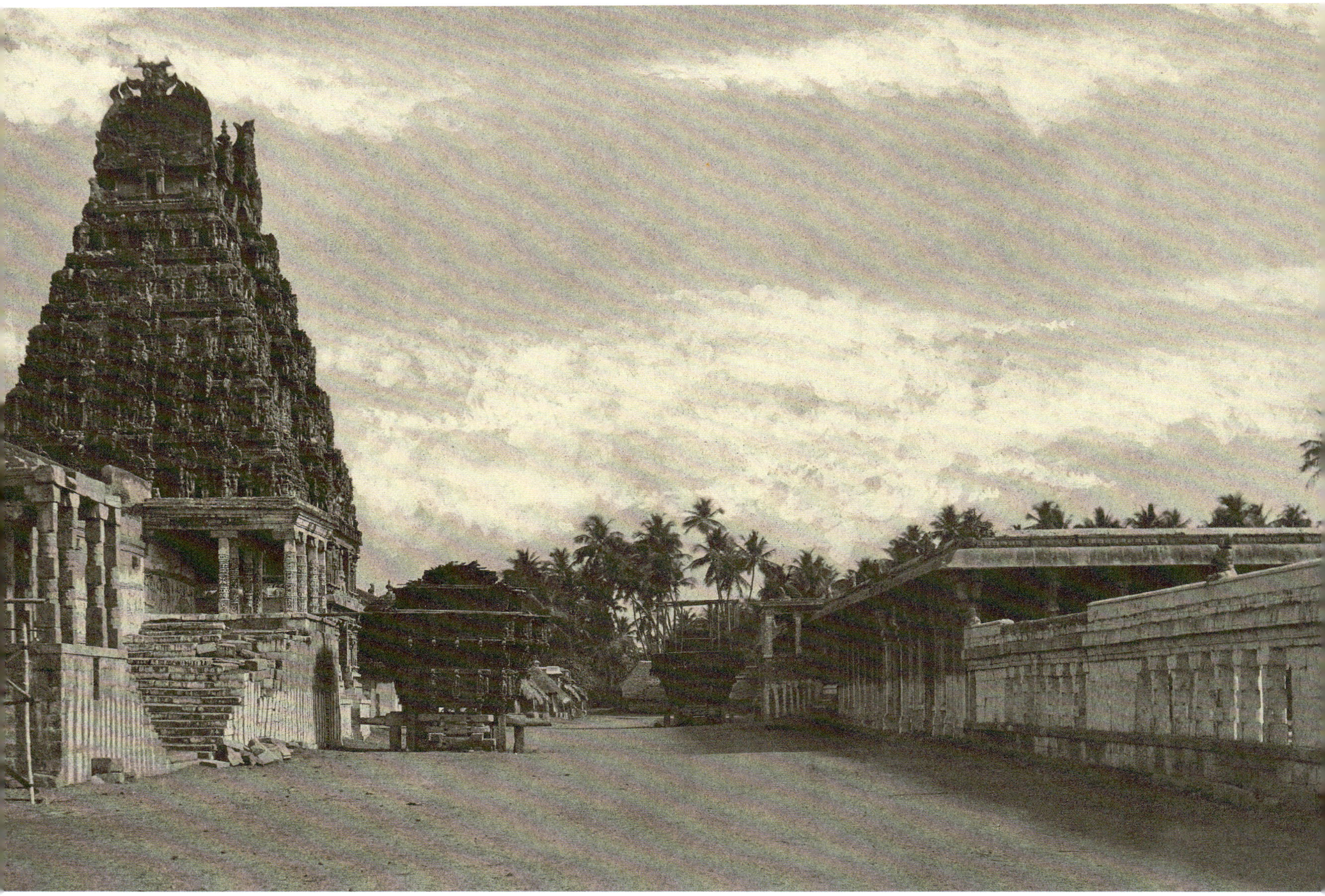

LINNAEUS TRIPE

Jumbugaswarum-Pagode in Seringham, Platz zwischen der zweiten Mauer und dem 1000-Säulen-Mandapa · 1858 · Abzug auf leicht albuminiertem Salzpapier, 23,7 × 36,2 cm

Das südindische Klima macht Fotografen die Arbeit nicht unbedingt leichter. Hitze, grelles Sonnenlicht und hohe Luftfeuchtigkeit stellen sie vor große Herausforderungen. Um keine allzu großen Kompromisse bei der Qualität machen zu müssen, wählt Tripe für seine Negative Wachspapier, das er unter den gegebenen Umständen für am besten geeignet hält. Die Abzüge macht er auf leicht albuminiertem Salzpapier. Bei der Bildkomposition setzt er häufig auf effektvolles Licht-und-Schatten-Spiel, weil die starken Kontraste architektonische Details besonders gut zur Geltung bringen.

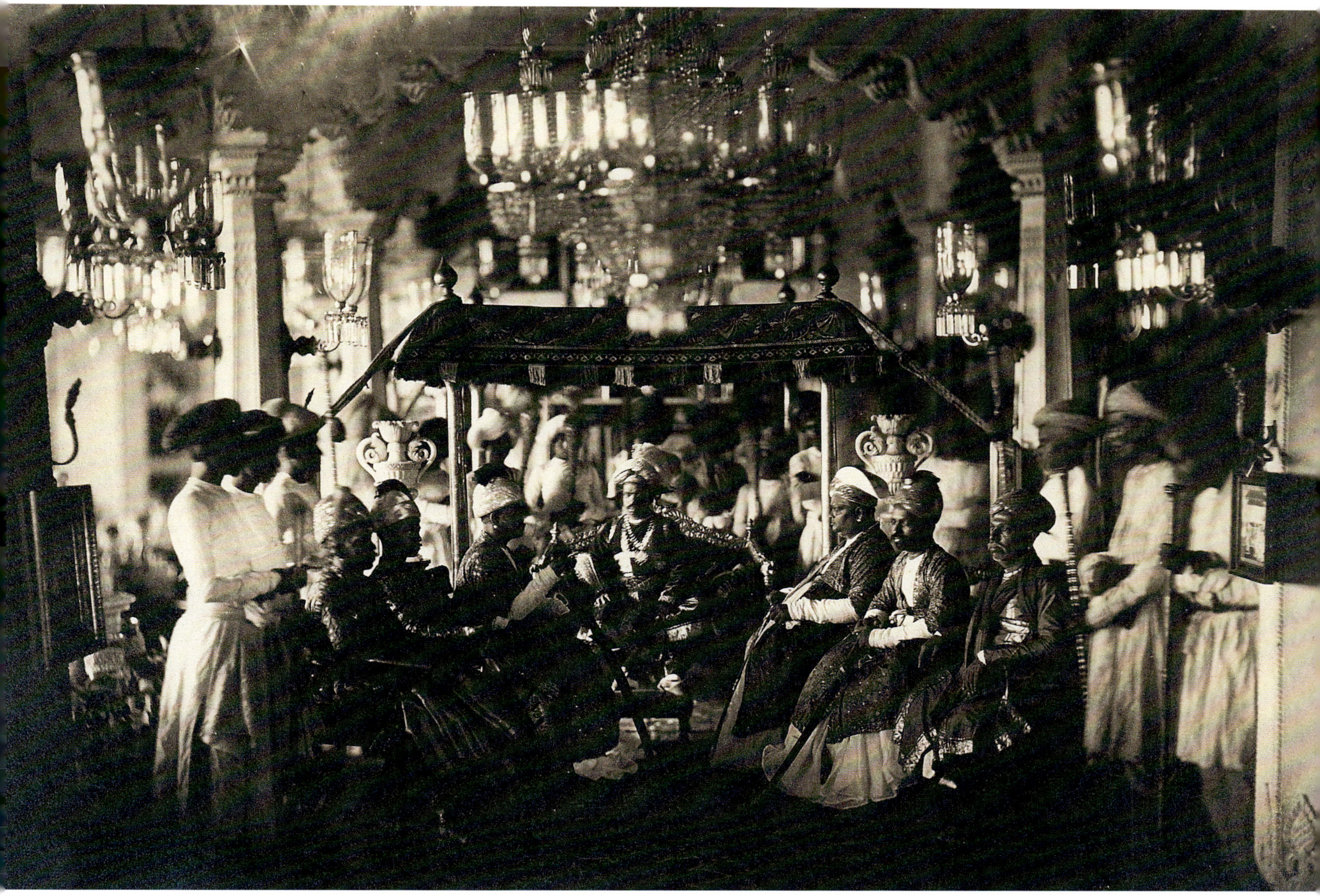

LINNAEUS TRIPE

H. E. Radscha Ramachandra Tondiman während einer Versammlung, Pudukkottai · 1858 · Abzug auf leicht albuminiertem Salzpapier, 24,1 × 34,2 cm

Die in den ersten Monaten des Jahres 1858 gemachten Fotos werden in mehreren Fotobänden mit dem Titel *Photographic Views* zusammengefasst. Ungewöhnlich für den auf Architektur spezialisierten Briten sind mehrere Aufnahmen, die den Radscha Ramachandra Tondiman im Kreis seiner Minister bei einer Versammlung (durbar) in seinem Palast in Pudukkottai zeigen. Mit diesem Foto stellt Tripe sowohl sein außergewöhnliches Talent als auch sein herausragendes handwerkliches Können unter Beweis.

FOTOSTUDIEN AUS BOMBAY

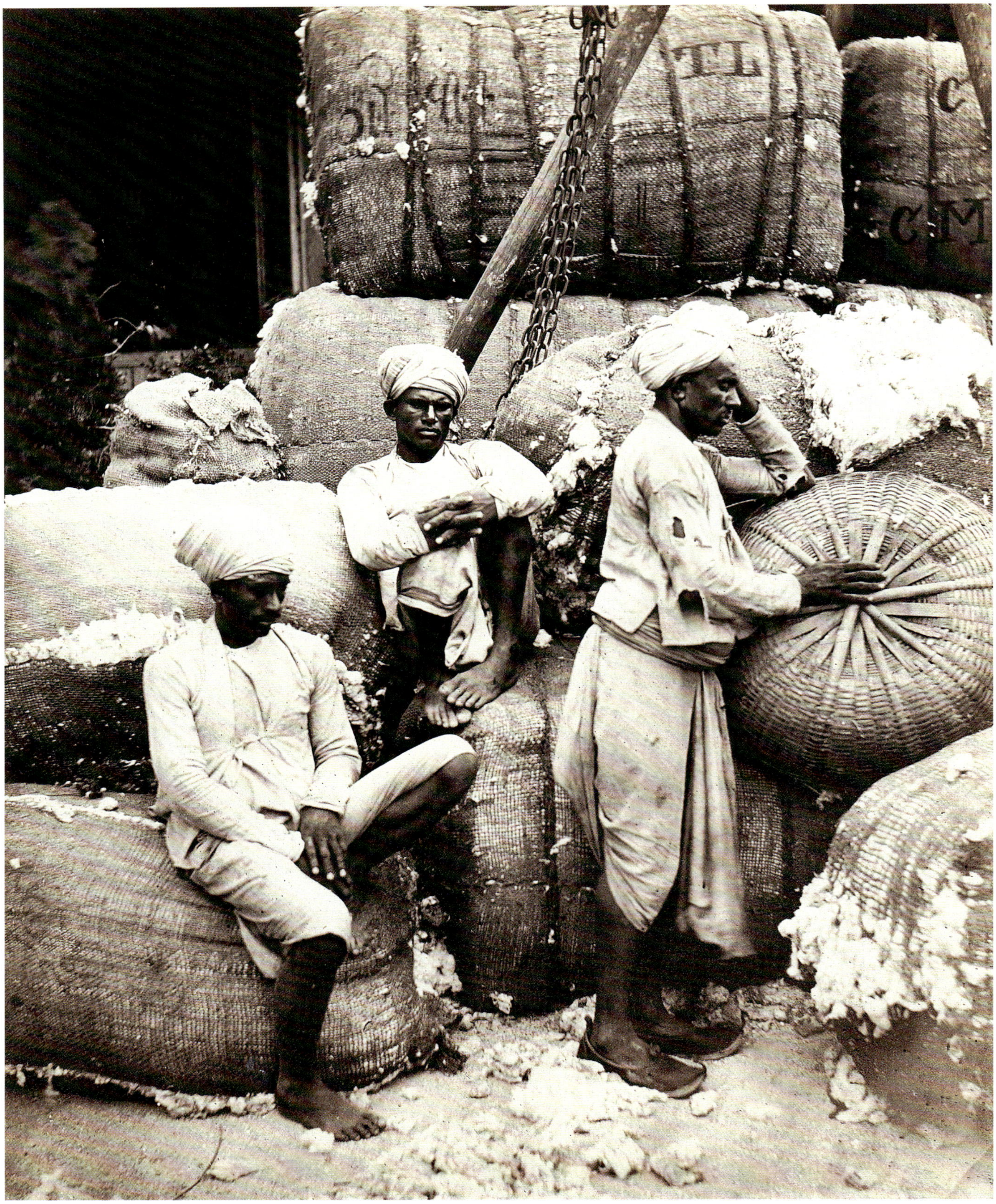

192 · 193

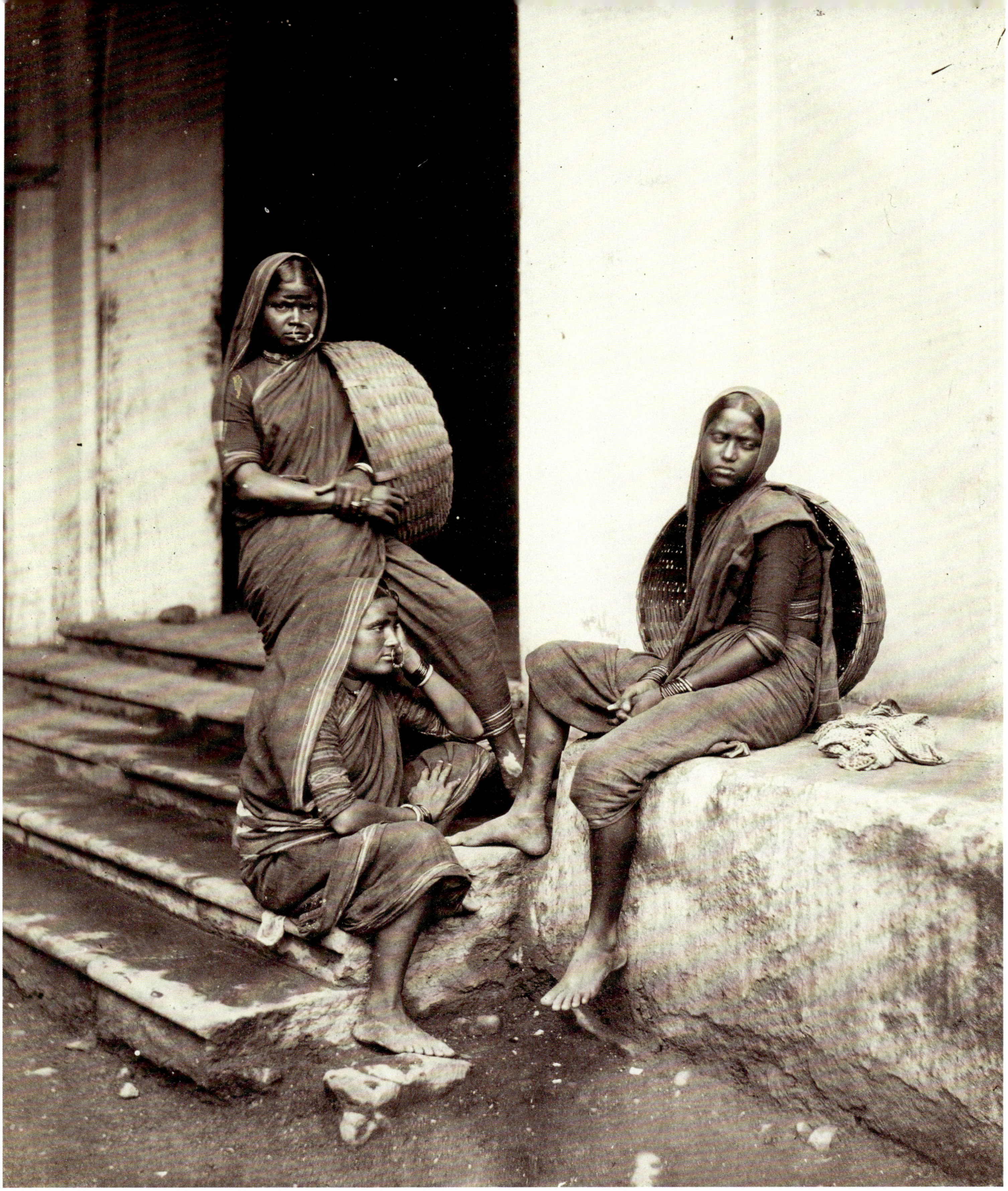

JOHNSON & HENDERSON

Drei Männer vor Baumwollballen · Um 1856 · Abzug auf Albuminpapier, 24,9 × 20,2 cm

JOHNSON & HENDERSON

Arbeiterinnen aus Maratha · Um 1856 · Abzug auf Albuminpapier, 25 × 19,8 cm

Architektur ist nicht der einzige Interessensschwerpunkt der britischen Fotografen, zumal sich der indische Subkontinent mit all seinen Volksgruppen, Sprachen und Religionen hervorragend für ethnografische Fotostudien eignet. William Johnson und William Henderson, zwei in Bombay ansässige Fotografen, machen um 1856 unter dem Titel *Costumes and Characters of Western India* eine Reihe von künstlerischen und zugleich ethnografischen Atelierfotos von Menschen unterschiedlicher sozialer Schichten, Berufe und Ethnien. Einige der Fotos werden in William Johnsons Fotoband *The Oriental Races and Tribes, Residents and Visitors of Bombay* (1863–1866) veröffentlicht.

ZWISCHEN TRADITION UND MODERNE

JAPAN

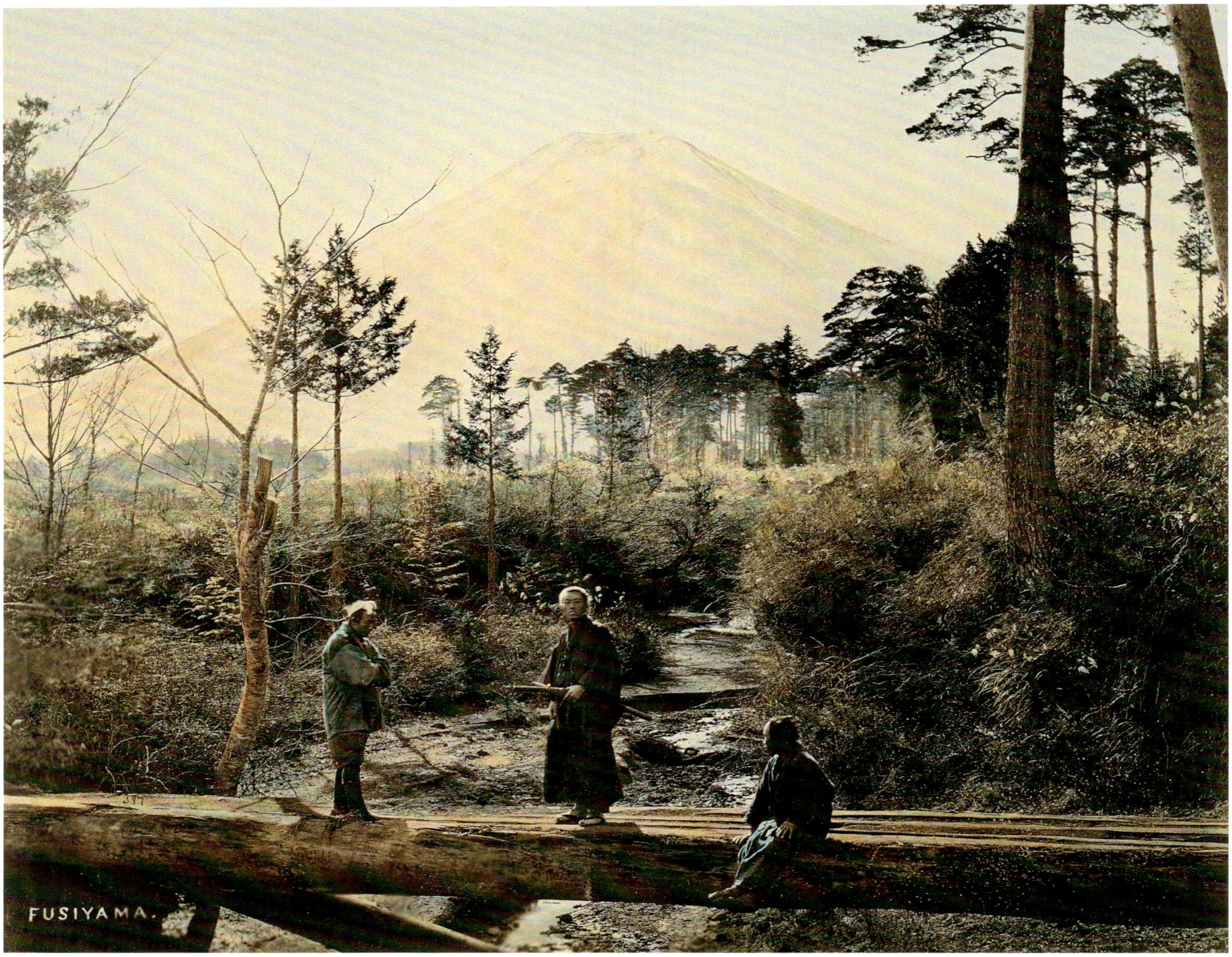

FELICE BEATO

Fujiyama · Zwischen 1864 und 1868, Abzug um 1877/78 · Abzug auf Albuminpapier, koloriert, 18,9 × 23,9 cm

Mit der Öffnung von fünf japanischen Häfen für ausländische Schiffe kommen 1858 erstmalig Europäer ins Land. Einer von ihnen ist Felice Beato, gebürtiger Venezianer mit britischer Staatsangehörigkeit, berühmt für seine Fotoreportagen aus Indien, China und von der Krim. 1863 eröffnet er ein Fotoatelier in Yokohama. Obwohl der Brand von 1866, der große Teile der Stadt in Schutt und Asche legt, sein Atelier zerstört, veröffentlicht er einige Zeit später zwei Fotobände mit Aufnahmen aus Japan: *Views of Japan* (Landschaftsfotos) und *Native Types* (Porträts und Alltagsszenen).

FELICE BEATO

Kuli · Zwischen 1864 und 1868, Abzug um 1877/78 · Abzug auf Albuminpapier, koloriert, 23,9 × 18,9 cm

Der Fotoband *Native Types* umfasst eine Sammlung von Straßenszenen mit Menschen verschiedener Berufe: Zimmermänner, Fischhändler, Stallknechte, Straßenhändler, Rikschazieher und Lastenträger. Die Szenen bieten einen interessanten Einblick ins Alltagsleben. Zwar wurden manche im Atelier, zum Teil vor bemalter Leinwand, nachgestellt, die meisten aber tatsächlich auf der Straße aufgenommen.

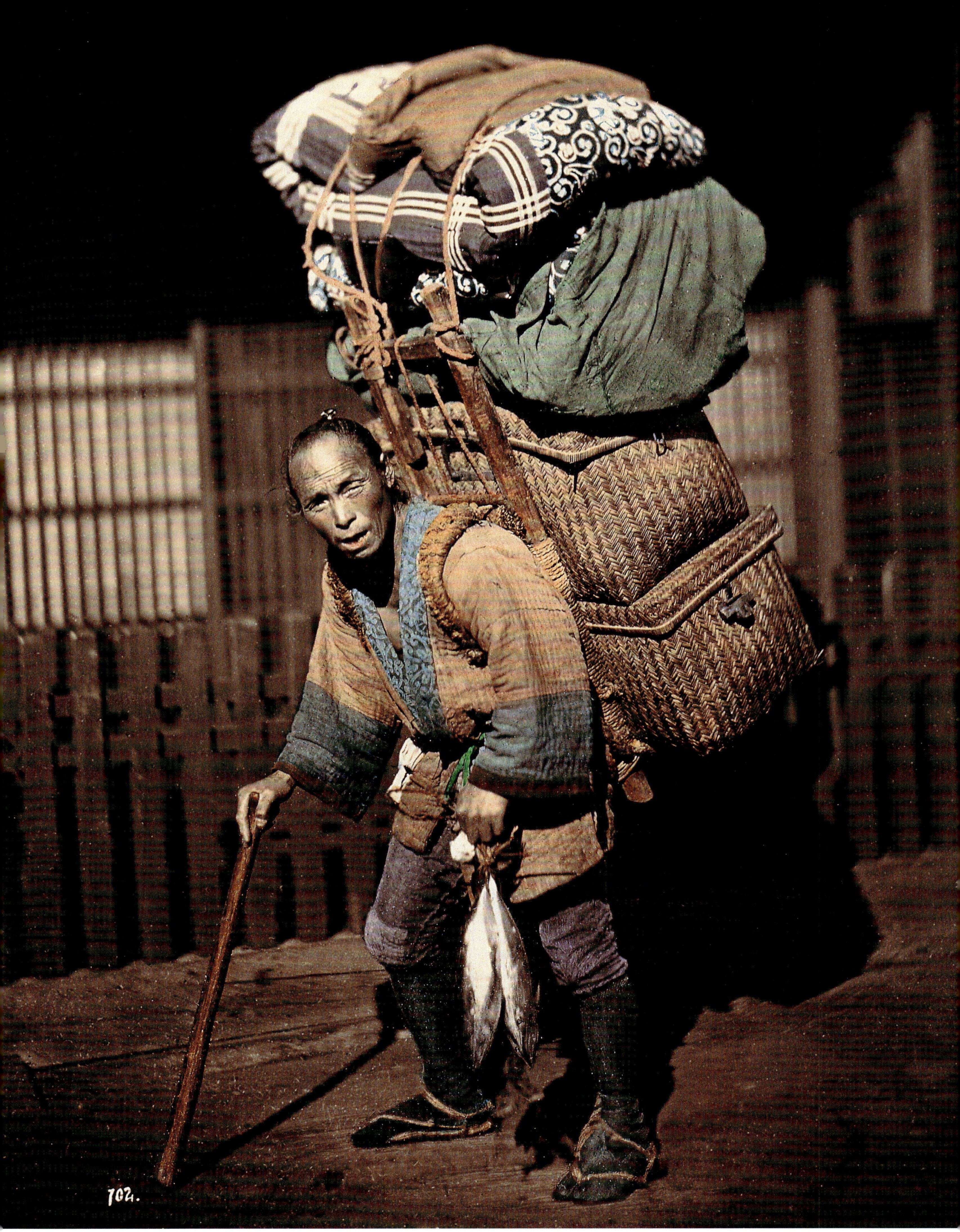
702.

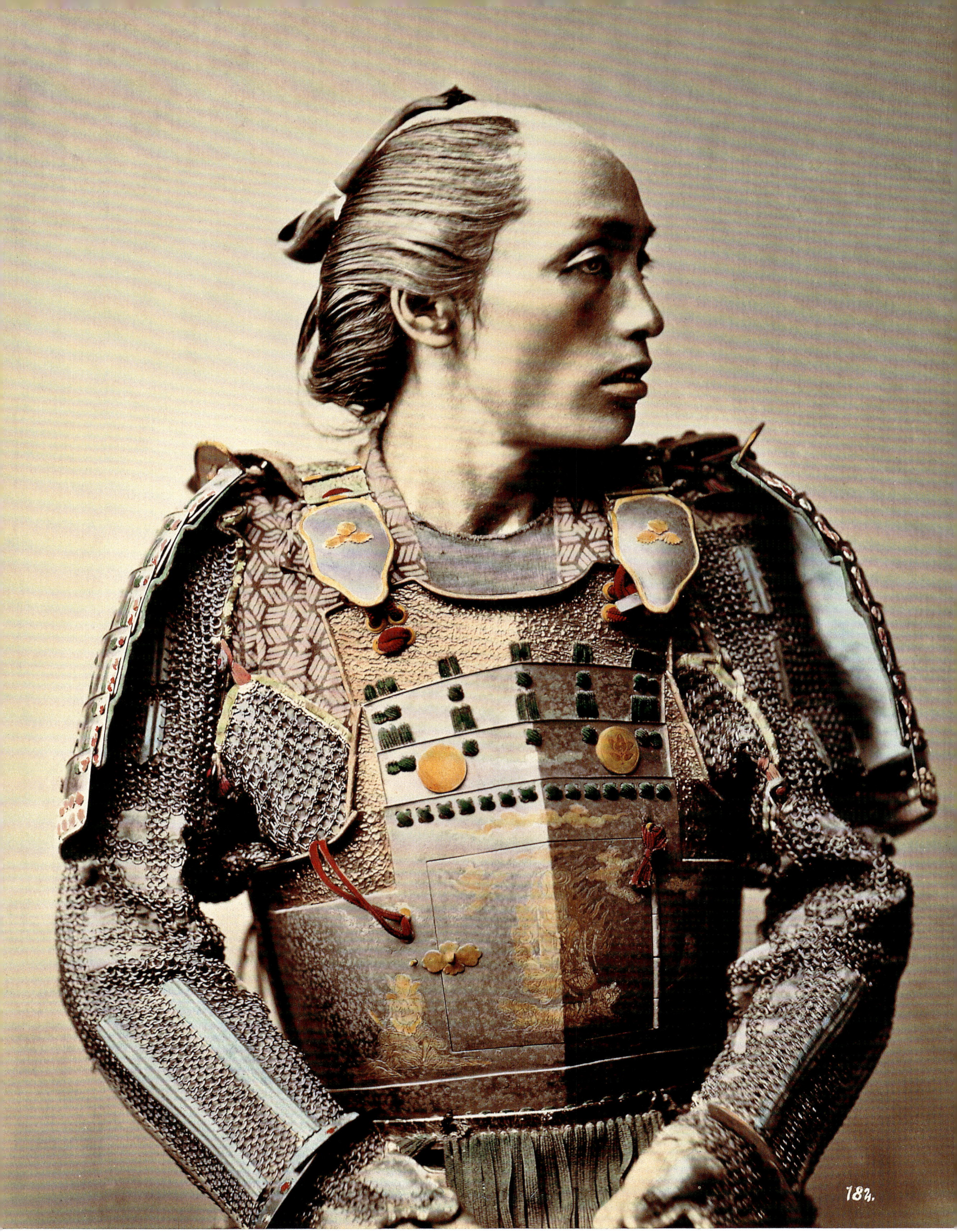

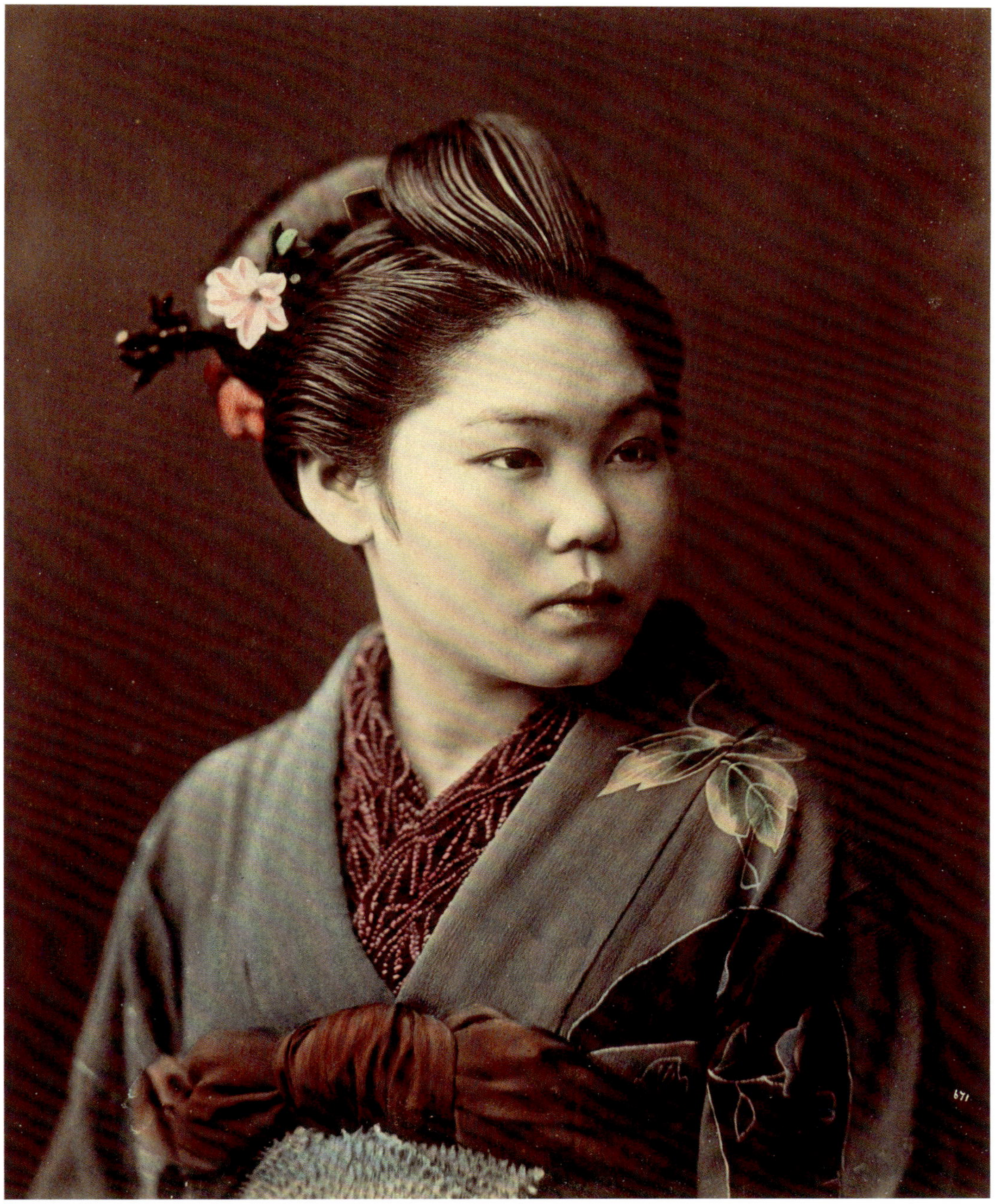

RAIMUND VON STILLFRIED-RATENICZ

Als Samurai posierendes Modell · 1875, Abzug um 1877/78 · Abzug auf Albuminpapier, koloriert, 23,9 × 18,9 cm

Bald zieht es auch andere Fotografen nach Yokohama, unter ihnen der österreichische Baron Raimund von Stillfried-Ratenicz, der zunächst mit Beato zusammenarbeitet, bevor er 1871 sein eigenes Atelier eröffnet. Die Meiji-Restauration führt zwar zur Abschaffung des Shogunats und der Samurai, weshalb 1876 auch das Tragen von Schwertern verboten wird, dennoch erfreut sich die Figur des traditionellen japanischen Kriegers bei Stillfried weiterhin großer Beliebtheit. Für Fotos dieser Art muss er allerdings auf Fotomodelle zurückgreifen.

RAIMUND VON STILLFRIED-RATENICZ

Junge Frau · Zwischen 1871 und 1877, Abzug um 1877/78 · Abzug auf Albuminpapier, koloriert, 23,8 × 18,7 cm

Beatos und Stillfrieds Fotos vermitteln den Eindruck, als stehe in Japan die Zeit still. Dabei befindet sich das Land seit Beginn der Meiji-Ära komplett im Umbruch. Die Diskrepanz zwischen Motiv und Wirklichkeit erklärt sich dadurch, dass die Fotos in erster Linie für ausländische Touristen gedacht sind, die seit der Öffnung ins Land kommen. Das Bild der jungen Frau im Kimono mit eleganter Hochsteckfrisur bedient das westliche Klischee von exotischer Schönheit.

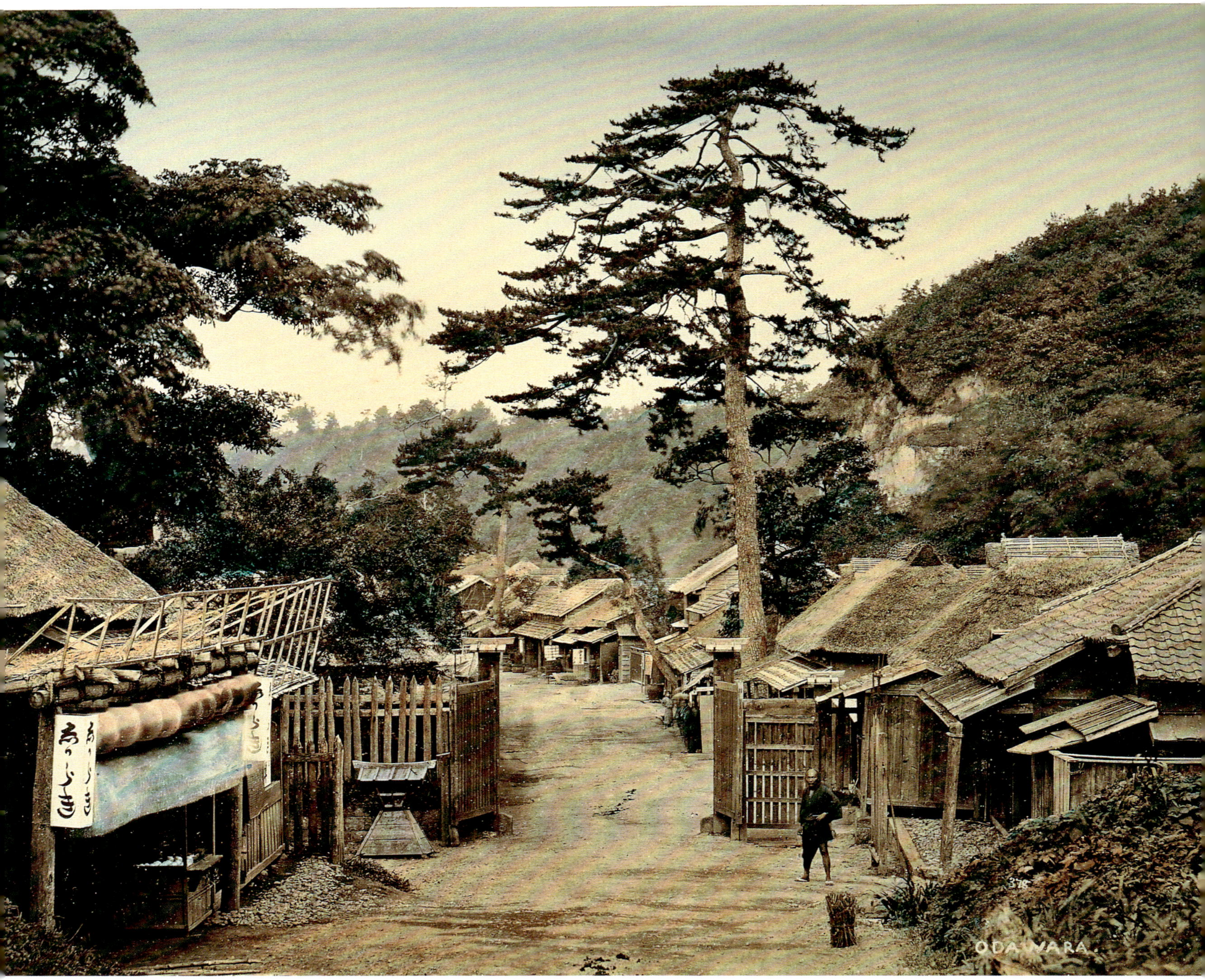

FELICE BEATO

Odawara · Zwischen 1864 und 1868, Abzug um 1877/78 · Abzug auf Albuminpapier, koloriert, 18,9 × 24 cm

Der Tokaido, die historische Post- und Handelsstraße zwischen der kaiserlichen Hauptstadt Kyoto und dem Regierungssitz Tokio, ist Gegenstand vieler Farbholzschnitte (ukiyo-e) der beiden großen Meister Hiroshige und Hokusai. Ihre Tradition führt Beato fotografisch fort. Aufnahmen der berühmten Orte entlang der Route sind ebenfalls in dem Fotoband *Views of Japan* enthalten. Die neunte Tokaido-Station ist Odawara, ein kleiner Ort mit einer von niedrigen stroh- und ziegelgedeckten Häusern, Geschäften und Gasthöfen gesäumten Hauptstraße.

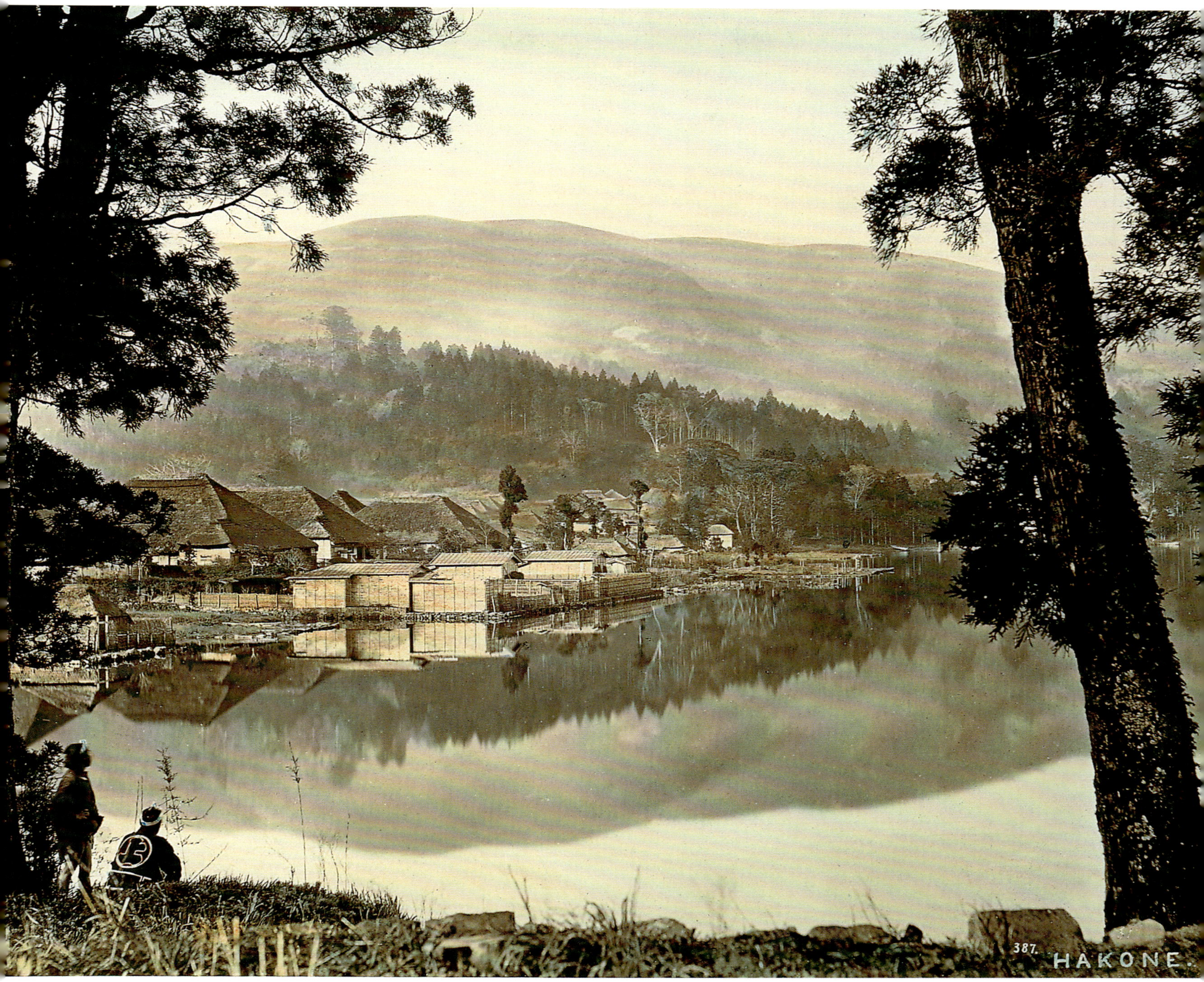

FELICE BEATO

Hakone · Zwischen 1864 und 1868, Abzug um 1877/78 · Abzug auf Albuminpapier, koloriert, 18,9 × 24 cm

Von Odawara aus reist Beato weiter in Richtung Westen. Zunächst geht es über einen Pass, dann zwischen riesigen Sicheltannen hinab nach Hakone. Das Dorf zählt zu den bekanntesten Stationen des Tokaido und ist ein pittoresker Ort an einem ruhigen See inmitten von Bergen, der, wie man an den beiden in Rückansicht abgelichteten Personen sieht, zur meditativen Betrachtung der Landschaft einlädt. Diese Aufnahme (wie die vorherige) findet später als Kupferstich Eingang in die *Nouvelle Géographie universelle* von Élisée Reclus.

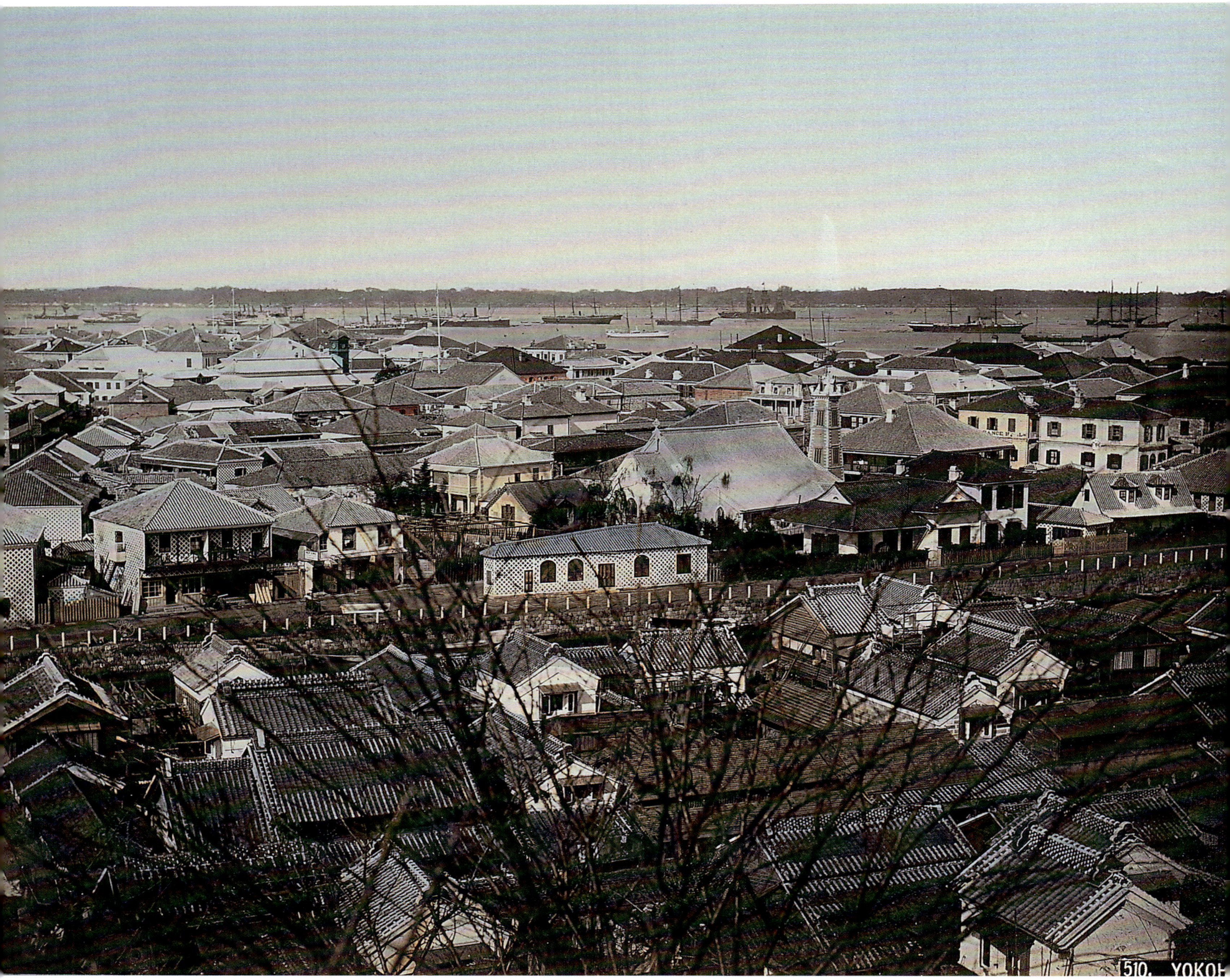

KUSAKABE KIMBEI

Yokohama · Um 1890 · Abzug auf Albuminpapier, koloriert, 20 × 26,2 cm

1881 eröffnet Kusakabe Kimbei, ein Schüler Beatos und Stillfrieds, sein eigenes Fotoatelier in Yokohama. Japans größte Hafenstadt, nach dem schweren Brand 1866 nun großenteils wiederaufgebaut, steht für Modernität und Öffnung nach Westen, was auch in der neuen Staatsdevise ›bunmei kaika‹ (Zivilisation und Aufklärung) zum Ausdruck kommt. Da fast alle Reisenden aus dem Westen, die Hauptklientel der Fotografen, in der Hafenstadt Station machen, ist es nicht weiter verwunderlich, dass gerade hier die ersten Fotoateliers in Japan eröffnen.

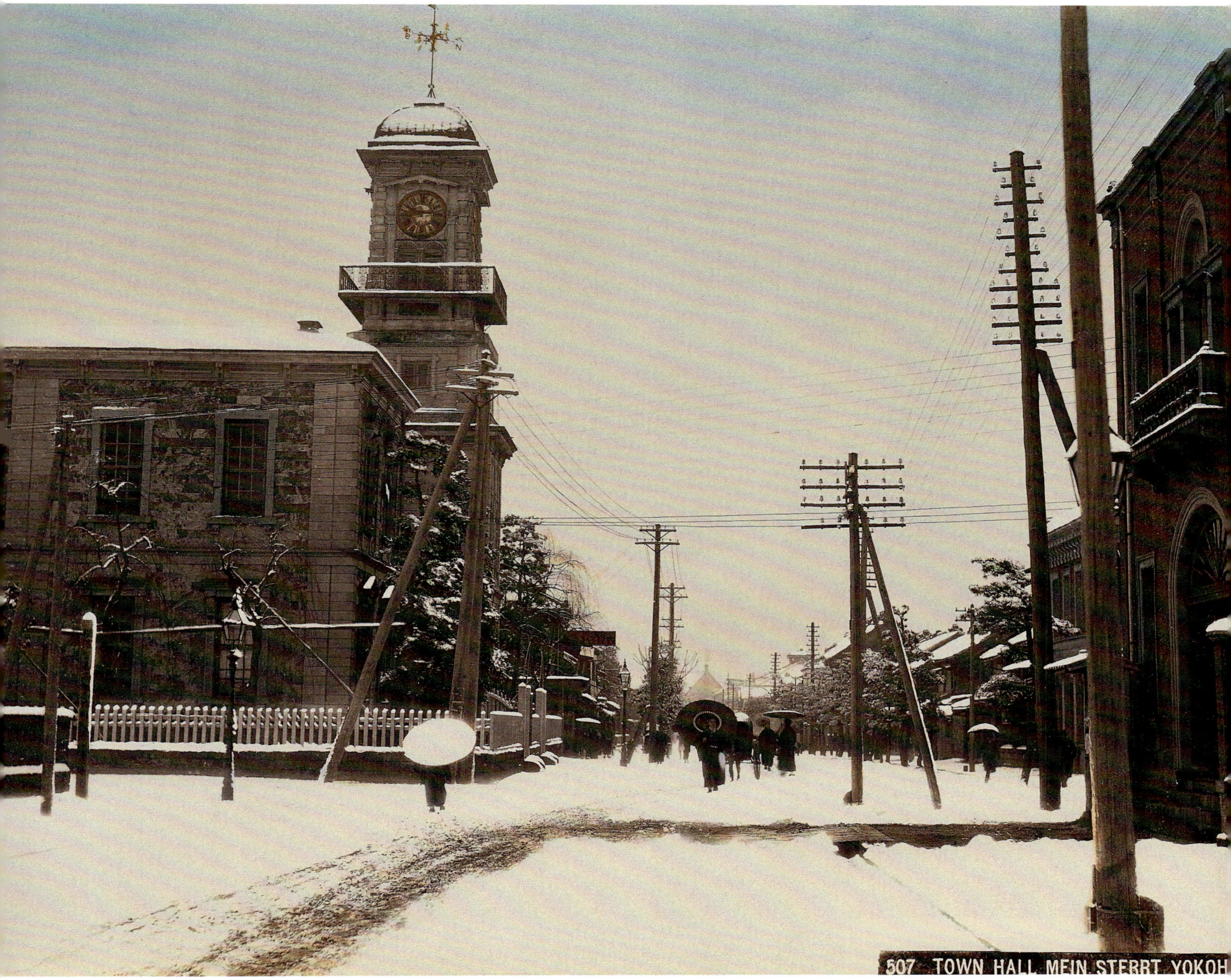

KUSAKABE KIMBEI

Rathaus, Main Street, Yokohama ·
Um 1890 · Abzug auf Albuminpapier, koloriert, 20 × 26,2 cm

In dem von europäischen und amerikanischen Architekten radikal umgestalteten Motomachi-Viertel ist Ende des Jahrhunderts von traditioneller Bauweise nicht mehr viel zu sehen: englische Straßennamen, Masten und Stromleitungen, links von der Hauptstraße das Rathaus mit Uhrturm, rechts das Postgebäude.

Vor dieser westlich geprägten Kulisse fotografiert Kusakabe Kimbei an einem verschneiten Wintertag Fußgänger mit Schirm – eine kontrastreiche grafische Komposition, von der Motivwahl her diskret an zeitgenössische Gemälde erinnernd.

CHINA

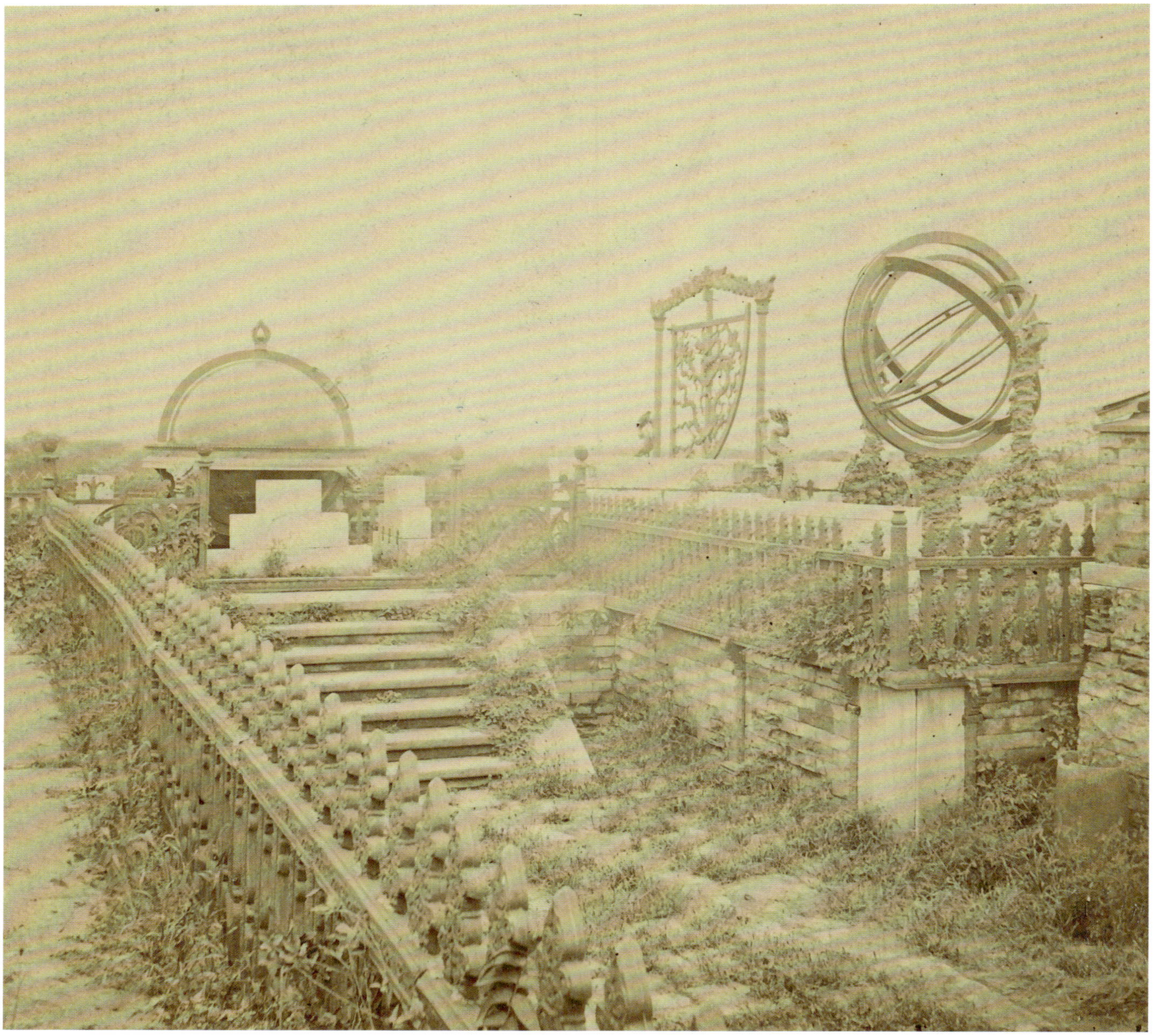

JOHN THOMSON

Das Pekinger Observatorium · Um 1871 · Abzug auf Albuminpapier, 8,7 × 8,9 cm

John Thomson reist als einer der ersten Fotografen kreuz und quer durch den Fernen Osten. Nach seinem Chemiestudium an der Universität von Edinburgh schifft er sich 1862 nach Singapur ein, von wo aus er zu einer fast zehnjährigen Ostasien-Reise aufbricht. Nach Indien, Malaysia und Sumatra zieht es ihn 1865 nach Siam. Dort fotografiert er 1866 als erster die Ruinen von Angkor. Um 1868 lässt er sich in Hongkong nieder und unternimmt von dort aus Reisen nach Peking, Shanghai, Kanton und Formosa.

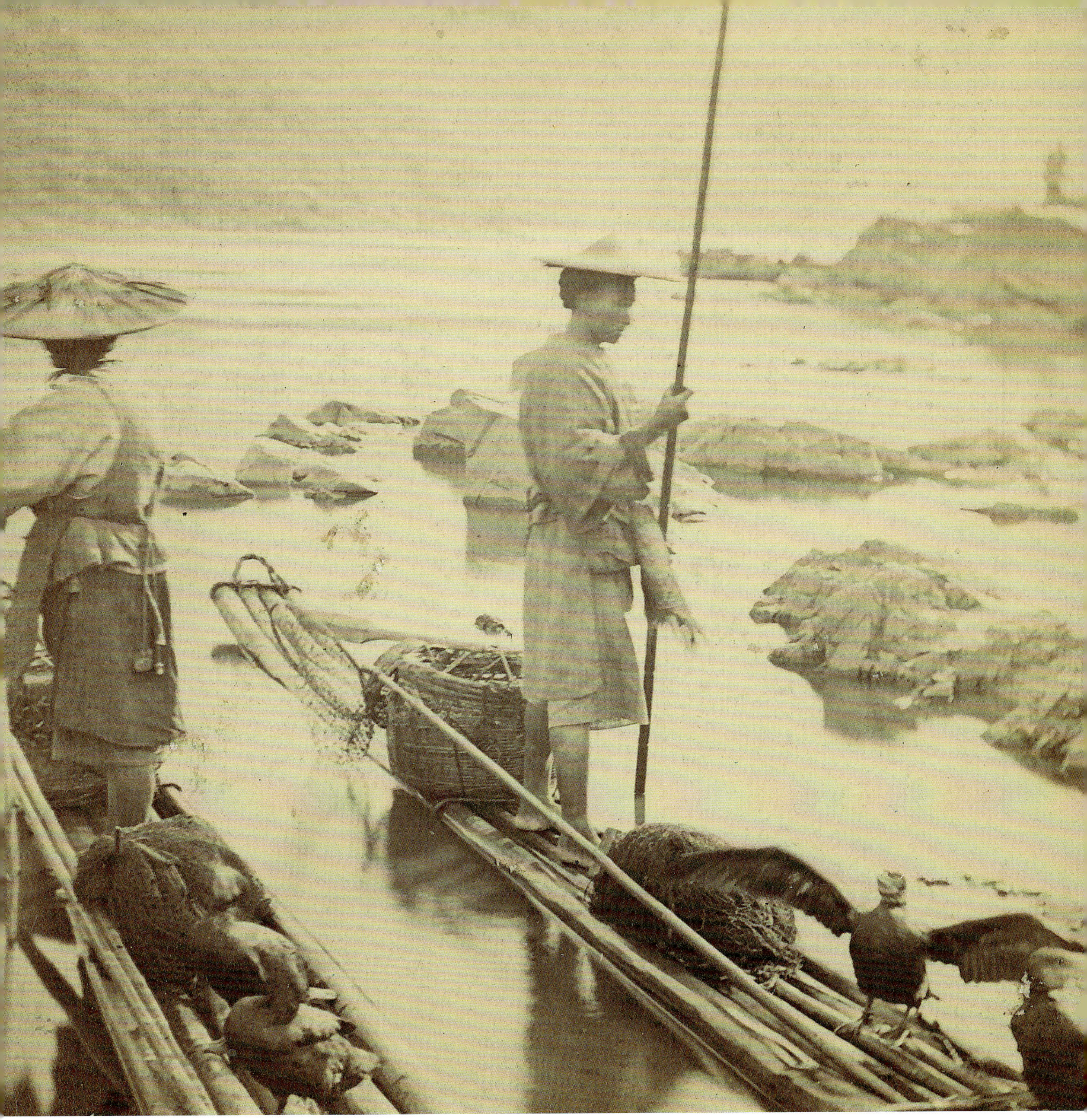

JOHN THOMSON

Kormonanfischer · Um 1871 · Abzug auf Albuminpapier, 8,4 × 7,8 cm

Thomson hat eine große Motivbandbreite, die von Bauwerken über Straßenszenen und Porträts hoher Würdenträger bis hin zum Alltag der Bauern und Fischer reicht. Im Winter 1870/71 verbringt er einige Monate in der Provinz Fujian, wo er neben Landschaftsaufnahmen auch Fotos von den Einheimischen bei der Arbeit macht: Holzfäller in den Bergen, Teepflücker und Fischer mit ihren zahmen Kormoranen auf dem Min Jiang. Seine mit eigenen Fotos illustrierten Reiseschilderungen veröffentlicht er 1873 unter dem Titel *Foochow and the River Min.*

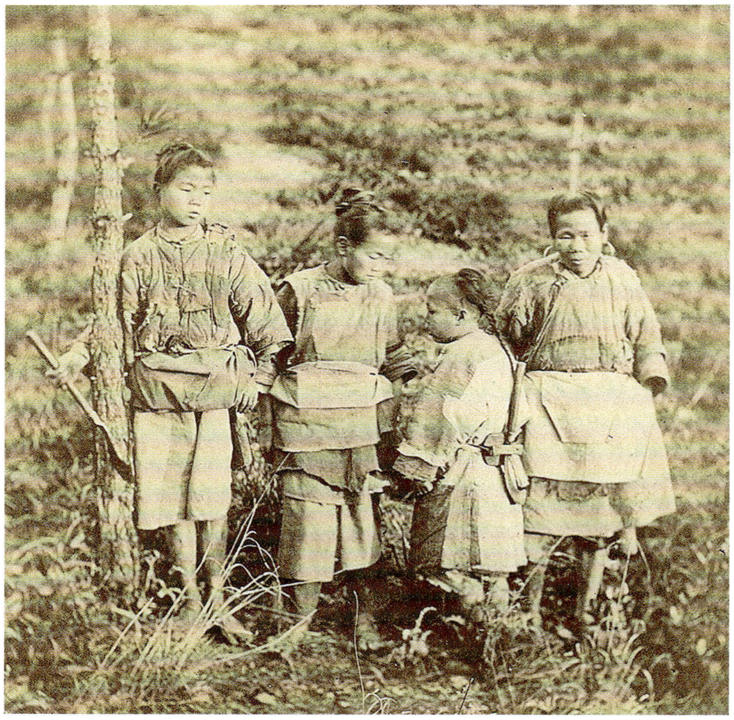

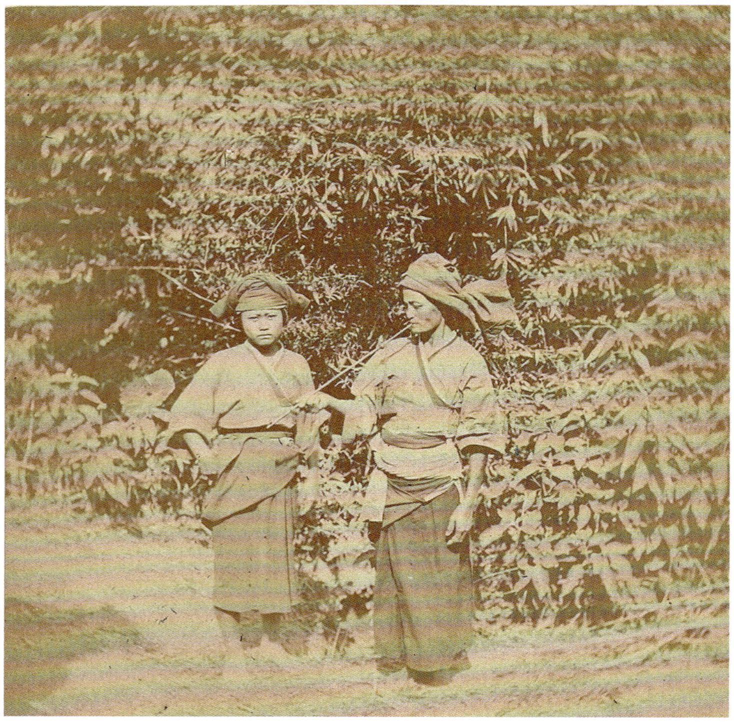

JOHN THOMSON

Holzfäller in den Bergen, Provinz Fujian · Um 1871 · Abzug auf Albuminpapier, 8,1 × 8 cm

JOHN THOMSON

Pepohuan-Frauen, Formosa · 1871 · Abzug auf Albuminpapier, 9,1 × 9 cm

Den April 1871 verbringt Thomson auf Formosa. Sein besonderes Interesse gilt den Ureinwohnern der Insel, die schon lange vor Ankunft der Chinesen hier lebten, insbesondere den Pepohuan (chinesisch für Barbaren der Ebene). Gemeint sind Bauern und Fischer austronesischen Ursprungs, die überall im Flachland zwischen der Küste und den ersten Ausläufern der Berge im Inselinneren anzutreffen sind.

RECHTE SEITE

JOHN THOMSON

Strandfischer in Takao, Formosa · 1871 · Abzug auf Albuminpapier, 8,1 × 8,8 cm

John Thomsons Reiseerinnerungen erscheinen 1875 in London und New York. In Frankreich wird im selben Jahr zunächst nur ein Teil seiner Schilderungen in *Le Tour du Monde* abgedruckt. Das Gesamtwerk wird 1877 von Hachette veröffentlicht. Den Kupferstechern von *Le Tour du Monde* überlässt Thomson einige auf Karton aufgezogene Albuminpapierabzüge, die Élisée Reclus später auch für seine *Nouvelle Géographie universelle* verwendet, bevor er die wertvolle und seltene Sammlung zehn Jahre später der Société de Géographie schenkt.

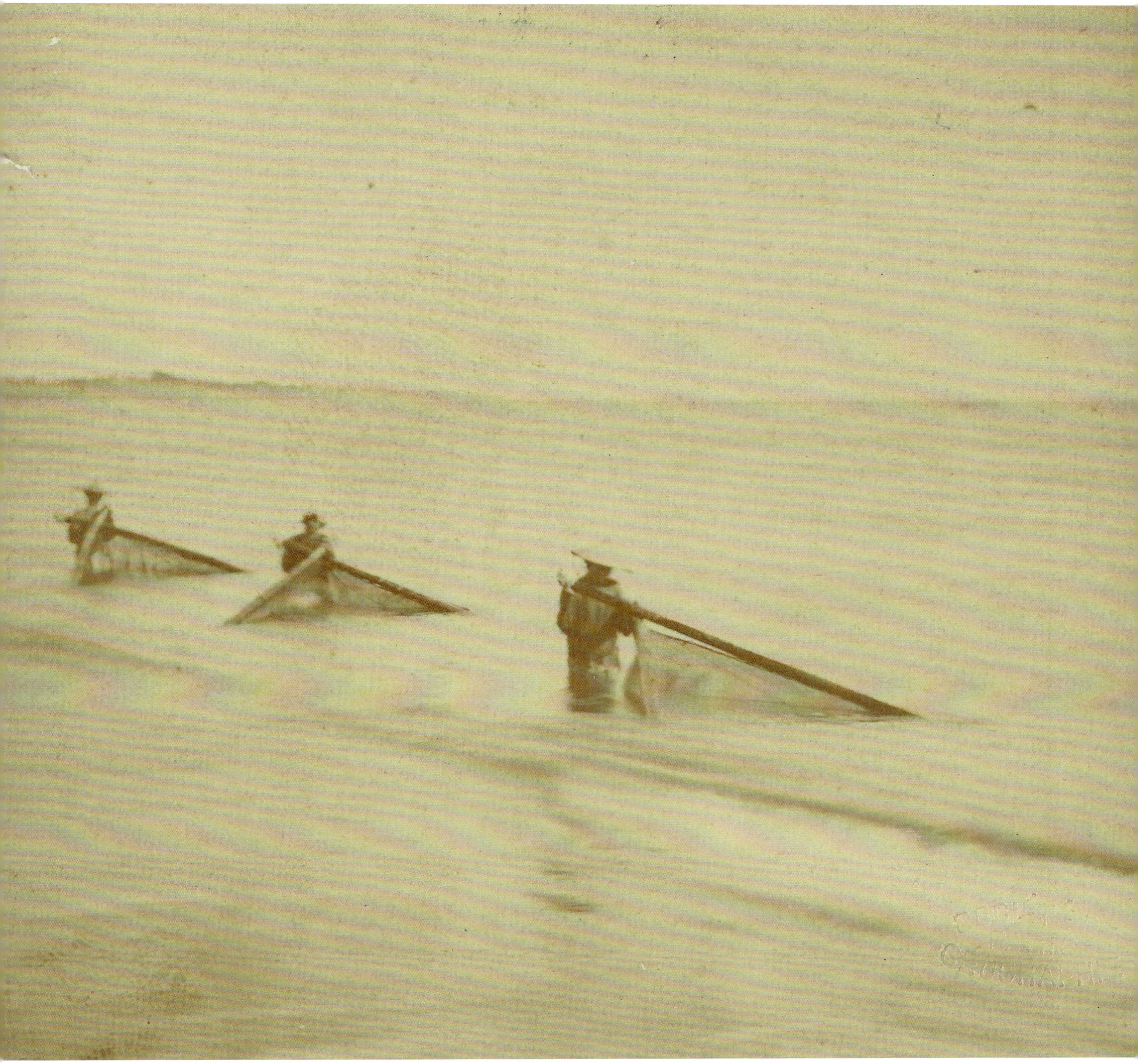

AUF INSPEKTIONSREISE IN

INDOCHINA

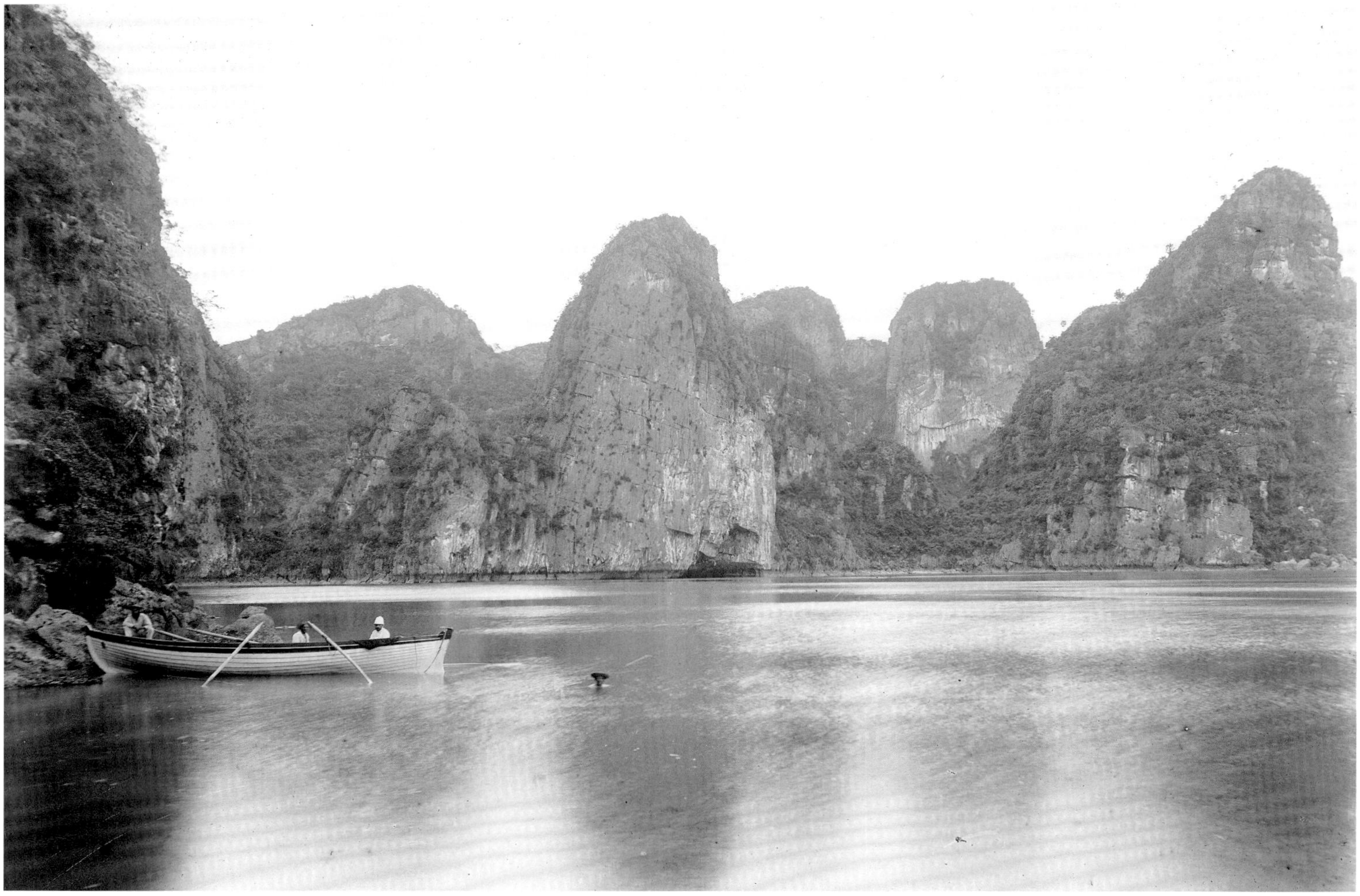

ANDRÉ SALLES

Halong-Bucht, Einfahrt in den Großen Felskreis · 1885 · Negativ auf silberbromid-beschichteter Glasplatte, gescannt und in Positiv konvertiert, 13 × 18 cm

André Salles startet seine Militärkarriere als Kommissarius der Marine in Brest. 1884 nimmt er unter Admiral Courbet an der Formosa-Offensive teil, die Auslöser des Tonkin-Kriegs ist. Bereits zu dieser Zeit macht er viele Fotos, die er sorgfältig datiert und beschriftet. Nach dem Ende der ›Fernostkampagne‹ gelangt er 1885 an Bord der *Éclaireur* in die Halong-Bucht.

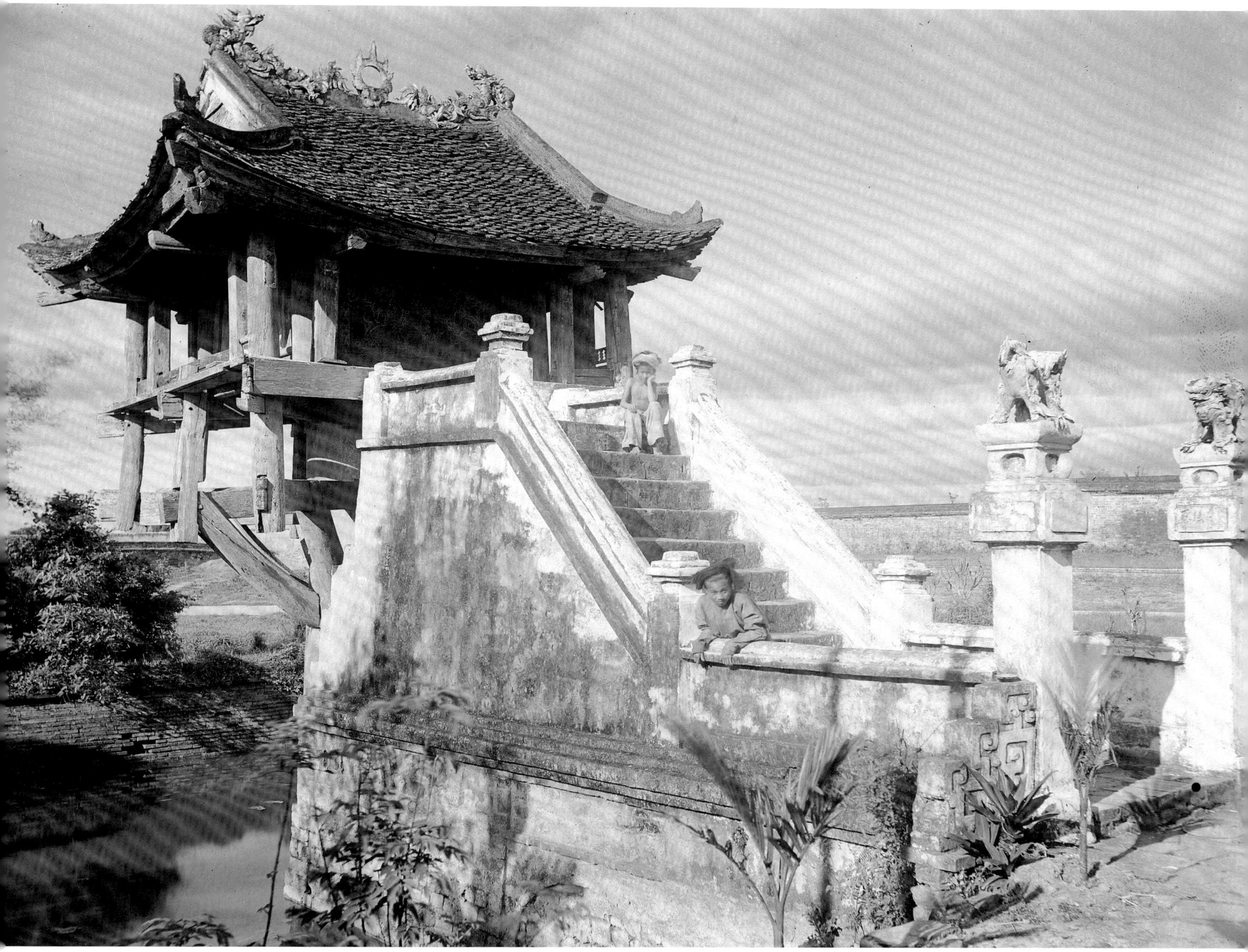

ANDRÉ SALLES

Hanoi, Einsäulenpagode (Chua Mot Cot) · 1896 · Negativ auf silberbromidbeschichteter Glasplatte, gescannt und in Positiv konvertiert, 13 × 18 cm

Salles richtet seinen Fotografenblick vorrangig auf Alltagszenen und außergewöhnliche Bauwerke in der Altstadt. Akribisch dokumentiert er die Architektur der zahlreichen Pagoden. Südlich des botanischen Gartens steht die berühmte Einsäulenpagode, die er aus verschiedenen Perspektiven festhält. Hier die Pagode einige Jahre, bevor sie unter der Leitung der École française d'Extrême-Orient restauriert wurde.

UNBEKANNTER FOTOGRAF

Saigon, Inspektoren bei der Arbeit: Generalinspekteur Verrier, Inspekteur (1. Kl.) Guillard, Inspekteur (3. Kl.) Salles · 1895 · Negativ auf Zelluloid, gescannt und in Positiv konvertiert, 18 x 13 cm

1894 besteht Salles die Prüfung zum Kolonialinspektor und fährt in dieser Eigenschaft nochmals für vier Jahre (1895–1898) nach Indochina. Als rechte Hand des Generalinspektors Verrier ist er viel unterwegs, reist vom südlichen Cochinchina bis zur Nordgrenze nach Tonkin. Die ganze Zeit über macht er Fotos, die weit über die Dokumentation der Tätigkeit der französischen Kolonialverwaltung hinausgehen. Sein Augenmerk gilt mindestens im gleichen Maße den Menschen und ihren Traditionen sowie den Landschaften und Städten.

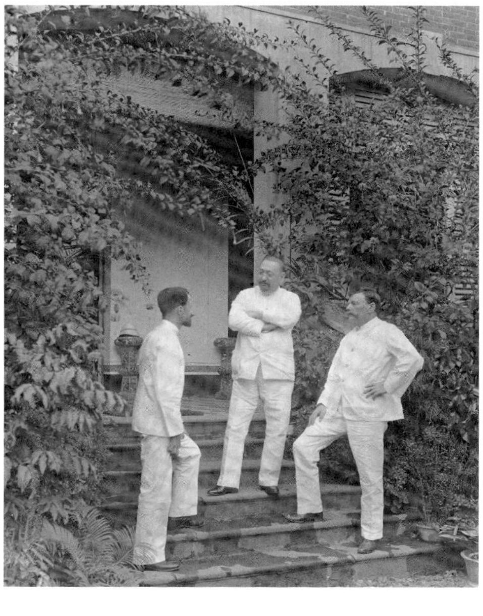

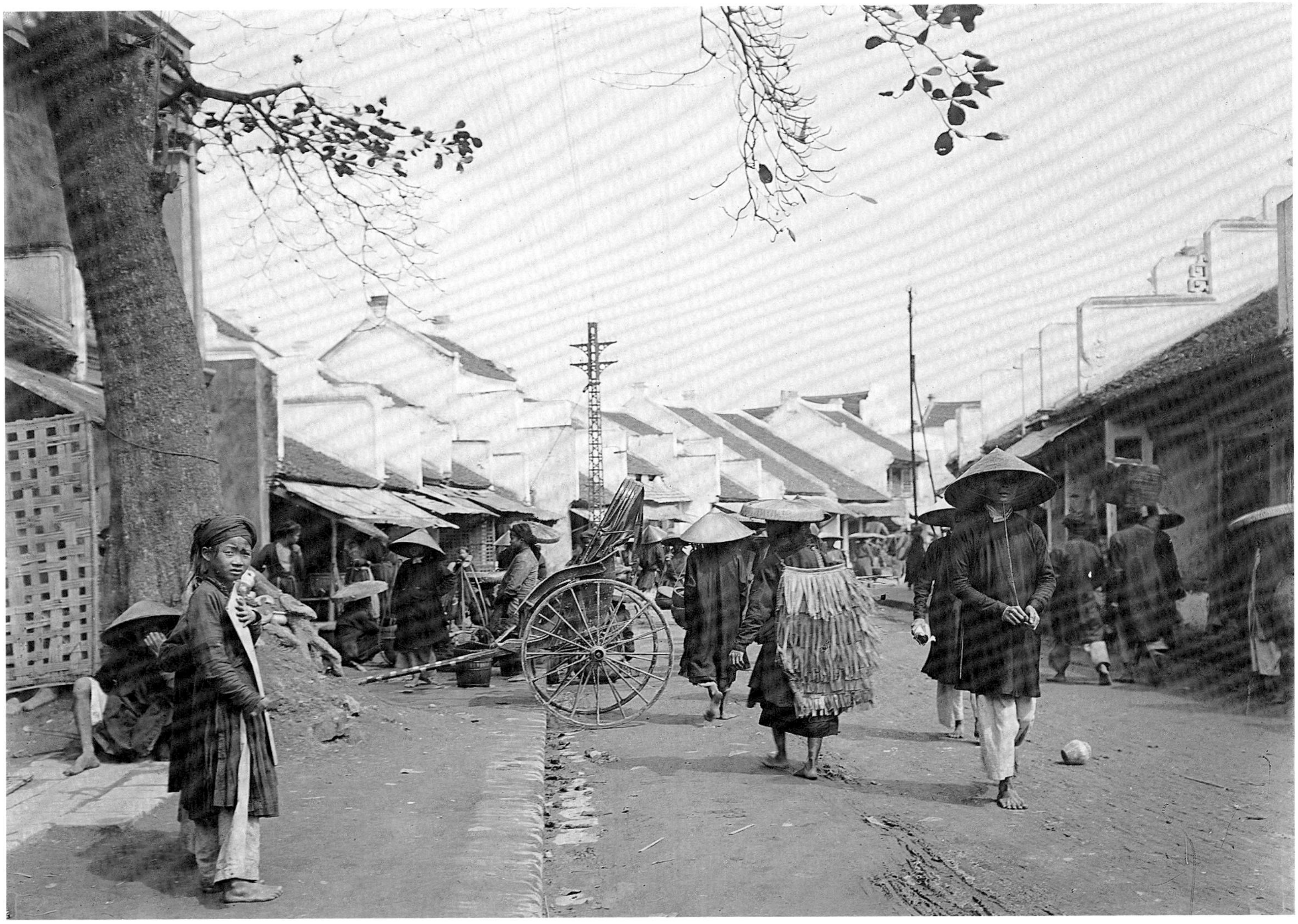

ANDRÉ SALLES

Hanoi, Hanfstraße · 1896 · Negativ auf silberbromidbeschichteter Glasplatte, gescannt und in Positiv konvertiert, 9 × 12 cm

Das Geschäftsviertel von Hanoi, nördlich des Hoan-Kiem-Sees, zwischen Zitadelle und Rotem Fluss, ist das kommerzielle Herz der Stadt. Jede Straße trägt den Namen einer Zunft oder einer Ware. Salles fängt auf diesem Foto alle Facetten des bunten Markttreibens ein: die umherschlendernden Straßenhändler, die traditionellen Verkaufsstände der Kupfer-, Sonnenschirm- und Porzellanhändler und das Gewimmel der Kauflustigen. Der Fotograf am Puls des Geschehens, der Fotograf als »Straßenarbeiter«, wie Salles es nennt.

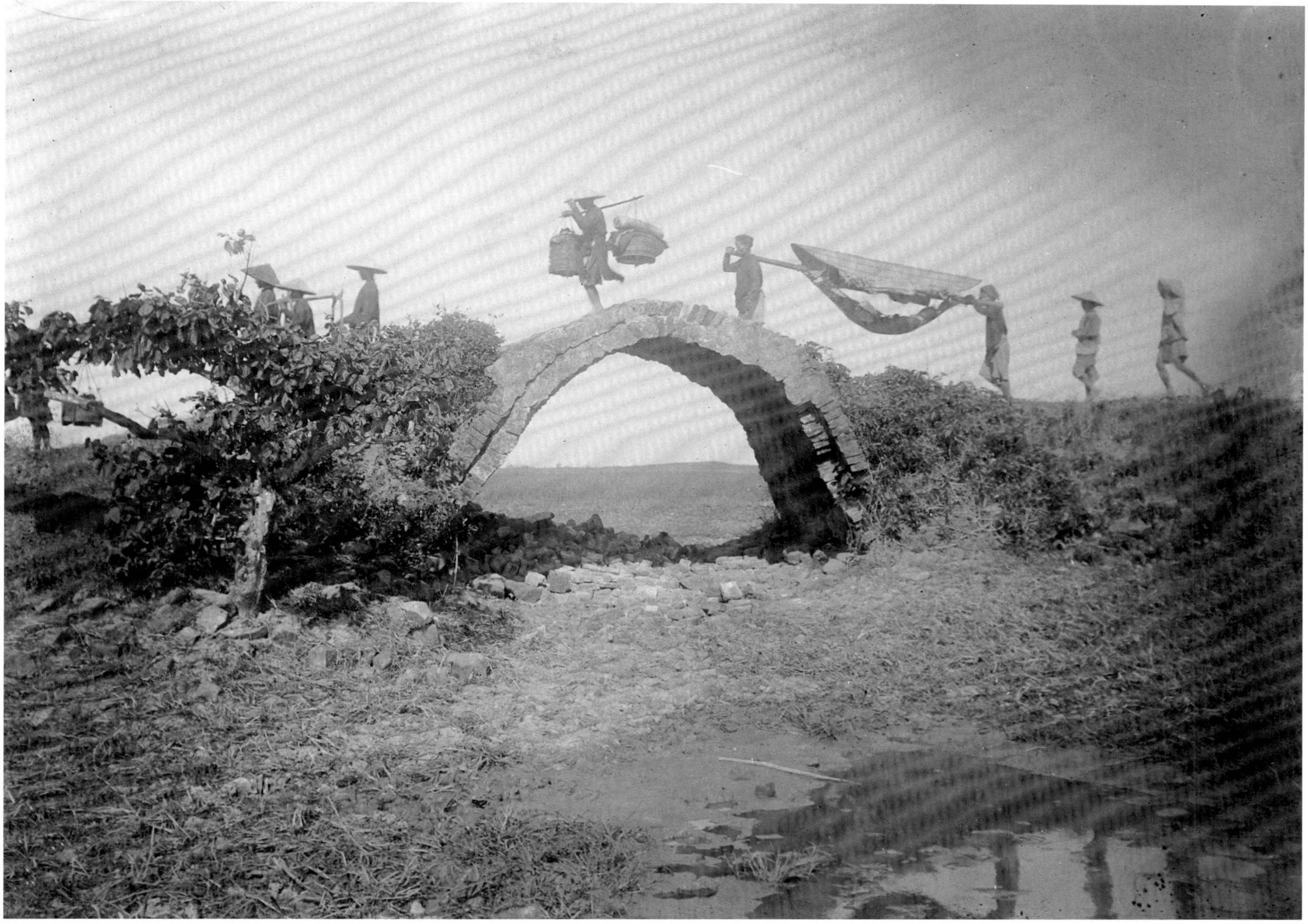

ANDRÉ SALLES

Annam, Mandarin-Straße, Brücke zwischen Thuy Hoa und Deo Ca · 1898 · Negativ auf silberbromidbeschichteter Glasplatte, gescannt und in Positiv konvertiert, 9 × 12 cm

Salles wendet sich schließlich auch den Bauwerken entlang der Mandarin-Straße zu, die Kaiser Gia Long anlegen ließ, um die größten Städte des Landes von der chinesischen Grenze bis zum Mekongdelta miteinander zu verbinden. Mit Blick auf die Vielfalt seiner Motive kann man Salles mit Fug und Recht als einen der Begründer der Bildberichterstattung bezeichnen. 1921 schenkt er der Société de Géographie, der er auch selbst angehört, den größten Teil seiner Fotosammlung: allein für Indochina über tausend Negativplatten, die die Arbeit von zwei Jahrzehnten (1885–1904) dokumentieren.

EIN TEMPEL MITTEN IM DSCHUNGEL

ANGKOR

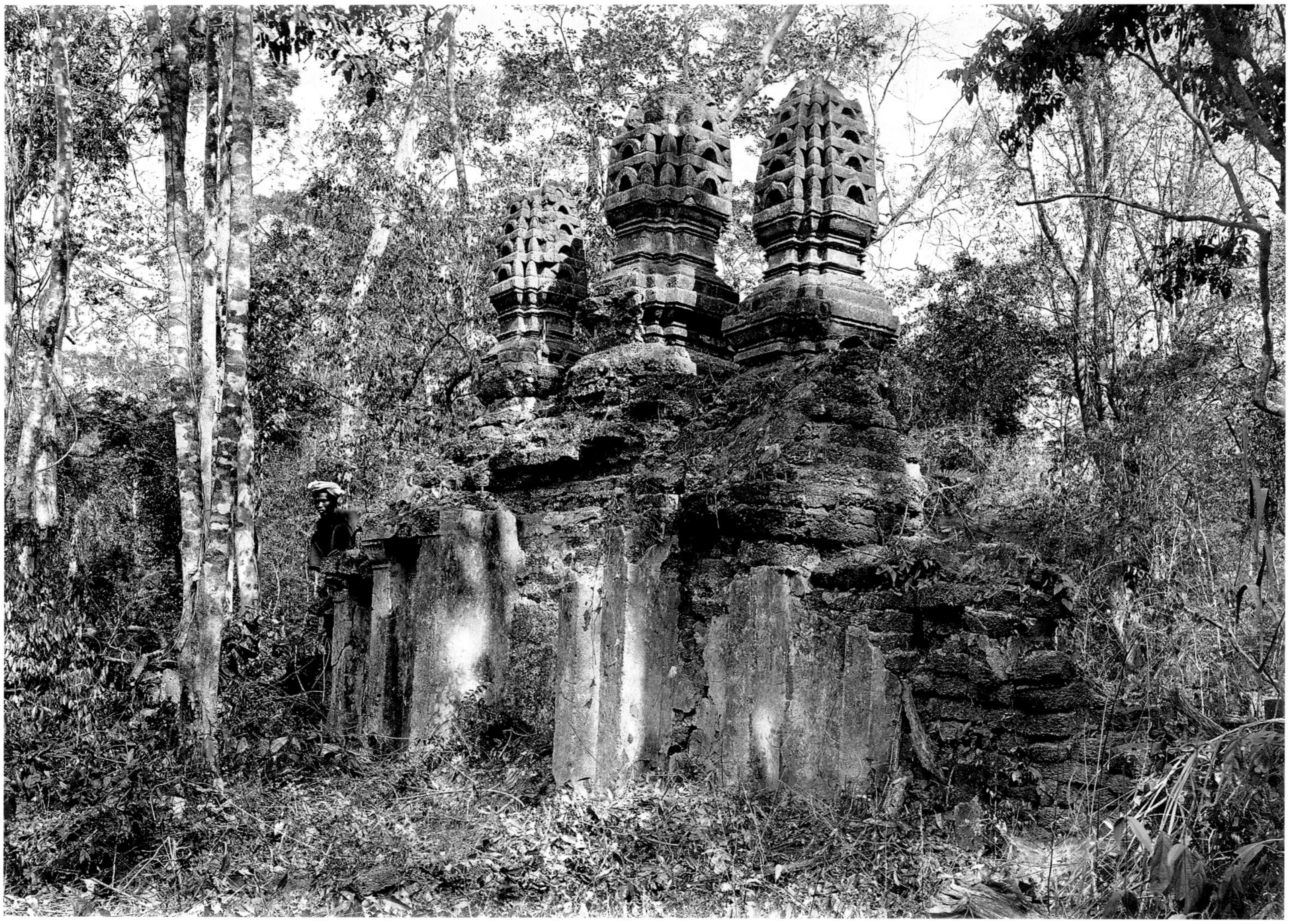

LOUIS LUCIEN FOURNEREAU

Tempel im Wald · 1887/88 · Negativ auf silberbromidbeschichteter Glasplatte, gescannt und in Positiv konvertiert, 18 × 24 cm

1887 reist der Architekt Louis Lucien Fournereau im Auftrag des Bildungsministeriums nach Siam, um die Ruinen der Khmer in der Region Angkor zu studieren. Vor Ort macht er sich an die fotografische Bestandsaufnahme der Tempel im kambodschanischen Dschungel, nimmt Abdrücke von der Fassade, zeichnet und fotografiert. Teile des Materials legt er am 16. November 1888 der Société de Géographie vor, der er ausführlich Bericht über seine Arbeit in Angkor erstattet.

LOUIS LUCIEN FOURNEREAU

Ta Proh, Scheinfenster am Kloster · 1887/88 · Negativ auf silberbromidbeschichteter Glasplatte, gescannt und in Positiv konvertiert, 24 × 18 cm

Vor Antritt der Reise hat Fournereau von Louis Delaporte, Kurator der Khmer-Sammlung im Trocadéro-Museum, genau gesagt bekommen, was er zu tun hat. Am 26. Februar 1888 beschreibt er in einem Brief an Delaporte den Transport seiner umfangreichen Fotoausrüstung: »Ich habe 26 Fässer Gips transportiert, 100 Kilo Gelatine, 3 Fässer Tonerde, (...) jede Menge Werkzeug für Erd- und Zimmererarbeiten, 2 Kühlkisten mit Silberbromid, 2 Kameras, Chemikalien, Verpflegung für meine Männer etc.« Das Ergebnis seiner Arbeit sind 400 Negativplatten und 520 Gipsabdrücke von 14 Bauwerken.

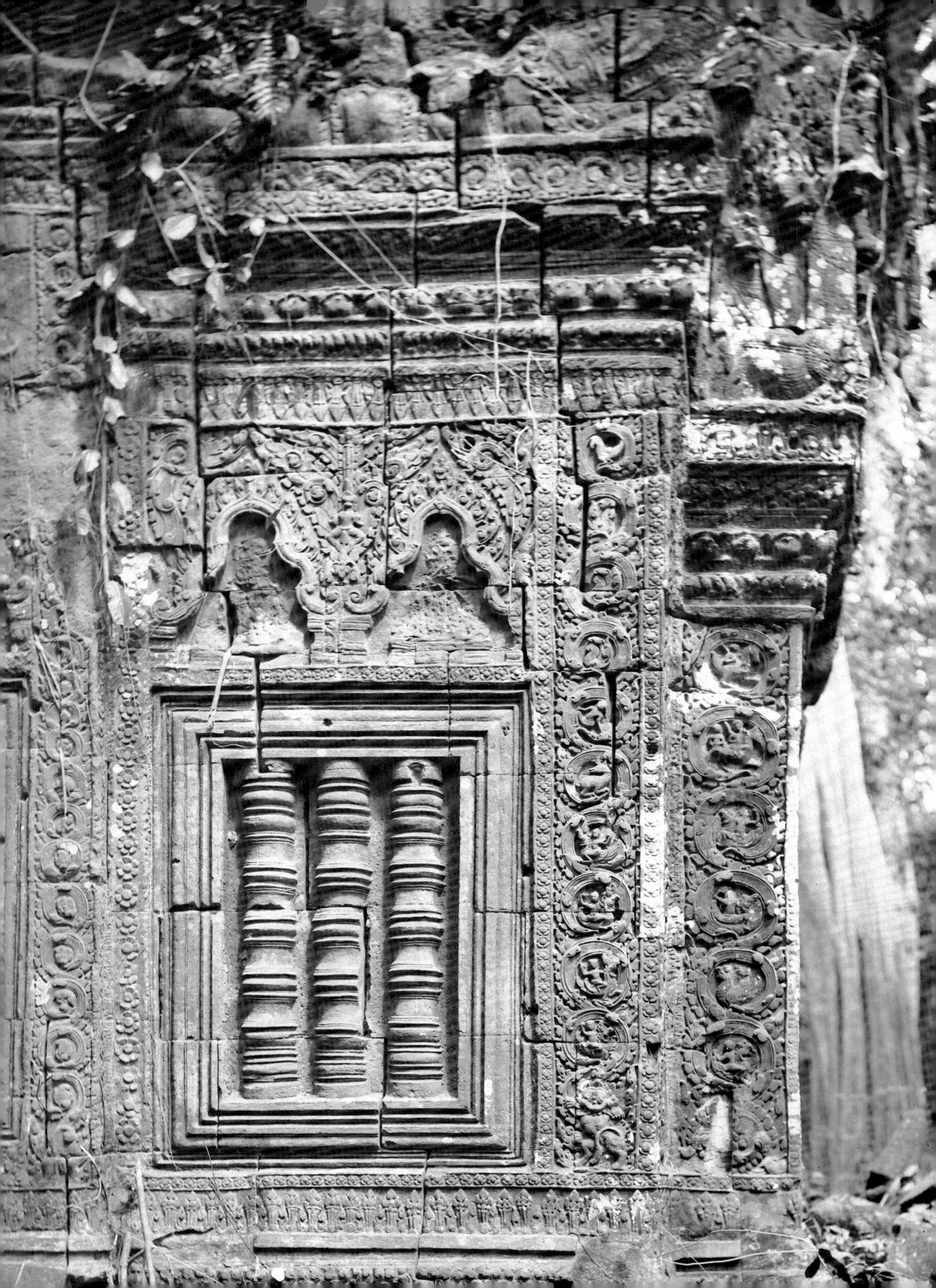

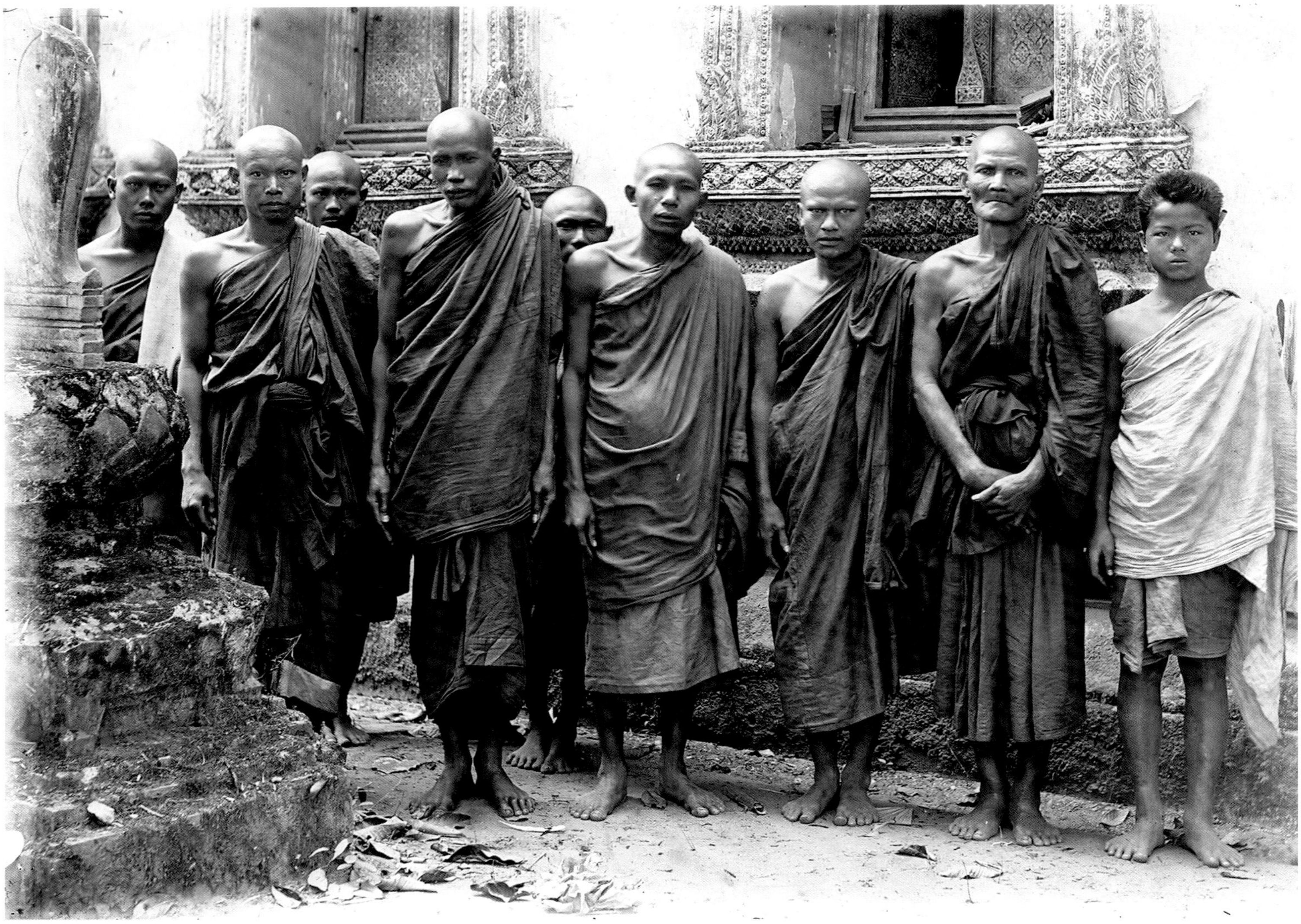

LOUIS LUCIEN FOURNEREAU

Buddhistische Mönche · 1887/88 · Negativ auf silberbromidbeschichteter Glasplatte, gescannt und in Positiv konvertiert, 18 × 24 cm

In der Umgebung der Tempelanlage Angkor Wat trifft Fournereau eine Gruppe Mönche auf ihrem Weg zum Gebet. In seinen Reiseschilderungen teilt auch er die weitverbreitete Meinung, die Einheimischen, eigentlich Hüter der heiligen Stätten, sehen dem Verfall ihrer Bauwerke gleichgültig zu. Durch das Anprangern ihres nachlässigen Umgangs mit den einzigartigen Tempelruinen rechtfertigt er zum einen seine Präsenz vor Ort, zum anderen aber auch eine etwaige Umwandlung dieser Gebiete Siams in ein französisches Protektorat.

LOUIS LUCIEN FOURNEREAU

Bayon, kleiner Turm, oberstes Drittel · 1887/88 · Negativ auf silberbromidbeschichteter Glasplatte, gescannt und in Positiv konvertiert, 24 × 18 cm

In Angkor muss sich Fournereau unter anderem der weiteren Freilegung der Tempelanlage Bayon widmen, die »jeden Tag ein bisschen mehr verschwindet«. In seinem Werk *Les Ruines d'Angkor* schreibt er über den ständigen Kampf: »Bayon, bei der Mission 1873 bereits teilweise freigelegt, ist wieder komplett überwuchert. Die feinen Wurzeln der Banyan-Feigen sind in die kleinsten Spalten eingedrungen und haben sie nach und nach immer weiter auseinandergedrückt. Die Spitzen der Türme sind von Lianen und ausladenden Ästen umschlungen.« Wie vor ihm Émile Gsell ist auch Fournereau von den Türmen mit den Gesichtern des Bodhisattva Lokeshvara fasziniert, die seinem Empfinden nach von »tiefem Glauben und unerschütterlicher innerer Ruhe« zeugen.

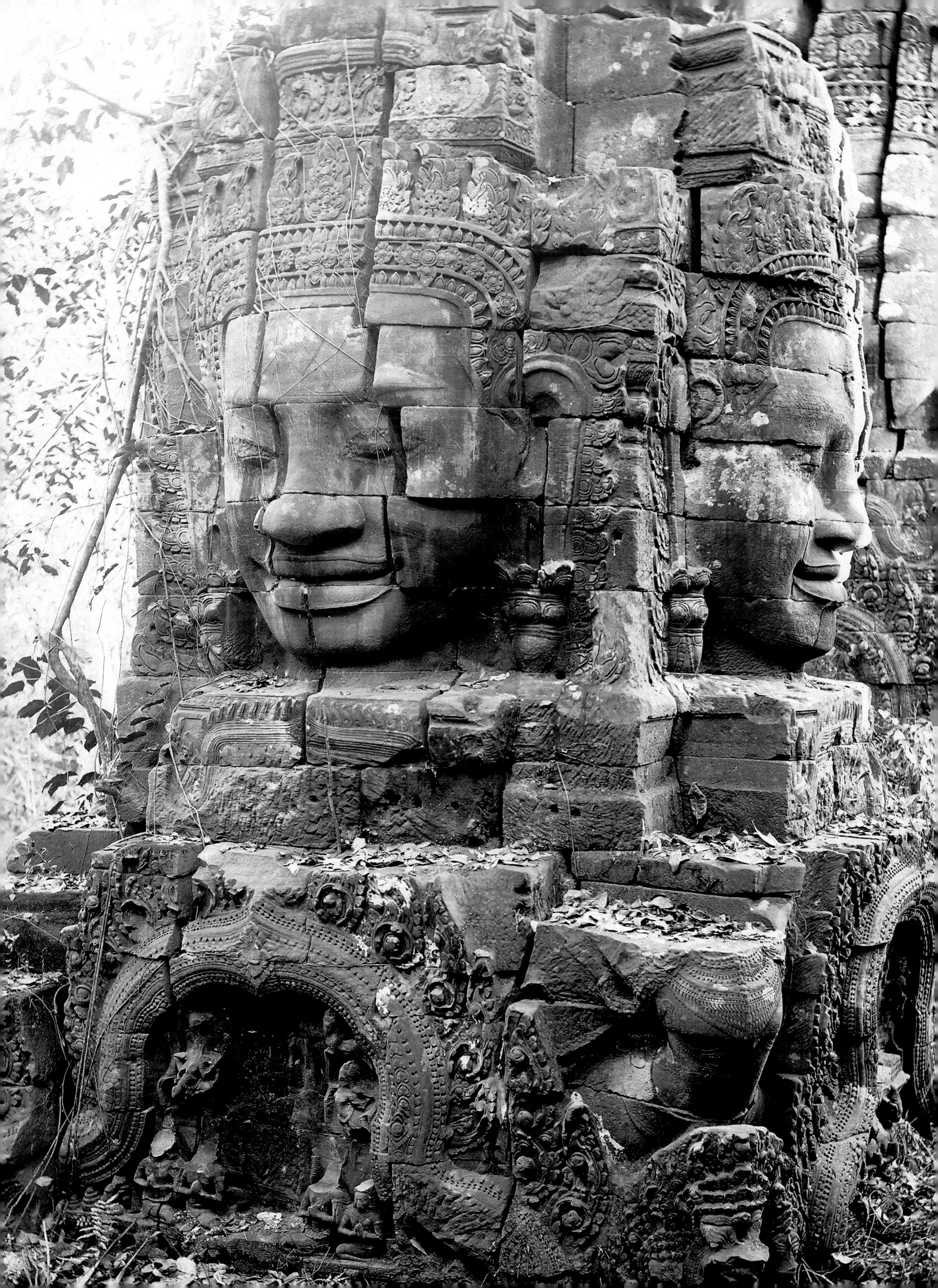

DIE PERLE JAVAS

BOROBUDUR

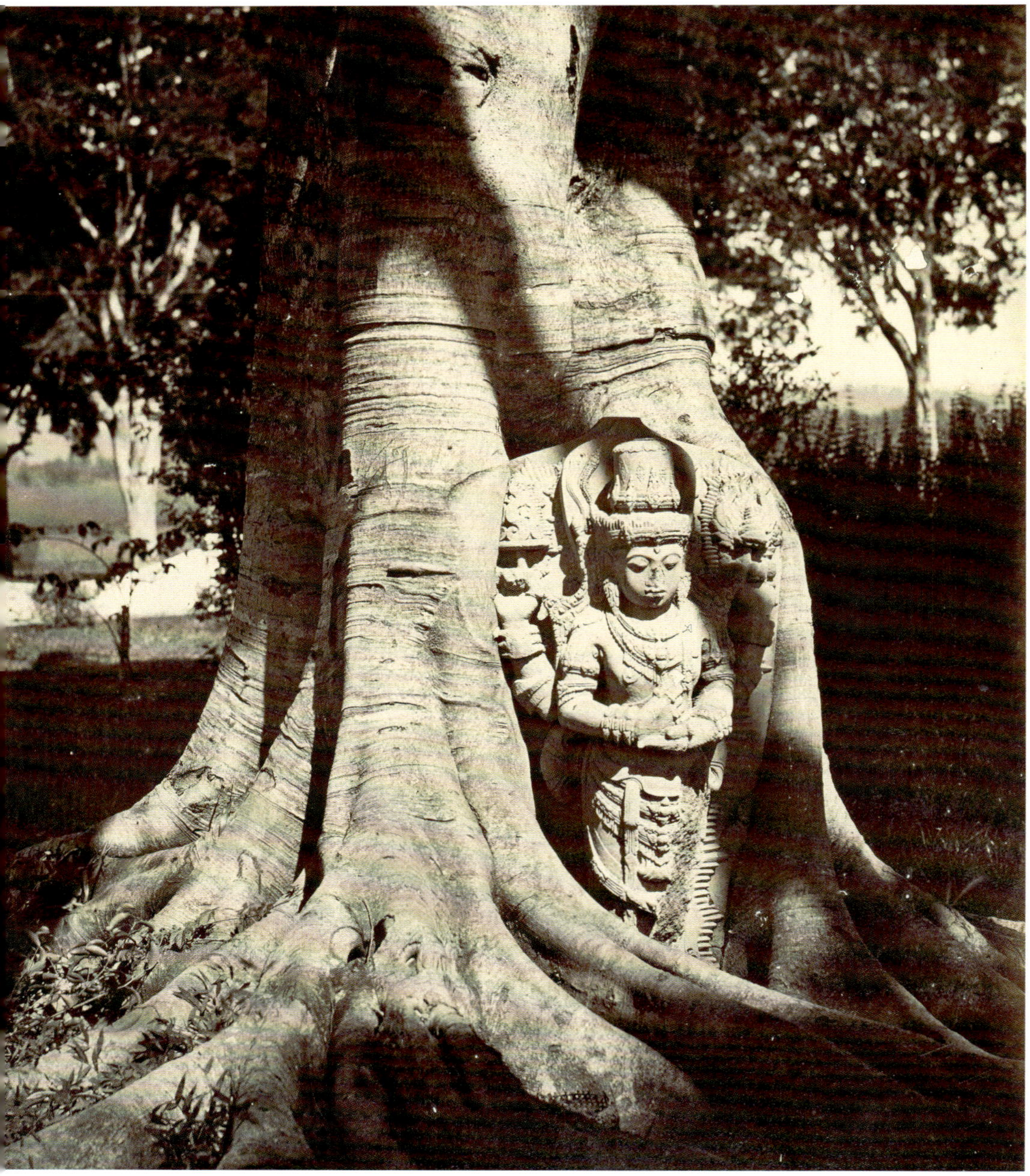

ISIDORE VAN KINSBERGEN

Kediri, Stele des Harihara, in der Darstellung halb Vishnu, halb Shiva · 1866/67 · Abzug auf Albuminpapier, 26,4 × 22 cm

Isidore van Kinsbergen, Absolvent der Zeichenakademie von Brügge und des Konservatoriums von Gent, hat viele Talente. 1851 schifft er sich nach Batavia (Jakarta) ein, wo er zunächst als Kulissenmaler, später auch als Direktor am französischen Theater sein Geld verdient. Bis 1877 finden die Aufführungen unter seiner Leitung statt. Im Dezember 1862 nimmt ihn die Gesellschaft für Kunst und Wissenschaft in Batavia unter Vertrag. Er soll für sie die Altertümer Javas fotografieren, womit er bis 1867 beschäftigt ist.

RECHTE SEITE
ISIDORE VAN KINSBERGEN

Borobudur, Flachrelief an der Südseite · 1873 · Abzug auf Albuminpapier, 25,1 × 34 cm

Die Ergebnisse seiner Fotodokumentation stellt van Kinsbergen der Gesellschaft für Kunst und Wissenschaft erst 1872 vor, bekommt aufgrund des großen Erfolgs aber sofort den Anschlussauftrag, die Statuen von Borobudur zu fotografieren. Im April 1873 macht er sich mit umfangreicher Ausrüstung auf zur größten buddhistischen Tempelanlage der Welt. Die ersten fünf Monate verbringt er damit, Teile des Tempels freizulegen, zu säubern und zu restaurieren. Im September beschließt er, nur die besterhaltenen Teile der Anlage zu fotografieren. So entstehen insgesamt 43 Aufnahmen von Flachreliefs und Statuen.

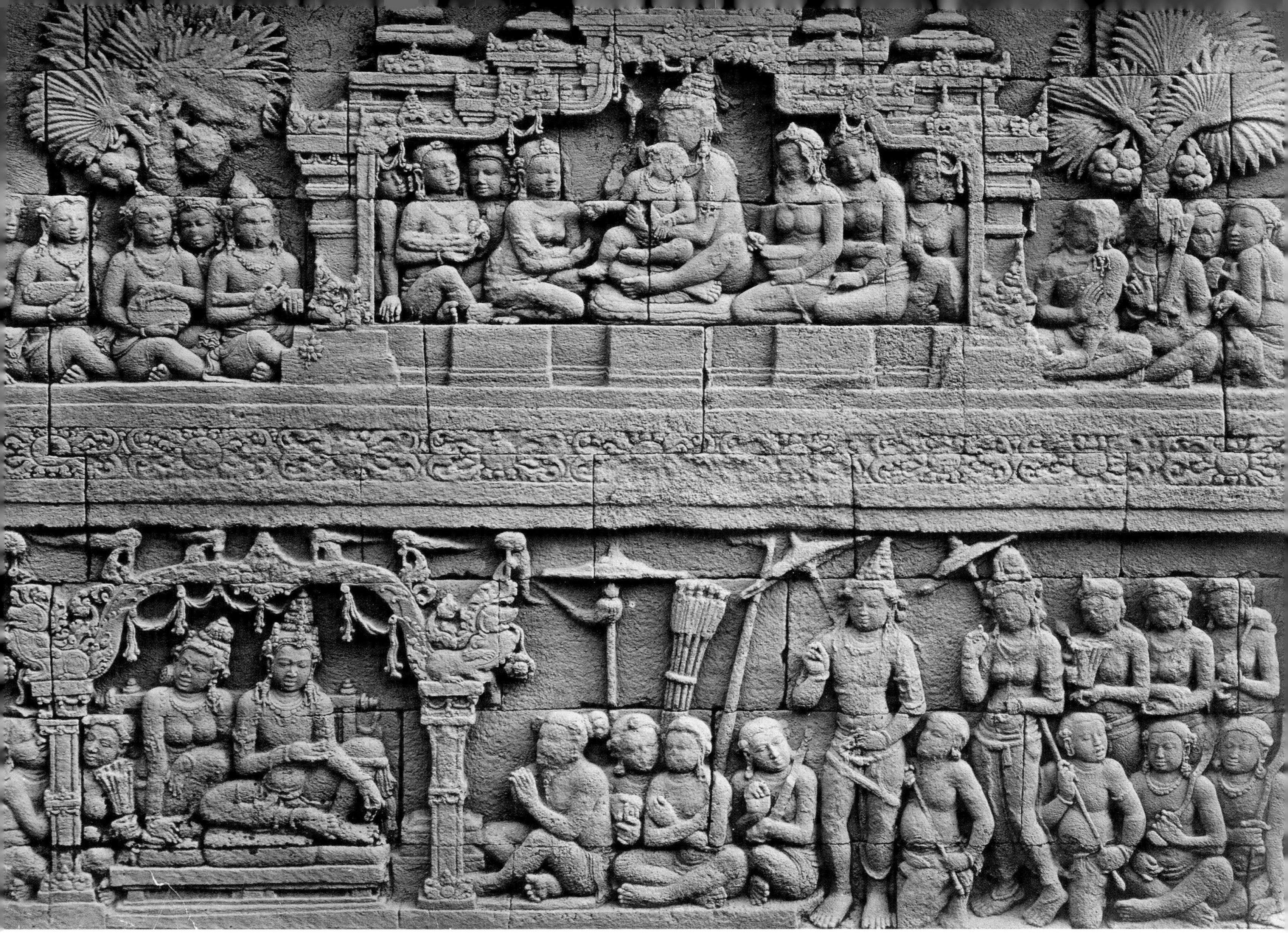

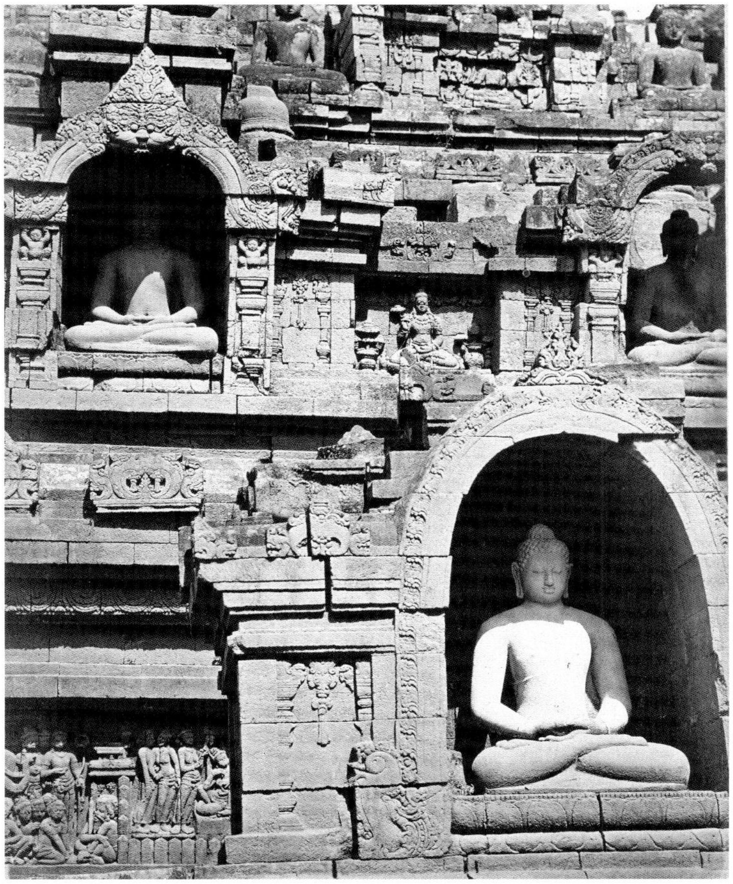

ISIDORE VAN KINSBERGEN

Borobudur, Buddha-Figuren in den Nischen der Westfassade · 1873 · Abzug auf Albuminpapier, 35,9 × 26,6 cm

Während van Kinsbergen den Sommer 1873 in Borobudur verbringt, werden seine ›Altertümer Javas‹ (Oudheden van Java) auf der Weltausstellung in Wien mit einer Goldmedaille prämiert. Fortan werden seine Fotografien bei vielen Gelegenheiten ausgestellt: 1875 auf dem Internationalen Geographenkongress in Paris, 1878 auf der Pariser Weltausstellung und 1883 auf der Kolonialausstellung in Amsterdam.

WIRTSCHAFTSSTANDORT

QUEENSLAND

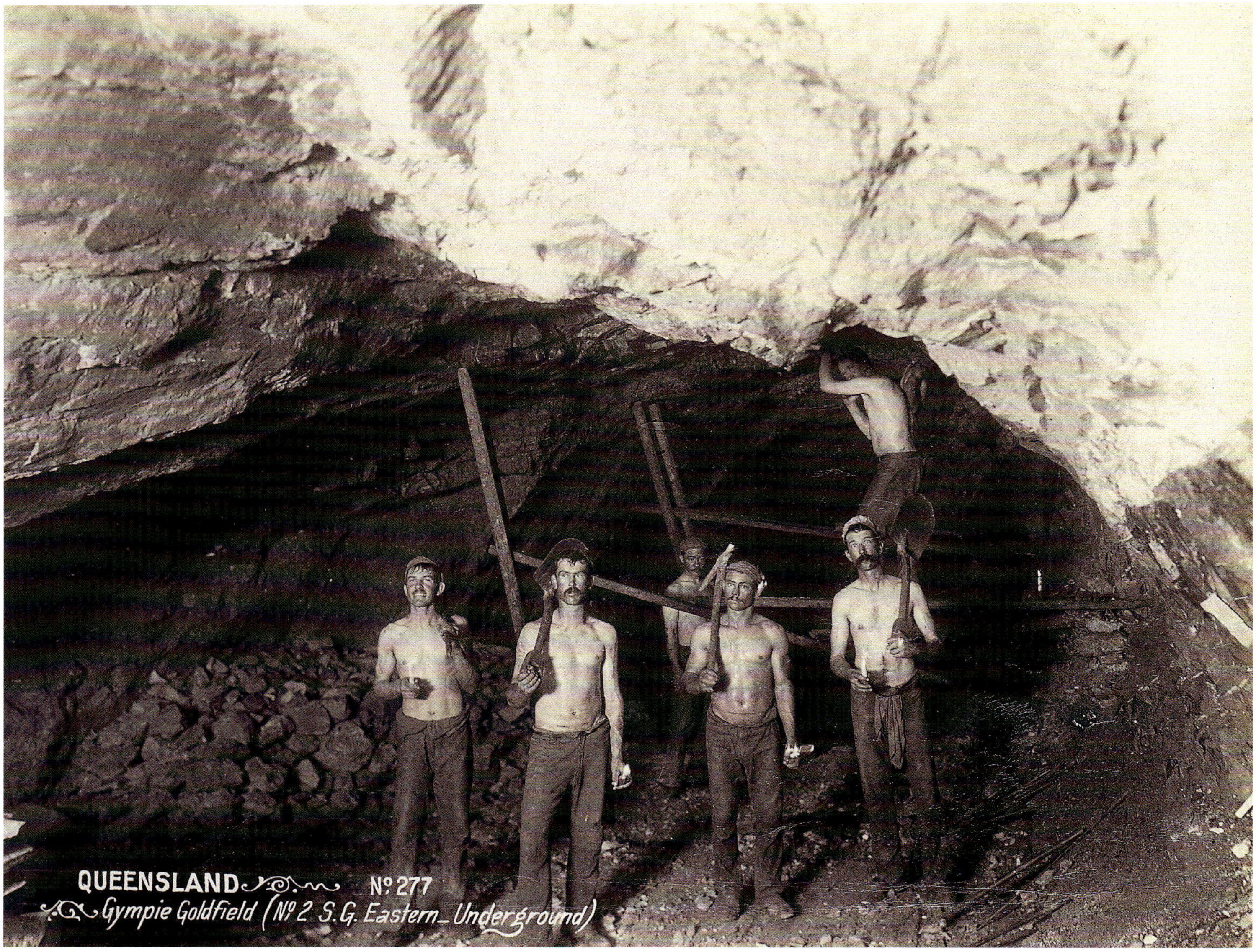

UNBEKANNTER FOTOGRAF

Gympie-Goldmine (Nr. 2 S. G. Eastern Underground) · Zwischen 1895 und 1900 · Abzug auf Albuminpapier, 19 × 24 cm

Um die Jahrhundertwende veranstaltet die Kolonialregierung von Queensland eine Werbekampagne zur Ankurbelung der Wirtschaft. Zielgruppe sind Investoren und Einwanderer. Zu diesem Zweck engagiert sie die Fotografen Frederick Charles Wills und Henry William Mobsby, die Queensland als aufstrebende Wirtschaftsregion darstellen sollen. Ein wichtiger Faktor ist die 1867 entdeckte Gympie-Goldmine nördlich von Brisbane, ein Eldorado für jeden ›digger‹ Australiens. Hier vier Goldgräber, die mit dem Spaten auf der Schulter wieder ans Tageslicht treten und sich vom Fotografen als Helden unter Tage feiern lassen.

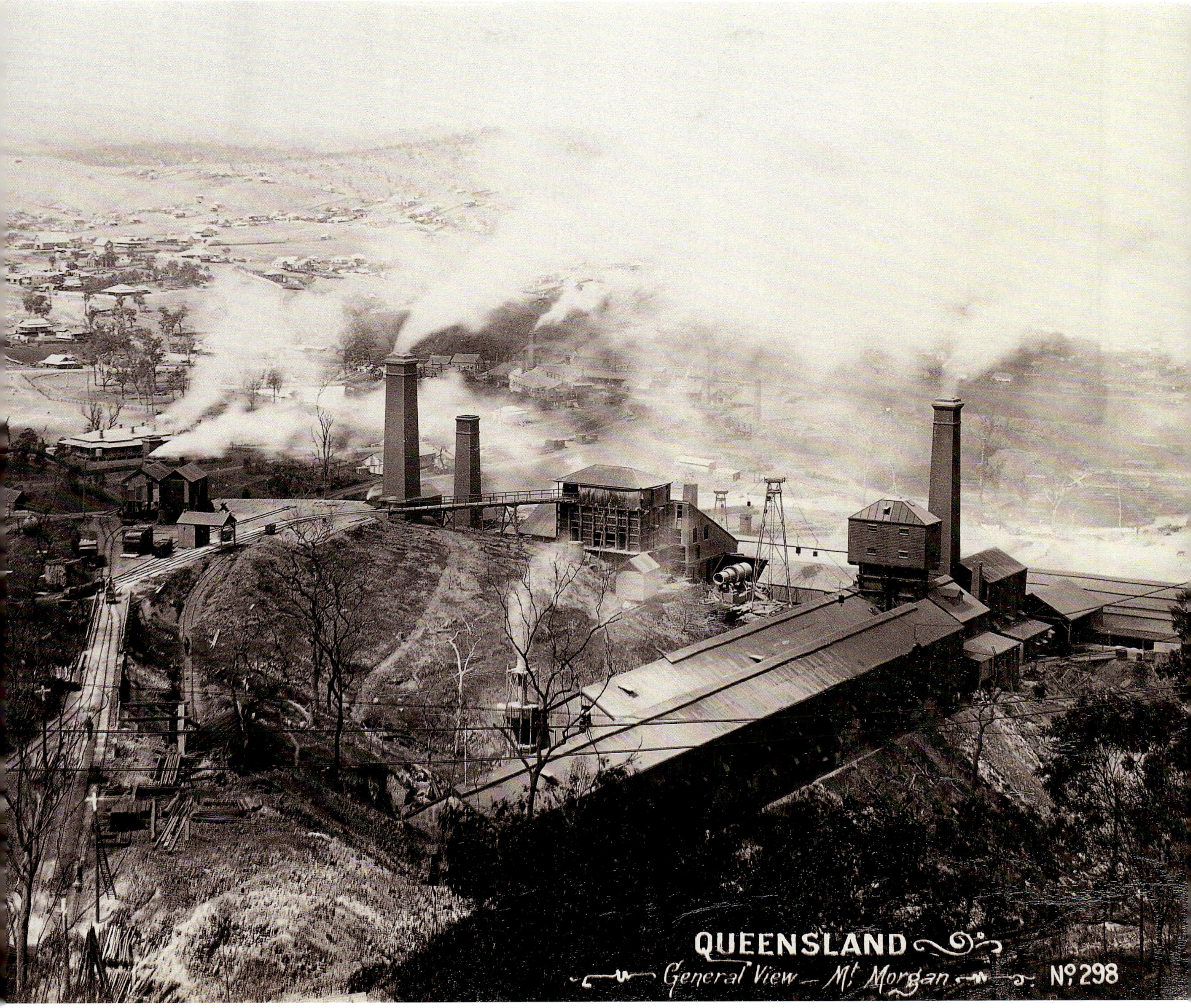

UNBEKANNTER FOTOGRAF

Blick vom Mount Morgan · Zwischen 1895 und 1900 · Abzug auf Albuminpapier, 19 × 24,1 cm

Der Bergbau hat tiefgreifende Auswirkungen auf die wirtschaftliche und soziale Entwicklung Queenlands. Die Entdeckung der Goldmine am Mount Morgan (bei Rockhampton) löst 1882 einen regelrechten ›goldrush‹ aus, der die umliegenden Regionen entvölkert und ganze Branchen ihrer Arbeitskräfte beraubt. Innerhalb weniger Jahrzehnte entstehen große industrielle Ballungszentren im unmittelbaren Umkreis der Minen.

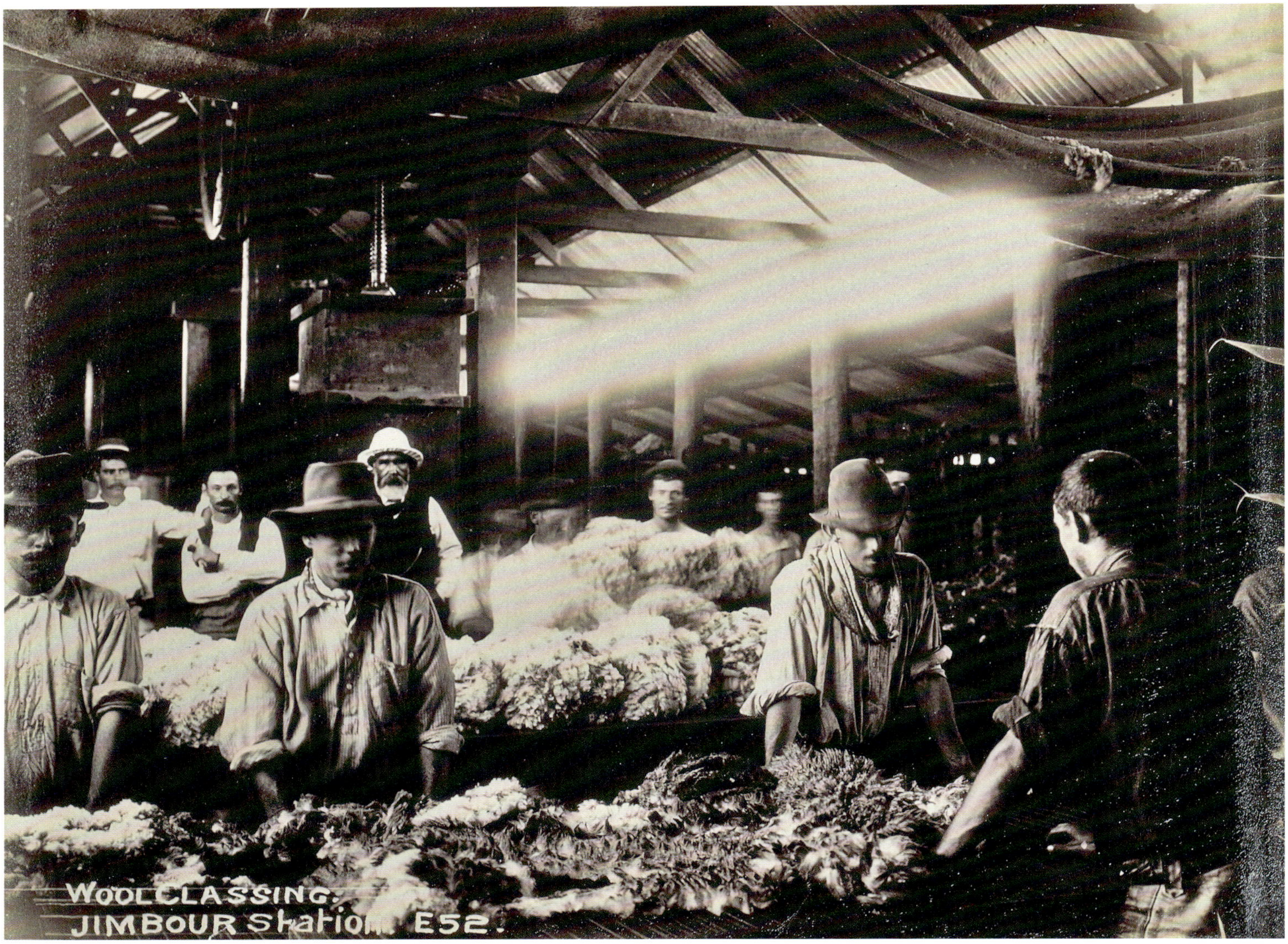

UNBEKANNTER FOTOGRAF

Wollsortierer, Jimbour Station · Zwischen 1895 und 1900 · Abzug auf Albuminpapier, 15,1 × 20 cm

Auf den weitläufigen Weideflächen im Landesinneren siedeln sich große Schafzuchtbetriebe an wie Jimbour Station in den südlich gelegenen Darling Downs. Auch die Schafzüchter zählen zu den großen Arbeitgebern, denn sie benötigen das ganze Jahr über Helfer auf den Weiden, für die Schur sowie für das Verlesen, Sortieren und Waschen der Wolle. Dieses Foto zeigt Wollsortierer, die kurzzeitig ihre Arbeit unterbrechen. Paradoxerweise soll hier der Arbeitsablauf mit künstlichen Posen dokumentiert werden.

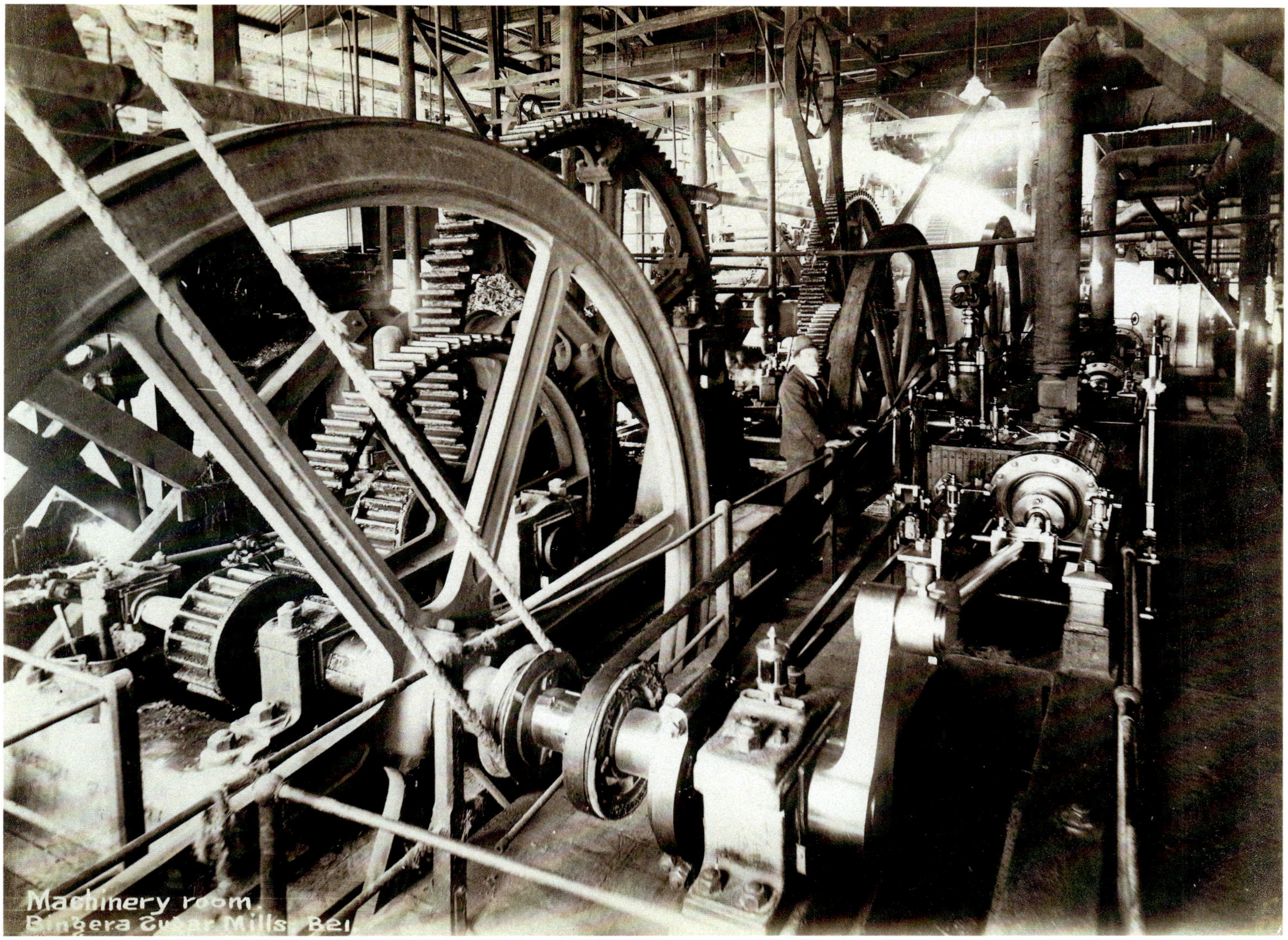

UNBEKANNTER FOTOGRAF

Maschinenraum, Bingera-Zuckermühle ·
Zwischen 1895 und 1900 · Abzug auf Albuminpapier, 15,1 × 19,8 cm

Die Zuckerrohrindustrie ist einer der Hauptarbeitgeber in den tropischen Breiten Queenslands. Nördlich von Brisbane liegt die Raffinerie von Bingera, ein weitläufiger Komplex mit moderner Infrastruktur. Die Zuckerrohrhalme werden in Güterzügen zur Presse geliefert, der Zuckersaft wird über Rohre zur Raffinerie geleitet und der fertige Zucker mit dem Güterzug bis zum Hafen von Bundaberg transportiert. Hier sind die mächtigen Zahnräder der Presse zu sehen.

ENTDECKUNGSREISE DURCH
NEUKALEDONIEN

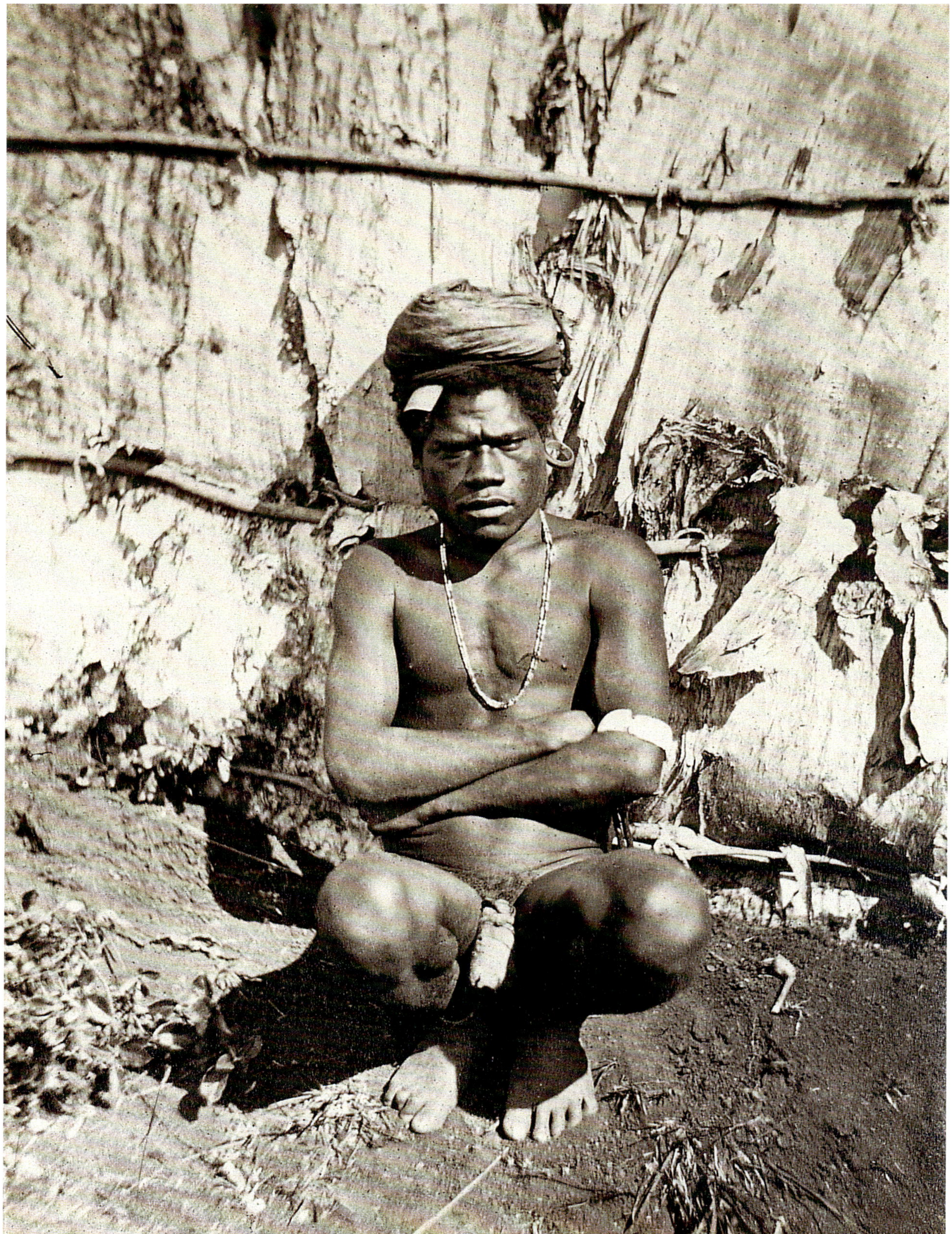

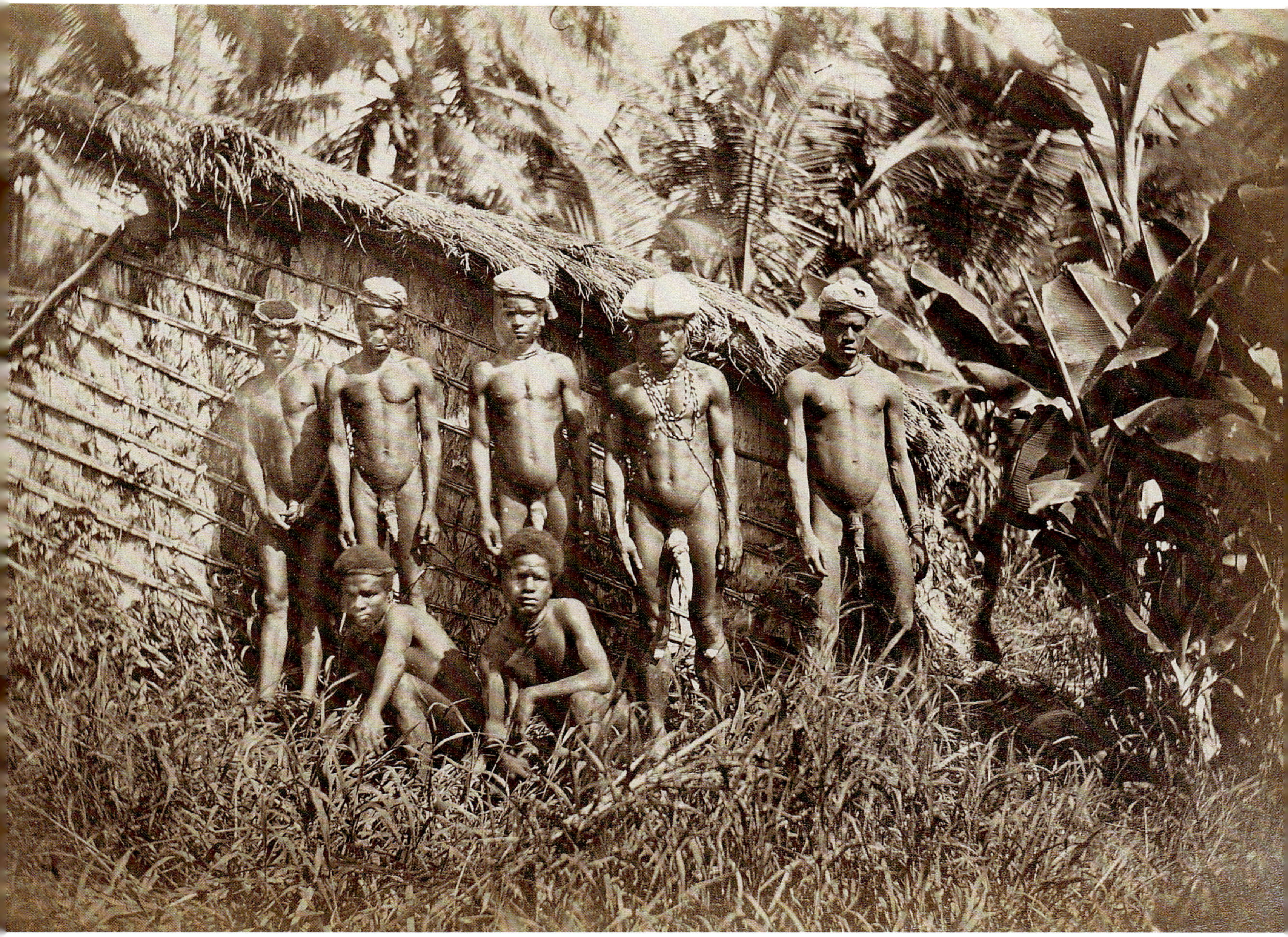

ERNEST ROBIN

Kanak in St. Vincent, Südwestküste · 1871 · Abzug auf Albuminpapier, 17,2 × 12,6 cm

1866 eröffnet Ernest Robin in Nouméa ein Fotoatelier. Bereits in den ersten Monaten seiner Tätigkeit entwickelt sich sein Interesse für die Einheimischen. Schon bald gelingt es ihm, einige von ihnen zu fotografieren. Zu diesem Zweck fährt er mit dem Schiff von Hafen zu Hafen, um zumindest die an den Küsten lebenden Stämme kennenzulernen.

ERNEST ROBIN

Angehörige des Stammes der Néfoué, Canala, Ostküste · 1874 · Abzug auf Albuminpapier, 16,2 × 22,3 cm

Ernest Robin traut sich auch in die etwas abgelegeneren Dörfer, in die sonst kein Weißer einen Fuß setzt, freundet sich mit den Bewohnern an und kann sie so auch dafür gewinnen, für ihn zu posieren. Einige Jahre vor der Auflehnung des kanakischen Volkes gegen die französische Kolonialregierung 1878 bringt Robin eine ganze Sammlung von Aufnahmen mit nach Frankreich, die unter ethnologischen Gesichtspunkten ebenso aufschlussreich wie wertvoll sind.

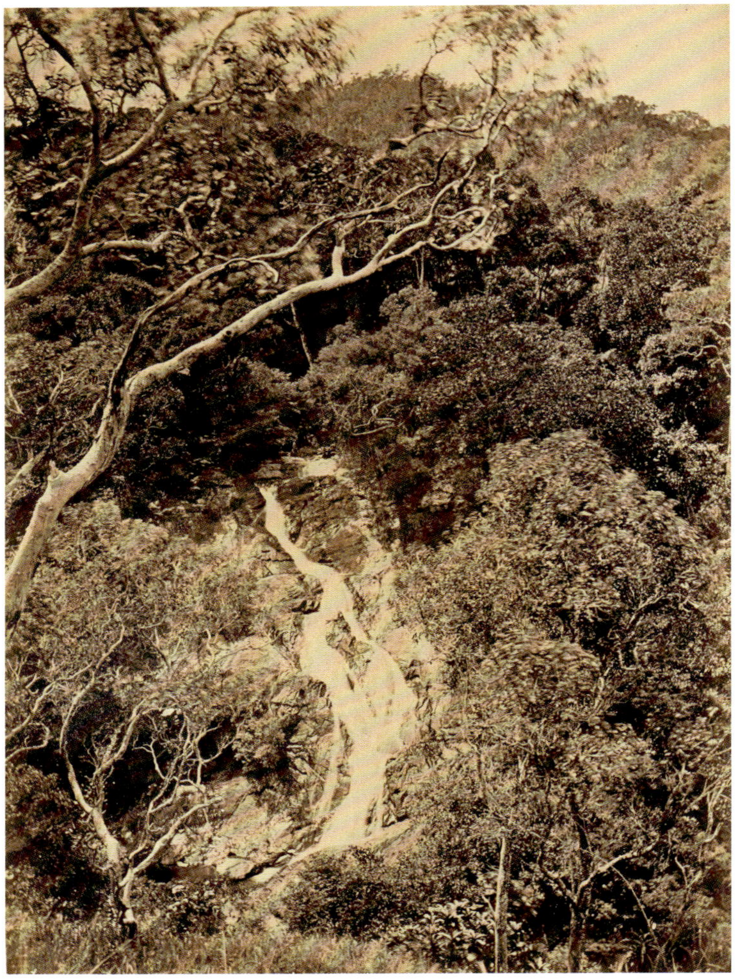

ERNEST ROBIN

Wasserfall bei Coindou, Foa-Tal, Ouaraï, Westküste · 1874 · Abzug auf Albuminpapier, 23,3 × 16,4 cm

Gegenstand von Robins Fotodokumentation ist auch die von den französischen Kolonialherren geschaffene Infrastruktur. So fotografiert er zum Beispiel 1874 die Bauarbeiten an der Straße zwischen Ouaraï und Canala. So bekommt er Gelegenheit, sich nebenbei auch der üppigen Vegetation im Inselinneren zuzuwenden. Auf diese Weise entstehen mehrere pittoreske Landschaftsaufnahmen.

ERNEST ROBIN

Landwirtschaftliches Arbeitslager im Norden der Insel Nou · 1872 · Abzug auf Albuminpapier, 15,5 × 23,1 cm

Als Robin nach Neukaledonien kommt, werden dort gerade die ersten Gefängnisse gebaut, was zu tiefgreifenden Veränderungen im Landschaftsbild führt. Die Strafgefangenen werden auf mehrere Gefängnisse und landwirtschaftliche Arbeitslager verteilt und zu gemeinnützigen Arbeiten herangezogen, beispielsweise Erdarbeiten, Holzfällen oder Hoch- und Tiefbau.

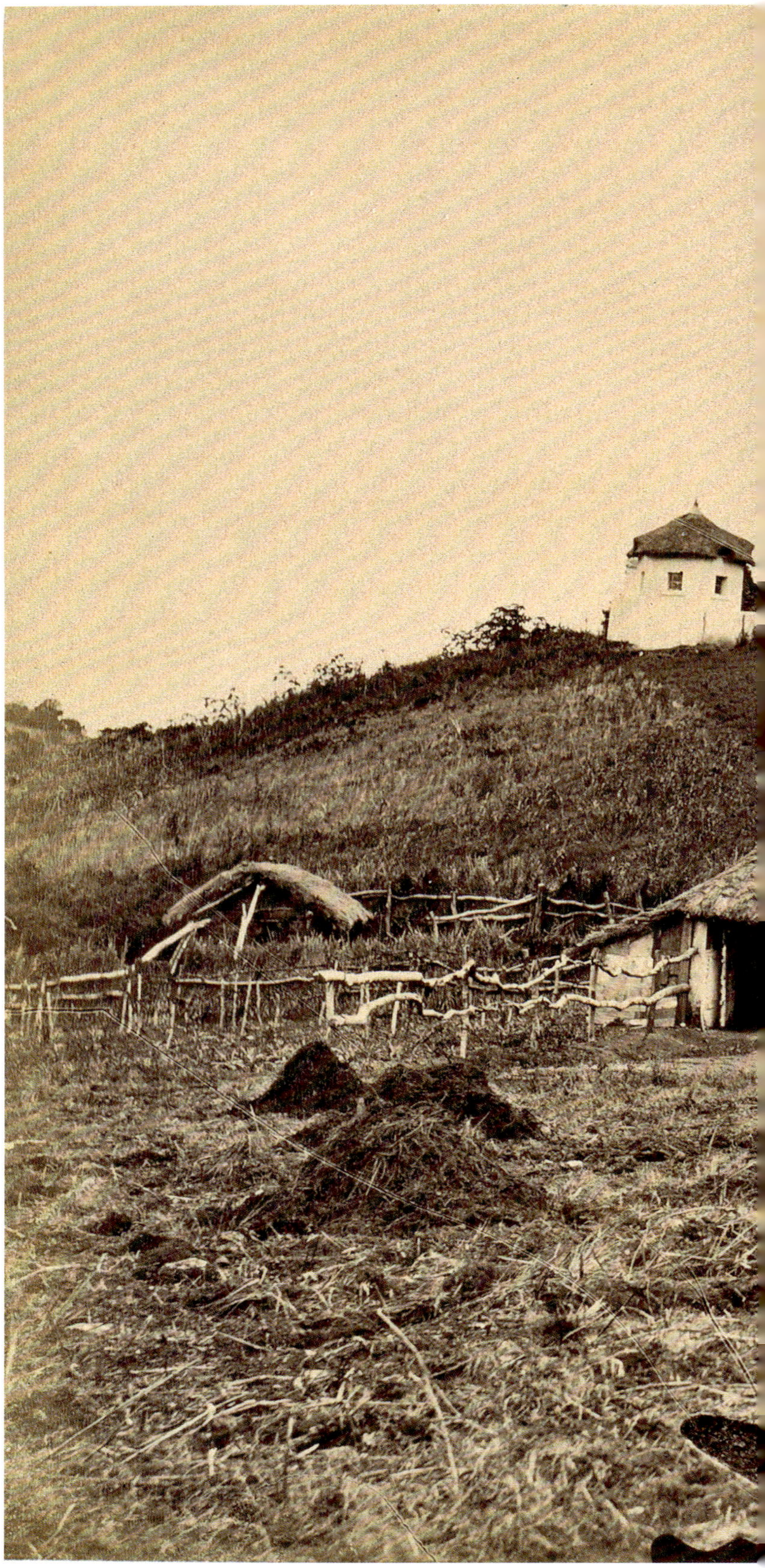

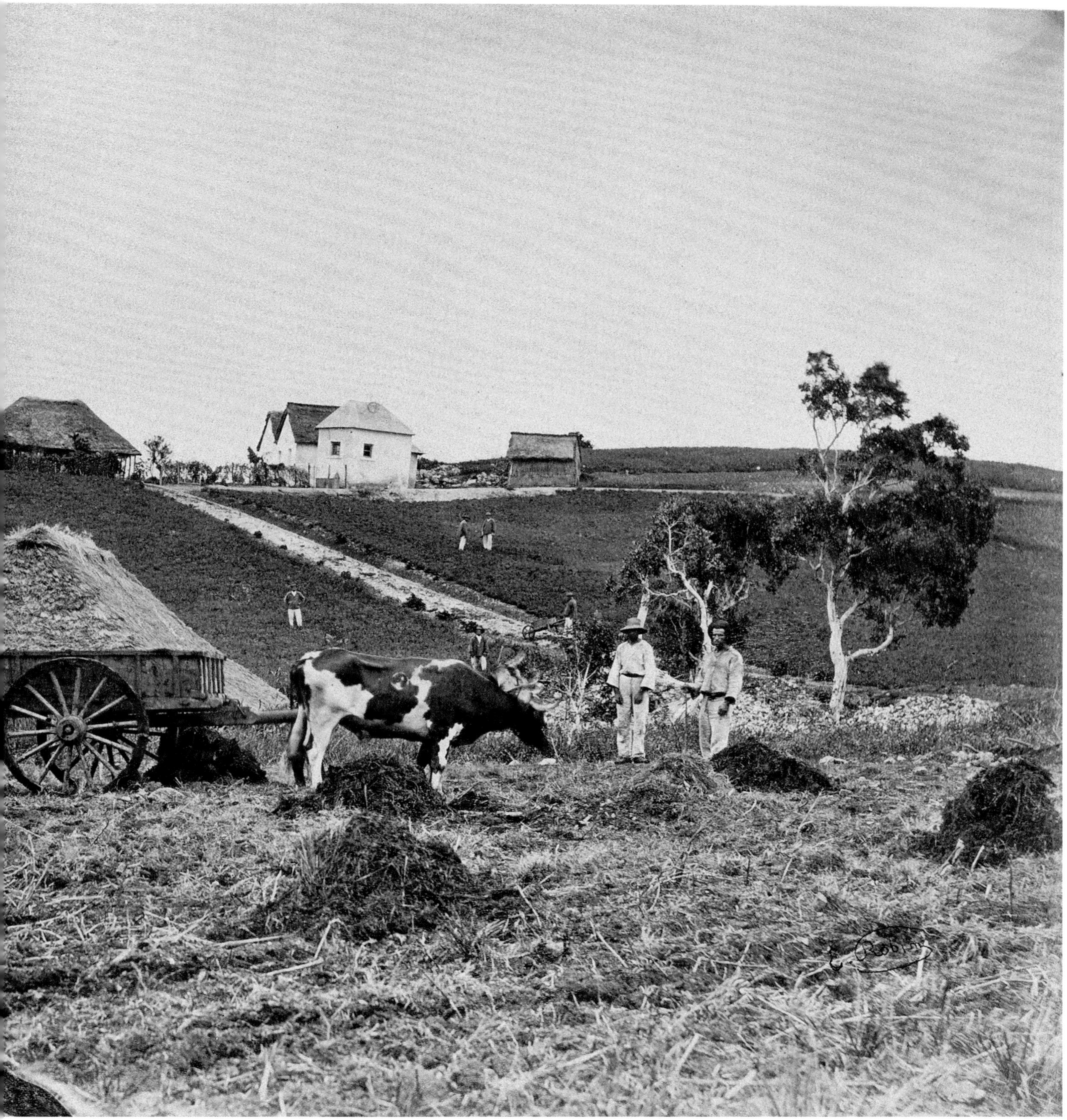
E. Robin

RAUE SEE UND SCHROFFE KLIPPEN

NEUSEELANDS SUBANTARKTISCHE INSELN

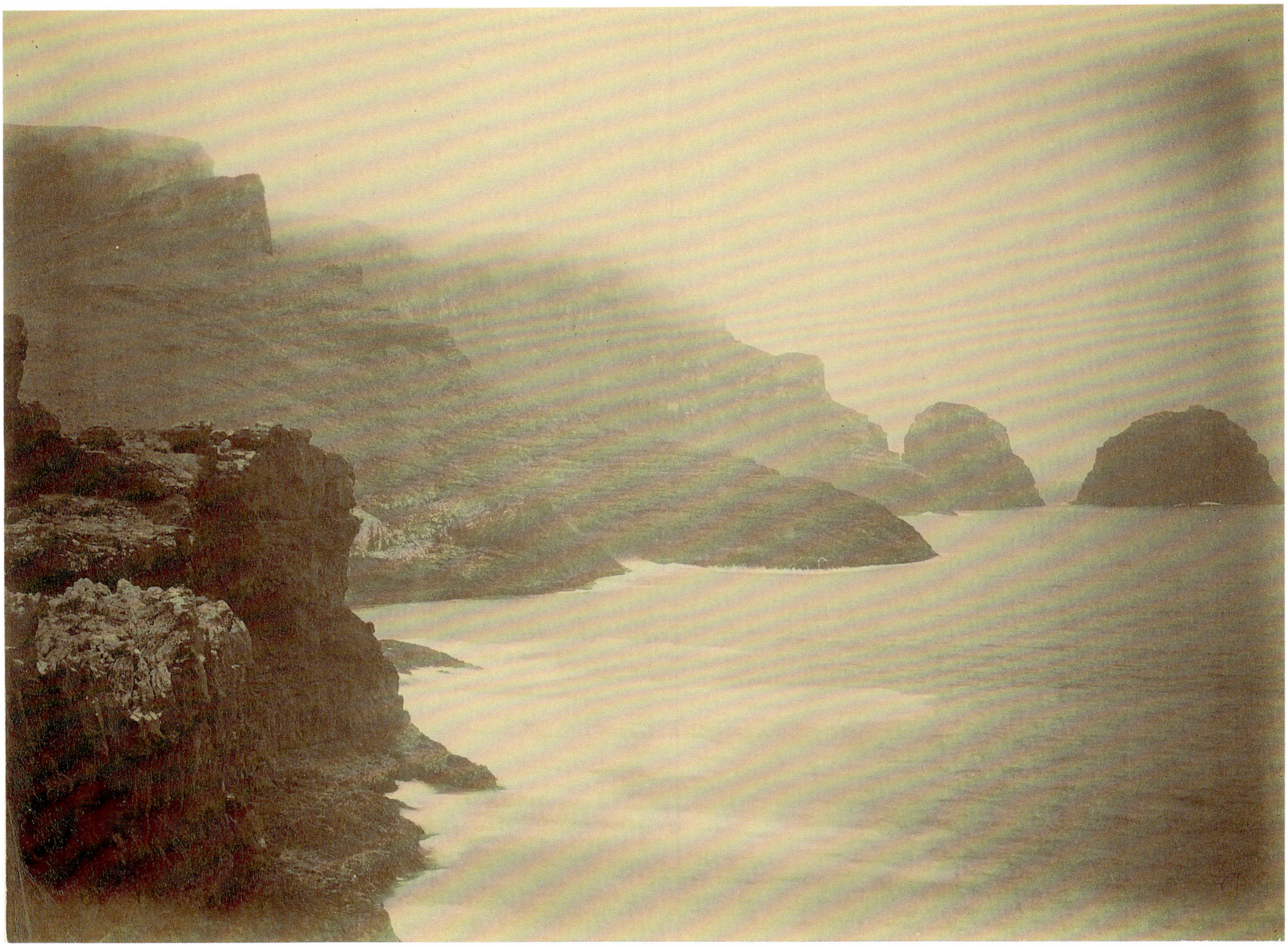

WILLIAM DOUGALL

Westliche Einfahrt Carnley Harbour, Auckland Islands · 1888 · Abzug auf Albuminpapier, 15 × 20 cm

William Dougall, Sohn eines Gemischtwarenhändlers aus Glasgow, hängt seine Tätigkeit als Lagerist im Geschäft seines Vaters zugunsten der Eröffnung eines Fotoateliers an den Nagel. 1875 wandert er nach Neuseeland aus, wo er sich anfangs in Dunedin niederlässt, später dann aber nach Invercargill an die Südspitze der Südinsel zieht. 1888 bietet sich ihm die Gelegenheit, an Bord der Stella zu den subantarktischen Inseln des Pazifik zu fahren, einer unwirtlichen Welt, umgeben von tosender See.

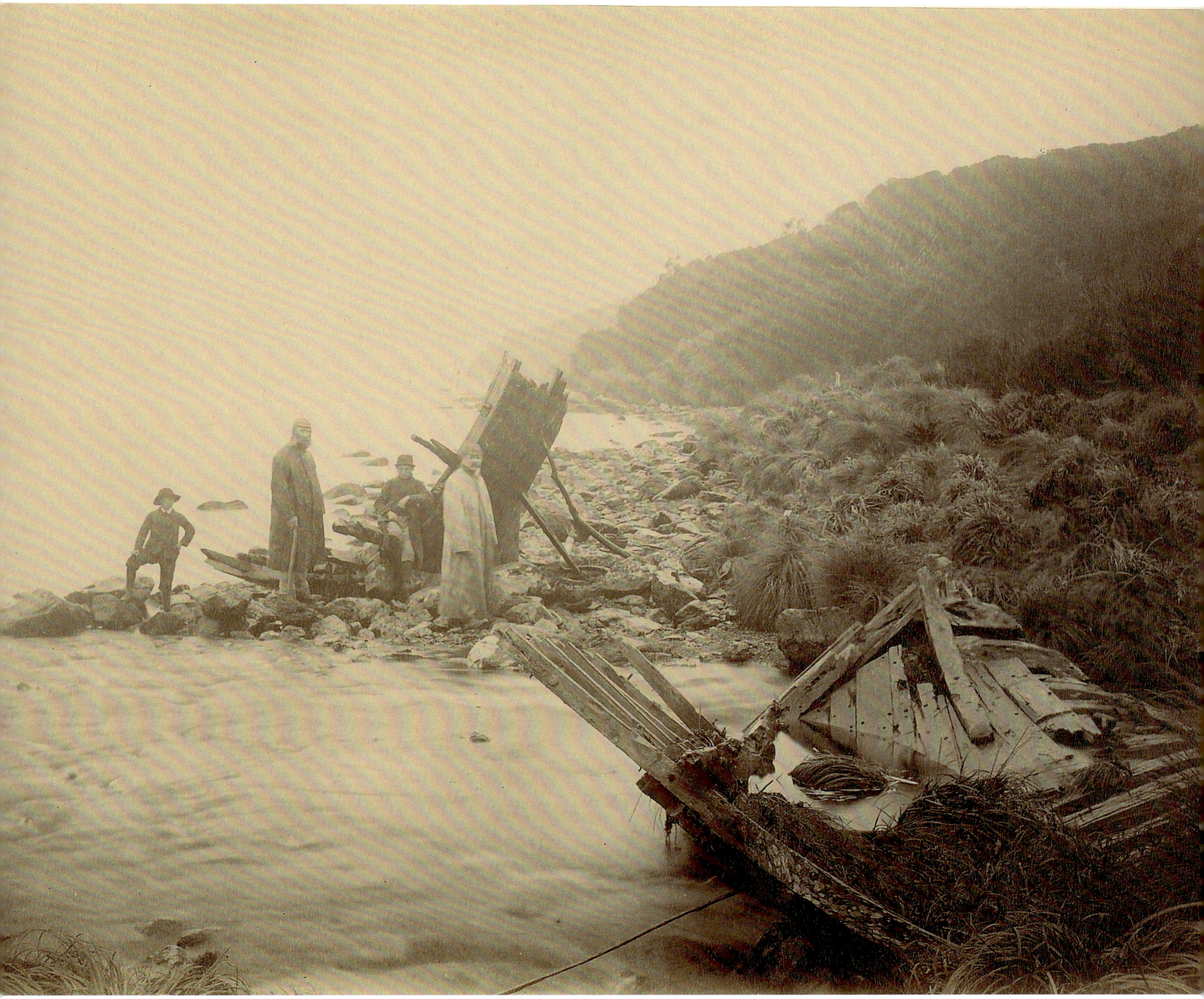

WILLIAM DOUGALL

Die Schiffbrüchigen · 1888 · Abzug auf Albuminpapier, 15,3 × 20,5 cm

Die Stella dient ausschließlich dem Zweck, das Überleben von auf den subantarktischen Inseln gelandeter Schiffbrüchiger zu sichern. Die Besatzung füllt Proviantlager wieder auf und legt neue an. Zusätzlich setzt sie Ziegen, Schafe und Kaninchen auf den Inseln aus. Ihre Inspektionsrunde führt sie auch nach Carnley Harbour auf Auckland Island. Hier strandete am 3. Januar 1864 ein Schoner, der am 12. November 1863 von Sydney in Richtung Campbell Island ausgelaufen war.

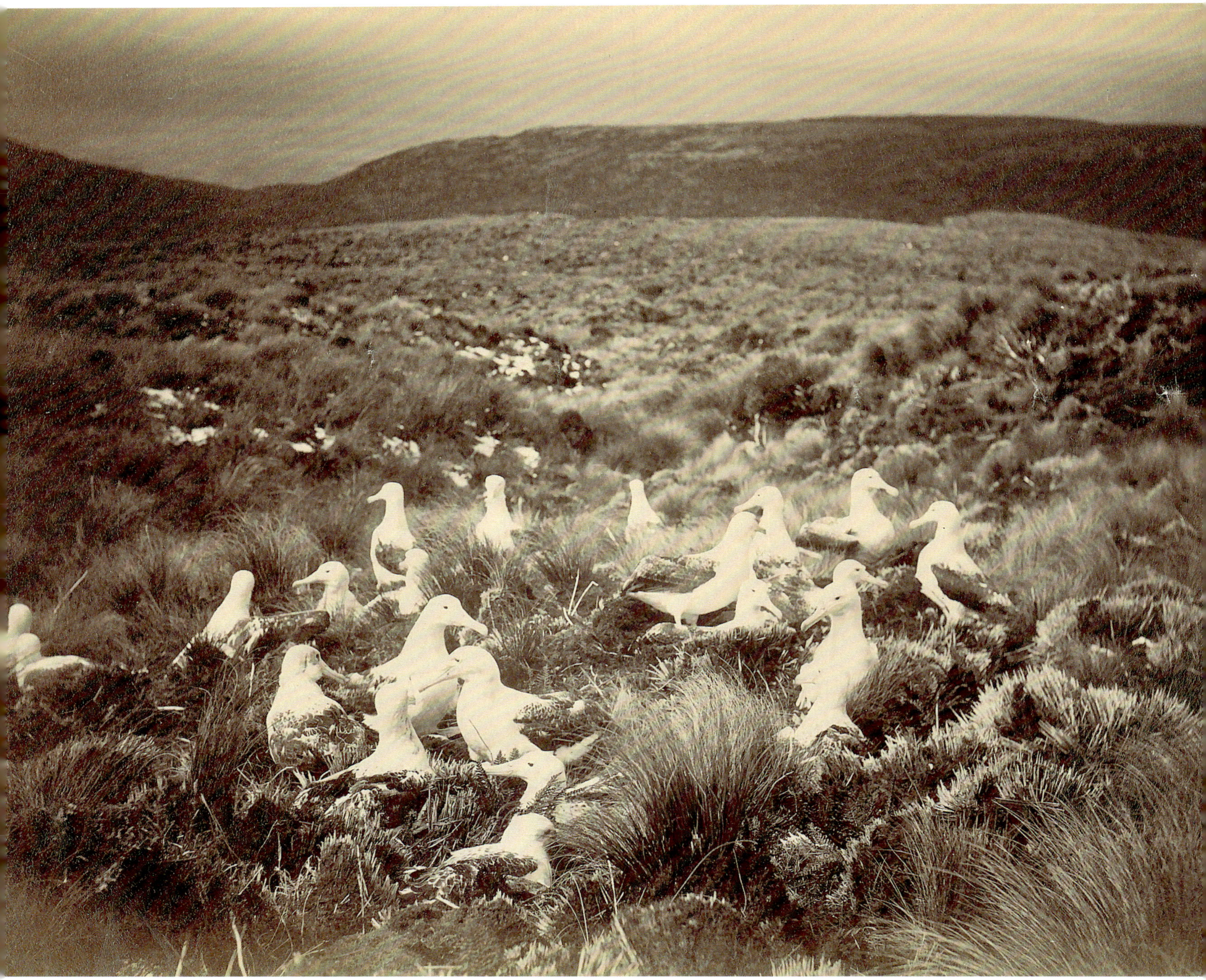

WILLIAM DOUGALL

Albatrosse, Campbell Island · 1888 · Abzug auf Albuminpapier, 15,1 × 20,3 cm

Es ist die extreme Landschaft, die die subantarktischen Inseln so atemberaubend macht: steile Felsklippen, unzugängliche Grotten, im Meer versunkene Vulkane. Manche Inseln werden von riesigen Pinguinkolonien besiedelt, andere von Albatrossen, die so groß sind wie Schafe. Bei Landgängen wird regelmäßig geprüft, ob sich die Böden für die Landwirtschaft eignen und ob im Ernstfall Feuerholz zu finden wäre.

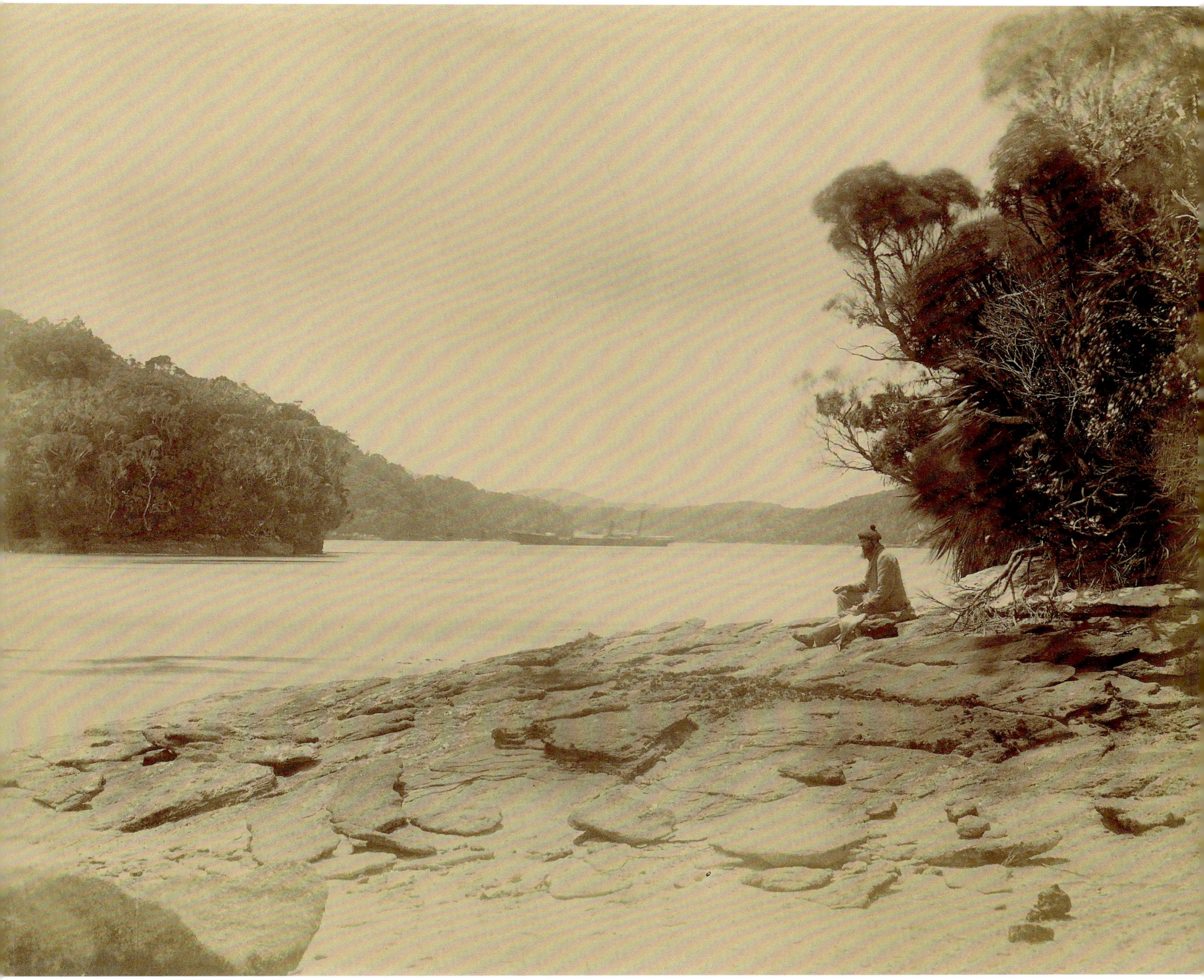

WILLIAM DOUGALL

Bucht am Abend, Port Pegasu, Stewart Island · 1888 · Abzug auf Albuminpapier, 21,4 × 26,6 cm

1888 werden die Notizen, die William Dougall an Bord der Stella gemacht hat, in der *Southland Times* abgedruckt. Etwas später erscheinen sie, illustriert mit rund 50 Fotos, auch in gebundener Form unter dem Titel *Far South.* Der Erfolg ist durchschlagend, vor allem im Folgejahr auf der Weltausstellung in Paris, wo Dougalls Fotos im neuseeländischen Pavillon zu bewundern sind. Seine Aufnahmen sprechen die Fantasie des Betrachters an, indem sie den vielen Abenteuergeschichten von unerschrockenen Seefahrern und Schiffbrüchigen eine Kulisse geben.

NACHWORT

DIE GESCHICHTE DES FOTOARCHIVS

Die Société de Géographie, die erste ihrer Art weltweit, wird 1821 gegründet, um die Geografie voranzutreiben, geografische Studien zu unterstützen und Forschungsreisen in unbekannte Regionen zu veranlassen. Sie verfügt über eine Bibliothek, die im Laufe der Jahre dank Schriftentausch und Schenkungen stetig wächst. Zu ihren Beständen zählen Reiseschilderungen, geografische Fachzeitschriften, Landkarten, Atlanten, Notizbücher von Forschungsreisenden und seit dem letzten Viertel des 19. Jahrhunderts auch Fotografien.

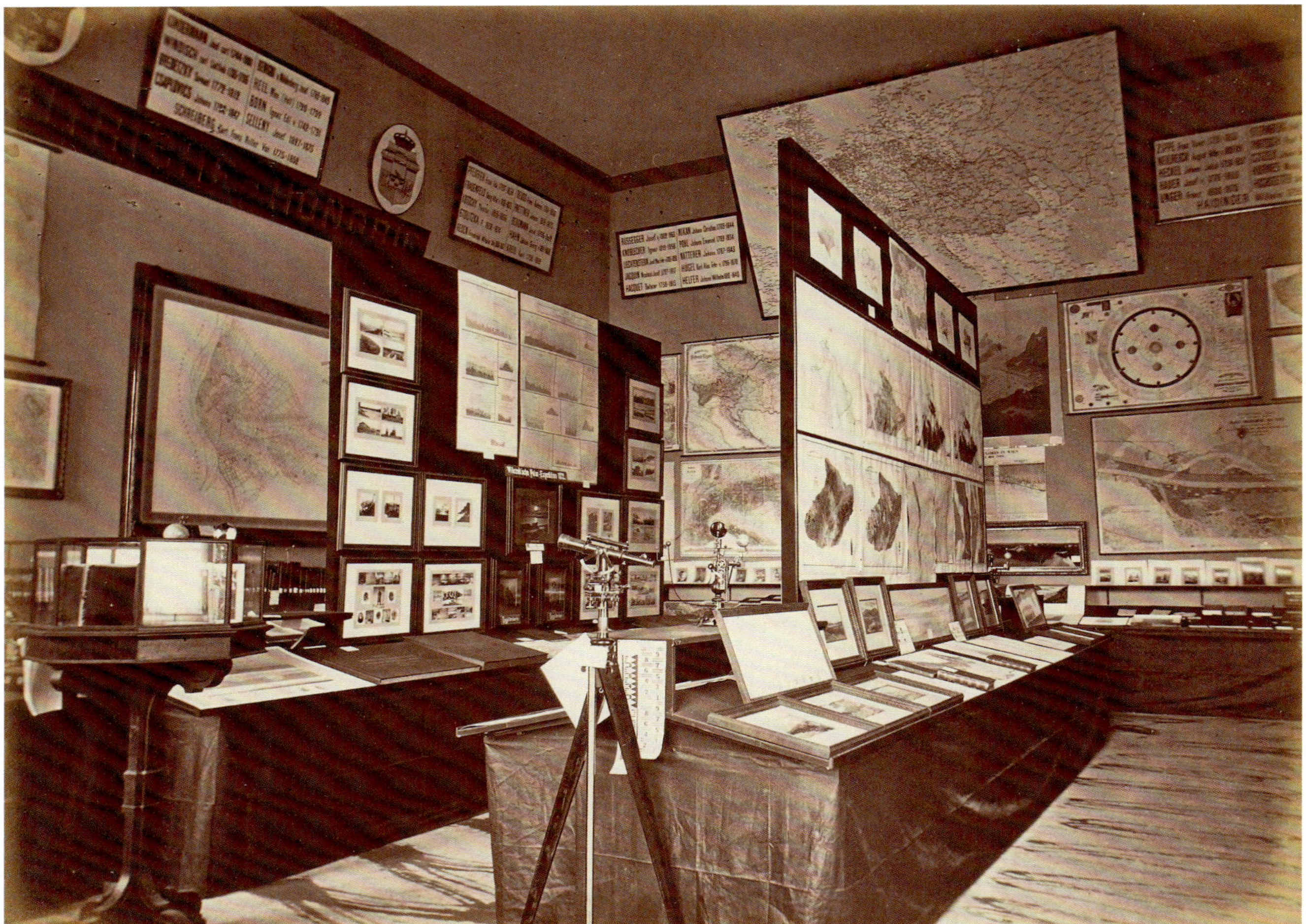

ALEXANDRE QUINET

Ausstellung des Internationalen Geographenkongresses in den Tuilerien, Paris · 1875 ·
Abzug auf Albuminpapier, 18,5 × 24,8 cm

DER EINZUG DER FOTOGRAFIE IN DIE SOCIÉTÉ DE GÉOGRAPHIE

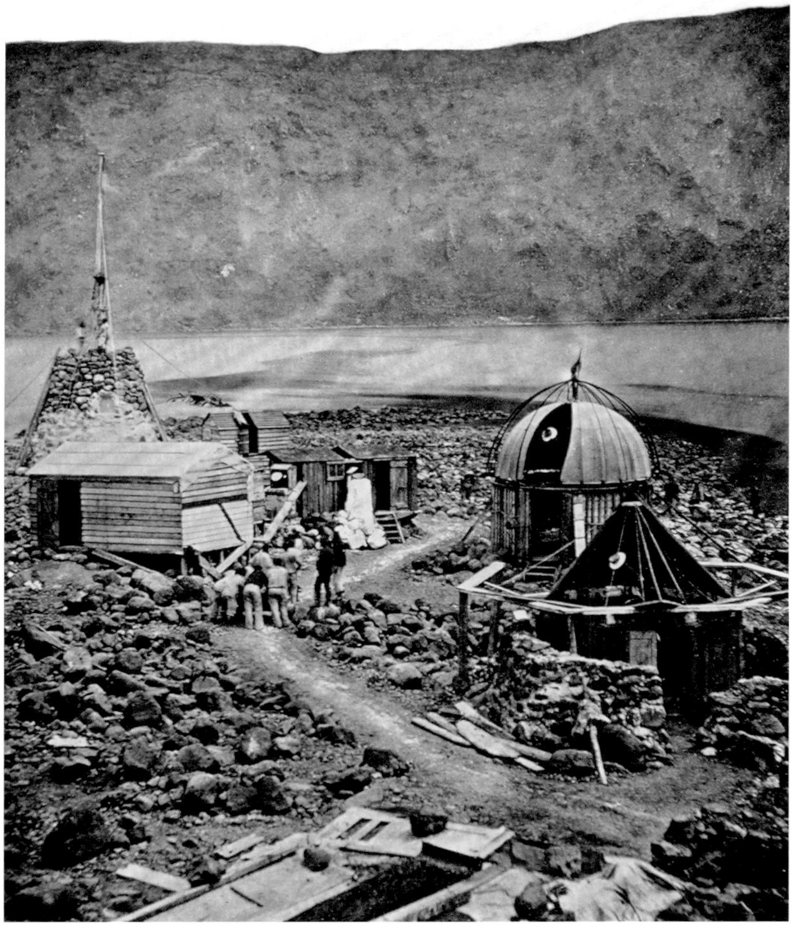

ACHILLE AUGUSTE CAZIN (DUPLIKATNEGATIV MOLTENI)

Sankt-Paul-Insel, Mobile Observatorien · 1874 · Diapositiv auf Glas, 10 × 8,5 cm

Die ersten Fotografien werden der Société de Géographie auf der Sitzung der Zentralkommission am 18. Oktober 1861 von dem jungen Forschungsreisenden Désiré Charnay präsentiert, der seit Kurzem aus Mexiko zurück ist, im Gepäck 49 Aufnahmen der Ruinen von Yucatán. Der Kommissionsvorsitzende Edme François Jomard erkennt zwar sofort Qualität und Wert der Fotos, dennoch interessiert sich die Société de Geographie zu diesem Zeitpunkt noch nicht für Fotografien.

Das ändert sich erst, als sie über ein Jahrzehnt später gebeten wird, vom 1. bis zum 11. August 1875 den zweiten Internationalen Geographenkongress in den Tuilerien auszurichten. Zu diesem Anlass kommen in Paris Geografen aus aller Welt zusammen, um über Fachfragen aus den Bereichen Topografie, Hydrografie, Geologie, Anthropologie und Ethnologie zu diskutieren. Insgesamt 15 Nationen sind auf der zeitgleich organisierten Ausstellung vertreten und präsentieren den Besuchern die neuesten Errungenschaften und Innovationen auf dem Gebiet der Geowissenschaften: Messgeräte, Instrumente zur Probenentnahme, kartografische Arbeiten, Landkarten, Atlanten, geowissenschaftliche Wörterbücher und auch einige Fotografien. Désiré Charnays Fotos aus Yucatán werden neben den Algerien-Fotos des Marquis de Courcival ausgestellt. Zwei Ausstellungsräume sind dem Venusdurchgang von 1874 gewidmet. Zu sehen sind Aufnahmen, die ein auf der Sankt-Paul-Insel stationiertes französisches Beobachtungsteam von dem astronomischen Jahrhundertereignis gemacht hat. Die Niederlande präsentieren in ihrem Ausstellungsraum Isidore van Kinsbergens Aufnahmen von den Einwohnern Javas ... Es lässt sich nicht leugnen: Die Fotografie ist omnipräsent und damit als Medium nun auch in der Geografie angekommen.

Für die Berichterstattung über den Kongress hat die Société de Géographie den Fotografen Alexandre Quinet engagiert, der Aufnahmen von den wichtigsten Ereignissen und allen Ausstellungsräumen machen und in einem Fotoband zusammenstellen soll. Gleichzeitig liebäugelt man damit, ein Album mit Porträtfotos aller ausländischen Kongressteilnehmer herauszubringen. Diese Idee wird in den Folgejahren konsequent weiterverfolgt, bis schließlich alle Mitglieder der Gesellschaft schriftlich um ein Porträtfoto für das *Album des géographes et voyageurs* gebeten werden.

1875 ist auch das Jahr, in dem der Société de Géographie erstmalig wieder Fotografien geschenkt werden. Der deutsche Afrika-Reisende Gerhard Rohlfs folgt Désiré Charnays Beispiel und überlässt der Gesellschaft einen Fotoband mit Aufnahmen, die er ein Jahr zuvor in der libyschen Wüste gemacht hat. Ihm folgen wiederum die Sahara-Forscher Victor Largeau (1877) und Fernand Foureau (1880),

Vorträge mit Lichtprojektion von A. Molteni · Werbeanzeige, 8 × 10,5 cm · *Revue Géographique Internationale*, 1885

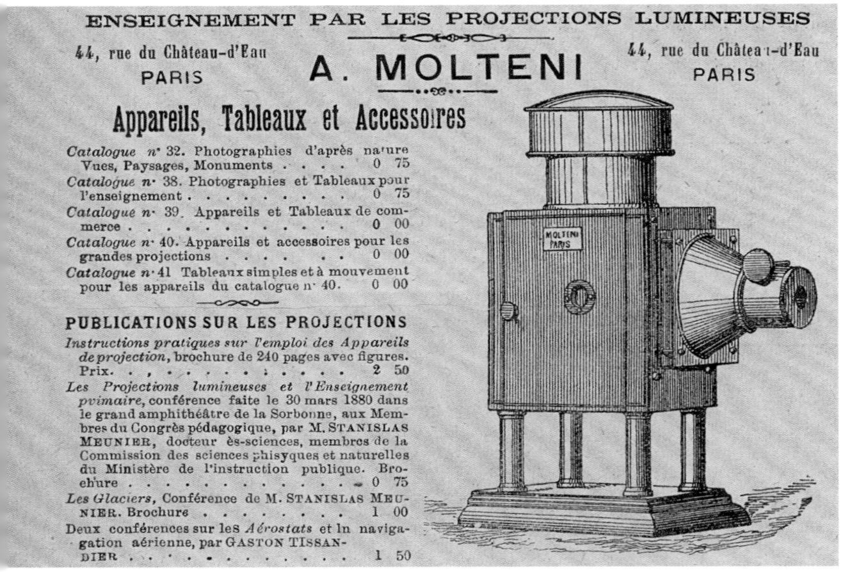

die ebenfalls Fotos von ihren Afrika-Expeditionen schicken. Damit stehen sie am Anfang einer langen Reihe großzügiger Spender, die in Zukunft das Fotoarchiv der Gesellschaft bereichern.

Am Ende desselben Jahres gibt es weitere erfreuliche Nachrichten: Der Amerika-Reisende Alphonse Pinart teilt mit, dass er den Geologen Ferdinand Vandeveer Hayden davon überzeugen konnte, der Société de Géographie sämtliche Fotos zu schicken, die er im Westen der Vereinigten Staaten gemacht hat. Die Leiter der drei anderen Nordamerika-Expeditionen überlegen nicht lange und ziehen nach. Mittlerweile beschränkt sich die Rivalität unter den Forschern nämlich nicht mehr nur auf die Arbeit vor Ort, sondern erstreckt sich auch auf die Veröffentlichung der Ergebnisse innerhalb der wissenschaftlichen Gemeinde. Vor diesem Hintergrund gehen in den kommenden Jahren bei der Société de Géographie Hunderte von Berichten und Landkarten und über 1000 Fotos ein.

Und last but not least findet auch die erste Diavorführung 1875 statt.

DIE ROLLE VON JAMES JACKSON

Am 2. September 1878 wird der neue Sitz der Société de Géographie am Boulevard Saint-Germain 184 eingeweiht. Das neue Gebäude bietet mehr Platz für die Unterbringung der Bibliotheksbestände, mehr Räume für die Organisation von Fotoausstellungen und nicht zuletzt einen großen Saal für Konferenzen und Diavorträge.

Die Verantwortung für die Bibliothek wird 1881 James Jackson übertragen. Dieser greift nur ein Jahr später mit Unterstützung des Generalsekretärs Charles Maunoir die zuvor geäußerte Idee auf, einen Katalog mit den Porträtfotos der Geografen und Forschungsreisenden zusammenzustellen, und beginnt 1885 mit dem systematischen Sammeln solcher Fotos.

Gleichzeitig richtet er einen Appell an alle Mitglieder der Gesellschaft mit der Bitte, Fotos in den Kategorien Ansichten, Landschaften und Porträts zur Verfügung zu stellen. Das Schreiben bleibt nicht ohne Wirkung. Innerhalb eines Jahres wächst die Fotosammlung um 1000 Aufnahmen, und jedes Jahr werden es mehr. James Robertsons Fotoband von der Belagerung Sewastopols wird von Admiral Pâris geschickt, die von Marc Ferrez gemachten Aufnahmen vom Bau der Eisenbahnlinie Paranaguá-Curitiba überbringt der Ingenieur Aimé Durieux, und Miguel Aleos Korsika-Fotos werden der Gesellschaft von Alphonse Davanne überlassen. Am 8. Februar 1889 geht das 10 000ste Foto ein. 1895 präzisiert Charles Maunoir die Wünsche der Société de Géographie dahingehend, dass künftig »mit großer Dankbarkeit Aufnahmen von geografischem oder ethnografischem Interesse (Landschaften, Wohnorte, Bauwerke, Menschen) entgegengenommen werden, insbesondere solche aus unbekannten oder unerforschten Regionen«.

Nach 13-jähriger Tätigkeit legt James Jackson 1894 sein Amt als Bibliothekar nieder. Seinem Einsatz verdankt die Gesellschaft über 15 000 Ansichten von Städten, Landschaften und Bauwerken sowie 2300 Porträtfotos, und so kann man ihn mit Fug und Recht als Begründer des Fotoarchivs bezeichnen.

FOTOGRAFEN UND EDLE SPENDER

Wie gelangen die Fotos nach Paris? Wer sind die Spender? Sie kommen von Reisenden und Forschern in militärischem oder zivilem Auftrag, die in fernen Regionen Fotos machen und die Glasplatten oder Abzüge nach ihrer Rückkehr der Société überlassen. So unternimmt etwa der Hobbyfotograf Fernand Foureau zwischen 1882 und 1897 neun Sahara-Reisen und stellt der Gesellschaft, der er auch angehört, alle dort entstandenen Fotos zur Verfügung. Das Gleiche gilt für den im algerischen Teil der Sahara stationierten Victor Deporter, der seine Fotos von El Golea aus Ghardaia nach Paris schickt und sich noch dazu entschuldigt für die »Unerfahrenheit des Fotografen, der nur Kommandant ist und hofft, es beim nächsten Mal besser zu machen«. Ab und zu macht Alfred Molteni im Auftrag der Gesellschaft Papierabzüge von Negativplatten, wobei die Qualität der Abzüge natürlich davon abhängt, wie gut die Glasplatten den Transport überstanden haben. Über die Platten etwa, die ihm Jean Chaffanjon 1887 aus Ciudad Bolívar schickt, sagt Molteni, dass sie unterwegs deutlich an Qualität verloren haben. Dementsprechend lassen seiner Meinung nach auch »viele der Abzüge zu wünschen übrig«. In einigen Fällen bringt jedoch das Talent des Fotografen, gepaart mit dem guten Erhaltungszustand der Glasplatten außerordentliche Ergebnisse hervor, etwa die Abzüge, die Molteni 1889 von Bidault de Glatignés Aufnahmen aus Harrar macht. In einigen Fällen gelangen Negativplatten in den Besitz der Gesellschaft, von denen nie ein Papierabzug gemacht wurde, etwa Louis-Lucien Fournereaus Negativplatten von seiner Siam-Reise 1887/88.

Forscher und Reisende bringen bisweilen auch Abzüge, die sie von anderen gekauft oder geschenkt bekommen haben. Der Ethnologe und Linguist Charles de Ujfalvy erwirbt zum Beispiel auf seiner Kaschmir-Reise Aufnahmen, die 15 Jahre zuvor von Samuel Bourne, John Burke und William Baker gemacht wurden. Baron Joseph de Baye bekommt 1896 bei seinem Aufenthalt im Ural von seinem Freund Dmitri Solomirski Abzüge von den Fabriken in Syssert geschenkt. Alfred Grandidier bringt Aufnahmen aus Südindien, die vermutlich Linnaeus Tripe zuzuschreiben sind.

Einzelne Mitglieder stechen durch besonderes Engagement für die gute Sache heraus. Der Diplomat William Martin überlässt der Société de Géographie großzügig Menzies Dicksons herausragende Fotos vom Ausbruch des Mauna Loa 1880. Auch fantastische Aufnahmen von anderen großen Fotografen wie Johann Franz Michiels, Gustave Le Gray oder den Gebrüdern Bisson verdankt die Gesellschaft William Martin.

Manche leiten Fotos nach Gebrauch weiter, so auch der Geograf Élisée Reclus, nachdem er sie als Vorlagen für Kupferstiche zur Illustration seiner Bücher genutzt hat. Auf diese Weise gelangen Aufnahmen von John Thomson, Joseph Kordysch oder Carol Popp de Szathmari in den Besitz der Gesellschaft.

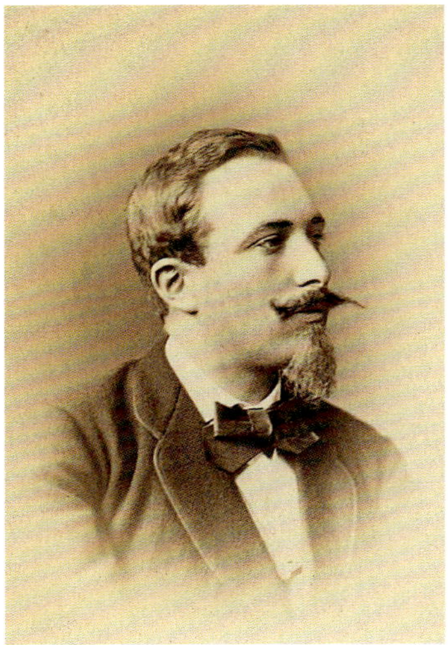

HIPPOLYTE DÉLIÉ & ÉMILE BÉCHARD

James Jackson · 1872 · Abzug auf Albuminpapier, 9,2 × 6 cm

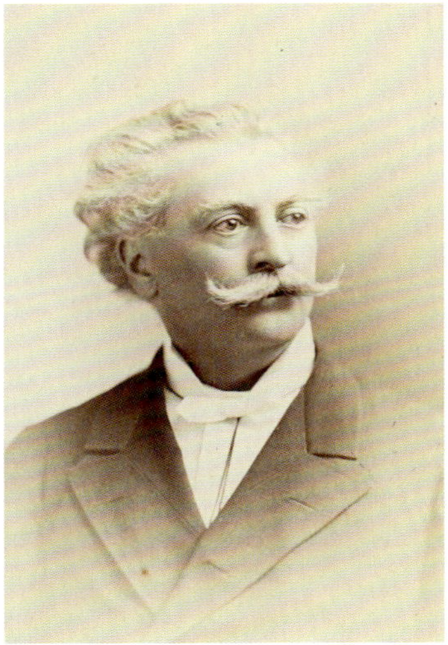

NAPOLÉON SARONY

Désiré Charnay · Um 1880 · Abzug auf Albuminpapier, 15,4 × 10,4 cm

DIE ERSTEN DIAVORFÜHRUNGEN

Der erste von einer Diavorführung begleitete Vortrag wird 1875 gehalten. Am 21. April berichtet Charles Vélain, Mitglied des französischen Expeditionsteams zur Beobachtung des Venusdurchgangs 1874, von den Messungen, die auf der Sankt-Paul-Insel und der Amsterdam-Insel gemacht wurden. Zu diesem Zweck greift er auf die Unterstützung des Optikers Molteni zurück. Mit Hilfe einer Laterna magica, bei der das von einem Kalklichtbrenner erzeugte Licht durch ein Linsensystem nach außen dringt, projiziert Molteni die zuvor von ihm angefertigten Diapositive. Das Publikum ist begeistert, und zur weiteren Verbreitung der neuen Technik werden im selben Jahr noch vier weitere Diavorträge gehalten. 1878 wird Molteni offizieller Diavorführer der Société de Géographie, eine Aufgabe, die er bis zum Ende des Jahrhunderts innehat.

Die Themen der Vorträge sind vielfältig, am häufigsten und am beliebtesten sind jedoch Berichte über Erkundungsreisen und Entdeckungen. Sie wecken Emotionen, Interesse und Aufmerksamkeit und machen die entsprechenden Veranstaltungen zu renommierten Großereignissen. Marcel Monnier, Journalist und Fotoreporter, zieht das Publikum mit seinen Schilderungen fremder Kontinente jedes Mal von Neuem in seinen Bann. Seine Schilderung der Südamerika-Durchquerung 1886, seine Reportage über die Elfenbeinküste, die er im Rahmen der Binger-Mission 1892 kennengelernt hat, und sein Bericht über die Reise von Kalifornien nach Alaska 1893 verbinden anschauliche Erzählung mit spektakulären Fotos der bereisten Regionen. Auch Baron Joseph de Baye hält 1896, 1897 und 1898 nach jeder Rückkehr aus Sibirien spannende Vorträge, die er mit Diavorführungen illustriert. Das Gleiche gilt für Désiré Charnay, der nicht nur in Worten, sondern auch in Bildern über Java, Yucatán und den Jemen berichtet.

Andere Vortragsthemen fallen in die Bereiche Wirtschaftsgeografie oder Geophysik. Henri Porcheron, ehemaliger Chefingenieur der Compagnie française des mines de diamants du Cap, hält am 1. März 1895 einen Vortrag über den Tagebau in den Diamantenminen Südafrikas. Julien Thoulet referiert am 18. Februar 1887 über seine hydrografischen und geologischen Beobachtungen in Neufundland, geht aber auch auf die verschiedenen Formen der Kabeljaufischerei ein. Manche Redner wagen sich sogar an heiklere Themen heran. Fernand Grenard berichtet 1904 nach seiner Rückkehr aus Armenien und Kurdistan über die dort beobachteten Spannungen zwischen Armeniern und Kurden.

Für jeden Vortrag fertigt Molteni die dazugehörigen Diapositive auf Glas (im Format 10 × 8,5 cm), entweder direkt von den Negativen oder über Duplikatnegative von Papierabzügen oder anderen vom Redner mitgebrachten Dokumenten wie Landkarten, Zeichnungen oder Manuskripten. Die Redner beschränken sich keinesfalls auf eigene Fotos, sondern machen wie selbstverständlich auch Gebrauch von Fotos anderer Fotografen, die nicht der eigenen Expedition angehörten. Charles de Ujfalvy zeigt beispielsweise Aufnahmen von Samuel Bourne, Arthur Thouar Fotos von Marc Ferrez ... Die Diapositive verbleiben nach der Vorführung bei der Société de Géographie.

Diavorträge sind nicht nur ein bequemes Mittel, unerforschte Regionen, untergegangene Kulturen und die Wunder der Natur kennenzulernen, sondern auch eine unvergessliche Begegnung mit unbekannten Menschen. Mit jedem Vortrag lernt das Publikum neue Völker oder Volksgruppen kennen: die Indianer Feuerlands, fotografiert von den Teilnehmern der Kap-Hoorn-Expedition, die Somali, denen Georges Révoil in Britisch-Somali-Land Medjourtine begegnet, die von Joseph de Bayes abgelichteten Kirgisen und Tungusen oder die in Venezuela beheimateten Guahibos, deren Leben Jean Chaffanjon eine Zeit lang teilt.

Die Diavorführungen erweisen sich als wahrer Publikumsmagnet. Die Zuhörer sind begeistert, denn sie wer-

GEORGES RÉVOIL
(DUPLIKATNEGATIV MOLTENI)

Haussklavin, Mogduschu · 1882/83 ·
Diapositiv auf Glas, 10 × 8,5 cm

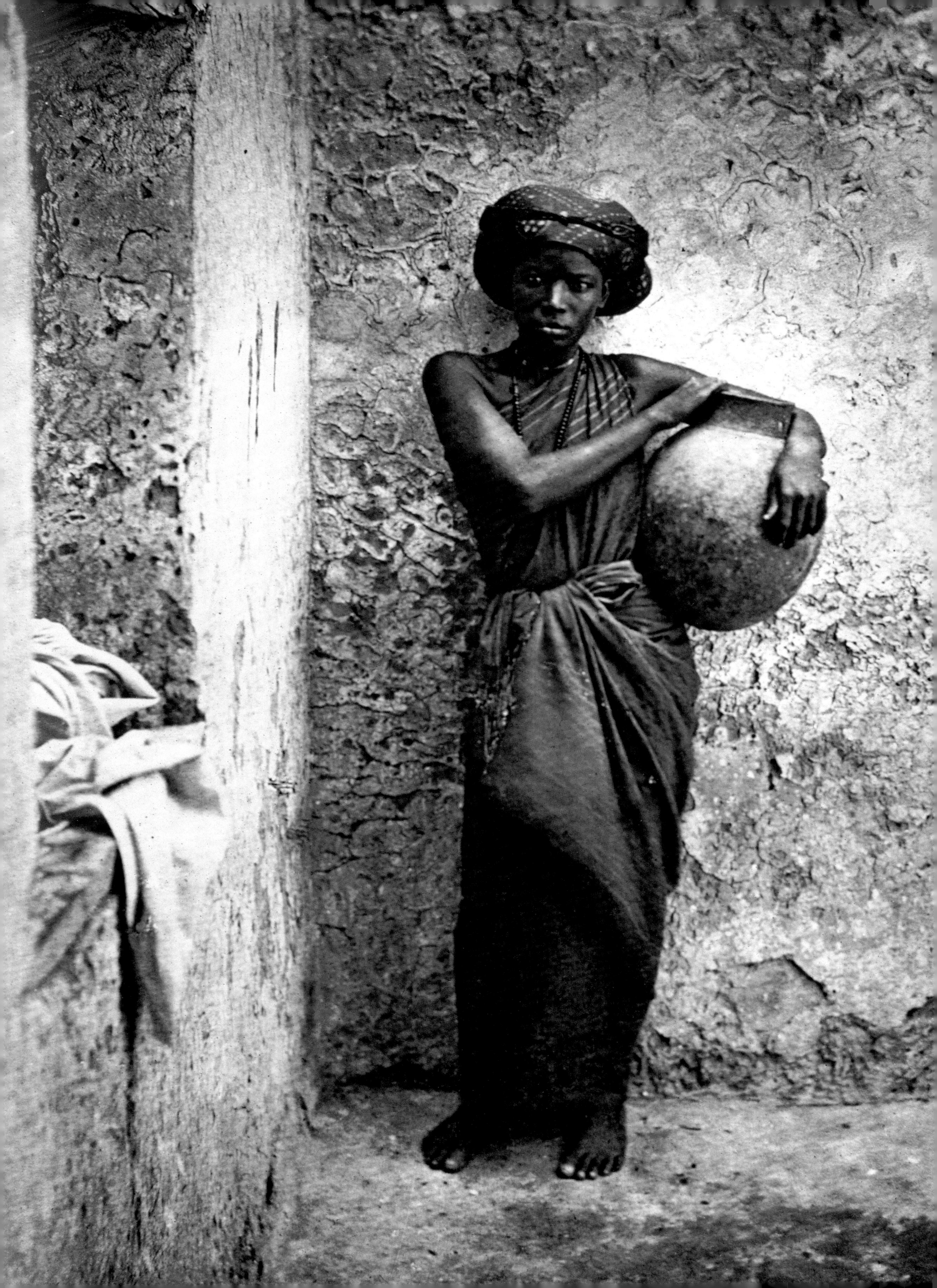

den mit auf eine visuelle Entdeckungsreise genommen, während die Redner Gelegenheit bekommen, ihre wissenschaftlichen Erfolge einer breiten Öffentlichkeit vorzustellen.

DAS 20. JAHRHUNDERT

Auch im 20. Jahrhundert werden der Gesellschaft noch viele Fotos per Schenkung überlassen. Zu den Spendern zählen unter anderem Jacques Delamalle, der Marquis Davidsard und Yvonne de Coppet, die der Gesellschaft ihre Fotobände entweder vermachen oder noch zu Lebzeiten schenken, darunter die Werke großer Fotografen wie Valentine & Sons, Giorgio Sommer, August Loeffler und Kusakabe Kimbei. Nach dem Tod des amtierenden Präsidenten Henri Cordier 1925 überlässt seine Witwe der Société de Géographie die von Henri de Bouillane de Lacoste gemachten Fotos aus der Mongolei und aus Turkestan. André Salles trennt sich seinerseits 1921 von über 2000 Negativplatten und Diapositiven auf Glas.

Die bei Weitem größte Bestandserweiterung verdankt die Gesellschaft der Tochter des Prinzen Roland Bonaparte, Marie Bonaparte, die ihr 1925 die gesamte väterliche Bibliothek überlässt. Zeit seines Lebens investierte Roland Bonaparte, selbst Mitglied der Gesellschaft und von 1909 bis 1924 ihr Präsident, in seine Bibliothek. Das Ergebnis: eine wissenschaftliche Sammlung, die ihresgleichen suchte. Als passionierter Fotograf ging Bonaparte nicht nur selbst auf Fotoreisen wie 1884 in Lappland oder 1887 auf Korsika, sondern sammelte im Laufe der Zeit auch zahllose Aufnahmen unterschiedlichster Motive von anderen Fotografen. Leider werden die Fotos nach der großzügigen Schenkung von der Gesellschaft nicht katalogisiert, sodass bei manchen bis heute nicht zweifelsfrei geklärt ist, ob sie tatsächlich der Sammlung Bonaparte entstammen. Mit großer Wahrscheinlichkeit sind ihr aber die 15 Fotobände des bergbegeisterten Aimé Civiale sowie die fünf Bände mit den kolorierten Japan-Fotos von Stillfried & Andersen (1875) zuzurechnen.

Prinz Bonaparte genoss ein derartiges Ansehen, dass er die meisten Fotos geschenkt bekam. Manche Forschungsreisenden schickten ihm persönliche Abzüge, bevor sie die Originale der Société de Géographie schenkten. William Dougall schickte Fotos von den subantarktischen Inseln Neuseelands, Jean Chaffanjon vom Orinoco und Isidore van Kinsbergen mehrere Fotobände über Java (der Prinz galt als großer Spezialist für Niederländisch-Indien). Roland Bonaparte kaufte aber auch gern auf Auktionen, zum Beispiel in Paris oder Amsterdam. Bei einer Versteigerung am 18. Mai 1894 erwarb er im Auktionshaus Dufossé Désiré Charnays Fotoband über Madagaskar. Dass er auch Henry De Witt Moultons *Rays of Sunlight from South America* erstand, obwohl er sich nicht sonderlich für diese Region interessierte, zeigt, wie sehr ihm die Vollständigkeit seiner Sammlung am Herzen lag. Mit ihr gehen schätzungsweise 17 000 Fotos in den Besitz der Société de Géographie über.

Seit 1942 wird das Fotoarchiv der Gesellschaft in der Abteilung Karten und Pläne der Bibliothèque nationale de France verwahrt: über 100 000 Papierabzüge und 45 000 Glasplatten, die alle fünf Kontinente zeigen. In ihrer Einzigartigkeit, Vielfalt und Konsistenz stellen sie ein Zeitzeugnis von unschätzbarem Wert dar, eine visuelle Chronologie der großen Forschungs- und Entdeckungsreisen des 19. und der ersten Hälfte des 20. Jahrhunderts.

OLIVIER LOISEAUX

BIBLIOGRAFIE

Allgemeine Werke

Domröse, Ulrich, und Thomas Köhler, *Die fotografierte Ferne. Fotografen auf Reisen (1880–2015)*, München 2017

Fabian, Rainer, und Hans-Christian Adam, *Frühe Reisen mit der Kamera,* Hamburg 1981

Gfrereis, Heike (Hrsg.), *Reisen. Fotos von unterwegs* (Ausst.-Kat. Literaturmuseum der Moderne 2014), Marbach 2014

Halwani, Miriam, *Geschichte der Fotogeschichte. 1839–1939,* Berlin 2012

Hannavy, John (Hrsg.), *Encyclopedia of Nineteenth-Century Photography,* New York/London 2008

Howgego, Raymond John, *Encyclopedia of Exploration*, Potts Point (N. S. W.) I: *Travel and Colonization from the Earliest Times to the Year 1800,* 2003; II: *Travel and Colonization between the Years 1800 and 1850,* 2004; III: *1850 to 1940. The Oceans, Islands and Polar Regions,* 2006; IV: *1850 to 1940. Continental Exploration,* 2008; V: *Invented and Apocryphal Narratives of Travel,* 2013

Moschik, Mila, und Simon Weber-Unger, *Reisen, so sagt man, ist eine Wissenschaft,* Wien 2012

Mulligan, Therese, und David Wooters (Hrsg.), *Geschichte der Photographie. Von 1839 bis heute. The George Eastman House Collection,* Köln 2005

Wimmer, Constanze, *In 1000 Bildern um die Welt. Faszinierende Fotografien aus den Jahren 1850 bis 1910,* München 2011

Monografien und Fachartikel

Abramson, Joan, *Photographers of Old Hawaii,* Honolulu 1981

Ariès, Philippe u. a., *Catastrophe à la Martinique,* Paris 1981

Aubenas, Sylvie, *Des Photographes pour l'Empereur. Les Albums de Napoléon III* (Ausst.-Kat. Bibliothèque nationale de France 2004), Paris 2004

Bautze, Joachim Karl (Hrsg.), *Das koloniale Indien. Photographien von 1855 bis 1910*, Köln 2007

Behdad, Ali, und Luke Gartlan (Hrsg.), *Photography's Orientalism. New Essays on Colonial Representation,* Los Angeles 2013

Bennett, Terry, *Old Japanese Photographs. Collector's Data Guide*, London 2006

Blair, Bob, *William Henry Jackson's »The Pioneer Photographer«*, Albuquerque 2005

Blanchard, Pascal (Hrsg.), *L'Autre et nous: scènes et types*, Paris 1995

Blom, Philipp, und Veronica Buckley (Hrsg.), *Das russische Zarenreich. Eine fotografische Reise. 1855–1918*, Wien/München 2012

Brunet, François, und Bronwyn Griffith (Hrsg.), *Visions de l'Ouest. Photographies de l'exploration américaine. 1860–1880,* Giverny 2007

Chapman, Anne, Christine Barthe und Philippe Revol, *Cap Horn 1882–1883. Rencontre avec les indiens Yahgan. Collection de la Photothèque du Musée de l'homme,* La Martinière, Paris 1995

Daney, Charles, *Le Transsibérien,* Paris, 1980

Derenthal, Ludger, Raffael Dedo Gadebusch und Katrin Specht (Hrsg.), *Das koloniale Auge. Frühe Porträtfotografie in Indien* (Ausst.-Kat. Museum für Asiatische Kunst der Kunstbibliothek und des Ethnologischen Museums Berlin), Leipzig 2012

Desmarquest, Luc, *Le Voyage de Gustave Flaubert et Maxime Du Camp en Égypte et en Nubie,* Caen 2017

Dewan, Janet, *Linnaeus Tripe. Photographer of British India. 1854–1870* (Ausst.-Kat. Art gallery of Ontario 1986–1987), Toronto 1986

Du Bosphore à l'Adriatique. Des Photographes français découvrent les monuments des Balkans. 1878–1914 (Ausst.-Kat. Centre des monuments nationaux 2009), Paris 2009

Duchemin, Élise, *Les Photographies des voyages de Joseph de Baye dans l'Empire russe. 1895–1914,* (Mag.-Arbeit, Ecole du Louvre 2015), Paris 2015

Falconer, John, *India. Pioneering Photographers. 1850–1900* (Ausst.-Kat. British Library 2001), London 2001

Fauconnier, Gérard, *Panama. Armand Reclus et le canal des deux océans,* Anglet 2004

Fiell, Charlotte, und James R. Ryan, *Memories of a Lost World. Travels Through the Magic Lantern,* 2011

Fontbrune, Loan de, *Les Premiers Photographes au Viêt Nam,* Paris 2015

Franchini, Philippe, und Jérôme Ghesquière (Hrsg.), *Des Photographes en Indochine: Tonkin, Annam, Cochinchine, Cambodge et Laos au XIXe siècle*, Paris 2001

Gadebusch, Raffael Dedo (Hrsg.), *Landscapes of Sri Lanka. Early Photography in Ceylon* (Ausst.-Kat. Museum für Asiatische Kunst), Berlin 2013

Gorshenina, Svetlana, *La Route de Samarcande. L'Asie centrale dans l'objectif des voyageurs d'autrefois* (Ausst.-Kat. Musée d'ethnographie 2000), Genf 2000

Guéry, Pierre, *D'un Continent à l'autre. Photographies de Édouard Joseph Bidault de Glatigné,* Bouchemaine 2016

Hippolyte Arnoux. Photographe de l'union des mers (Ausst.-Kat. Centre historique des archives nationales 1996), Paris 1996

Holzer, Anton (Hrsg.), *Mit der Kamera bewaffnet. Krieg und Fotografie,* Marburg 2003

Jacobson, Ken, *Odalisques & Arabesques. Orientalist Photography. 1839–1925*, London 2007

Jamieson, Scott (Hrsg.), *A Voyage to Newfoundland: Julien Thoulet,* Montreal 2005

Jammes, Marie-Thérèse, und André Jammes (Hrsg.), *Ägypten zur Zeit Flauberts. Dokumente der frühen Reisefotografie. 1839–1860* (Ausst.-Kat. der Kodak AG Kunstgebäude Stuttgart 1984), Stuttgart 1984

Kakou, Serge, *Découverte photographique de la Nouvelle-Calédoni. 1848–1900,* Arles 1998

Khan, Omar (Hrsg.), *Du Cachemire à Kaboul. Les Photographies de John Burke et William Baker. 1860–1900,* Paris 2002

Loiseaux, Olivier (Hrsg.), *Trésors photographiques de la Société de géographie,* Paris 2006

Loiseaux, Olivier, »Les Projections de vues sur verre à la Société de géographie (1850–1914)«, in: Borlée, Denise, und Hervé Doucet, *Plaques photographiques, fabrication et diffusion du savoir,* Straßburg 2019

Marien, Mary Warner, *Photography. A Cultural History,* London 2002

McElroy, Keith, »Henry De Witt Moulton. Rays of sunlight from South America«, in: *History of Photography*, 1984, Bd. 8, S. 7–21

Michaud, Stéphane, Jean-Yves Mollier und Nicole Savy (Hrsg.), *Usages de l'image au XIXe siècle,* Paris 1992

Miraglia, Marina, *Giorgio Sommer in Italien. Fotografien 1857–1888*, Heidelberg 1992

Museum Schloss Schönebeck (Hrsg.), *Fotografien aus der Libyschen Wüste. Eine Expedition des Afrikaforschers Gerhard Rohlfs in den Jahren 1873/74 fotografiert von Philipp Remelé,* Bremen 2002

Nilsen, Micheline, *Nineteenth-Century Photographs and Architecture. Documenting History, Charting Progress and Exploring the World,* Farnham 2013

Parsons, Sarah, *William Notman. Life & Work,* Toronto 2014

Pérez González, Carmen (Hrsg.), *Von Istanbul bis Yokohama. Die Reise der Kamera nach Asien 1839–1900* (Ausst.-Kat. Museum für Ostasiatische Kunst), Köln 2014

Pratt, Mary Louise, *Imperial Eyes. Travel Writing and Transculturation,* New York/London 2007

Ryan, James, *Photography and Exploration,* London 2013

Ryan, James, *Picturing Empire. Photography and the Vizualisation of the British Empire,* London 1997

Schwartz, Joan M., and James R. Ryan (Hrsg.), *Picturing Place. Photography and the Geographical Imagination,* London/New York 2003

Smart, R. N., »Famous Throughout the World: Valentine & Sons Ltd., Dundee«, in: *Review of Scottish Culture,* 1988 (4), S. 75–87

Stiegler, Bernd, und Felix Thürlemann (Hrsg.), *Orientbilder. Fotografien 1850–1910* (Ausst.-Kat. BildungsTurm Konstanz 2015 und Kunstsammlung Jena 2016), Frankfurt 2015

Sui, Claude W., und Alfried Wieczorek (Hrsg.), *Ins Land der Kirschblüte. Japanische Reisefotografie aus dem 19. Jahrhundert* (Ausst.-Kat. Reiss-Engelhorn-Museen Mannheim 2011), Heidelberg 2011

Theuns de Boer, Gerda, und Saskia Asser, *Isidore van Kinsbergen, 1821–1905: Fotopionier en Theatermaker in Nederlands-Indië / Photo Pioneer and Theatre Maker in the Dutch* East Indies, Rotterdam 2005

Turazzi, Maria Inez, *Marc Ferrez,* São Paulo 2000

Viénet, René, »John Thomson revient battre son chien à Formose«, in: *Monde chinois,* Nr. 12–13

Von Brevern, Jan, »Counting On the Unexpected. Aimé Civial's Mountain Photography«, in: *Science in Context*, 22(3), 2009, S. 409–437

Wilmowsky, Monika von (Hrsg.), *Palmen, Pyramiden und Pylone. Photographien einer Ägyptenreise um 1900*, Stuttgart 2009

Yelles, Anissa, »Le Marquis de Courcival. Itinéraire d'un photographe militaire en Algérie sous Napoléon III», in: *Napoleonica. La Revue,* 2012/3, Nr. 15, S. 120–132

»Le Yucatán est ailleurs«. *Expéditions photographiques (1857–1886) de Désiré Charnay. La Collection du Musée du quai Branly* (Ausst.-Kat. Musée du quai Branly 2007), Paris 2007

PERSONENVERZEICHNIS